The Toyota Way

14 Management Principles from the World's Greatest Manufacturer

2nd Edition

丰田模式

精益制造的14项管理原则

（原书第2版）

[美] 杰弗瑞·K. 莱克（Jeffrey K. Liker）著

汪雄 刘健 王丽 译

Jeffrey K. Liker. The Toyota Way: 14 Management Principles from the World's Greatest Manufacturer, 2nd Edition.

ISBN 978-1-260-46851-9

图书在版编目（CIP）数据

丰田模式：精益制造的 14 项管理原则：原书第 2 版 /（美）杰弗瑞·K. 莱克（Jeffrey K. Liker）著；汪雄，刘健，王丽译. -- 北京：机械工业出版社，2025. 2.

（精益思想丛书）. -- ISBN 978-7-111-77264-4

Ⅰ. F431.364

中国国家版本馆 CIP 数据核字第 2025M46M54 号

机械工业出版社（北京市百万庄大街 22 号　邮政编码 100037）

策划编辑：刘　静　　　　　　　责任编辑：刘　静

责任校对：杜丹丹　杨　霞　景　飞　　责任印制：张　博

北京铭成印刷有限公司印刷

2025 年 7 月第 1 版第 1 次印刷

170mm × 230mm · 27.75 印张 · 1 插页 · 407 千字

标准书号：ISBN 978-7-111-77264-4

定价：109.00 元

电话服务	网络服务
客服电话：010-88361066	机　工　官　网：www.cmpbook.com
010-88379833	机　工　官　博：weibo.com/cmp1952
010-68326294	金　　书　　网：www.golden-book.com
封底无防伪标均为盗版	机工教育服务网：www.cmpedu.com

谨以此书，献给

我的挚爱德博拉、埃玛、杰西，以及我们一同走过的

这段奇妙人生之旅

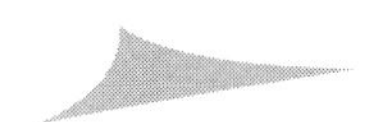

推荐序一 The Toyota Way

很高兴看到杰弗瑞·莱克教授精益求精，结合大量实践，推出《丰田模式》(第2版)，这本书所体现的精益管理思想让人倍感亲切，这本书是将精益管理思想和方法与多属性、多领域、多场景相结合的有益探索，形成了有效指导精益管理体系建设的思想、理论、工具与方法。书中精彩而富有成效的项目案例，对提升各行业的管理与服务水平有极强的实践指导意义。

多年来，我一直深耕于医疗管理领域，医疗是一个十分复杂而有趣的行业，科学的、技术的、服务的、人文的、管理的，不同的属性在医疗领域里同时存在，流程型、离散型的产业经营属性和治病救人、救死扶伤的社会公益属性也无时无刻不在医院里交织呈现，B2B、B2C、C2C、O2O的服务模式与交互平台也在医疗服务里并存。因此，在医疗机构里，医疗、服务、管理的场景极其丰富、极其复杂，开展精益管理工作、持续改进医疗服务也就大有发挥的空间。

另外，从事医疗工作的专家、教授、医生、护理人员总体上来说属于知识工作者范畴，加之患者的个体差异和疾病差异，让医疗、服务与管理具有多维度和不确定性，医疗服务改进措施的标准化难度加大，从而使医疗机构树立精益管理思想、建设精益管理体系的难度增大，当然，能够开展的精益管理项目也就必然会更加丰富多彩。

在我看来，医疗机构要想开展精益管理工作，需要系统的策划和组织实施，即必须建设精益管理体系，用系统性思维、系统性组织、系统性机制、系统性举措来推进，要树立全员精益管理思想，设立精益管理工作组织，建立推进机制和保障举措，持之以恒、锲而不舍、久久为功，方能有所收获、有所提升，切不可急功近利，更不可半途而废。

2021 年春天，受公司的委托，我对华润医疗的精益管理体系建设进行了整体思考和设计部署，但如何落地实施呢？这就需要有专业的、可靠的医疗精益管理咨询团队来提供指导、培训、辅导等帮助和支持，以确保组织在精益管理体系建设和整改项目实施中不走错路、不走弯路。这个时候我遇到了在精益管理领域深耕多年、颇有建树的汪雄先生，实话实说，初次与他接触我还是心存疑虑的，毕竟我接触全面质量管理近 30 年，先后负责过作为中国质量管理标杆的特大央企的质量管理、科技创新、信息化管理工作，组织了企业的精益六西格玛实施工作，也在高校指导工业工程专业的研究生。但是从制造行业跨界进入医疗行业，我对开展医疗机构的精益管理体系建设心里还是感觉不够踏实。为此，在寒意尚存的北京仲春深夜里，我与汪雄先生在昆仑中心外的马路上整整交谈了 2 个多小时，在对他和精益企业中国（Lean Enterprise China, LEC）有所了解之后，心里也就比较踏实了。

在后来我们全面展开精益管理体系建设的过程中，汪雄先生充分展现出了对精益管理思想的深刻理解、对精益项目的准确把控，以及对精益管理体系建设的专业辅导、对种子选手的培养能力。虽然 2021 年新冠疫情对我们的工作产生了很大影响，但是我们精益管理体系建设中第一批 76 个院级项目、182 个科室级项目如期取得了良好的效果，同时培养了 20 多位种子选手。

现在看来，华润医疗实施精益管理时遇到的问题在这本书中都有所提及，我相信这本书将会对中国医疗机构寻找精益管理发展的方向有所帮助，并为中国医疗服务的高质量发展做出特殊的、突出的贡献！

吴新春博士

教授

华润健康集团有限公司副总裁

推荐序二

The Toyota Way

杰弗瑞·莱克教授于2004年出版的《丰田模式》是一本重磅级的大作，广受全球企业界尤其是精益界朋友们的重视。15年后，他总结过去30年钻研丰田模式的心得，重新检查个人前后出版的十余本著作，决定执笔修订《丰田模式》，消息传来，震惊全球。大家不禁为这位精益大师严谨的治学态度以及勇于改进自身不足的学者风范，竖起大拇指“点赞”。

最令我折服的是，莱克教授在书中坦然承认自己过去研究丰田的方向有偏差，即过分强调“机械精益”。他曾阅读自己2010年的学生（另一位研究丰田的大师）迈克·鲁斯（Mike Rother）先生所著的《丰田套路》（*Toyota Kata*），读后大受启发，继而反思自己先前著作中的假设。两位大师互相切磋，共同更深入地探索丰田如何应对那些看似不可能的挑战，从而改变了思维，衍生出了“有机精益”的新思路。这是一个巨大的突破，相信他们的发现将为成千上万名已经在精益旅途上，或者将要学习精益思想的学习者，指明新的学习方向，增强实践动力。

何谓“机械精益”？“机械精益”把精益实践重点放在下列精益措施上：建立精益工具箱；规划精益实施路径；自上而下；聘请精益专家为改善项目挂帅；设立奖惩制度和强制执行的机制。实施过程中多采用单向沟通方式，目标是追求投资回报。而企业实施后所获得的结果是：业绩和工作现场的确有显著改进，但总体来说，员工参与度低、学习意愿弱，精益改善与日常工作和公司业务脱节。结论是实施“机械精益”的企业可持续性不高。

那何谓“有机精益”呢?“有机精益”的实施重点在于：明确公司的愿景与方向；领导者先行，从实干中学习，起示范作用；注重流程；管理者支持一线员工参与试验，赋予员工能量。此外，实施过程中重视双向沟通和团队协作，目标是小步伐改进，持续前进，增强不同层级应对不同挑战的能力。实施“有机精益”，就会像丰田一样员工参与度高、适应能力强，能够建立起学习型组织，持续实施可以引导企业发展成一个高效率的组织。

莱克教授在书中描述的有关“机械精益”和“有机精益”的对比与分析，犹如当头棒喝，不知敲醒了多少迷失在精益旅途中日夜追寻精益工具的同好。感恩他的真知灼见，在精益旅途中树立了一块新的指示牌，提醒大家主动学习并思考“有机精益”，不要局限于过往的“机械精益”。活学活用精益思想，处处思考顾客和员工的利益，将精益改善和企业效益牢牢挂钩!

LEC 团队的汪雄、刘健在繁重的工作之余，发力翻译这本 400 余页的巨作，牺牲了难以数计的个人时间。他们为这本书下了大功夫是必然的，但相对地，收获也颇为丰富。难得的是他们秉持 LEC 的学习精神，愿意把所学和广大读者共享，好一个“学习与分享”的身体力行，感谢他们的努力!

赵克强博士
精益企业中国总裁
于美国密歇根州安娜堡

推荐序三 The Toyota Way

《丰田模式》是精益领域最经典的著作之一，作者莱克教授基于对丰田管理实践的深入调查，提炼出丰田模式的14项管理原则，让世人对于丰田成功背后的本质有了更深的了解，从而不局限于简单地学习“丰田怎么做”，而是基于“丰田为什么这么做”，发展出“自己应该怎样才能做得更好”的选项。时隔近20年，莱克教授决定对原书进行大幅度修订，推出第2版。

在这本书提出的理念、流程、人员和问题解决这四个方面的原则中，“流程”和“问题解决”偏“硬”一些，而“理念”和“人员”偏“软”一些。但这四个方面的原则构成了丰田模式，它们密切地联系在一起，关于“理念”和“人员”的原则虽“软”但不“虚”，甚至可谓是使“流程”和“问题解决”能够“硬”起来的灵魂。我想在此分享自己在“软”的方面的一些心得。

第一，丰田秉持长期经营的理念，公司与员工、客户、供应商、社区等各种内外环境力量事实上均处于长期博弈状态，故而不能“欺骗”或“欺负”相关方，处理问题时务必报以最大的诚心和耐心，努力构建一种和谐共处的关系，因为一时的“欺骗”或“欺负”必定会在未来受到反噬，通过这种方式获得的效果并不能持久。

而从另一个角度看，这种长期经营的理念也使得丰田有信心从今天的任何投资中获得足够的回报，因此也不吝投入时间、金钱和人力，不断地磨炼自身为客户创造价值的能力、打磨创造价值的流程，在市场竞争中历经熊牛而始终屹立不倒，并在此过程中锻炼出一支体现丰田文化、有能力并乐于挑战的员工团队。

第二，丰田在“人员”方面的确有很多独到之处，这本书从管理者、员工和供应商伙伴三方面分别谈了丰田的管理原则，我也沿用这个分类分享三个对我产生了深刻影响的做法：

（1）丰田说管理者“要像没有权力那样去领导”，只有更多地“以理服人”，而不是“官大一级压死人”，才能构建健康的管理文化。丰田的管理者更多的是承担责任，即承担在某个职位上必须做出决策的责任、培养和带领团队实现更好结果的责任。

（2）管理者与下属的关系在一定程度上是师傅与徒弟的关系，“徒弟没有学习好，一定是师傅没有教好”。为了教好徒弟，师傅要更多地基于A3辅导的框架提出问题，让徒弟去思考，而不是简单地给出答案。正因为如此，丰田生产方式（Toyota Production System, TPS）有时也被称为“思考的生产方式”（Thinking Production System）。

（3）丰田与供应商之间的关系也不同于西方式的猎人与猎物的关系，而更像是农夫与田地的关系，“我只有这一小块田地，我只有好好培育这块田地，让它变得肥沃，才是唯一正确的选择”。

如果说长期经营的理念使得丰田能够耐心地对待“人员”，那么丰田关于“人员”的这三个做法又何尝不是长期主义的极好体现呢？

感谢邀请我为这一再版经典作序，让我有机会先睹为快。汪雄和刘健都毕业于同济大学工业工程专业，在学习和实践精益的道路上与我是亦师亦友的关系。在积累了丰富的制造业精益经验的基础上，两位还积极投身医疗领域的精益工作，目前已经颇有建树。有了较为坚实的知识和经验基础，他们在翻译这本再版经典之作时，总体上做到了将作者的原意准确地传达给读者，我对此感到非常欣慰。

周健

同济大学中国制造发展研究中心主任

译者序 The Toyota Way

《丰田模式》是我求学期间的导师周健推荐给我的必读书之一。初读的时候，我其实是不理解它的“分量”的，经过多年的实践，我才感受到了这 14 项管理原则的实用之处，也明白了莱克教授对于精益理解的高度与深度，于是我又重读了数遍，每次都有不同的收获。

在 2019 年之前，我主要在制造业实践精益，与大多数精益实践者不同的是，我有机会在一家新创立的公司中实践精益。2016 年 8 月，我与当时的创业伙伴们一起，与德国一家专注于经营组合式空调机组的公司在苏州成立了合资公司，这是当时少有的中方管理层持主要股份的公司。在不到 5 年的时间里，公司的发货额从不到 300 万元做到 3 亿多元，公司也在该领域的高端品牌中占据一席之地，作为制造单一产品且产品市场份额有限的实体公司，这个成果来得并不容易。在此期间，我们承接了雷神山医院和火神山医院洁净空调的生产项目，在人员极度短缺的情况下，保质保量地完成了任务。在该公司实践精益的过程中，我们不仅关注制造现场，还会更多地从设计开发出发，完成非标设计与标准化生产的结合，从前期销售、排产、产品设计、自动出图，到非标产品的物料自动计算、采购、生产制造、质量控制等都充分运用了丰田的 14 项管理原则，从而使得设计、生产的效率与质量提升数倍。有这样好的结果，除了我和伙伴们的通力合作以及老板不遗余力的支持，实践精益功不可没。但当时我们面临着一个问题，即全员参与度不够，确切地说只有少数管理层在践行精益，这个过程非常辛苦且吃力。

2019年之后，我的主要精力转向医疗领域的精益实践。许多医院都会设置各种指标并进行考核，可是考核结果经常不达标。有些医院采取绩效考核的方式来帮助完成这些指标，有的取得了一些成绩，有的却效果不佳。很多医院希望有可以直接应用于医院的现成体系，将精益实践中的问题一网打尽；我们也曾尝试直接植入“精益体系”，但是大部分情况下效果并不理想，反而是一些刚开始做的具体改善项目，后续取得了不错的效果，我感到非常疑惑。

结合制造业以及医疗领域的精益实践经验，我在拜读了《丰田模式》（第2版）后，得到了我想要的答案：

（1）精益实践没有现成的地图，没有现成的路径，最重要的是人的改变。那么如何改变呢？先进行小范围试点，形成示范效应，让大家看到好处，从而吸引更多的人参与其中，继而引发更大的改变。

（2）要有“科学思维”。关于这一点，我深有体会——工具是死的，但是工具是最看得见、摸得着的，很多精益实践者在实践过程中太过注重工具的运用，却没有思考工具运用的前提与原则，最终被工具所束缚，流于形式。

（3）关键在于人。能否实现组织的战略，关键在于组织是否具备在实践过程中解决问题的能力：只有提升组织的能力，才能最终实现高质量发展。组织是由个人组成的集体，提升组织解决问题的能力，关键在于提升个人解决问题的能力，那么如何提升个人的相应能力呢？这就要用“科学思维”解决问题，让组织中更多的人掌握“科学思维”。

同时，《丰田模式》（第2版）中的理论也通过实践得到了验证。实践精益并取得显著效果的医院大部分都有三个明显的现象：

（1）改善项目做得很成功的项目负责人会主动宣传精益思想，主动发动更多的人加入。

（2）大部分改善项目的负责人都会逐渐用A3思维来思考、解决问题，并且不再抗拒问题本身，“争论”越来越少。

（3）医院在改善项目取得明显效果后，会逐步发动更多的人参与进来，逐渐在医院中形成氛围，精益体系在不知不觉中与现有管理体系相结合。

《丰田模式》(第2版）不仅仅是理论的深入，更是理念的升华，相信会让各行各业进行精益实践的人豁然开朗。

最后，感谢机械工业出版社的信任，让我与刘健、王丽翻译《丰田模式》(第2版)，感谢我的导师周健教授的悉心教导与培养，感谢李兆华老师的通篇校正与指导，感谢LEC精益医疗管理中心的孙帅在忙碌中承接了本书部分的翻译与校正工作，感谢博纳总经理杨鑫华先生以及苏卫兵先生在实践过程中的支持与合作，感谢在各行各业传播与实践精益思想的伙伴们，愿本书能帮助更多的企业与组织。

汪雄

精益医疗资深顾问

The Toyota Way 第1版序言

在美国汽车行业工作18年后，我加入了丰田，虽然不知道未来会发生什么，但是我内心满怀希望。彼时的我并不看好美国汽车制造业的发展方向，直觉告诉我，丰田或许会有所不同。没过多久，我便注意到了丰田与我之前的公司的确有着天壤之别。在丰田与通用汽车的合资公司新联合汽车制造公司（New United Motor Manufacturing Inc., NUMMI）中，我目睹了通用汽车系统中最糟糕的团队，蜕变为美国制造业最优秀的团队之一，而促成这种转变的正是“丰田模式”。

在本书中，莱克博士介绍了丰田成功的基础——其管理制度、思维与理念，为读者提供了可以应用于任何业务或情形的珍贵洞见。更难得的是，与市面上许多探讨TPS工具与方法的书籍不同，莱克博士的书解读了隐藏在丰田文化中的更为广泛的原则。

丰田模式并不是日本模式、美国模式，更不是加里·康维斯（Gary Convis）的管理方式，而是丰田看待世界以及经营业务的基本模式。丰田模式与TPS结合在一起，构成了丰田的“DNA”——丰田创始人创造了这一DNA，而丰田现在与未来的领导者们培育和发展了它。

丰田模式可简要总结为两大支柱：“持续改善”与“尊重员工”。持续改善源于日语里的“改善”（Kaizen）一词，是丰田经营业务的基本原则——

挑战一切并予以改善。持续改善不仅仅是个人贡献层面上的实际改善，其真正价值在于在公司内部营造一种持续学习的氛围和一种愿意接受并且拥抱改变的环境。要营造这样的环境，就必须尊重员工，由此就有了丰田模式的第二大支柱。丰田尊重员工，这体现在为员工提供就业保障，以及通过促使员工积极参与改善以促成团队合作方面。作为管理者，我们的责任是在所有成员之间建立相互信任与理解的关系。我坚信，管理者最重要的角色莫过于激励并吸引大量员工相互合作，从而朝着共同的目标前进。制定与解读目标，明确达成目标的路径，激励员工与你共同前行，为员工扫除障碍并提供帮助——这就是管理者存在的理由。我们必须做到让员工全心全意地支持组织，为组织建言献策。就我个人经验而言，丰田模式是让我成功扮演这种角色的最佳方法。

然而，我们也应该知道，丰田模式是创立丰田及该公司独特历史的人所创造的特殊产物，每个组织必须发展形成自己的经营模式。丰田是世界上最成功的公司之一，希望读完这本书之后，读者能理解丰田成功背后的原因，找到些许发展自身经营模式的实用思路。

加里·康维斯

丰田肯塔基工厂前总裁

前言

绝妙而古怪的精益世界

> 我们希望组织有适应性、灵活性、自我更新能力、弹性、学习能力以及智能性——这些都是生命系统才具备的特性。我们这个时代的矛盾就在于，我们希望组织像有生命的系统一样运行，却只知道如何像没有生命的机器一样对待它们。
>
> ——玛格丽特·惠特利（Margaret Wheatley），《新领导主义》（*Finding Our Way: Leadership for an Uncertain Time*）作者

难题：对于精益的误解以及“企业如何实践精益”

丰田的管理与制造系统对当今世界产生了巨大影响，这一点毋庸置疑。TPS 是“精益”管理的框架，采矿、零售、医疗保健、建筑、金融等多个行业以及政府部门都已采用 TPS，你从事的行业或许也不例外。人们可能会认为，资深的 TPS 专家（日语中为“sensei”，意思是老师）看到他们热爱的 TPS 应用于诸多行业，应该会十分高兴。但事实上，他们常常会感到失望和沮丧，因为很多精益项目都把一个有生命力的系统变成了毫无生气

的工具包。

究其原因，有太多人如同玛格丽特·惠特利所说的那样，将组织视作没有生命的机器。太多企业高管受到了追求确定性以及控制欲的驱使，以为组织最高层的决策必定会按计划贯彻执行下去。可是任何在现场实践过“精益转型”的人都清楚，事实并非如此——现场是无序的，还会出现意料之外的状况。一个优秀的咨询顾问要懂得如何根据意外状况做出改善。

我向全球许多公司的高管提供过咨询及指导服务，他们中的很多人都存在一个误解，即认为自己可以计划和控制精益转型，就像更新计算机软件一样（而即使是软件更新也可能会出现意想不到的情况）。我记得有一家核能公司持续改善部门的副总裁说，他的精益计划在过去三年中一直进行得如火如荼。他自豪地介绍了一长串与工厂经理奖金挂钩的“精益评估”方法，还说他想尝试在整个公司中快速部署精益工具。

当该公司的首席执行官向丰田寻求帮助时，这位副总裁还觉得有些多此一举。丰田派来了最资深的 TPS 专家之一，这位专家师从著名的“ TPS 之父”大野耐一（Taichii Ohno）。在日本，“ sensei”意为受人尊敬的老师，学生应当尊敬地倾听并接受老师的教导。副总裁向这位 TPS 方面的老师介绍了公司的精益计划，满心以为能得到赞扬与认可，但老师却说，“请停止这项计划”——也就是停止进行评估，停止给所有流程绘制价值流程图，停止将实施计划的结果与奖金挂钩，停止在所有制造和服务部门中快速部署公司的精益工具。老师的建议是，要在核燃料生产线上的一个部门中启动 TPS“试点”项目，其他所有活动都要叫停。这个试点项目会由老师主导，旨在向该公司展示 TPS 系统，让员工从中学习。

我与这位沮丧而困惑的副总裁聊了两个小时。他抱怨道：“我的计划进展得那么顺利，为什么要叫停？我们有成千上万的人等着培训，为什么要我们像蜗牛一样慢下来？没有奖金激励，他以为经理们会参与进来吗？”

我开始向他解释日本老师的想法。我说，简而言之，TPS 是一个完整的“有生命的系统”，其目标是为客户创造连续的价值流，不中断（中断通常被认为是浪费）。丰田经常将价值流比作奔涌的河流，河水不会停滞不前，也不会因遇到大石头或其他障碍物而使流速变慢。为了让企业有这样的价值流，需要一个以最高效率运行的由人员、设备和流程组成的系统。而且，世界瞬息万变，只有最接近现场（日语中为“gemba”或“genba”）的人才能通过不断改善来应对这些变化，这意味着现场就是应用精益理念的场所。

我继续说道：“换句话说，精益要从现场开始。那位日本老师来到现场的时候，看到的是七零八落的精益工具，而不是有生命、能持续改善的生产系统。他希望您在尝试大范围应用一个没有人真正理解的理念之前，至少在公司做一个试点，这样您可以看到和体验真正的TPS，也看看可能会得到什么结果。在日本老师看来，找一个部门真正实践TPS并没有多难。”

副总裁听完后又提了些问题，我可以看到他眼中渐渐绽放出了光彩。他似乎明白了。接着他又感叹道，那位日本老师之前并没有这样解释过TPS。他还说，当他告诉日本老师他要请我来教授精益产品开发时，老师说这是在“浪费时间”。我解释说，这位老师的意思是你还没有开展精益系统试点工作，自然没有做好改善其他流程的准备，这就像在钢琴初学者还对指法一窍不通的时候，就让他们练习巴赫奏鸣曲。可是，正当我为解开了这位副总裁的困惑而自豪不已时，我注意到他眼中的光彩在逐渐消失。

终于，副总裁坦白，他没有叫停自己的精益计划——包括与工厂经理奖金挂钩的精益评估和在整个公司中快速部署精益工具。实际上，尽管老师警告过他，他还是请我来教授精益产品开发。他说他认为那位丰田来的老师可能不清楚这家核能公司的规模，而尽快推广精益管理才是明智之举。我百感交集，也不知道这次咨询算成功还是失败。不过那位丰田来的老师说的没错——我费尽心力向这家公司教授精益产品开发，的确是在“浪费时间”。

现如今，精益连同六西格玛、约束理论、精益创业、精益六西格玛和敏捷开发等理论，已在全球各地掀起了一场管理运动。任何管理运动都有忠实的支持者、坚定的反对者，也都会吸引那些不在乎方法而只想紧跟潮流的人，精益等理论也不例外。多所大学、大大小小的咨询公司、各种非营利组织以及图书行业，都在推广这些理论。对像我这样的精益理论的狂热拥护者来说，这在某种意义上是一件好事，因为它们都是在培养这些理论的受众。但凡事都有两面性，随着参与其中的人、公司越来越多，在多个文化背景的影响下，很多信息逐渐失了真。就像在传话游戏中，第十个人听到的悄悄话与第一个人听到的几乎毫不相干。

与此同时，那些上进的组织希望解决问题，它们还在寻找答案——什么是精益，它与六西格玛和敏捷开发有何关系？我们应如何开始精益实践？丰田开发的用于制造汽车的工具，要如何应用于提供完全不同的产品或服务的其他组织？在与日本完全不同的文化背景下，精益是否仍然适用？精益能否与最新的数字技术结合？应用这些工具时，是否只能依葫芦画瓢，还是可以根据自身情况进行调整？丰田如何激励人们使用这些工具进行改善？

这些问题都很合理，而且很多人都愿意给出自己的回答，尽管他们的答案不尽相同。但是，我们首先应该回归问题本身。这些问题的描述是正确的吗？尽管看起来合理，但我认为这些问题本身就是错误的，因为它们背后暗含着一个基本假设，即精益是一套机械的工具，可以像硬件或软件一样进行安装和升级。更具体地说，这一假设包括以下几点：

（1）有一种清晰且简单的精益方法，与其他方法有很大不同。

（2）有一种清晰且最佳的方式，可以启动精益实践。

（3）丰田是一个简单的组织，只做一件事情——制造汽车，并在每个地方以相同的方式使用同一组核心工具。

（4）这些工具是精益的本质，必须根据特定类型的流程进行调整。

（5）在日本发展起来的精益理论可能有其局限性，需要调整才能适应日本以外的文化。

（6）丰田有一套具体的方法来应用精益工具，其他公司也可以效仿它。

（7）正式的激励制度是丰田员工持续改善并全力支持公司的动力所在。

实际上，以上这些都不正确，这也是问题所在——人们对精益的普遍认识，与丰田如何花近百年时间形成这一管理系统以及这一管理系统如何能帮助你的组织实现目标的现实之间，存在着巨大的鸿沟。

不管你叫它“精益”，还是“精益六西格玛”或任何你想叫的名字，本书的主要目标是带你去认识精益的真正含义：它是一种理念，也是一个由相互关联的流程和致力于持续改善工作并为客户传递价值的人员组成的系统。我们需要首先摒弃一个常见而简单的概念，即认为精益仅仅是一个使用各种工具不断消除各个流程中出现的浪费的项目。如果你的组织也持有这样的观点，那么它的改善效果势必一般。与此同时，你也会不断追逐新的、流行的管理概念，而最终的结果也都注定平庸，这种情形我已司空见惯。

为了避免出现这样的死循环，我将通过介绍丰田模式的起源、我所提炼的 14 项管理原则（在附录中进行总结）以及已经在迈向精益企业的路上取得进步的制造业和服务业的实际案例，来展示丰田模式的真正奥义。

真正的丰田生产方式

从始至终，丰田从未使用“精益”一词来指代其生产方式，甚至开始的时候都没有特定的名称。它仅仅是丰田在 20 世纪 40 年代提出的制造汽车和卡车的方式，目的是解决公司成立之初所面临的非常现实的问题：公司没有钱，工厂空间有限，零件供应商不得不承担风险，与丰田一起投资工厂和设备。第二次世界大战后，日本对汽车的需求量很小。丰田要想维持现金流，除了消除浪费外别无选择。为了生存，它在同一条生产线上生产多个车型，每个车型都只生产少量，只有这样才能降低库存，因为丰田没有多少仓储空间，也无力负担零件或整车积压所占用的现金。与此同时，这种生产方式可以缩短在汽车生产和销售过程中的交期，以及零件的补货周期。这些措施显著地降低了生产成本，使丰田能够快速获得现金，从而可以向同样陷入财务危机的供应商及时付款（详情请参见“丰田的历史：丰田如何成为世界上最好的制造商”）。

纵观丰田的发展史，不难发现丰田模式的基石是“挑战”，而且丰田从来不乏挑战。丰田早年由于资源匮乏、汽车需求量非常低而难以生存，丰田要求大野耐一找到一种方法，使丰田的生产率与福特相匹敌——福特规模更大、经济效益更好，它当时的生产率大约是丰田的 9 倍。面对看似不可能完成的任务，大野耐一做了丰田之前每一位领导者都做过且之后每一位领导者也将做的工作——去现场，进行试验并从中学习。和丰田其他的领导者一样，他也成功了。他以丰田创始人丰田佐吉（Sakichi Toyoda）和他的儿子丰田喜一郎（Kiichiro Toyoda）的核心理念和方法为基础，开发了现在称为 TPS 的框架。

大野耐一最初并不希望将 TPS 具象化，因为他说 TPS 是有生命的，而不是写在纸上的教条。

"如果我们把它写下来，那就会杀死它。"大野耐一说。

尽管如此，TPS 最终还是被绘制成一栋有两根支柱和一个地基的房子（见图 0-1）：这栋房子的每一个部分都不可或缺，只有打好地基、立好支柱，房子才会坚固无比。

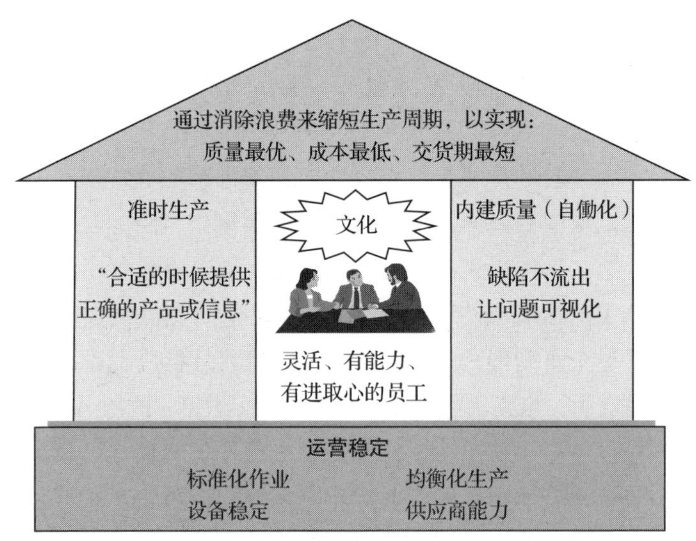

图 0-1　TPS

第一根支柱是内建质量（In-Station Quality），它的提出要归功于丰田佐吉，他也是第一台全自动织布机的发明者。在研究织布机的过程中，丰田佐吉发明了一种装置：只要有一根纱线断开，织布机就会自动停止，这样员工就能及时发现问题并更换纱线。他将这种装置称为“自働化[㊀]”（Jidoka），该词是日语词汇“人机合作”的缩写。如今，我们通常使用内建质量这一概念，这意味着确保缺陷不从你的工位逃脱。第二根支柱是准时生产（Just-in-Time, JIT），它的提出要归功于丰田的创立者丰田喜一郎。他宣布，丰田将“消除所有工作流程中的松散状态”并遵循JIT的原则，他还为此设计了详细的流程——当时他这样做仅仅是为了避免公司破产。如图0-1所示，这栋房子的地基是运营稳定，也就是具有稳定的工作流。稳定的工作流是实现JIT（原则2、3和4）与遇到异常立刻停止（原则6）的前提。房子的核心是灵活、有能力、有进取心的员工，他们致力于持续改善（原则9、10和11）。

如果我们以更全面的视角来审视这个模型，就会发现它本身是符合科学逻辑的——这是一个有生命的有机系统。没有大量缓冲库存或信息，就意味着问题会迅速自动暴露出来并且需要立即得到解决。异常在流入下一道工序或者交给客户之前就会被发现并且解决，这就是内建质量。随着问题的逐渐暴露与解决，系统的稳定性提高，这意味着库存更少、流动性更强以及问题更少，并且大部分问题一旦出现就可以得到高效的处理。

成熟的人才是发现和解决问题的核心（原则12），他们就像负责解决问题的大脑。倘若忽略他们的能力与持续改进的动力，企业将无任何发展的可能，甚至会每况愈下。持续改善意味着企业每天都在进步，它是企业持续发展的驱动力。要持续改善，就必须关注现场，因为只有现场才能暴露与解决问题。持续改善对团队提出了更高的要求，所有人都是问题的发现者和解决者，而且在这个过程中要使用科学思维。

詹姆斯·沃麦克（James Womack）、丹·琼斯（Dan Jones）和丹·鲁斯（Dan Roos）在其1991年的经典著作《改变世界的机器》（*The Machine That Changed the World*）[㊁]中，将“精益生产”称为继工艺生产和批量生产之后的下一个生产范例：

㊀ 自働化是具有人类判断力的自动化，是一种发现异常或质量缺陷的技术手段。为了与自动化区分，采用此写法。——译者注

㊁ 本书中文版已由机械工业出版社出版。

> 精益生产者结合了工艺生产和批量生产的优势，避免了前者的高成本和后者的刚性……精益生产之所以“精益”，是因为与批量生产相比，精益生产消耗的东西更少，它可以节省一半的人力、一半的空间、一半的设备以及一半的产品开发周期。此外，精益生产还具备三个优势：一是要求现场的库存量远低于实际所需的一半；二是显著降低了产品缺陷率；三是能够生产出更多样化的产品，持续丰富产品种类。

精益生产最大的亮点之一就是将“工艺生产和批量生产的优势”相结合。它并非完全是新鲜事物，也并没有脱离工艺生产或批量生产的概念，而是吸取了两者的优点并在此基础上进行改良。即使在数字时代，丰田仍然尊重匠人。在本书中，我会一直强调丰田始终将人放在系统中心的位置，期望他们终身致力于完善自己的工艺。丰田有一句格言——“调动你所有的感官”，而这正是为了让员工充分了解自己在做什么以及如何改进。

TPS：机械性与有机性的结合

与机械型组织相反，“有机型组织是不断发展、进化和创新的生态系统，可以适应复杂、瞬息万变的世界”。根据商业词典网（BusinessDictionary.com），有机型组织具有以下特征：

> ①扁平化：沟通和互动是水平的；②低专业化：知识用在最需要的地方；③分权化：员工经常以正式或非正式的形式参与决策。有机型组织相对来说比较复杂且难以形成，但具有高度适应性、灵活性，并且更适合外部环境快速变化且无法预测的情况。

我在接触有机型组织结构伊始，就对生产系统产生了极大的兴趣，那时候，我还是美国东北大学工业工程专业的一名学生。1972 年，我开始在通用食品公司（General Foods Corporation，后来历经数次兼并和收购）从事合作教育工作。当时我压根不知道，通用食品公司是社会技术系统的先驱，该系统旨在“共同优化社会和技术系统”。通用食品公司已将这种方法应用于以“自我指导的工作团队”为流程核心的狗粮工厂并取得了成功。与传统的自上而下的指挥和控制组织相比，该公司的生产率有较大的提升。

1982 年，我在密歇根大学担任工业与运营工程助理教授，开始接触日本制造业。彼时，我发现日本的组织都具有系统性，特别是丰田，但它与通用食品公司不同，它并不注重自主工作团队——丰田同时具有机械性与有机性。

当我阅读斯坦福大学助理教授保罗·阿德勒（Paul Adler）的著作时，我的困惑进一步加深。阿德勒对于新成立的 NUMMI 有着一腔热情，该公司位于加利福尼亚州弗里蒙特市，是丰田与通用汽车共同成立的一家合资汽车公司。阿德勒在看到这家工厂的产品质量和生产率数据以后感到难以置信，更不用说丰田将有机型组织引入了典型的官僚组织——总装工厂。丰田是如何做到的？当阿德勒参观工厂时，他感觉匪夷所思。从各个方面看，这是他见过的最官僚化的组织之一，规则和程序无处不在，这表明了 NUMMI 是一个员工受到严格控制的组织。

然而，他在进一步研究后发现，这些员工都是以组为单位的，每组都有负责人，而每个人都热衷于改善（原则 10）。整个组织十分开放且富有学习氛围，士气高昂，旷工率与离职率都比较低。而这一切还是建立在 80% 的员工都是通用汽车的老员工的基础上。据报道，这些老员工以前脾气火暴、不服管教，工会也相当激进。旷工、野猫式罢工[㊀]、酗酒以及其他所有你能想象到的社会问题，过去在通用汽车的工厂里都是稀松平常的事。所有人都好奇，丰田究竟是如何在生产的第一年扭转乾坤、创造出了一个机械性与有机性结合的组织的？

阿德勒提出了一个大胆的新理念：官僚组织不是单一的组织形式，而是具有不同的形式。当时的大多数官僚组织都是“强制性的”，专注于控制员工：要求工人一门心思干活，只需要听话，不需要思考。在 NUMMI，

㊀ 野猫式罢工（Wildcat Strikes），是员工自发的、没有经过工会同意的非法罢工。——译者注

阿德勒发现了他所谓的“授权型官僚组织”，它允许并鼓励员工不断创新与持续改善。这些其实是在颠覆传统的工业工程。正如阿德勒在他的文章《重新获得时间与运动》(Time and Motion Regained）中指出：

> 以往都是由工业工程师制定正式工作标准并强加于工人，而这一模式正在逐渐消亡。但是，工人自己为持续提高生产率、产品质量、技能和理解力而不断努力设计的流程，甚至可以使最死板的官僚组织变得人性化。更重要的是，NUMMI 展示了官僚组织也能为工人提供支持和专业知识，而不仅仅是单纯地下达命令。

“精益生产”这个术语是由一位麻省理工学院的学生提出的，这位学生名叫约翰·克拉夫西克（John Krafcik)，他在上大学时就已经进入 NUMMI 工作了。他写了一篇关于精益生产的文章，颇具开创性意义。他在文章中说道：

> 一位通用汽车的工业工程经理试图探寻该工厂生产率高和质量高的真正秘密，所以他询问了 NUMMI 的一位高级主管（实际上他是日本丰田公司的一名高管，只是借调给 NUMMI）该公司有多少名工业工程师。这位主管思考了一会儿，回答道：“我们有 2100 名工业工程师，因为我们有 2100 名员工。”

机械性、有机性、两者结合与精益管理

考虑到将授权型官僚组织引入机械型组织和有机型组织时有所不同，大部分组织该如何部署精益系统呢？在为期三天的精益领导力培训课程中，我向“学生们”（主要是高管）提出了这个问题。在仅对机械精益与有机精益进行广义定义后，我要求他们列出两者的特征。学生们通常都讨论得热火朝天。图 0-2 是 2019 年我在英格兰授课时举的例子。学生们描述了机械精益（基于项目、专家驱动、自上而下、工具）与有机精益（愿景驱动、过程学习、人员赋能、教练）之间的明显区别。

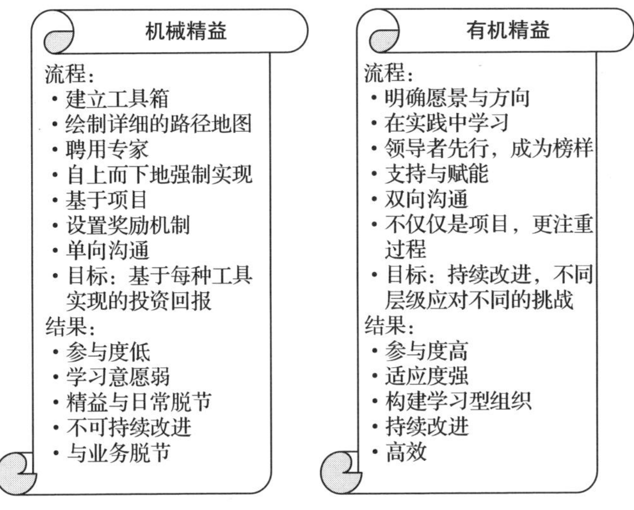

图 0-2　机械精益与有机精益的特征对比

当我问学生他们更喜欢哪种以及认为哪种最有效时，选择有机精益的人远远多于选择机械精益的人。他们普遍认为，尽管机械精益更快速高效，但有机精益更加全面和可持续。其中一部分人提出两者结合会更好，它们不是非此即彼的关系。在我描述了授权型官僚组织之后，他们眼前一亮，很快就达成一致：这才是他们想要的。

大多数人称他们正在进行机械精准部署，并且想知道是否应该放弃这种方法转向有机精益部署。正如我们先前提到的：组织可以在精益专家的领导下，从广泛的机械精益部署出发，在此基础上建立更有机的方法。机械精益通常会产生可衡量的结果并引起高管的兴趣，这就是所谓的投资回报。机械精益可以在流程中建立流动性，普及有关精益的基本知识。如果仅仅进行机械精益部署，那么精益专家离开之后，新系统可能会恢复原始的批量生产方式。相比之下，丰田更喜欢有机性地从“示范线”入手：选取试点，打造标杆并深入学习——这会花费更多的时间，而且不会立即产生显著效益。但是，换个角度来看，这种方法可以使参与人员深刻理解精益理念并产生获得感与参与感，而这会对新系统的可持续性与持续改进起到重要作用。关于部署方法，我们将在第五部分探讨。

学习丰田模式的原则vs复制丰田的实践方式

像其他作者一样，我无法忍受读者和评论家曲解我的意图。有时，我会被指控为偏激的丰田拥护者——有人觉得我认为丰田十全十美、从不犯错。他们觉得我将丰田模式描绘成一种万灵药，并且提倡每家公司都应该像丰田一样运作。必须承认的是，我非常欣赏丰田，在研究丰田的过程中，我感觉自己在不断成长。但是，丰田和完美还有很大差距，仅仅复制丰田的实践方式是不可取的。

在研究丰田的漫长时间里，我也听过丰田管理者和团队成员对公司有很多抱怨，这是光环之下的事实。我曾经去过一家工厂，后来收到了一名员工发送的电子邮件。该员工告诉我，经理们当天并没有向我展示所有因缺陷而返修的汽车。那家工厂的一位资深经理感叹，在过去有日本培训师的日子里，指标是改善的指引，而现在仅仅是“数字游戏”而已。丰田是由人组成的，而人无完人。所以，在我参观丰田工厂时，员工也会公开坦诚地分享他们在短期内没能遵从关键原则的情况，例如在进行改善时未能定期更新标准化作业表，难以培养能深刻理解丰田模式的管理者，未发现流程中的缺陷等。诸如此类，不胜枚举。

有位名叫藤本隆宏（Takahiro Fujimoto）的学者也在研究TPS，他认为，TPS是一种在进化中发展的模式，而不是一种经过精心计划的有先见之明的模式：

> 尽管TPS看起来像是故意设计的一种竞争性武器，但它是经过一个复杂的历史过程而逐渐建立的，这一过程永远不能仅仅归结为管理者的理性预见。

甚至丰田工厂也不会盲目复制其他丰田工厂的“最佳实践方式”。诚然，所有工厂的冲压、成型、焊接、喷漆和组装工艺都相似，那么为什么不简单地选出做得最好的工厂并将其实践方式推广到其他地方呢？丰田的老师会告诉你，TPS真正的内涵是“会思考的生产系统”。他们希望人们思考，而复制不能让人思考或学习。丰田当然可以尝试从总部发出指令，让各工厂强制执行“最佳实践方式”，以便每个人都以相同的方式做事，但这也意味着持续改善将不复存在。如果这样做了，那就只是邯郸学步。

时光荏苒，逾 35 载的丰田学习之旅改变了我的人生；不变的是，丰田在我心中一直是一家伟大的公司。丰田的科学思维和改善的方法是值得学习的标杆。作为榜样，丰田如何帮助你确定组织的愿景？你可以从它的原则中学到什么？具体而言，你正在处理哪些具体的、高优先级的挑战，从丰田那里得到的想法如何为你提供可能的帮助？你无法从丰田那里得到现成的“解决方案”，但是丰田的智慧可以帮助你塑造未来的愿景。显而易见的是，仅有高质量、低成本和快速交付的卓越制造过程是远远不够的。你需要客户想要购买的产品和服务以及有吸引力的业务，你需要有别于其他公司的独特竞争力战略（原则 14）。

第 2 版中的新内容

在第 1 版的《丰田模式》中，我介绍了精益制造的 14 项管理原则，围绕 4 个“P”展开，即理念、流程、人员和问题解决。自从其 2004 年出版以来，我又获益良多，于是继续写了 11 本有关丰田特定主题的书，并向许多组织提供过咨询服务。随着不断地学习，我也决定更新原书。以下是对新版的简要概述：

（1）**区分机械精益和有机精益。**我开始在课程中将其用作框架，以便学生更清楚地了解丰田理念的不同之处。它还有助于更清晰地阐述系统观念。

（2）**精益部署是培养科学思维的思维方式。**我之前的学生迈克·鲁斯送我一本他的书，名为《丰田套路》，我发现书中所写与我在丰田观察到的相符，填补了我的思维空白。他注意到，尽管在最初的时候，精益转型会取得成功，但管理者还是倾向于回到以前的模式，因此也就很难维持所取得的成果。他深信丰田以事实与科学实践为基础，创建了新的思维方式。鲁斯研究了人们如何学习新的行为和技能，并从空手道中找到了灵感——

在学习空手道时，学生们会学习如何培养非凡的身体素质。学生们在反复练习并得到了空手道黑带的纠正和反馈后，渐渐养成出招的习惯。书名中的“kata”一词指的就是空手道中的招式或者套路。他认为，通过反复练习和纠正性反馈，人们会养成科学思维的习惯。我将在第 12 章中讨论鲁斯的方法，还会在整本书中不断借鉴引用他的洞见。

（3）**修订 4P 模型**。4 个“P”与之前是一样的，但我将科学思维置于中心位置，大野耐一称其为 TPS 的核心，而鲁斯也反复强调这一点。本书仍然有 14 项原则，但我更新了一些措辞，合并和增加了一些内容。特别是“问题解决”部分，我赋予其完全不同的意义，将重点放在科学思维、为对齐目标而进行的战略部署，以及战略与执行之间的联系上。

（4）**新的例子**。我介绍了精益在服务和知识工作中的应用方式，这些都是引自我的研究成果和《丰田模式打造卓越服务》（*The Toyota Way to Service Excellence*）、《设计未来》（*Designing the Future*）。

（5）**对丰田工作团队结构的详细说明**。我发现，丰田培养领导者和工作团队的方法引起了人们极大的兴趣，因为丰田的方法与典型的组织截然不同。丰田的组织结构尤其鼓励教练和学习。我在第 10 章中展示了一些案例。

（6）**精简了部分内容**。在第 1 版中，我用了 6 章的篇幅阐述了第 1 项原则，包括有关开发第一款普锐斯和第一款雷克萨斯的内容。在本书中，我将丰田如何设计汽车及其长期产品战略的案例纳入了第 14 章。除此之外，我增加了对丰田历史和精益概念的讨论。

（7）**数字时代的精益讨论**。在第 8 章中，讨论的主题是技术，包括物联网；在第 14 章中，讨论的主题是作为业务战略的一部分，精益思想如何帮助组织更有效地开发和应用新技术。

（8）**术语表**。在精益术语中有很多词具有特定含义，因此我附上了简短的术语表。

丰田模式（理念而非本书）的重点是在经验老到的教练的挑剔眼光下进行学习，且要在现场学习，仅仅坐在椅子上看一本书是毫无用处的。尽管如此，我还是希望本书能帮助你加深对自己组织中可能发生的事情的认知。我所认识的正式经历过精益之旅的人，都会描述他们学到了多少以及自我的改变。这关系到个人成长、厘清价值观、建立自信以及有所作为。坐着学很重要，但是更重要的是做着学。

关键点

- 《改变世界的机器》一书是基于对 TPS 的研究和在社会大多数部门中普及的“精益生产”概念而完成的。
- TPS 可以一栋房子表示，房子以准时生产和内建质量（自働化）两根支柱作为支撑，以运营稳定为地基，其核心是持续改善。
- 在许多方面，TPS 方法类似于经典的工业工程方法，但是丰田通过授权一线团队成员使用工具来改进自己的流程，即全员改善，从而将传统的工业工程方法推向了顶峰。
- 当组织被视为一台机器时，机械精益将成为传统工业工程中用于消除浪费的工具包。
- 当组织被视为一个有生命的系统时，有机精益就会专注于让各个层级的人挑战该系统并持续改善。
- 保罗·阿德勒引入了“授权型官僚组织”一词，指的是机械性元素和有机性元素的结合，其结构、政策和管理支持有助于人们改善他们的流程。
- 仅仅对标与复制丰田的实践方式是无效的，因为它们仅仅是针对当时丰田的问题而开发出来的。最好从这些原则中学习，从中寻找想法或灵感，以追求卓越的愿景。
- 数字时代全面到来，适当地使用先进技术来支持人员和流程，可以将精益系统提升到一个新的层次。

参考文献

1. James P. Womack, Daniel T. Jones, and Daniel Roos, *The Machine That Changed the World: The Story of Lean Production* (New York: Harper Perennial, November 1991).
2. Paul S. Adler, "Time and Motion Regained," *Harvard Business Review*, January–February 1993, pp. 97–108.
3. J. F. Krafcik, "Triumph of the Lean Production System," *Sloan Management Review*, 30, 1988, 41–52.
4. Takahiro Fujimoto, *The Evolution of a Manufacturing System at Toyota* (New York: Oxford University Press, 1999), pp. 5–6.
5. Jeffrey Liker and Karyn Ross, *The Toyota Way to Service Excellence* (New York: McGraw-Hill, 2016).
6. James Morgan and Jeffrey Liker, *Designing the Future: How Ford, Toyota, and Other World-Class Organizations Use Lean Product Development to Drive Innovation and Transform Their Business* (New York: McGraw-Hill, 2018).
7. Chet Marchwinski, et. al., *Lean Lexicon: A Graphical Glossary for Lean Thinkers*, Brighton, Mass.: Lean Enterprise Institute, 2006.

The Toyota Way

目录

导论

第一部分 理念：长期系统性思维

第二部分 流程：竭力为客户创造连续的价值流

第三部分　人员：尊重、挑战、培养团队和合作伙伴，以实现卓越的愿景

第五部分 结论：深思熟虑，建立进化的组织

导　论

丰田模式：将卓越运营作为战略武器

我们最重视的是实际执行和采取行动。每个人都有很多不了解的事情，因此，我们总是要求员工直接采取行动，努力做些尝试。如果尝试失败了，你就会了解到自己知之甚少，并借此机会纠正错误，然后再尝试一次。下一次尝试时，你又会认识到另一个错误或者需要改进的方面，然后再尝试一次。持续改善，或者说基于行动的改善，可以让实践和知识水平提升到另一个高度。

——张富士夫（Fujio Cho），丰田前总裁，2002 年

丰田第一次让世界瞩目是在 20 世纪 70 年代，当时，人们发现日本企业在产品质量和生产效率上有着过人之处。例如，日本制造的汽车的耐久性比欧美制造的汽车更好，故障率也更低。而到了 20 世纪 80 年代，人们又发现与其他日本汽车制造商相比，丰田更为突出。这倒不是说，丰田生产的汽车有令人耳目一新的设计和绝佳的性能——尽管其舒适性和设计感确实相当亮眼。而是说，丰田设计和制造汽车的模式使其流程和产品实现

了不可思议的一致性。丰田独特的文化、方法和流程让它能在设计和制造汽车的过程中，比竞争对手速度更快、成本更低且质量更好。同样令人印象深刻的是，每次遇到困难或者面临危机时，丰田都可以奇迹般地化险为夷，然后更加强大。2009～2010年，丰田陷入了巨大的危机，不得不召回数以百万计的车辆，公司受到了沉重打击，甚至都要“关门大吉”。但是，丰田顽强地站了起来，在那段艰难的时间里依然保持赢利。在解决了问题之后，丰田的产品质量再次名列前茅。

有很多指标可以用来衡量一家汽车制造商的成绩。为了方便起见，我们在此只关注其中两个指标：利润和客户体验到的质量。某一年的数据不能说明丰田的成功，只有在很长一段时间内表现持续优异才具有说服力。利润方面，我用了从《丰田模式》出版的2004年开始到2018年，这连续15年的以美元计的年度损益（见图0-3）。同时，我选取了几大汽车制造商——丰田、福特、大众和通用汽车在同时期的数据作为参照。即使再加入其他公司，我得出的规律也是适用的。

在大部分的年份里，丰田都明显领先。受2008年的金融危机影响，丰田连续50年赢利的势头被打断，但也只亏损了50多亿美元，当年亏损得比福特和大众多一些。在随后的14年里，除了召回危机，丰田还遇到了很多问题——其零部件因日本地震和海啸供应中断，又因泰国有史以来最大的洪水再次中断，整车厂也受洪水影响无法工作。但是在这些年里，丰田每年都在赢利。如果不考虑金融危机和自然灾害的那些年份，其整体明显呈赢利趋势。2007年，就在金融危机前夕，丰田创造了汽车行业的纪录，净利润接近140亿美元。2013年，丰田创造了工业界的纪录——净利润接近190亿美元；2017年，它再次刷新了自己的纪录——净利润达到了210亿美元。只有福特能与之匹敌——该公司在2011年的净利润超过200亿美元，但这大部分是会计数据更改所致[⊖]。

⊖ 在福特2011年取得的200多亿美元的净利润中，据autoblog.com称，有115亿美元是“对递延所得税资产持有的估值准备金的结果，因为该公司认为利润消失了，所以需要这样做。随着赢利能力的恢复，不再需要估值”。

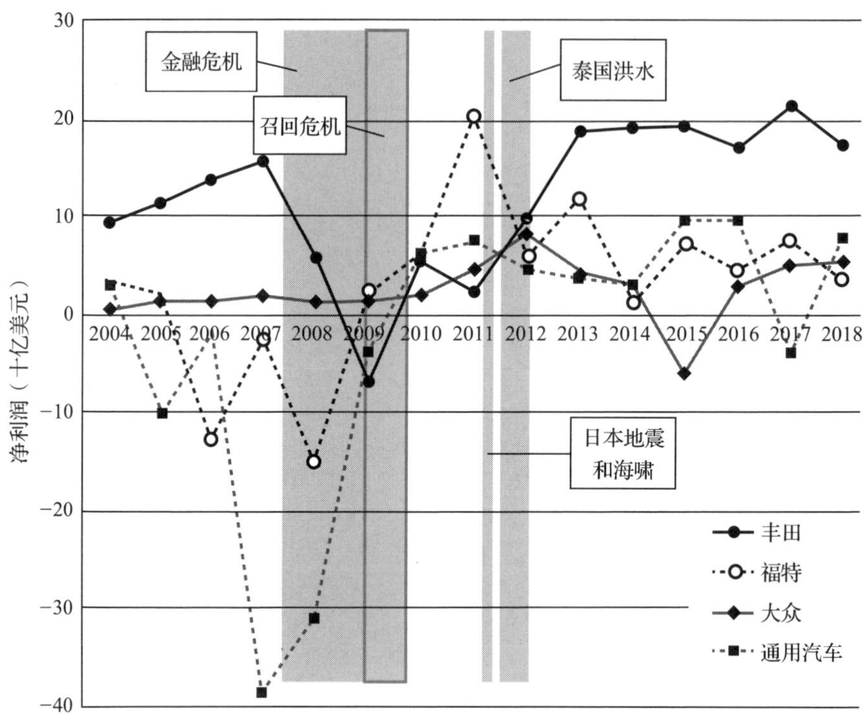

图 0-3 2004 ～ 2018 年不同汽车制造商的年度损益

注：数据由詹姆斯·弗朗兹（James Franz）汇编。丰田的数据是按日元每季度汇率转换而来的，而会计年度数据则转换为日历年。需要注意的是，由于“递延所得税资产”的会计数据更改，福特 2011 年的净利润多算了 115 亿美元。

如果用这些汽车制造商 15 年里获得的累计净利润进行对比的话，那么丰田更是一枝独秀（见图 0-4）。丰田的累计净利润是 1797 亿美元。这里我们把本田加入进来——本田排名第二，为 754 亿美元，不到丰田的一半。福特排名第三，为 469 亿美元，这一数额还包含了 2011 年因为会计数据更改而多记的利润。在我写本书的时候，大众是全球最大的汽车制造商，而大众的累计净利润是 372 亿美元，大概是丰田的 20%。有趣的是，在这个时期，福特、通用汽车、大众和本田的总累计净利润是 1251 亿美元，还是远低于丰田。就算排除亏损的通用汽车，其他三家汽车制造商的净利润之和也只有 1595 亿美元，仍然不如丰田。

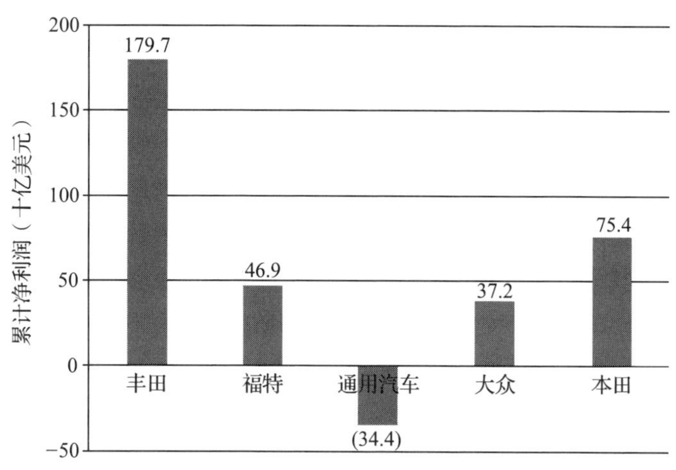

图 0-4　2004 ～ 2018 年各汽车制造商的累计净利润

由于赢利能力在业界遥遥领先，丰田一直有着很高的信用评级（本书写作期间其穆迪评级是 Aa3），同时也有充沛的现金可用于投资产业转型相关项目，如自动驾驶、共享汽车和电动汽车。例如，丰田在 2019 年创造了另一个纪录——手握 575 亿美元的现金。

对一些股票分析师来说，把那么多现金白白放在手里简直就是浪费。为什么不用这些现金去收购、回购股票，创造更多的分红来回报股东？其实，丰田这种有违常规的做法，遵循的是一条古老的原则：未雨绸缪。丰田的目标是回报社会、回报客户，给公司所在的社区带来福祉，为员工和业务合作伙伴谋福利。实现这些目标的关键是通过大量的现金来缓冲市场的上下波动。在 2020 年新冠疫情肆虐全球，直接威胁到很多公司的生存的时候，丰田的这种做法就显得尤为明智了。

在各种不同组织给出的汽车制造商质量排行榜上，丰田和雷克萨斯长期名列前茅。美国最权威的评级机构之一君迪（J.D. Power），其出具的新车质量评级经常被引用，此评级显示了新车在使用的头三个月的质量。不过，我更喜欢看三年可靠性评级，其反映了车辆的自然磨损情况，能暴露车辆在使用三年后的问题。如果能在某车型细分市场（例如，小型汽车、中型汽车、紧凑型 SUV、中型皮卡等）获得最佳可靠性奖项，那就是最大的荣誉了。图 0-5 显示了从 2004 年到 2019 年，丰田及其子品牌获得了多少个细分市场奖项。虽然数据是上下波动的，但是我们可以看到，在美国市场的所有汽车制造商中，丰田品牌占据了 20% ～ 60% 的奖项。2019 年，雷克萨斯在三年可靠性排名中名列第一，丰田则排名第三。

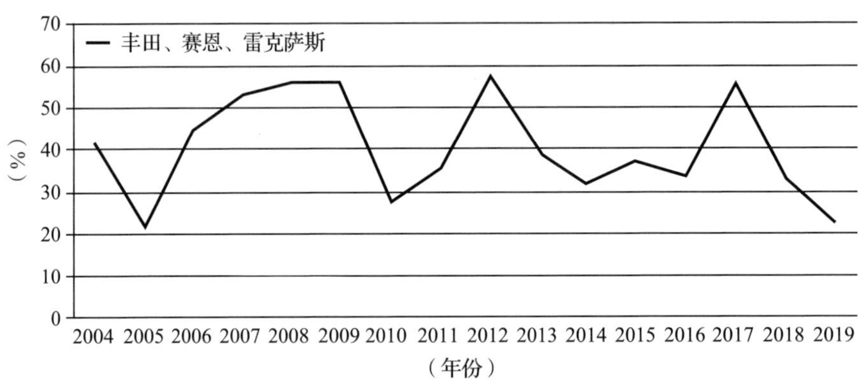

图 0-5 丰田及其子品牌在君迪三年可靠性评级中获得最佳可靠性奖项的比例

注：图表数据由詹姆斯·弗朗兹整理，逐年汇总该细分市场的获奖者。

在长期可靠性上，丰田汽车的表现更为亮眼。在美国，行驶里程超过 20 万英里㊀的汽车中，第一名是丰田红杉（行驶超过 20 万英里的可能性比平均水平高出 9 倍），第五名是丰田超霸，第七名是丰田汉兰达，第十名是丰田塔科马，第十一名是丰田坦途，第十二名是丰田亚洲龙。简而言之，美国行驶里程超过 20 万英里的汽车中，排名前十四的汽车里有六名都是丰田制造。

其他机构基本也给出了类似的结论。Autobytel㊁从车型历史和指标分析的角度，选出了 2019 年的新车中耐用性最强的车型，意料之中——凯美瑞、花冠、普锐斯和雷克萨斯 ES 排名前 10。另外一家评估机构 Dashboard Light 则侧重于汽车的行驶寿命周期。它关注动力总成，因为从历史故障上来看，传统的发动机和传动系统故障的维修费用最高。同时，它也关注汽车发生故障时的车龄（从交付经销商到发生故障的时间）。在 Dashboard

㊀ 1 英里 =1.609344 千米。

㊁ 一家美国评估机构。——译者注

Light 的长期可靠性评估榜单中，雷克萨斯位列第一，丰田第二，已经停产的赛恩名列第四（见图 0-6）。

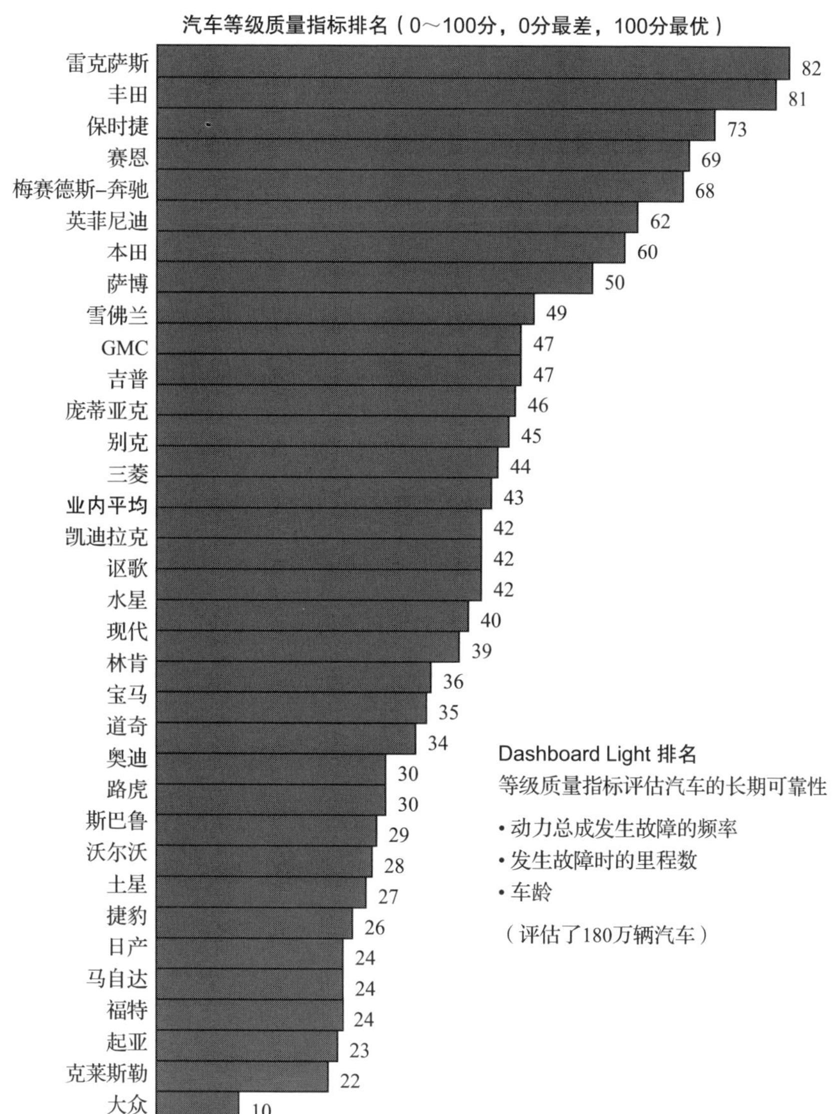

图 0-6　Dashboard Light 的长期可靠性评估榜单

我并不是说汽车最重要的就是零缺陷——就像在本书第 14 章里讨论的一样，引发驾驶者的兴趣和激情可能更重要，尤其是我们正处在迈向未来出行的时代。丰田必定会为之全力以赴。特斯拉已开了个好头，成功激起了消费者的热情，它那令人兴奋的功能可以弥补恼人的质量问题。但是到目前为止，丰田与众不同的地方在于其极高的可靠性、成熟的功能和合理的价格。

丰田模式

丰田成功的秘诀究竟是什么？丰田确实开发了 TPS，同时引领着精益制造的革命，并因此备受赞誉，但工具和技术并不能作为业务转型的秘密武器。丰田之所以能持续书写成功的篇章，是因为其根深蒂固的经营理念——真正理解人并了解人的深层次需求。简而言之，丰田能成功，根源在于它能培养领导力、团队和团队文化，能有效制定战略，能与整条价值链上的合作者建立良好关系，并且能建立并维持一个学习型组织。

本书基于我对丰田超过 35 年的研究积累，阐述了 14 项原则——这些原则构成了丰田模式。我将这些原则归为四大类，每类原则的英文都是以字母“P”开头的——理念（Philosophy）、流程（Process）、人员（People）和问题解决（Problem Solving）（见图 0-7）。这次再版，我更新了整个模型，没有用第 1 版的金字塔模型，而是用了一个拼图，表示这几类是相互关联的一个整体。同时，我在拼图中央加了一个核心——科学思维，它激活了这四大类原则，稍后我会详细阐述。在此模型中，实践性科学思维是指在事实的基础上，通过不断学习，努力克服困难和挑战。在此之前，我们要有一个最基本的认识——这个世界远比我们想象的更加复杂、更加难以预测。

4P 模型和对应的 14 项原则如图 0-8 所示。同时，书后的附录中也有给管理层的小结，包括一个评估表格，可以用来帮助评估现状和目标。熟悉第 1 版的读者可能已经注意到：虽然还是 14 项原则，但是顺序有所调整，此外有一些原则有了不同的表述。问题解决这一大类原则的改动格外

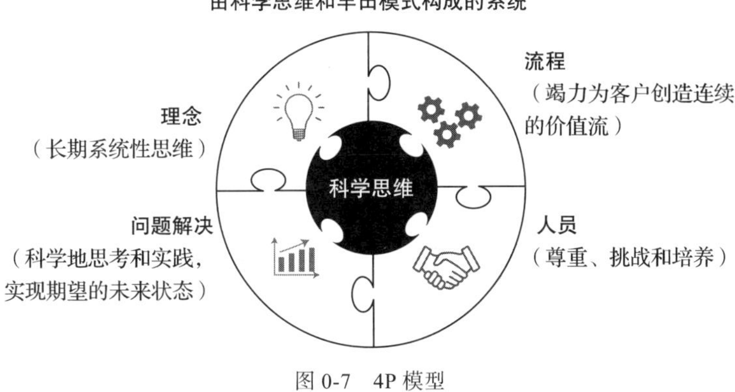

图 0-7　4P 模型

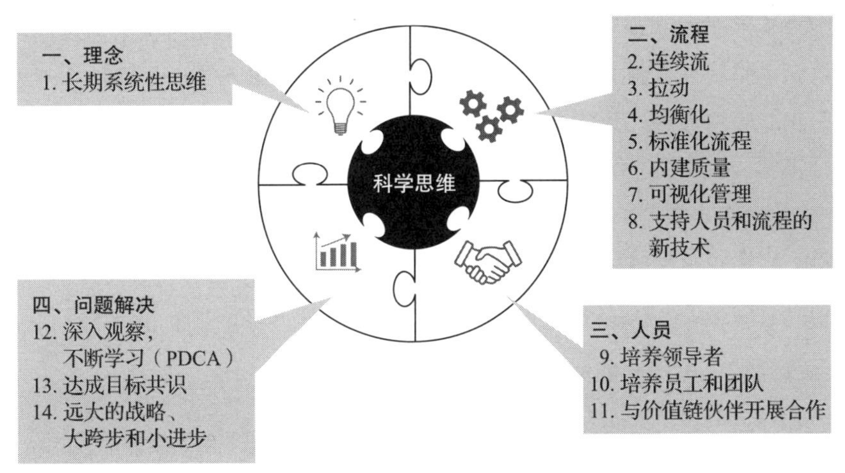

图 0-8　4P 模型和 14 项原则

大。通过以下原则——深入观察，不断学习（原则 12）；通过战略部署（方针管理）在目标和计划上达成共识（原则 13）；通过远大的战略、一些大跨步和很多小进步来实现未来愿景（原则 14），我更加强调“科学思维”。在下一章中，我会详细阐述 TPS 的历史和理念。之后的 14 章中，每章都会通过制造和服务行业的具体案例来讨论其中一个原则。

丰田模式和 TPS（包括丰田的制造理念和方法）是构成丰田 DNA 的双

螺旋，共同定义了丰田的管理方式，是这家公司如此独树一帜的关键。因此，我希望能够借助本书，阐释和展示丰田模式可以帮助任何行业的任何组织，在销售、产品研发、软件开发、市场、物流和管理等方面进行改善。为了便于读者理解，书中不仅列举了大量丰田的案例，也提供了很多制造和服务行业成功应用丰田模式中的原则的案例。

科学思维是核心，可惜我们没有那么擅长

相较于第1版，第2版的模型中最大的改变就是加入了科学思维，不过这并不是丰田刚提出的新想法。丰田教育和培训部门在1973年出版的第1版TPS手册中就提到了大野耐一对“科学思维”的看法——在现场，最重要的事情是从实际的现象出发，寻找根本原因，从而解决问题。换句话说，我们必须强调“找到事实”……[一]

多年以后，大野耐一的学生、在美国创建了丰田生产方式支持中心（Toyota Production System Support Center，TSSC，后更名）的大庭一（Hajime Ohba）先生，又重复强调了这一点。在一次公开演讲中，他如此说道[二]：

> TPS是建立在科学思维方式上的……怎么说才比较合适呢？或许可以这样理解——它不是一个工具箱。（你必须）愿意从小处着手，通过试验，从错误中学习。

说到科学思维，你脑海里可能会出现这么一幅景象：在实验室里，专业的科学家们用严谨的方法来提出假设、验证假设，然后可以得到新的理论并发表论文。纯粹科学的目标是得出一个通用的原则，研究过程的严谨性需要通过同行评估。通常的模式是在已知的知识范畴内定义一个差距，然后解释这个差距的重要性（问题定义），提出一个可能的运作方式（假设），解释研究设计（方法），展示研究发现（结论），最后讨论研究的意义

[一] 来自丰田前经理阿特·斯莫利（Art Smalley）。

[二] 我在2011年收到了这个幻灯片文件，但不确定大庭一先生什么时候在什么地方演讲过。

和进一步的研究（讨论 / 反思）。该过程应该在客观和没有偏见的情况下完成。相反地，大野耐一并不是要去尝试证明自然世界的通用假设。如大庭一先生所说，大野耐一是想要努力确定“问题”本身。在现实环境纷繁复杂的情况下，他希望团队成员能够针对他们所提出的问题进行系统性思考，这就意味着要收集数据和事实信息，花时间去测试他们的想法、检验结果，然后反省在这个过程中学习到了什么。甚至可以说，丰田文化的核心就是通向科学思维的实践路径。

事实上，正是基于科学思维的改善给 TPS 注入了生命力。但是我们如何培养员工的科学思维呢？丰田的答案是师徒（教练 – 学员）关系和日常实践。数十年里，丰田将每一位高管、经理和主管都培养成教练，很少有其他组织可以做到这一点。

迈克 · 鲁斯在他的《丰田套路》里提出了一个逐步推进的简单流程，通过简单的套路（练习的套路）来培养科学思维，以此来帮助那些想学习丰田方法的组织。我在第 12 章里讨论了一些这方面的细节。

我们很难从理论上定义科学，在哲学上，关于科学的含义也一直存在争论。鲁斯并没有关注科学的定义，而是开发出一条实践路径——教授员工如何在日常生活中科学地思考。他是这么描述的：

> 一种理念，或者说如何看待 / 应对目标和问题的方式，有以下特征：
>
> - 承认我们的理解通常都是不完整的，也可能是错误的。
> - 假设我们可以通过试验来得到答案，而不仅仅是通过思考。（做出预测，然后通过试验来检验。）
> - 认识到预测和实际发生的情况之间的不同是非常有用的资源，它可以帮助我们学习和做出后续调整。

相反地，如果我们在面对目标和问题的时候假设已经了解现状和解决方案，忽略了对假设的检验，将失败的预测归咎为个人的失败，认为失败没有学习的价值，那我们就没有掌握科学思维，在未来也不会学着去更加科学地思考。

确实，在遇到问题的时候，我们已经掌握了一定程度的知识和经验，它们都可以指导我们做决策。我们不需要假装什么都不知道。鲁斯将这个称为“知识边界”。我们要明白的是，什么在我们的知识边界内、哪些假设需要检验。例如，在物理科学领域，知识浩如烟海。我们在设计制造流程的时候，没有必要假设自己对物理、化学和生物学一无所知。同样，设计软件也需要海量的知识。我们可以选取合适的知识应用在具体的情境中，甚至提出新的创意。不幸的是，人类本能地会倾向于高估自己掌握的知识范围，同时更喜欢确定性。从原始社会开始，人类的大脑就厌恶不确定性，这会使我们以为自己知道正确的答案或者存在一个已知的最佳解决方案。

我在前言里面讨论过，将精益视为机械性的流程（应用现成的解决方案去解决组织的问题）是一个谬论，毫无疑问这是不科学的。例如，我在进行一些简短的培训或者公开演讲时，常常有人请教我如何解决他们的问题：如果客户的需求是不均衡的，我们如何均衡化我们的生产？如何将TPS应用在我们这样严格管制的行业中？我们需要把纸质文件贴在墙上吗，还是把所有的信息存储在计算机里面？我们需要对所有零件应用拉动式生产，还是根据上千种成品的生产计划进行推动式生产？你遇到过在深海石油勘探领域应用精益的例子吗？我如何说服CEO到现场来？这些问题的本质是：对于我遇到的问题，你能给我一个解决方案吗？

我曾经努力尝试给出一个通用的，同时希望是明智的答案，以维护我的信誉。但是，有了答案又能如何呢？我终于意识到，在公开场合扔出一个解决方案完全违背了科学思维，对提问的人来说也毫无帮助。我不确定他们的目标到底是什么，也没有研究过他们的现状，也肯定没有在他们的现场做过试验。换句话说，就算是我这样所谓的专家提出来的，如此通用的“解决方案”也是没有根据的猜测。我们已经习惯于照着工具书和路线图行事，IT和咨询公司也一直标榜自己是“方案提供商”。获得一个“即时性”的解决方案，然后按下启动键，这听起来很美好，但是很少能从根源上解决问题。

剧透一点原则12的内容——科学思维并非与生俱来。实际上，我们并不擅长科学思维。诺贝尔奖得主丹尼尔·卡尼曼（Daniel Kahneman）对许多干扰科学思维的偏见提供了详尽且基于科学的解释。他将这些偏见的出现归结为“快速思考”——快速、自动、感性的思考过程，同时自我感觉非常良好。基于我们认为过去可行的方法得出解决方案，就是快速思考。科学思维的基础是“缓慢思考”，换言之，它是缓慢、刻意、系统的思考过程。也正因此，一般的人都会觉得缓慢思考很艰难、无聊甚至痛苦。卡尼曼提出了“最小脑力法则”，这是我们的大脑更喜欢的运行方式。在数千年前，人们要生存，需要当机立断、迅速行动并节约能量。现在，全球的环境已经改变，我们需要更多的人采用科学思考，但是我们的“硬件”已经很老了，不能自然地以这种方式运行。

四大原则中的科学思维

理念

丰田的理念基于长期系统性思维和明确的目标意识，即愿景是什么、我们要努力实现什么。长期而系统地思考需要复杂的推理。例如，采取措施 X 很快就能得到结果 Y。但是如果引入措施 X（例如，培养员工）作为系统的一部分，间接地和系统其他部分（例如，单件流）结合，几年后，会有业绩表现提升吗？丰田努力规划和设定具有挑战性的目标（原则 13），希望通过持续改善来实现这些目标。其方向很明确，但是到达目的地的路径却很模糊。解决复杂的系统问题需要领导者关注整个流程，而且还需要分而治之，将希望实现的目标分解成多个小目标。同时，领导者还要让团队深入一线，负责各个流程，通过持续的试验来学习。就如张富士夫先生在导论开头说的那样：我们总是要求员工直接采取行动，努力做些尝试。

流程

流程并不是静态的，而是可以通过试验和学习来持续改善的动态工作方式。我们经常在精益圈子里面看到所谓的专家使用了他们所喜爱的精益工具，这些工具在过去也确实有效，例如，建立单元、实施5S、为日常管理建立一个可视化管理板。丰田模式并不认为其他组织可以复制丰田的解决方案，来修复或者重建一个高绩效的系统。事实上，对丰田而言，建立精益系统（也就是克拉夫西克所说的敏捷系统）的主要目的是发现问题，让员工可以科学地解决一个又一个问题，并从中学习。

人员

如前面所提到的，人类的进化过程中并没有养成缓慢而刻意的思维方式，这一点至今仍未改变。人们有许多讨厌的习惯，例如，让关于过去错误的经验的印象来左右对未来的判断，透过模糊和有偏见的镜头来观察当前的情况。在丰田，每位领导者都是一位教练，他们亲自在现场（完成工作的地方）传授新的思维方式，而很少在课堂或者通过在线培训的方式授课。经过大量的重复练习，员工的大脑就建立了一个新的神经通路，自然而然地就会按照新的思维方式来思考。

问题解决

在很多组织里，解决流程中的问题通常就是在原有流程上贴上创可贴，但是这样做，问题一般还会重复发生，组织也无法实现更高的绩效表现。丰田在流程出现问题时会有很多的应对措施，但同时也会努力找到根本原因。更根本的是，丰田投资巨额资金用于主动改善以应对挑战，往往是为了预见并减少未来可能发生的问题。

TPS和精益生产

TPS是丰田独特的制造方式，它是精益生产运动的基础，而精益生产运动在过去30年里主导着制造业的发展趋势。我会在后文“丰田的历史”中详细讨论TPS的历史。尽管精益生产运动产生了巨大的影响，但我依旧认为，大多数进行精益实践的公司都只是停留在表面。它们过于关注 5S（营造清洁和有序的工作场所）、工作单元等工具，而没有把精益看作一个必须渗透到组织文化中的完整系统。在大多数进行精益实践的公司中，其高层并没有参与日常运营和持续改善，而这两点恰恰是精益的核心。

丰田开发 TPS 是为了解决紧迫的问题，而不是实施已知的解决方案。第二次世界大战结束后，丰田为了生存苦苦挣扎，那时它所面临的商业环境和福特、通用汽车所面临的截然不同。福特和通用汽车采用批量生产模式，利用规模经济效应并通过大型设备尽可能低成本地生产大量零件。而战后的日本汽车市场很小，丰田必须在同一条装配线上生产各种车型才能满足顾客的需求。因此，其运营的关键是灵活性。在面对这一挑战时，丰田有了一个重大发现：缩短交货时间并保证生产线的灵活运转，实际上可以提高生产质量、客户响应能力、生产效率以及设备和空间的利用率，这一发现为丰田在 21 世纪取得全球性的成功打下了基础。

在某些方面，TPS 的改善工具看起来和努力消除浪费的经典的工业工程方法非常相似。但实际上，TPS 的理念在有些方面和传统的工业工程几乎相反。例如，TPS 里这些关于浪费的理念几乎都是“违背常理”的：

- **通常来说，最好的方式是让机器闲置，停止生产零件。**这样可以防止生产过剩，而生产过剩是 TPS 里最常见的浪费。
- **通常来说，最好的方式是建立成品库存，这样可以均衡生产排期，而不是根据波动的客户订单来按单生产。**
- **通常来说，最好有选择性地为一线员工（直接员工）增加支持人员或替代人员。**当一线员工从事的增值工作中存在浪费时，公司需要为他们提供高质量的支持，就像支持外科医生进行关键手术一样。丰田有一个额外的职级“班长”。当任何班组成员拉下安灯（Andon）绳寻求帮助时，班长可以随时到场提供支援。
- **让员工尽可能快地生产零件并不是明智之举，应该按照客户需求的速度生产零件。**只是为了充分利用员工而加快生产速度是生产过剩的另一种形式，实际上这样做会导致雇用更多员工。

- **最好有选择性地使用自动化和信息技术。**在可以采用自动化，并且此技术已经被证明可以降低成本和减少人力投入的情况下，丰田有时依然使用人工推进流程。人是最灵活的资源，自动化是固定资产投资。可以不断改善流程的是人，而非计算机。
- **通常来说，缓慢而仔细地计划，然后进行试验，最后有效地推广，比急于立即做出判断和立即实施要“快”。**丰田会将计划阶段的工作做得非常详细，任何新方法在推广到整个公司之前都会先在小范围内进行试点工作，这样之后的推广就可以更加快速和高效。

从某些角度来看，丰田针对特定问题的解决方案似乎是增加而不是消除了浪费。其实，这些看似自相矛盾的理念来源于大野耐一先生在车间的经验。他发现，无法增值的浪费与尽可能地让员工和设备拼命工作无关，而与将原材料转化为产品的方式有关。他观察了从原材料到最终客户需要的成品的价值流，并且发现了价值无法流动的“停滞”状况，这与批量生产的思想完全不同——批量生产专注于在相互独立的流程中发现、列举和消除浪费的时间。

如果你和大野耐一先生一样，在现场走一圈，观察组织的流程，你就会看到材料、信息、服务热线和研发部门的原型零件（或者业务流程涉及的其他内容）在逐渐转变为客户需要的东西。但是仔细一看，它们通常会被放在一堆材料中，或者登记在电子文件里，等待很长时间才被转移到下一个流程。当然，人们不喜欢在流程中等待。而大野耐一先生认为，材料和信息也不喜欢等待。为什么？因为如果生产出了大量的材料，却只放在那里等待处理，如果服务热线一直在等待响应，如果研发部门收到了原型零件却没有时间测试，那么这些停滞和等待就变成了浪费。这也是生产过剩的一种，通常也意味着有潜在的质量问题，同时又没有生产出客户需要的产品。如此一来，不管是内部员工还是外部客户，都会失去耐心，逐渐失望。

这就是 TPS 要从客户出发考虑问题的原因。总是有人问：“从客户的角度来看，我们增加了什么价值？”而在任何类型的流程（无论是制造、服务还是研发）中，唯一增加价值的步骤，就是将材料或者信息转变成为客户需要的东西。

为什么很多公司常常认为自己已经在实践精益生产，但实际上却不是

刚开始学习 TPS 的时候，我痴迷于强大的单件流。我了解到，所有的精益工具，例如快速换模、标准化作业、拉动系统、防错等，最终都是为了建立流。但是一路走来，丰田的资深领导者却一直告诉我，那些工具和技术不是 TPS 的关键。TPS 强大的背后，是公司的管理层承诺不断投资员工并促进持续改善的文化。我点了点头，好似听懂了，然后继续去研究如何计算看板的数量，建立单件流。

假设你买了一本关于建立单件流的书，或者参加了一场培训，甚至聘请了一个精益顾问，然后选了一个流程开始精益改善项目。你观察到流程中有很多浪费（Muda）——任何花费了时间却没有给客户创造价值的事情在丰田都称为浪费。流程无序，到处都是一片混乱。所以，你整理并清扫了现场，厘清了流程。所有东西流动得更快了，流程也越来越受控，甚至产品质量也变得更好了。你取得了振奋人心的效果，于是，你开始在组织的其他地方推广单件流。这有什么难的呢？

TPS 已经有了数十年的历史，它的基本概念和工具已不是什么新鲜东西了。第二次世界大战结束后不久，TPS 就以某种形式在丰田运行了。但是，其他很多实施 TPS 的组织通常都没有弄明白如何将那些工具整合成一个系统。通常，管理层为了获得立竿见影的效果，甚至会不顾一些基本的应用条件，把一些工具运用到极致。问题就在于，这些组织的负责人并不理解 TPS 能成功的根源——建立持续改善的文化，使丰田模式的原则，“活”了起来。例如，大部分公司都只涉足 4P 模型中的一个“P”——流程，而忽略了其他三个“P”和科学思维，它们也就只能是浅尝辄止，由此所实施的改善也就不会具备灵魂和智慧，也无法在公司内实现可持续发展。

这些公司的绩效表现也会一直落后于那些真正建立了持续改善文化的公司。

一位从丰田退休的精益老师给我讲过一个很棒的故事：欧洲一家大型制造公司的CEO邀请他到现场参观，请他评估一下该制造公司是不是世界级的公司。这位出场费非常高昂的老师花了将近一天在工厂走访，仔细观察，为他的汇报做足充分的准备。当晚，这家公司的CEO问这位老师："那么，我们是世界级的吗?"

这位老师回答道："我不知道。我昨天没有在这里。"这位老师给出的回答意义深远、一针见血——他是在说，他只能通过公司是否每天都在进步，而不是某个时刻的状态做出判断。

导论开头引用的丰田前总裁张富士夫先生的那段话并不是信口开河。在丰田，从管理层到一线工人都在做增值的工作。丰田激励员工，让他们发挥积极性和创造性，去做试验并从中学习。近一个世纪以来，丰田不断地学习和进化，已经成为一个真正的学习型组织。丰田对员工的投资足以让那些传统的批量生产的公司颤抖，因为这些公司只关注生产产品，计算季度的财务数字，每换一个CEO就采用新的"文化"。

如果丰田模式无法为组织提供解决方案，那它的价值是什么

批评者们经常将丰田描述为"无聊的传统汽车公司"。如果无聊意味着数十年来始终如一的卓越表现，那么我很乐意接受这样的"批评"。要知道，丰田数年来一直维持着优异的质量、持续增长的销售额、稳定的赢利能力。它拥有大量的现金储备，可以为未来的创新发明提供资金支持。同时，丰田还对社会和当地社区有着深远而积极的影响。

丰田仍然是高效、准时交付产品的典范，客户愿意为更好的质量、更高的可靠性和更高的价值而支付更高的价格。丰田模式基于以下要点，为快速、有效、高效地执行长期战略提供了一个模型：

- 仔细研究市场，为未来的产品和服务做好详尽的计划。

- 将员工和客户的安全放在第一位。
- 在执行这些计划的时候，消除时间和资源上的浪费。
- 在设计、制造和提供服务的每一个步骤中都保证质量。
- 在保证和员工和谐共处的前提下，有效地应用新技术，而不是简单地用机器替代人。
- 建立一种让员工通过科学学习和思考来实现具有挑战性的目标的组织文化。

我在本书中加入了来自不同组织的案例，它们都成功地应用丰田的原则提高了质量、效率和速度。很多人都认为，在日本以外的地方应用丰田模式非常困难，但实际上，丰田一直在这样做。丰田在全球的海外分支机构中建立学习型组织，甚至把 TPS 教授给其他公司。

本书并不打算作为一张教大家复制丰田的蓝图，事实上也没有这样的蓝图，盲目地复制也是一个馊主意。我也不是想将丰田作为出类拔萃、十全十美的公司来宣传。实际上，丰田人会告诉你，他们做的远远称不上完美，因为他们每天都会犯错误。不过，我也不会详细说明那些自认为不完美的人所犯的错误。本书不是对丰田的评价，而是来源于丰田的一系列原则和思想，我希望它可以帮助你实现愿景，激励你更好地适应复杂和不可预测的环境，并取得成功。

关键点

- 丰田的成功体现在其长期的表现。例如，2004 ～ 2018 年，丰田累计净利润大于福特、通用汽车、大众和本田的净利润之和。
- 丰田多次在质量上达到或接近最佳水平，特别是在长期可靠性方面尤其突出。
- 我对丰田模式的理解基于 4 个“P”——理念、流程、人员和问题解决。在本书中，我将 4 个“P”组成一个以科学思维为中心的相互联系的整体。
- 在这种情况下，实践科学思维意味着采用基于事实的迭代学习法，从而应对困难的挑战，即检验假设。

- 本书以第 1 版的 14 条原则为基础，在表述上进行了一些修改，并进行了一些内容上的重大修订。例如，在理念方面，我强调了系统思考在丰田模式中的重要性。最大的变化是将解决问题的原则集中在培养科学思维上，并将其应用于战略、计划和执行。
- 没有复制丰田模式的蓝图，但是在你努力寻找前进的方向时，这些原则可以帮助你了解你的愿景并指引你前行。

参考文献

1. Womack, Jones, and Roos, *The Machine That Changed the World*, 1991.
2. Jeffrey Liker and Timothy Ogden, *Toyota Under Fire: Lessons for Turning Crisis into Opportunity* (New York: McGraw-Hill, 2011).
3. Mike Rother, *Toyota Kata* (New York: McGraw-Hill, 2009).
4. Daniel Kahneman, *Thinking Fast and Slow* (New York: Farrar, Straus and Giroux, 2011).

丰田的历史：丰田如何成为世界上最好的制造商

我计划尽可能减少工作流程中的空闲时间，减少物料与零部件搬运时造成的时间浪费。为了实现这一目标，我坚持实施 JIT 策略。其中最关键的原则就是，搬运货物时既不要过早，也不要过迟。

——丰田喜一郎，丰田创始人，1938 年

在丰田追求卓越的道路上，最引人注目的成果就是它的制造理念，即 TPS。在制造业变革方面，TPS 的重要性不容忽视。通常与亨利·福特相关联的批量生产方式在当时取得了巨大的成功，这主要依托于当时不断增长的汽车市场以及品种单一但巨大的需求量。后来，日本的汽车市场需求低迷且追求多样化，TPS 在这种情况下应运而生。TPS 现在被称为“精益生产”，它改善了世界各地无数的组织，帮助它们提高效率与利润，更好地为客户与员工服务。

为了解 TPS、丰田模式以及该公司成为世界顶级汽车制造商的发展历程，我们有必要回顾一下创始人丰田家族成员的经历与个性，他们在丰田文化中烙下了不可磨灭之印记。其中最重要的并不是丰田家族持久的影

响力（福特在这方面也类似），而是整个丰田历史上领导力和理念的显著一致性。谈到丰田模式的原则，其根源可以追溯到公司成立之初，而每位丰田领导人，无论其是不是丰田家族成员，其身体里都有着丰田模式的DNA。

丰田佐吉与他的织布机

故事要从木匠、发明家丰田佐吉说起。他于19世纪末在一个偏远的农村（现位于静冈县）长大，此地位于丰田市东南方向约1.5小时车程的地方。当时，纺织是日本一个主要的行业。日本政府希望促进小企业的发展，鼓励在全国范围内发展家庭手工业。于是，雇用少数人的小商店和小作坊随处可见。家庭主妇通过在这些小商店和小作坊或家中工作来补贴家用。丰田佐吉从小就跟着父亲学习木工，最终将其运用到设计和制造木制织布机上。1894年，他开始制造比当时的织布机便宜但性能更好的手动织布机。

刚开始，丰田佐吉对他的织布机很满意。但是，当他看到母亲、祖母和她们的朋友们仍然如此辛苦地操作织布机，他感到十分内疚。他想找到一种能减轻繁重的劳动的方法，于是着手开发自动织布机。

在那个时代，所有发明家都得亲力亲为，毕竟没有大型的研发部门代劳。丰田佐吉刚开始开发自动织布机时，发现织布机没有动力来源，因此他将注意力转向了动力问题。当时蒸汽机是最常见的动力来源，因此他购买了二手蒸汽机，尝试使用它来驱动织布机。经过亲自反复试验和不断总结，他成功地解决了动力问题。这种亲自反复试验和不断总结的方法也成为丰田模式的基础之一：现地现物（Genchi Genbutsu）。1926年，丰田佐吉创立了丰田集团的母公司丰田自动织布机厂，它迄今仍是丰田集团的主角。

通过孜孜不倦地修补和发明，丰田佐吉最终开发出了精巧的自动织布机，这种织布机就像“御木本珍珠”和“铃木小提琴”一样出名。丰田佐吉发明自动织布机的过程就是持续改善，他每次试验都是为了解决某个特定需求——如今这个过程被称为计划—执行—检查—行动（PDCA）。

丰田佐吉发明的织布机的自动化程度很高，除了需要人工装卸以及对发生的问题做出反应，其余流程都实现了自动操作。但是，这种织布机存在一个问题：当线断裂时，织布机并不会停下，而是继续织造有缺陷的布料，直到人们发现问题并停机。丰田佐吉觉得这样浪费了人力，因为总是需要人在机器旁边看着。于是，他开发了一种线断裂时织布机就会自动停止的装置，从而实现一人多机操作，节省的人力可以做更多其他的事情。这项发明逐渐演变成为TPS的两大支柱之一：自働化（具备人类智慧的自动化）。如今，人们认为自働化可以帮助流程内建质量，最典型的可视化信号就是安灯：当机器感知到异常或者员工发现不符合标准的状况并按下按钮或者拉下绳子时，提示异常的灯就会亮起（原则6）。

丰田佐吉是卓越的工程师，一生发明无数，后来被称为日本的“发明大王”。然而，尽管他的发明和工程技术对于丰田的早期成功至关重要，但他对丰田发展的更大贡献是其热衷于持续改善的理念与方法。有趣的是，最终演变为丰田模式的这种理念受到了塞缪尔·斯迈尔斯（Samuel Smiles）1859年在英国首次出版的《自己拯救自己》（*Self-Help*）的极大影响，该书主要宣扬勤劳、节俭和自我完善的美德，列举了诸如詹姆斯·瓦特（James Watt）等伟大发明家的故事。《自己拯救自己》给了丰田佐吉灵感，他出生地的一家博物馆还在橱窗里展示了它。

当我阅读斯迈尔斯的书时，我看到了它影响丰田佐吉的痕迹。首先，斯迈尔斯撰写《自己拯救自己》的动机是出于慈善而非为了赚钱。斯迈尔斯希望该书能为经济拮据而又想有所改变的年轻人提供帮助。其次，该书记载了发明家们因主动性与好奇心而改变人类历史进程的故事。例如，斯迈尔斯认为，詹姆斯·瓦特的成功和影响力并非源于他的天赋，而是源于勤奋、坚持和自律，这些正是丰田佐吉将蒸汽机用于为织布机提供动力的过程中所表现出的特征。在斯迈尔斯的书中，有很多例子都在说明“根据事实进行管理”与主动关注的重要性，这也是丰田模式的标志——亲自去现场，观察实际状况，从而解决问题。

丰田佐吉的个人和专业理念凝练为“丰田纲领”，至今仍影响丰田：

（1）上下一致，至诚服务，产业造福社会。

（2）致力于研究与创造，始终走在时代的前列。

（3）切忌虚荣浮夸，坚持质朴刚毅。

（4）发挥团结友爱的精神，营造和谐家庭式氛围。

（5）具有敬畏感，知恩图报。

丰田喜一郎与丰田的创立

> 丰田佐吉发明的可“防错”织布机成了丰田自动织布机厂最受欢迎的机型。1929 年，他派儿子丰田喜一郎去英国，与知名的纺纱及织布设备制造商普拉特兄弟（Platt Brothers）协商出售专利权。最终丰田佐吉的该项专利以 100 000 英镑的价格成交。1930 年，丰田喜一郎用这笔资金开始筹备设立丰田。

讽刺的是，丰田创始人丰田喜一郎年幼时体弱多病，许多人认为，以他的身体素质难以成为领导者。但是，他的父亲不这样认为。丰田喜一郎也通过不懈努力，最终取得了成功。丰田佐吉要求丰田喜一郎经营自己的生意，不是为了增加家族财富（若只是为了赚钱，丰田佐吉大可以将家族的织布机产业交给他），而是希望丰田喜一郎能在世界上留下自己的印记，他是这样对丰田喜一郎说的：

> 每个人一生中至少要完成一件伟大的事情。我一生中的大部分时间都在发明新型织布机。现在轮到你了，你应该努力完成一些有益于社会的事情。

丰田佐吉将丰田喜一郎送到著名的东京帝国大学学习机械工程，在那里他专注于发动机技术。后来，丰田喜一郎去了父亲的公司工作，帮助父亲完成了第一台全自动织布机。他还去美国进修了一年，学习织布机制造，而后在英国普拉特兄弟公司工作了两年。普拉特兄弟公司在织布机制造领域享誉世界，正是在那里，丰田喜一郎萌生了 TPS 思想。丰田喜一郎从来都不是一个天资聪颖的学生，他通过记笔记和绘制详细的草图来补拙。在普拉特兄弟公司工作时，他画出了工人的行走模式，因此识别出大量的时间浪费。他对工人的行动与制造机器的每一个步骤计时，结果令他非常震惊：工人有一半时间无所事事，完成一件事所需的时间极长，八小时内只有三小时是在真正地工作[⊖]。他还注意到，工厂车间布局不合理导致了额外的浪费。例如，位于车间中心的组装部门工人的主要工作是处理返工的产品，他们一直在安装尺寸不符合装配要求的零部件，但是安装这些零部件需要用到的虎钳等工具却在装配车间附近。于是，工人一整天都需要在车间来回穿梭，直到零部件装好为止。丰田喜一郎从这种浪费现象中有所感悟，并将其应用于改善丰田自动织布机厂的工作流程，后来为发展汽车制造业的 TPS 提供了开创性的想法。

丰田喜一郎对在现场“做中学”的信念与其父亲如出一辙。第二次世界大战结束后，丰田喜一郎写道：“如果我们的工程师是那种不洗手就直接吃饭的人，那我将对我们重建日本产业的能力持非常严肃保留态度。”

在丰田发展的过程中，第二次世界大战爆发，日本战败。作为战胜国，美国可以阻止日本本土汽车生产。丰田喜一郎非常担心美国会关闭他的公司，但好在美国人意识到卡车是重建日本的必需品，他们甚至购买了丰田卡车，此举助力丰田扩大了生产并在举母市（Koromo，后来更名为丰田市）建立了新工厂。

在新工厂，丰田喜一郎将他在织布机厂总结的三项原则：JIT、内建质量（也称自働化，此项来自他父亲）以及标准化作业与劳资关系和谐结合起来，这三项原则也成为 TPS 的核心。

⊖ 有关丰田喜一郎的简史，请参见杰弗瑞·莱克的《丰田和丰田喜一郎：建立基于价值的公司和生产系统》(Toyota and Kiichiro Toyoda: Building a Company and Production System Based on Values)，《东亚创业手册》(*Handbook of East Asian Entrepreneurship*) 第 16 章（Fu-Lai Tony Yu 与 Ho-Don Yan 主编，New York：Routledge，2015）。更详细的历史记载，见 K. Wada 和 T. Yui 的《勇气与变革：丰田喜一郎的一生》(*Courage and Change: The Life of Kiichiro Toyoda*，Tokyo: Toyota Motor Company，2002)。

JIT

1938年，丰田喜一郎在行业杂志《汽车》(*Motor*)中写下了金字标题："准时生产"(JIT)。Wada 和 Yui 认为丰田喜一郎之所以能创建 JIT，是因为他在英国坐火车时意识到早到一秒是浪费，晚到一秒则会错过火车。而事实是，丰田喜一郎在普拉特兄弟公司工作的第一天就错过了火车。

丰田喜一郎对于举母工厂的设想是取消仓库。他撰写了四英寸[⊖]厚的文件，并且用活页夹夹起来，该文件详细描述了系统的工作方式，后来成为大野耐一开发和改善看板系统的基础。一开始，丰田喜一郎用的是纸条。例如，经理们根据当天的发动机生产计划，计算出要从库存中调取的铸件的准确数量。纸条随着加工工序移动，同时也是下一工序可以开始生产的信号。丰田喜一郎的堂兄丰田英二(Eiji Toyoda)这样介绍这个新系统：

> 丰田喜一郎想要的是每天只生产所需的零部件。为了实现这一目标，每一个作业步骤，无论你是否愿意，都必须纳入流动生产系统，丰田喜一郎将此称为"准时生产"。

内建质量

丰田喜一郎吸收了其父亲关于安灯的概念并将其发扬光大。他意识到，为了使 JIT 发挥作用，他需要将质量观念"内建"到产品生产的每个步骤中。一旦有质量缺陷，要么会因为没有库存缓冲而停止生产，要么会像他在普拉特兄弟公司所看到的那样，在生产线末端进行返工。实际上，在早期阶段，丰田在总装线末端也有大量的返工。当时，丰田英二负责在工厂的机械车间实施丰田喜一郎的 JIT。他在传记中回忆道：

> 每个车间都有三名经理，其中一名负责质检。丰田喜一郎的目的是找到任何有缺陷的产品并纠正任何有缺陷的过程。质检经理的任务不仅是判断产品是否有缺陷，还要找到消灭这些缺陷的方法。第二次世界大战结束后，我们研究了质量控制，并将这一

⊖ 1英寸 = 2.54 厘米。

概念积极地融入到我们的运营中。质量控制中的“在过程中创造产品质量”与丰田喜一郎的理念基本相同。

标准化作业与劳资关系和谐

在普拉特兄弟公司，丰田喜一郎注意到流程中的工人之间执行的工艺标准是不同的，而他们不会分享工艺知识，也不会将其编成册，这造成了极大的问题。然而纺织行业的标准化进展异常缓慢，直至1912年，一家名为嘉娜宝（Kanebo，现更名为佳丽宝）的公司才开始采用“科学方法”来进行运营的标准化记录。在丰田喜一郎了解到这个方法之后，他就想将这个方法引入丰田纺织。

1921年，丰田喜一郎刚刚加入丰田纺织，他发现工人们总是敝帚自珍，将自身的经验或知识当作秘密，轻易不会分享。

起初，丰田喜一郎必须自己学习这些“秘密”，他花了整整一年研究这些经验或知识。他还向丰田纺织的姊妹公司菊井纺织学习，该公司秉持劳资关系和谐理念，实行员工持股制。丰田喜一郎一直致力于改善恶劣的劳资关系，他认为这是建立正确的公司文化的前提。标准化是持续改善的基础，而所有人能分享成功或失败的经验是进行持续改善的必要条件。

理念的连续性

第二次世界大战结束后经济复苏，丰田获得了大量订单，但是通货膨胀使得收付款异常困难，现金流问题严重。1948年，丰田的债务高达其总资产的八倍。为了避免破产与裁员，丰田采取了成本削减策略，包括管理人员自愿降薪与全体员工减薪10%，然而这些仍然不够。无奈之下，丰田喜一郎请求1600名员工“退休”。这直接导致了工人罢工与游行，这种情景在当时的日本已司空见惯。

那时，每天都有公司破产倒闭，我们常常听到失败公司的CEO会尽力挽救其手上的股票与期权，将公司分解，变卖优质资产，并且不对失败负责任。丰田喜一郎采取了截然不同的方法，他为公司业绩下降而引咎辞职，这样做有助于平息工人的不满，更多工人自愿离开公司，劳资关系重新归于和谐。他为公司做出的巨大个人牺牲对丰田的产生了深远的影响，因为丰田的每个人都知道他做了什么以及为什么这样做。传承至今，丰田的理念是超越个人、考虑公司长远利益以及勇于承担责任。丰田喜一郎的以身作则是现在大多数高管无法理解的。

丰田一直在学习与反思。在当时，丰田喜一郎辞职很大程度上是因为受到了放贷人的影响，放贷人要求丰田喜一郎裁员，而丰田喜一郎早先曾向工会承诺不会裁员，在放贷人的步步紧逼之下，他不得不辞职。丰田从这件事中得到了一个教训：命运需要掌握在自己的手里，自力更生是原则。日野（Hino）解释了丰田对于借贷的看法：

财务准则 1

> 切记，借款猛如虎。
>
> 没有敌人比金钱更可怕，没有盟友比金钱更值得信赖。别人的钱（借来的钱）会迅速变成敌人。金钱只有在属于自己并且是你自己赚取的时候，才是值得信赖的盟友。

现在，新领导上任之后，旧领导的印记会逐渐被新领导的替代，这是很普遍的现象。然而，丰田有其独特的文化，丰田家族成员继承了公司创立与发展过程中的理念，构建了公司的 DNA。时至今日，丰田章男依然坚守着丰田之前的理念。丰田家族成员都热衷于亲自到现场去，从做中学，直面挑战，勇于创新，深刻理解公司对社会的价值，并自力更生。此外，他们的愿景也是一致的：致力于建设可持续发展的公司。

丰田喜一郎辞职之后，丰田佐吉的侄子、丰田喜一郎的堂弟丰田英二接过了继续打造丰田的接力棒。丰田英二于 1933 年进入东京帝国大学，同样攻读机械工程专业。毕业后，丰田喜一郎指派丰田英二独自在芝浦的“汽车旅馆”里建立研究实验室。

所谓的“汽车旅馆”实则是一个大型停车库。当时，丰田和其他公司共同拥有许多此类设施，它们认为“汽车旅馆”可以激起少数能够购买汽车的富人的购买欲。丰田英二整理出一个房间，购置了一些基本的家具与绘图板，开始独自工作、积累经验。他在第一年年底就拥有了 10 个人的团队。他的首要任务是研究机床，对此他一无所知。他还负责检查和维修有缺陷的汽车，并负责开发丰田最初的质量控制流程。在空闲时间里，他需要研究可以为丰田生产汽车零部件的公司——丰田主要从美国购买零部件，但希望将其供应链本土化。

因此，丰田英二像他的堂哥和叔叔一样，从小就认为成功的必要因素就是要自己动手。当挑战出现时，答案就是去尝试——做中学。

最终，丰田英二成了丰田汽车制造公司的总裁和董事长。第二次世界大战结束后，在丰田快速发展进而扩张成为全球巨头的过程中，丰田英二功不可没。他在甄选销售、制造与产品开发的领导者方面发挥了关键作用——其中最突出的领导者是大野耐一——TPS 的创始人。大野耐一的行事风格与丰田文化相比，带着强烈的进取心，他在丰田英二的保护下克服了各种困难，最终提升了自己的影响力。

大野生产系统

20 世纪 30 年代，丰田的管理者参观了福特与通用汽车，研究它们的装配线，他们仔细阅读了亨利·福特的《今天与明天》(*Today and Tomorrow*)，之后在织布机生产中实践了有关传送带系统、精密机床与规模经济的设想。其实在第二次世界大战之前，丰田就已经意识到日本市场需求小而多样化，无法适应美国公司采用的批量生产的方式。福特的生产线可生产汽车 9000 辆 / 月，而丰田仅仅为 900 辆 / 月，福特的生产效率比丰田高 9 倍。丰田的管理者们很清楚，要想在日本市场实现长期生存，必须调整批量生产方式，但是应该怎么做？

当时负责管理丰田汽车发动机零件加工厂的大野耐一接受了这个赶上福特的挑战。福特是批量生产的范例，生产效率比丰田高 9 倍，对弱小的丰田来说，仅仅经济规模就决定了赶上福特是不可能完成的任务，如同大卫试图挑战歌利亚[㊀]。然而就像大卫，大野耐一最后成功了。他以丰田喜一郎的概念为基础，开发了 TPS，也就是之后众所周知的精益生产。

福特的批量生产系统旨在生产需求量大但型号单一的汽车，这也是为什么 Model T 最初都是黑色的。相比之下，丰田需要使用同一条装配线生产需求量小但型号多的汽车。这是因为丰田消费者需求太低，无法支持只生产一种车型的专用装配线。除此之外，福特拥有大量现金，并拥有庞大的美国和国际市场，而丰田资金有限，只在日本经营。在缺乏资源与资金的情况下，丰田需要快速周转现金（从收到订单到收回货款），以便向供应商付款。丰田无法奢求福特的批量生产方式带来的规模经济效应，它需要调整福特的制造系统，才能同时实现高质量、低成本、短交期，并且具有灵活性。虽然大野耐一和他的团队从其他公司（尤其是福特）那里学习了经验，但鉴于现状与挑战，他们必须另辟蹊径，重新开发出不同的解决方案。在 20 世纪 50 年代，大野耐一形成了这套方法，起初这套方法没有名字，只是被称为“大野生产系统”，最终它被命名为 TPS[㊁]。

在《今天与明天》中，亨利・福特写了关于流水线和消除浪费的经典之言。例如，在第 8 章“从浪费中学习”中，他说：

> 节约材料是节约了材料本身还是节约了劳动力，这看似是一回事，但是实际上有很大的不同。如果我们认为材料是劳动力，我们将更加谨慎地使用它。例如，我们不会仅仅因为材料可以回收就浪费材料，因为回收涉及劳动力，理想状况是什么也不回收。

亨利・福特十分认同流水线的价值，但随着他的制造系统不断发展壮大，数量更多的物料散布在各个部门，装配线似乎是唯一可以看到流水线的地方，大部分的福特系统都是库存成堆，然后进入下一个流程。

和丰田喜一郎的想法一样，大野耐一知道他负担不起库存占用的资金，

㊀ 传说歌利亚是身高三米的巨人，但大卫用投石器和一颗石子就打败了他。——译者注

㊁ 藤本隆宏的《丰田制造系统的演变》(*The Evolution of a Manufacturing System at Toyota*, New York: Oxford University Press，1999）中对 TPS 的历史进行了精炼的讨论。

他想把装配线的单件流扩展到装配线以外的流程。之后，他成功地在机械加工中应用了单件流（原则 2），但是他必须仍要处理流入加工单元的物料，尤其是那些通常需要批量处理的流程（如铸造）。为了连接批量处理的流程，或者是从供应商到组装流程，他将丰田喜一郎的 JIT 理念扩展为被称为“看板”的直接沟通机制。看板是一种标志或信号。那时候，看板是一张卡片，当下游流程（直接客户）的需求量增大时，可使用看板向上游流程提取物料（原则 3）。

有人说这种拉动系统受到了美国超市的启发：在任何经营状况良好的超市中，当货架上的商品不足时才会去补货，即物料补充是通过消耗拉动的。将这种理念应用于车间，就意味着在下游工序（步骤 2）消耗了从上游工序（步骤 1）中取走的物料（减少到“安全库存”）之前，生产流程中的步骤 1 不应制造（补足）物料。在 TPS 中，当步骤 2 消耗到安全库存时，它将触发通知步骤 1 的信号，“订购”更多零件。

在大野耐一与他的团队从车间总结出 TPS 之后，这套系统就不仅仅是为了解决一家公司在特定市场中或文化背景下的问题的工具了，他们创造了制造业与服务业的一个新范式：这是一种观察、理解与描述生产过程的新方式，也直接导致了批量生产的逐渐消亡与精益生产的兴起。

七大浪费：价值流中的障碍

前面提到丰田喜一郎对在普拉特兄弟公司观察到的浪费现象感到非常失望，尽管最终产品质量优异，但这是以大量返工与浪费为代价的结果。而在 TPS 中，单件流是最佳方式——从开始到交付都是纯粹的增值，没有间断与返工。阻碍单件流的行为即为浪费。丰田将制造过程中的浪费划分为七类，这些浪费不仅仅存在于制造业中，只要做一些小的调整，就适用于产品研发、软件开发、医院运营以及任何办公室流程之中。

（1）**生产过剩**。提前或者按照预测需求进行生产，将导致库存过多，产生诸如人员过剩或者不必要的储存及运输成本等浪费。

（2）**等待（空着手）**。只是看着或等设备作业完毕，等物料送过来，没有硬性的交货期要求。

（3）**不必要的运输**。在制品的远距离运输导致运输效率低下，以及在生产和仓储过程中，物料或信息的频繁传送。

（4）**过度处理或不正确的处理**。存在不必要的处理步骤，如由于工具不适配或者产品设计不合理导致的低效率加工，进而导致不必要的动作以及产品存在缺陷，或者提供质量超出需求的产品或服务。

（5）**额外的库存**。额外的原材料、在制品或者成品都会导致交货期更长、产品报废或者损坏、运输或者储存成本增加以及延误问题。库存过多也会掩盖诸如生产不均衡、供应商延迟交货、质量缺陷、设备停机以及准备时间长等问题。

（6）**不必要的动作**。员工工作中存在浪费性动作，如寻找物品、走动、取物、摆放物品和拿工具等。

（7）**缺陷**。对产品进行修理、返工、报废、更换、检查等都会浪费时间、精力。

我们在《丰田模式打造卓越服务》一书中将七大浪费应用于服务业。

这似乎违背我们的认知，但是大野耐一认为最根本的浪费就是生产过剩，它会导致其他大部分的浪费。在制造过程中，任何工序的生产量超出客户需求必定会导致下游的某个地方库存堆积，这意味着物料会处于等待进入下一工序的状态。或许习惯了批量生产的制造商会问：这有什么问题？只要人员与机器都在参与生产，就没有浪费。但是过多的缓冲库存会掩盖问题，还会降低持续改善的动力：设备停机不影响组装，人员就不会关注设备的预防性维护；零部件虽然有缺陷，但是工厂里有大量替代品，那人员就不会关注质量的改善；直至问题在最后的组装过程中爆发出来时，工厂早已连续生产了好几周的不良品了。

图 0-9 简单地说明了制造过程中的增值部分与非增值部分（浪费），包含铸型、机械加工和组装过程。在大多数传统管理过程中，大部分时间里都存在浪费，然而人们只关注于增值部分（阴影区域），总是试图改进增值部分的工作，如增加机器的产量，让它们更加“高效”。

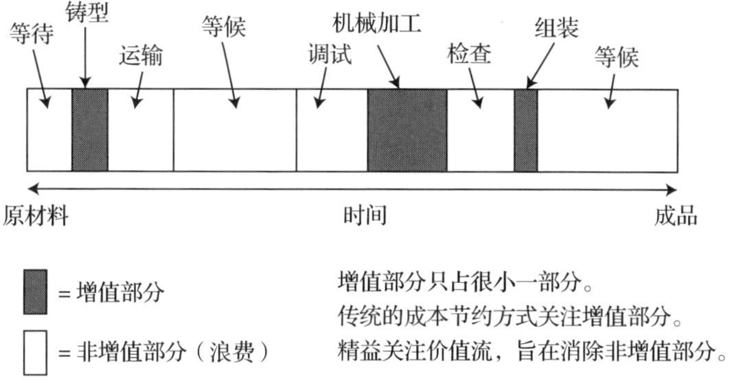

图 0-9 价值流中的浪费

我曾为一家钢螺母制造商提供咨询服务，这段经历很是典型。在研讨会上，经理与工程师都信誓旦旦地表示：他们的工厂无法从精益中受益，因为生产流程非常简单：钢卷经过切割、攻丝、热处理，然后进入加工，每秒可以生产数百个螺母。当我们跟随价值流（和非价值流）到现场去观察时，他们的说法就不攻自破了。从收货点开始，每当我认为生产流程已经结束的时候，又遇到了另一个步骤。甚至某些时候螺母需要离开工厂几周进行热处理，因为他们经过计算后认为外包热处理的成本更低。我们得出结论，除了热处理所需的几小时，螺母制造的其他流程只需要几秒，但是整个交付周期会长达数周甚至数月。

最后，我们算出不同类型产品线的增值百分比为 0.008% ～ 3%，这使得他们大开眼界。不仅如此，整个工厂还充斥着其他问题，如常见的设备停机。设备经常空转，大量材料堆积在一旁——因为“聪明的”经理发现外包设备维护比雇用专人成本低。但是设备一旦停机，就得等待外包人员来维修，更别提做好预防性的设备维护了。这就是强调局部效率的代价，它会造成大量的在制品与成品堆积，并且需要花费大量时间识别与减少质量问题，甚至掩盖问题，从而使得整个价值流周期延长，增值百分比下降，最后结果是成本高昂并且无法及时灵活应对客户需求的变化。

在第 1 版《丰田模式》中，我描述了第八种浪费：未被利用的员工创造力，我仍然认为这可能是最根本的浪费。但在这里它并不适用。上述七大浪费直接影响流程，而且是可以观察到的；未被利用的员工创造力则是更为广泛的概念。本书突出强调了两个核心内容：各层级的员工需要在流程中消除浪费，进而进行持续改善；丰田如何激发员工的创造力。

不断实现未来状态：价值流图的作用

传统的改善方法着眼于发现局部效率瓶颈并有针对性地进行改善，如对于设备或者增值工序，提升可运行时间，缩短生产周期，或者用机器替代人工，这样做可能使得单个流程的效率明显提升，但是对整个价值流来说几乎没有影响。精益注重减少流程中的非增值部分，而这部分通常改善空间更大。

在丰田，负责向供应商教授 TPS 的小组开发了一种可视化的可以清晰描述物料流与信息流的方法，这种方法可以识别出大量的浪费。迈克·鲁斯和丰田前经理约翰·舒克（John Shook）在其合著的畅销书《学习观察》（*Learning to See*）中描述了这种方法。你可以选择一个起点（通常在收货端），然后沿着产品转换的价值流，将整个流程记录下来。你首先要关注流程中的在制品库存（用三角形表示），也可以是排队等待时间，接下来你可能会发现各种浪费，这非常有趣。

图 0-10 是现状价值流图的示例。当你看到七大浪费之一“额外的库存”时，你可能想要减少它，一种简单的方法是计算最大和最小库存并且将其可视化，在库存最小的时候进行补充，这即为一种简单的拉动系统，这样做能减少库存。然后，恭喜你，你已经消除浪费了，但是你的最终目的是什么？单一工序的改善可能无济于事。

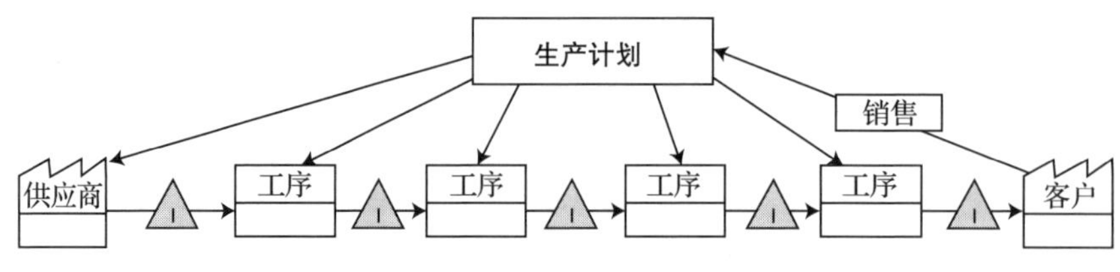

图 0-10 现状价值流图示例

要想提高竞争力，你的公司需要生产更多种类的产品，并缩短从收到订单到交货的时间，以便客户在减少库存的同时仍能在需要时得到他们想要的东西。你将一群专长不同的人召集在一起，其中包括精通精益概念的人，并对未来的状态进行构想：实现这样的目标需要什么样的价值流？

结果是，你可能会得到类似于图 0-11 的未来价值流图。你设计了物料流，使不同的产品实现均衡化生产，而不是之前的上午生产一种产品、下午生产另一种产品的批量作业方式（原则 4）；你消除了各工序之间的在制品库存，并用拉动系统取代信息流，保证各工序只生产下一工序所需要的物料（原则 3）；你需要做一些其他的改善，如减少换模时间和设备停机时间，在价值流图上，这些改善以爆炸点的形式表示。接下来就是去现场，将未来价值流图应用于实践，可能需要分组进行。但不幸的是，未来价值流图不是改善措施清单，它仅仅是一个你想要实现的愿景。仅仅依靠针对一点的改善去消除浪费是不够的，仅仅依靠精益工具也无法实现未来价值流图，要想达到图上的效果，需要不断试验、不断学习、不断改进。

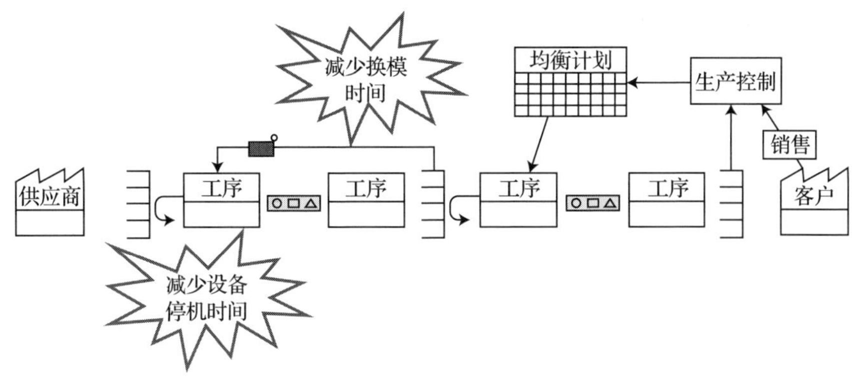

图 0-11　未来价值流图

我们来看另一个服务业案例。泰德康（ThedaCare）是精益医疗的标杆，其领导者在《精益医疗》[⊖]（*On the Mend*）中描述了其各个系统改善的

⊖ 本书中文版已由机械工业出版社出版。

案例，其中一个案例背景为住院治疗与护理。相信没有人会愿意等待很久才能办理住院。于是，泰德康的员工画出了现状价值流图，他们不是从物料的运输出发，而是从患者经历的流程出发，看看流程中的大量等待是如何发生的，诸如等病房、等检查、等医生来……等待不仅使得患者的满意度降低，更重要的是它会耽误治疗，引发医疗质量安全风险。但是泰德康并没有马上着手去消除浪费，而是花费大量时间确定改善的愿景：

> 2007 年年初，由护士、药师、行政人员、社会工作者以及医生组成了核心团队，他们被指派用 6 个月重新设计患者的住院治疗与护理流程，解决包括设施设计、工作职责划分以及相关人员的专业技能问题。新设计在 2007 年年末投入使用后，护理中心会像一个大广场一般，所有的病房都面朝一个开放的区域，该区域由医护人员为患者提供护理服务……如今，在护理中心，每位患者在家人的陪同下，在入院 90 分钟内都可由护士、医生与药师为其量身制定一项护理计划。

泰德康此举大大减少了患者的等待时间，他们拿出了更好的护理计划，提高了医疗质量，降低了成本。尽管消除了大量浪费，但这不是重点，重点是他们改善了患者的住院治疗与护理流程。此案例以未来愿景为目标，朝着这个方向进行努力，最终实现了系统的改进，这就是消除当前存在的浪费与努力实现大胆的新愿景之间的区别。

正如鲁斯和舒克所指出的，永远为实现你的未来愿景努力，而不仅仅是停留在绘制现状价值流图和消除表面的浪费上。在《丰田套路文化》（*Toyota Kata Culture*）中，鲁斯和格尔德·奥林格（Gerd Aulinger）认为我们应将未来价值流图视为目标状态，并且公司每个层级的人员都要明白这一点，这样就可以实现从基层到高层各个层级的改善。要做到这一点，中间面临的挑战已经超出了我们目前的认知范围——需要不断地采取 PDCA 的方式进行改善，每个 PDCA 循环都是一个实验，包括假设、测试、反思与学习。

总结

在学习丰田模式之前，需要先了解丰田家族，因为他们既是创新者，也是务实的理想家，他们从做中学，坚持履行其对社会的使命，同时他们还在不断地实现自己的目标。最重要的是，他们都是以身作则的领导者。

为应对丰田不断壮大的过程中面临的挑战，TPS 也在不断进化和发展，而这离不开大野耐一及其团队多年来在现场的反复试验。当我们在某个时间点研究 TPS 时，我们可以描述它的技术手段与取得的成就，但是这些技术手段都是丰田为解决其面临的挑战与问题而研发的产物。丰田内部有关丰田模式的文件经常提到挑战精神与勇于接受挑战的责任心：

> 我们以创新精神与勇气直面挑战并以此追求自己的理想，我们永远不会失去动力与活力。我们以乐观的态度，满怀贡献我们自身价值的真诚信念，热忱地开展每天的工作。

进而：

> 我们努力掌握自己的命运，我们自力更生，相信自己的能力。我们对自己的行为负责，我们也有责任保持并提升让我们有价值的技能。

这些有力的语句非常生动地描述了大野耐一及其团队所取得的成就。在第二次世界大战带来的废墟中，他们接受了看似不可能的挑战——迎头赶上福特的生产率。大野耐一接受了挑战，并以创新精神与勇气，解决了一个又一个难题，创造出新的生产系统。而纵观丰田的历史，这样的例子并不罕见。

关键点

- 丰田模式与 TPS 是在丰田数十年的实践与学习中逐渐积累而成的，旨在解决丰田面临的具体问题。

- TPS 是人、设备与工作方法的集成，目的是达成业务目标，具体来说就是质量、成本、交期、安全与士气。
- TPS 常被狭义地理解为消除浪费，但仅仅关注这一点并不能得到一个高效的系统。
- 想要更好地实现组织的目标，可以绘制系统的未来价值流图，再通过持续改善逐步实现，要注意：目标必须清晰。
- 价值流图可以帮助你更好地了解现状，找到一个可以实现组织目标的物流与信息流的更佳模式。价值流图可以为你提供明确的方向，你需要不断地通过 PDCA 努力实现。

参考文献

1. Samuel Smiles, *Self Help* (Canton, OH: Pinnacle Press, 2017).
2. Edwin Reingold, *Toyota: A Corporate History* (London: Penguin Business, 1999).
3. Kazuo Wada and Tsunehiko Yui, *Courage and Change: The Life of Kiichiro Toyoda*, Toyota Motor Company, 2002.
4. Eiji Toyoda, *Toyota: Fifty Years in Motion* (New York: Kodansha International, 1985), p. 58.
5. Satoshi Hino, *Inside the Mind of Toyota: Management Principles for Enduring Growth* (New York: Productivity Press, 2002).
6. Henry Ford, *Today and Tomorrow* (London, UL: CRC Press, Taylor & Francis Group, 1926/1988).
7. Jeffrey Liker and Katherine Ross, *The Toyota Way to Service Excellence* (New York: McGraw-Hill, 2016).
8. Mike Rother and John Shook, *Learning to See* (Boston, MA: Lean Enterprise Institute, 1999).
9. John Toussaint and Roger Gerard, with Emily Adams, *On the Mend: Revolutionizing Healthcare to Save Lives and Transform the Industry* (Cambridge, MA: Lean Enterprise Institute, 2010).
10. Mike Rother and Gerd Aulinger, *Toyota Kata Culture* (New York: McGraw-Hill, 2017).

第一部分

理念：长期系统性思维

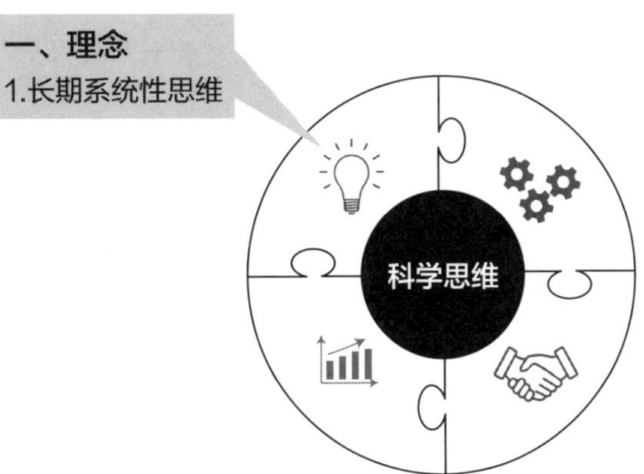

第1章 The Toyota Way

原则1：管理决策以长期系统性思维为基础，即使因此牺牲短期财务目标

成功最关键的因素是耐心，对长期结果而非短期结果的关注，对人、产品和工厂的不断投资，以及对质量的不懈追求。

——罗伯特·B. 麦柯里（Robert B. McCurry），
丰田汽车销售公司前执行副总裁

在过去的一个世纪中，世界朝着以市场经济为主流的方向发展。人们普遍相信，随着个人和公司追求自身利益，供需的“无形的手”自然会带来创新、经济增长以及人类整体经济福祉。有证据表明，资本可以刺激企业活动和创新，但是也可以清楚地看出，这种刺激主要针对的是短期结果的形成。人们很自然地认为，只要我们简单地做出最有利于短期利益的选择，一切都会朝好的方向发展。但是，凡事都有双面性，把追求自身利益作为经济增长的引擎存在弊端。我们可以从安然和其他企业的丑闻中看到这一点。这些丑闻曝光过后，公众对大型企业及其高管的道德观极为不信任。我们可以在金融危机中看出这一点，当时疯狂的次级抵押贷款导致数百万人失去工作和住处。我们可以在全世界巨大的经济不平等中看到这一

点。我们也看到，在各国努力集中资源来应对人为引发的全球变暖带来生存威胁的同时，很多利益相关者却在极力否认，甚至怀疑其真实性。

耶鲁大学教授丹尼尔·马科维茨（Daniel Markovits）在《大西洋月刊》（*Atlantic*）上发表了一篇令人惊叹的文章，他把利润导向和中产阶层的消失归咎于大型咨询公司。他从第二次世界大战结束后开始分析，那时经济蓬勃发展，大家都能接受一辈子在一家公司工作。

> 20 世纪中期，许多公司通过职场培训和多层级的组织架构为员工构建了一个晋升渠道，人们可以从基层员工做起，努力攀升到最重要的职位。“从收发室到办公室”这句话并不是幻想，甚至最普通的工作也有晋升渠道。

当企业从外部聘请高管，并和大型咨询公司合作，通过“合理化”来降低人力成本时，这个晋升渠道就被切断了。

> 咨询公司将高管从特定的行业束缚中解放出来，让他们只从事综合管理之后，高管自此就有了共同的目标：为股东赚钱。这些高管提出了一种新的、不受特定行业或公司限制的管理模式——一切为了利润。高管的学历、从业经验和专业角色把他们和其他一线员工分隔成了两个阶层，高管只需要专心地提高利润即可。

丰田显然没有拿到这个“秘籍”。丰田的主要使命仍然是为社会创造价值。它投资员工、服务于价值链伙伴和当地社区。它认为，为员工提供稳定的收入，利润自然会随之而来。但获得利润绝非最终目标，而只是其宏伟目标的一部分。这种想法过时了吗？需要请咨询公司来瞧瞧吗？当我们了解世界之间的相互联系和不确定性时，我们就可以看到这样的商业案例——以更人性的方式进行长远思考和行动。

种种原因都表明，丰田的理念可以追根溯源到其管理层都是天生的系统思考者。例如，在丰田，任何一个知识渊博的管理人员都会强调 TPS 是一个系统，里面的各个部分相互联系。JIT 会暴露问题，但它只有在培养和激励团队去解决问题的前提下才有用。只有每天都顺利解决问题，才能实现稳定的运营，这是实现有效 JIT 的必要条件。缺少任何一个部分，那栋房子就会倾斜乃至倒塌。丰田相信商业的成功需要这个系统的每一个部分都表现优异，也就意味着要有最好的团队、最好的流程，而且每个人都朝着一个共同的目标和方向持续努力并改善，就像大卫·汉纳（David Hanna）在他的开创性著作《组织设计：如何构建高效能团队》（*Designing Organizations for High Performance*）中所断言的那样，系统性思维的关键原则之一就是为目标而设计。他要求各公司的管理层都扪心自问：我们的组织为什么存在？我们的长远愿景是什么？

2020 年 5 月 12 日，在丰田的投资者大会上，丰田披露由于新冠疫情的影响，公司利润预计会比 2019 年同期下降 80%，丰田章男阐述了公司的优先次序：

> 对于眼前的危机，丰田仍坚持其一贯的优先次序：安全第一，品质第二，产量第三，最后才是盈利。随着时代的变化，优先次序可能需要重新审视。但是在这场危机中，传统的优先次序仍然非常重要。在此基础上，我们仍然会努力培养丰田人，这也是非常重要的。

丰田的首席风险官随后详细阐述：

> 我们不能停止对未来的投资。这件事永远不能停止，而且必须要得到适当的资金支持。在金融危机时期，我们手上有 3 万亿日元的现金。今天，我们手上有 8 万亿日元的现金。这仍然比我们期望的要少——苹果公司有折合 20 万亿日元的现金。当然，所有的公司都会经历起伏，但在确保我们仍能继续为社会做出贡献的同时，为实现可持续增长提供资金支持（对未来的投资）也是必要的。虽然如此，我还是会紧盯着支出，如果我看到任何浪费性开支，我都会削减它。

丰田可以对未来持续投资的一个原因是，公司现金储备雄厚，资金规模之大前所未有，截至 2019 年年底，已经超过 500 亿美元。我将其称为未雨绸缪，但丰田不仅仅是简单地囤积现金，从长远来看，这是对人力资源和公司未来的战略投资。这似乎是一种司空见惯的做法。但是，企业财务顾问斯蒂芬·吉文斯（Stephen Givens）提醒了我这有多么不寻常。他在《日经亚洲评论》（*Nikkei Asian Review*）的一篇评论文章中谴责："日本公司必须停止这种沉迷于囤积现金的行为。它们应该回馈股东，而不是囤积起来以备不时之需。"

他的理由是，成功的现代公司都是用"股东愿意购买其股票"来证明自己的价值的：

> 在健康和充满活力的经济模式下，CEO 必须不断给投资者回报才能获得新的投资。CEO 筹集新资金的能力取决于他们能否向投资者证明，前几轮融资带来了可观的回报。可是，日本的 CEO 已经从中解放出来，不再受传统的财务指标制约，而是可以诉诸模糊的绩效指标——可持续发展的目标、创造社会价值、履行对利益相关者（非股东）的义务。

你看，公司的目标是让股东富有，而不是实现像"创造社会价值"这样模糊的目标。唯一重要的，就是股票价格。在这一方面，丰田表现平平，甚至可以说是差劲。购买它的股票很难称得上是一个好的短期投资。记者迈克尔·斯坦伯格（Michael Steinberger）从相反的角度进行了分析，他写到股票回购，这是一种很受欢迎的方式，可以将收益从公司转移给股东：

> 先不管是什么原因，有评估表明，通过回购和分红，美国最大的公司在过去十年中将大约 90% 的收益返还给了股东。这些钱本可以用来给员工加薪、增加研发支出、在经济衰退时作为缓冲，但它却流向了投资者。

丰田的公关政策是避免批评其他公司的理念，但它的目标是明确而坚定的：为客户和社会创造长期价值。很显然，丰田已经取得了成功。这不是一种简单的行善理念，而是一种合理的商业战略。要建立一家可持续的公司，正确原则是：管理决策以长期系统性思维为基础，即使因此牺牲短期财务目标。

比赚钱更重要的是社会使命

现代公司能否在市场经济中持续实现销量增长和盈利的同时，服务好所有利益相关者和社会，即使这意味着不把短期利润作为第一目标？我相信，丰田对企业界的最大贡献就是证明了这确实是可能的，并且最终有益于企业。

我在访问日本和美国的丰田，参观其工程、销售、采购和制造等部门的时候发现，其员工有一个很明显的特征：我访谈过的每位丰田员工都有比赚钱更重要的使命感。他们对公司有一种使命感，能据此辨别是非对错。他们从更资深的领导者那里学习了丰田模式，并将其价值观内化：为公司、员工、客户和整个社会做正确的事情。丰田对客户、员工和社会的强烈使命感和承诺是所有其他原则的基础，也是大多数试图效仿丰田的公司所缺乏的要素。

我为撰写本书而访谈丰田的高管和经理时曾问他们：作为一家公司，丰田为什么而存在？我得到的回答非常一致。例如，丰田汽车北美销售公司前执行副总裁兼首席运营官吉姆·普瑞斯（Jim Press）向我解释道：

> 我们赚钱不是为了公司的利益，也不是为了让我们个人手中持有的公司股票价格上涨，或者其他类似目的，而是为了能够对未来进行投资，确保我们能继续生存下去，这也是我们投资的目的。同时，我们也是为了帮助社会、帮助社区、回馈社区——是我们所在的社区让我们能够幸运地经营这份事业。我有太多例子可以说明这一点。

这并不是说丰田不重视节约成本。正如我们之前讨论的那样，在第二次世界大战刚结束时，丰田濒临破产，要求不少员工自愿辞职，最终导致公司创始人丰田喜一郎引咎辞职。自那之后，丰田的领导者保证不举债经营，这就要求公司严格地削减成本。自从大野耐一在工厂实行消除浪费的行动，降低成本就成为丰田所热衷的工作。消除浪费常常需要将某个工序从生产线或者单元中移除，但是丰田并不会解雇该工序上的员工，这些员工可以转而负责其他工作。在丰田看来，少裁一人，未来便可以少雇用和培训一人。

丰田拥有严格的全面预算控制系统，每个月的数据都会用于监控所有部门的预算，即使很小的开支也都在监管范围内。我问过多位丰田的经理：节约成本是不是公司优先考虑的事项？他们都笑了，回答道："如果你没有体验过丰田对于成本的锱铢必较，那我说了你也理解不了。"丰田前经理迈克尔・豪瑟斯（Michael Hoseus）跟我讲，他有一次去日本出差，当时一位丰田的经理打开了自己办公桌的抽屉，向他展示了一支铅笔，那是将几支旧铅笔用胶带缠在一起拼成的一支笔，因为这几支旧铅笔用得太短，已经握不住了。

但降低成本绝不是驱动丰田发展的基本原则。例如，丰田不会在销售额下降的时候解雇员工，就如我们大多数人一样，不会因为在股市上亏了钱就把子女赶到大街上。

竹内弘高（Hirotaka Takeuchi）教授和他的学生研究了日本许多类似的案例，并得出结论：关注社会利益是度过危机的关键。例如，2011 年的东日本大地震和随之而来的海啸摧毁了许多公司和工厂，但是一家又一家公司选择继续雇用员工进行重建，并免费为社区提供商品和服务，其中一家是养乐多。这家公司生产益生菌饮料，并由"养乐多女士"（配送员）送到顾客家。尽管损失了 30% 的销售额，但养乐多的首席财务官渡边博美（Hiromi Watanabe）向员工保证，公司将尽一切可能保住他们的工作，并且为受灾者提供食物和饮料，为社区的恢复做出贡献，即使这意味着"动用公司所有的现金和留存收益"。竹内弘高教授这样写道：

> 由于银行关闭，渡边博美从公司的保险箱中拿出现金，向每位养乐多女士发了 300 美元现金，并且将公司的配送中心作为员工及其家人的临时住所，保证为被迫撤离家园的养乐多女士提供

工作。当养乐多工厂关闭导致益生菌饮料的供应减少，养乐多女士面临产品供应不足时，一些人决定自己为客户免费提供水和方便面。渡边博美发现后，敦促工作人员向收容所的受灾者运送更多物品。

把社区和顾客放在首位也是写在丰田DNA里的内容。在丰田看来，公司就像一个能够自我成长的有机体，像保护和繁衍后代一样培养员工，从而不断为客户、社区和社会做出贡献。在这个人们对大型企业及其高管的道德观持怀疑态度的时代，丰田模式另辟蹊径，提供了一个范例：将接近40万名员工团结在一起，为一个比赚钱更大的共同目标而奋斗，成就一番伟业。

NUMMI的故事：研究如何将TPS在海外落地

在20世纪80年代早期，丰田意识到要想真正成为一家全球性企业，它需要在汽车销售地制造汽车，但同时它又对如何将TPS在海外落地深感忧虑。如何在其他文化背景下推行这一生产方式？1972年，丰田在加利福尼亚州建立了一个小工厂TABC，用于制造卡车车厢，并在那里成功地导入了TPS。但是，建立一个整车制造和装配厂和这完全是两码事。丰田很自然地想到做中学，而且丰田总是愿意尝试。丰田认为，和其他汽车公司建立合作关系很有价值，于是丰田在1984年和通用汽车成立了各持股50%的合资公司NUMMI。丰田将TPS传授给了通用汽车。在这次合作中，丰田同意接管加利福尼亚州弗里蒙特市的一家在1982年被通用汽车关闭的轻型卡车工厂，并运用TPS运营。丰田还同意接受美国汽车工人联合会监管。丰田当时的律师，后来的丰田汽车北美制造公司高级副总裁丹尼斯·库内奥（Dennis Cuneo）这么解释当时遇到的挑战：

当时每个人都觉得，TPS只会把人累死。它基本上就是在说："快点干！再加把劲儿！"事实上，我记得我们第一次在工会大厅与工会领导会面时，一位名叫盖斯·比利（Gus Billy）的先生坐在

> 桌子的一端。当我们谈论 TPS 和改善等时，他说：“对我来说，这听起来像是加速生产。所有这些建议都是这个意思，不让人按照他们自己的方式来工作。”

盖斯·比利的敌对态度得到了其他工人的广泛支持。在通用汽车运营这个工厂期间，当地工会就以激进强势著称，甚至呼吁进行野猫罢工。工人会蓄意破坏车辆、酗酒甚至犯罪。甚至有位主管在一辆开动的叉车前被工人推倒，而其他工人在旁边袖手旁观，开怀大笑。然而，当丰田和通用汽车成立 NUMMI 时，美国汽车工人联合会加入了一揽子协议。该协议承诺雇用高达 85% 的通用汽车原有员工。丰田不顾通用汽车的劝诫，依然决定聘请美国汽车工人联合会原来的领导层，而当初正是这些工会领导唆使员工罢工。库内奥说：

> 我想，此举让通用汽车大为震惊。一些劳动关系专家劝诫我们不要这么做，但是我们评估之后决定承担这个风险。我们知道，这些通用汽车原有员工需要领导者，工厂委员会由从员工中自然产生的领导者所组成，我们必须改变他们的态度与看法。因此，我们把工厂委员会成员送到日本三周，让他们亲身体验到底什么是 TPS。他们带着改变了的看法返回美国后，说服了工厂里那些持怀疑态度的同事，并告诉他们，TPS 其实并非他们原先想象得那么糟。

1984 年，这个旧工厂重新开工，而丰田震惊了整个汽车业。NUMMI 第一年就在生产效率、成本和质量方面超过了通用汽车在北美的所有工厂。此后 NUMMI 经常被当成范例，展示 TPS 在美国的成功应用，尽管在这里，工会仍具有强大的影响力，而且劳资关系长期恶劣。库内奥解释说，关键是与工人建立信任：

> 我们一开始就想办法与员工建立信任关系。1987 ～ 1988 年，通用汽车在诺瓦车型的销售上遭遇困难，大举砍掉了给我们工厂的订单。由此，我们也必须减产，产能利用率只有 75%，但我们并没有解雇任何一名员工。我们把员工编入改善团队，为他们找

> 到其他合适的工作。我们在 NUMMI 所做的所有工作中，此举对建立信任产生的作用最大。

库内奥表示，通用汽车当初成立这个合资公司的主要目的是将小型车的生产外包，当其对 TPS 有了更深入的了解之后，它越来越有兴趣把 NUMMI 当成一个学习实验室。数百位通用汽车的管理层、经理和工程师到 NUMMI 参观学习，他们无一例外都对 TPS 产生了深刻的印象，还带了很多东西回到通用汽车并加以应用。

我曾经去过通用汽车在美国和中国的工厂，发现它们所使用的“制造圣经”就是由 TPS 衍生出的一个系统，该系统最早由迈克·布鲁尔（Mike Brewer）提出，他正是早期被通用汽车派往 NUMMI 学习 TPS 的“校友”之一。通用汽车的“全球制造系统”就是 TPS 的翻版，只不过在原来的基础上经过了数次更新。

不幸的是，通用汽车花了 15 年才开始认真学习 NUMMI 的经验，从纸上谈兵到真正实践。而当通用汽车真正开始使用它从丰田学到的东西时，又花了 5 年才在整个集团里看到生产效率和质量的提升（参见汽车行业《哈博报告》和君迪的顾客调查以及消费者报告）。

你可能会问：“为何丰田会把别人梦寐以求的 TPS 传授给主要竞争对手通用汽车呢？”在那个时候，丰田的目的是学习如何让 TPS 在美国落地。丰田的领导者认为和美国的汽车公司合作是有价值的，因为对方有供应链基础、行政和法务体系，也很了解美国的情况。丰田教授 TPS 是为了学习这些方面的经验。现在，丰田给很多组织义务教授 TPS，包括非营利组织和慈善组织。

但是为什么要教竞争对手呢？这是因为丰田相信竞争对大家都有好处，也愿意在其他汽车制造商陷入困境时为其提供帮助。例如，丰田在汽车行业萎靡之时与福特和日产共享混合动力技术，并且基于其对竞争价值的信念，公开了所有混合动力的专利。正如《丰田模式 2001》（*The Toyota Way 2001*，一份阐述丰田理念的文件）中所述，“挑战”精神的一部分是重视竞争，丰田将“从挑战中学习并变得更强大”。20 世纪 80 年代，当美国汽车公司在苦苦挣扎时，丰田担心自己可能会处于过于强势的地位。20 世纪 80

年代在美国汽车公司探索质量方法、强化销售时，执行副总裁耶鲁·吉兹尔（Yale Gieszl）发表过讲话，《丰田模式 2001》引述道：

> 我们丰田欢迎底特律的复兴和这场激烈的竞争。第一，因为它证明了汽车制造商可以相互学习；第二，因为竞争可以推动持续改善，这是企业生存的最佳保证；第三，因为竞争是我们确保经济强劲增长的唯一途径；第四，因为竞争可以促使我们提供按照客户期望不断改进的产品，使我们所有的客户都从中受益。

作为指导理念的《丰田模式 2001》

在丰田成立之后的大部分时间里，没有人在内部谈论"丰田模式"，这听起来似乎不同寻常，但其实理所当然。丰田是一家日本公司，在日本雇用员工开发和生产汽车，而丰田也常常是这些员工供职的第一家也是唯一一家公司，他们会在公司一直工作到退休。从入职第一天起，他们就深受丰田模式影响，自然而然地，就会认为不需要将文化背后的理念写下来。但是随着丰田的全球化，这一切都变了。肯塔基工厂的第一任总裁张富士夫认为，有必要向那些没有长期受到丰田文化熏陶的海外员工解释丰田模式。他在 1999 年就任丰田总裁时，就带领团队将丰田模式写了下来并进行授课。历时两年，丰田模式的第一个正式版本在 2001 年定稿。

《丰田模式 2001》——现在还是这个名称，将该模式归纳为有两根支柱的房子——强调了对人尊重和持续改善（见图 1-1）。对人尊重是广义的，从车间的员工，到丰田众多合作伙伴中的每一位，包括客户和丰田所在社区中的每一个人，都要得到尊重。有一些版本将尊重视为改善的基础，因为只有培养了优秀的员工，他们才会对自己的工作充满热情，从而为持续改善付出努力。从字面上理解，持续改善的意思是在整个组织内持续改进产品、流程和人员。但是要注意，持续改善不仅仅是指小的、渐进式的改变。实际上，高管负责的是巨大的变革，例如，为应对电动化、自动驾驶新时代的新挑战，公司进行转型。丰田认识到，即使是巨大的变革，也需要随着时间推移，解决数千个小问题之后才能达成。我们在此总结五个核心原则的基础，进一步明确对人尊重和持续改善这两个支柱的定义。

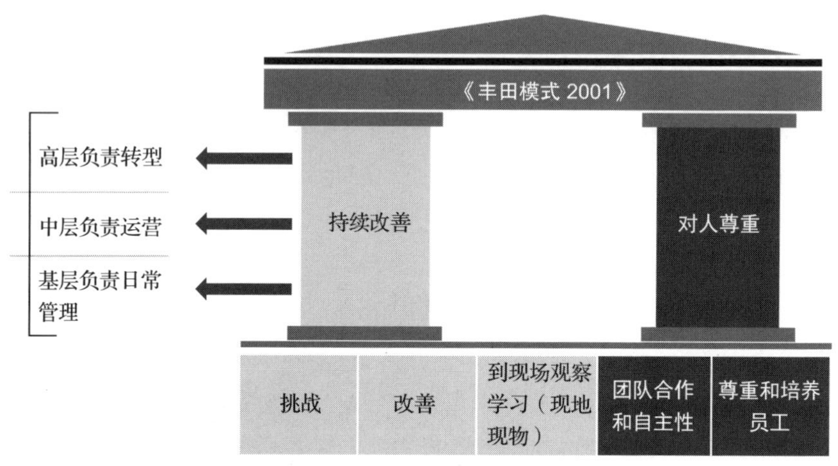

图 1-1 《丰田模式 2001》之屋

挑战

丰田有着与众不同的基因——喜欢棘手的问题，同时不达目的（从根本上解决问题）不罢休。每一位丰田员工不仅要在本职工作上表现出色，还要满怀激情地付出更多努力，力图取得更好的成绩。在第 13 章中讨论的方针管理（Hoshin Kanri）将极具挑战性的目标从公司层面逐级分解到各个层面。正如《丰田模式 2001》中所阐述的：我们以创新精神与勇气直面挑战并以此追求自己的理想。

改善

改善就是持续不断地改进，追求卓越。改善对很多读者来说都很熟悉，已经成为一个相当有名的概念。但我们发现，大部分人都对改善存在误解。大家通常认为改善意味着组建一个临时的团队来处理一个单独的改进项目，或者组织一个为期一周的改善“活动”，迅速实现改进目标。在丰田，改善不是一系列的项目或者“活动”，而是员工朝着目标努力的科学工作方式，这可以追溯到戴明的永无止境的 PDCA 循环。

到现场观察学习（现地现物）

乍一看，到现场观察不是一个价值观问题，而是一个做法问题，但是大多数企业很少这么做。到现场观察学习的价值并不在于“到现场观察”这个行为本身，而在于这样一种理念——在做出决策或者尝试改变（你认为会是改进的改变）之前深入了解当前的状况。到现场观察学习主要有两个方面：一方面，做出决策要基于在现场观察到的事实，而不是预感、假设或看法；另一方面，做出决策的权力应该交到那些最接近问题的人，以及那些到现场观察过情况并深入了解问题前因后果的人手中。

丰田总裁丰田章男在《丰田模式（领导力篇）》[⊖]的前言中阐述了他对“到现场去学习”的坚持和承诺：

> 2009 年就任总裁后不久，我曾做过一次简短的演讲，发誓要永远离“现场”最近。哪里有实物哪里就有“现场”。消费者开着我们车的时候，“现场”就是他们怎样使用我们的产品、哪些地方让他们觉得舒适以及哪些地方让他们觉得不便。作为公司现任领导，凡期望他人做到的，我都必须身先士卒。深入把握“现场”就是要掌握第一手资料：产品是如何设计、生产和使用的，我们还存在哪些问题。问题永远都会存在，因为我们永远都不会是完美的。能真正把握问题的唯一方式就是要亲赴“现场”。

团队合作和自主性

大多数公司都会说团队合作是成功的关键，但事实是知易行难。在丰田，个人的成功只能发生在团队内部，强大的团队需要强大的成员。丰田

⊖ 本书中文版已由机械工业出版社出版。

成功的关键是“单点负责制”，即每个行动计划的负责人都只有一个。但是为了成功，这个负责人必须与团队合作，发挥集体的才能，虚心听取所有成员的意见，努力达成共识，而最后的成功属于整个团队。

尊重和培养员工

不论从哪个方面来说，这都是最基本的核心价值观。对人尊重，从希望通过提供最好的产品和服务为社会做贡献做起，延伸到对社区、客户、员工和所有业务合作伙伴的尊重。

对丰田来说，尊重并不意味着鼓励轻松的、按自己的节奏工作的环境。丰田会刻意为其员工创造源源不断的挑战。TPS 通过 JIT 和安灯让问题即时暴露，这就在车间里创造了持续的挑战。丰田需要每位员工不断思考如何改进流程，持续改善，从而应对汽车行业的激烈竞争。这同时需要丰田对团队成员进行投资，培养他们解决问题的能力。正是这些深入了解现场、解决问题并通过 PDCA 改进的技能，使员工成为丰田最宝贵的资产。

综上所述，挑战、改善和现地现物的科学思维技能，与团队合作和尊重员工密不可分。

金融危机时期的丰田模式

在 2008 ～ 2009 年的金融危机时期，或许可以找到最能体现丰田坚持其对人尊重、持续改善的核心理念的例子。甚至在雷曼兄弟倒闭之前，汽车行业就已经因为汽油价格的快速上涨而摇摇欲坠。到了 2008 年夏天，美国的汽油价格几乎翻了一番，超过了 20 世纪 70 年代石油危机最严重的时期（经通货膨胀调整后）的价格。在美国大部分地区，普通汽油的价格超过每加仑[⊖]4 美元。在加利福尼亚州和纽约州等地，价格超过每加仑 5 美元，这意味着加满 20 加仑或更大的油箱要花费超过 100 美元，这个价格达到了

⊖ 1 美制加仑 = 3.785 升。

一个临界点，让美国人怀疑购买大型汽车是不是最佳选择。自然地，大型汽车的销售几乎停止了。

但是，丰田没有料想到之后市场直接一落千丈。众所周知，到 2008 年秋天，一场重大的全球经济衰退席卷而来。信贷市场失灵，突然间没有可用的贷款。对汽车行业来说，这确实是一场危机，因为大多数汽车销售都是通过融资贷款完成的。即使是那些仍然可以获得信贷或通过其他方式支付汽车货款的消费者也暂停了购买汽车的计划，因为他们担心自己可能会失去工作或认为那是减轻债务负担的好时机。

时间一天天过去，丰田在北美市场的销量持续断崖式下跌。到 2009 年 5 月，销售额同比下降了 40%。雪上加霜的是，在 2008 年 7 月至 12 月期间，美元对日元的汇率下跌了 15%。美元每贬值 1%，以日元计算的丰田营业收入就会减少约 3600 万美元。受销量暴跌和货币汇兑调整的综合影响，丰田在 2009 财年（2008 年 4 月至 2009 年 4 月）的亏损超过了 40 亿美元，这是它自 1950 年以来的首次亏损。2009 年，汽车销量只有 760 万辆，直接下降了 130 万辆——对许多公司来说，这个级别的销量下降意味着要开始关闭工厂和裁员[⊖]。丰田当时在美国有两家工厂生产大型汽车，位于印第安纳州普林斯顿的工厂生产红杉 SUV 和坦途，2006 年丰田在得克萨斯州圣安东尼奥附近新建了一家工厂，也生产坦途。两者的销售额都下降了 40% 以上。面对这场灾难，丰田并没有裁正式员工，仍然保持着两家工厂的正常运转（关于这点在第 2 章中有更详细的阐述）。

在丰田宣布亏损之后，记者们开始每天给我打电话打听“消息”。“现在丰田陷入危机怎么办？”“是谁决定引进坦途，并建造一家专门生产这种高油耗大型汽车的工厂？”“有人因为做了建造新工厂的决定而被解雇吗？”“总裁会引咎辞职吗？”

当一家公司宣布亏损 40 亿美元时，媒体当然会对这些问题感兴趣。我们已经习惯了公司对亏损的反应方式：解雇高管、关闭工厂、裁员、取消

⊖ 我们应该注意到，2008 年，通用汽车亏损 309 亿美元，仅第四季度就亏损了 96 亿美元，之后被美国政府接管并削减数万个工作岗位。福特在 2008 年亏损近 150 亿美元，它自 2006 年以来已经连续亏损三年，共计 300 亿美元。

新项目、出售资产。这都是熟悉的配方，事实上，这也是大多数汽车公司遵循的套路。例如，日产终止了 12 款新车型的研发，裁员 20 000 多人。美国有线电视新闻网（CNN）在 2010 年 7 月的一篇报道中指出：仅美国的汽车行业就因关闭工厂而解雇了 300 000 名工人。克莱斯勒、通用汽车和起亚的 CEO 也因此被解雇。

2008 年初夏，美国的汽油价格飞涨，丰田已经积压了几个月的卡车和大型 SUV 的库存没有卖出去。于是，丰田决定 8 ～ 10 月关闭印第安纳州和得克萨斯州的工厂（印第安纳州工厂的赛那小型车生产线除外）。随后，金融危机来袭……

2009 年冬天，我决定去一趟印第安纳州和得克萨斯州的工厂，亲眼看看丰田是如何应对的。这两家工厂都没有解雇任何正式的“团队成员”，尽管它们都解雇了由第三方机构雇用的“临时工”。对丰田来说，这些临时工的雇用期限最长为两年。两年后，他们要么终止合同，要么成为正式员工。临时工的存在起了缓冲作用，使丰田能够为正式员工提供通常相当于终身就业的保障。

两家工厂都提前计划了如何应对三个月的停产。它们开发了由班组长在车间讲授的课程，并计划进行高强度的改善，目标是在重新开工时达到更高的绩效水平。由于经济衰退，产能利用率不足，这两家工厂就用一班制来替代两班制，把所有的工人都安排在白班。一些人照常从事生产，而另一些人则被安排了培训和改善的工作。在印第安纳州工厂里有两个团队，A 团队负责生产，B 团队在每个班次里用一半时间进行改善。两个团队在轮班的时候再互换角色。

我还了解到，经理们在几个月前就放弃了奖金并自愿减薪，丰田甚至没有向员工宣布这个消息。如果你觉得这还不够让人惊讶，那么我还要告诉你，为了共同“分担痛苦”，工人会被要求每隔一周在周五无薪休假。

在访问丰田工厂期间更令我惊讶的是，每个人都非常忙碌，大家几乎到处奔波。所有的工人都有一个详细的时间表，上面列出了他们不负责生产时要做的事情。工作量大的原因之一是丰田借此机会将所有坦途的生产任务转移到得克萨斯州工厂，并将汉兰达 SUV 的生产任务从日本国内转移到印第安纳州工厂。这两家工厂都需要做很多的搬迁准备工作，尤其是得克萨斯州工厂，它还将生产全新的坦途车型。为了降低成本，印第安纳州工厂将大量原本由外部工程师完成的产品发布工作拿回内部来做。工人们尽可能地重新利用设备，节省了大量的外包成本。团队成员学会了对机器人进行编程，这样他们就可以翻新并使用原来的机器人，而不用购买新的。

一位时薪员工，同时也是一位班长，是这么阐述的：

> 丰田和其他公司的不同之处在于，它不是强迫我们失业，而是投资于我们，让我们能够提高自己的能力。我认为所有人都意识到了，丰田正在进行一项令人难以置信的投资。

随着新车型的量产，丰田在印第安纳州和得克萨斯州的工厂恢复了生产，最终公司不得不雇用新工人。丰田在经济低迷期间留下来的经验丰富且忠诚的员工现在有了新的职能——领导和培训新员工。

然而，并非一切都那么美好。NUMMI 成为经济衰退和通用汽车破产的牺牲品。2009 年 6 月，这家标志性的工厂不得不关闭。通用汽车走出破产困境后，保留了部分资产，但决定放弃 NUMMI 及其工厂。丰田面临着抉择：要么完全接管 NUMMI，要么放弃。经过痛苦的讨论并努力尝试寻找新的合资伙伴之后，丰田最终决定将其关闭，并且支付了员工超出法律协议规定上限的遣散费。

丰田与生俱来的系统性思维

很多原因使得丰田早期的领导者成了系统思考者，例如：丰田佐吉是一位佛教徒，崇尚整体的哲学理念；丰田创立的地方是水稻种植区，水稻种植相对复杂，受环境限制较大，需要农民之间相互配合；日本是一个屡受海啸和地震影响的岛国，环境带来的影响总是显而易见的。不管是什么原因，丰田领导者都拥有长期系统性思维。

我所说的“系统”是指各个部分以复杂的方式相互作用，这使得预测和控制变得困难，甚至不可能。这就是为什么丰田将 TPS 视为一个系统，其核心是解决问题。如果世界是简单的、线性的和可预测的，正如机械性理论所描述的那样（见前言），那么我们就可以预测、安排、制定详细的规则和程序，并期望一切按照我们的计划行事。但丰田从不这样想。相反地，它认为生命系统是动态的、不可预测的。人们需要不断做出调整，而训练有素的问题解决者会根据情况做出明智的调整。

丰田领导者是天生的系统思考者，因此他们会进行长期投资，而不是总期望行动与结果之间存在简单的因果关系。例如，原则 4 涉及将均衡化生产作为 TPS 的基础。丰田在这方面竭尽全力，即使均衡化生产对利润没有明确和直接的影响。然而，均衡生产却是持续产生可观利润的系统的一部分。

丰田 2020 年全球愿景的重点是成为“移动工具”领域的领导者，超越顾客的期待，当然，还要调动员工的才能和热情。虽然丰田早期的愿景专注于汽车，但是它扩大了这一愿景，旨在成为多种移动方式的领导者，包括研发帮助残疾人或者住院患者行动的机器人、月球车和供单身人士使用的车辆。丰田发布的一份文件是这么阐述的：

> 提供安全放心、令人心动的驾乘感受，创造全球美好生活与富裕社会，这是我们在未来社会中领跑移动工具领域的愿景。
>
> 为此，每一个丰田人都在打造高品质，都在时刻追求领先于时代的创新技术，都秉持与地球环境友好相处的意识。我们坚信，这是一个总是超越顾客期待、为顾客和所在地区创造快乐与幸福的丰田。
>
> 在坚持“精益求精”和永无止境的改善精神的同时，我们还将倾听来自支持丰田发展的顾客的心声，锐意革新，实现更高更远的目标。

清晰地描述组织目标是系统思考的起点。丰田的基本理念和全球愿景（见表 1-1 和图 1-2）明确指出，其旨在制造更优质的汽车，为顾客提供更好的服务。但这个目标不能凭空而来，丰田还必须通过新技术为社会做出贡献，“创造全球美好生活与富裕社会”。这也是丰田如此努力地维护工作安全和保持工厂运营的原因之一。支持丰田的社区和所有相关企业都依赖于这些薪水还不错的工作。丰田为员工制造挑战，使其为丰田做出贡献并名留青史。丰田真诚地希望其员工成长、学习并长期维护客户满意度，从而为获得终身客户做出贡献。

表 1-1　丰田基本理念

丰田基本理念	
1	尊重各国语言和法律，开展公开、公平的企业活动，做优秀的企业公民
2	尊重每个国家的文化和习俗，通过企业活动为社区的经济和社会发展做出贡献
3	致力于提供绿色环保和安全的产品，并竭尽所能提高各地的生活质量
4	创新和开发先进技术，提供满足全球客户需求的卓越产品和服务
5	建立提升个人创造力和团队合作的企业文化，同时建立劳资之间的相互信任和尊重
6	通过创新经营追求与国际社会和谐发展
7	与商业伙伴一起研究和创造，以实现稳定、长期的增长和互惠互利，同时对新的伙伴关系保持开放的态度

注：于 1992 年编制，于 1997 年修订。

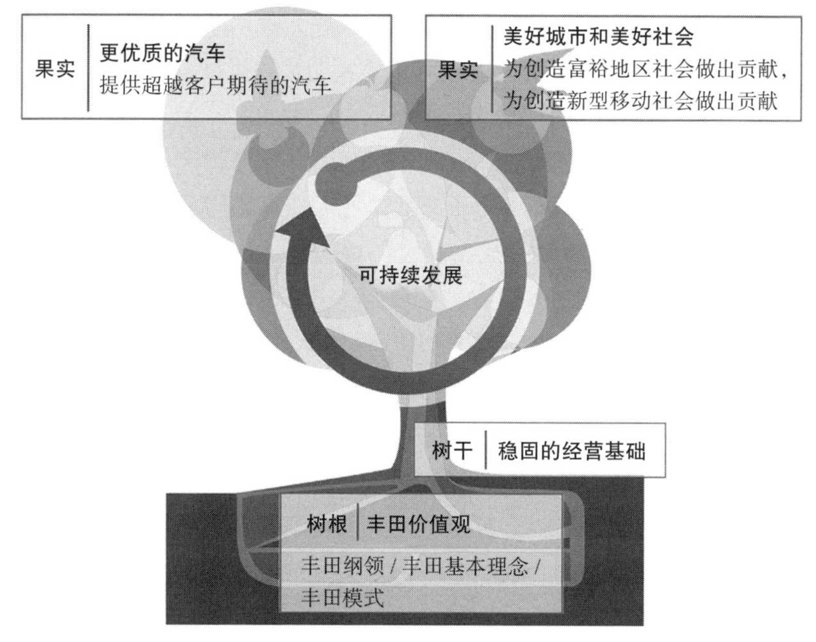

图 1-2　丰田全球愿景

不幸的是，大多数公司的领导者不是系统思考者，仍然身陷短期思维的泥潭。我在世界各地做关于丰田的演讲，经常有人提问，这些问题中假设的做法对那些以短期利润为唯一目标的公司来说很常见，其中包括：

- “如果一场重大灾难导致供应链中断，丰田会放弃 JIT 吗？”
- “当生意不好时，丰田会对工厂裁员吗？”
- “如果丰田不裁员，那么会怎样安置这些员工？如何证明这个闲置成本是合理的？”

答案很简单，丰田的商业决策受其目的和系统性思维的指导。丰田不会不假思索地就推翻自己的系统。只有在世界发生根本性变化，已经威胁到自身长期生存，并且经过详尽谨慎的分析之后，丰田才会改变其制造、投资和培养人的理念。约翰·舒克在丰田担任经理时所学到的东西，很好地解释了这一点：

> 丰田多年前就先知先觉，它必须关注生存——整合公司所有的部门以确保生存。TPS 是公司在以生存为导向，努力整合一切活动的过程中所形成的成果，这与狭义的赚钱目标截然不同。我想，丰田已经建立了有史以来最有效的工业组织形式。该组织的核心是关注自身的生存。正是这种关注使丰田成为一个自然有机体，进而进化为一个真正的涌现系统。

文化的关键是领导层对方向的一致性

在我的精益领导力课程中，我们参观了丰田的一家工厂，随后进行了一个简短的总结交流。让各位同学印象深刻的一件事是，各级领导者的理念和思维有着显著的一致性，同学们首先观察到的现象是：基本理念和价值观在各个层级和时间段上惊人的一致；各级领导者们经常重复丰田的历史故事；强大的丰田文化无处不在。

即使在短短一天的参观中，都可以很明显地看出丰田领导者言行一致。如果有人参观了世界上所有的丰田工厂，他也会得出相同的结论。丰田的文化是经过深思熟虑形成的，并且具有一致性，公司内部也言行一致。

我将在关于科学思维的第 12 章中讨论刻意练习的作用。通常人们只在运动、声乐或烹饪中，才会一遍又一遍地以相同的方式重复同一动作。刻意练习是以目标为导向的行为，例如，“我下一步要做什么才能提高技能水平？我习惯的方式和理想的方式之间有什么差距？我可以做哪些练习来缩小差距？”。我们也可以这样思考文化。刻意的文化[⊖]意味着我们非常了解自身的信念、价值和基本假设，同时希望员工也清晰地认识到并付诸实践。人们习惯的思维和行为方式与理想的方式之间存在着天然的差距，要想缩小这个差距，需要付出足够的努力。《丰田文化》详细介绍了丰田如何选择和培养符合其理想文化的人才，这对于践行其理念至关重要。

建立强大的文化的关键是稳定。如果 CEO 的理念像旋转门一样转来转去变个不停，员工只会感到困惑，如此公司便永远没有机会在他们心中建立根深蒂固的信念，员工也不会积极和充满活力，公司自然无法建立强大的文化。然而每位新上任的 CEO 都会宣扬他对理想文化的看法。有些人在口头上支持那些 CEO 并重复他们的用词，但他们的行为可能与这些词并不相符。丰田文化的一致性可以追溯到公司成立之初。这种文化异常深厚，是丰田实现卓越的基础。

关键点

- 丰田的使命是着眼于长期投资，而不是追求短期的利润。
- 丰田将其组织视为有生命的社会技术系统，而不是由简单直接的因果关系组成的机械部件。丰田会投资和培养员工，使他们能够自主地控制复杂的动态系统。
- 丰田是世界的典范，它向世界展示了一种可以实现盈利的商业战略，即坚持做正

⊖ 来自门罗创新（Menlo Innovations）的理查·谢里丹第一次向我介绍了刻意的文化（Deliberate Culture）的概念。

确的事。

- 推动丰田前进的是那些相信总有更好方法的人，他们也相信公司会做正确的事情。
- 团队成员信任的基础是工作保障，丰田不遗余力地为员工提供工作保障。
- 《丰田模式 2001》的五个基本要素通过改善和培养人员及团队，不断追求具有挑战性的目标，从而驱动持续改善。
- 丰田建立了在不同地点、各个层级和不同时间上高度一致的刻意的文化。丰田说到做到。

参考文献

1. Daniel Markovits, "How McKinsey Destroyed the Middle Class," *Atlantic*, February 3, 2020.
2. David P. Hanna, *Designing Organizations for High Performance* (Reading MA: Addison-Wesley, 1988).
3. Jeffrey Liker and Michael Hoseus, *Toyota Culture: The Heart and Soul of the Toyota Way* (New York: McGraw-Hill, 2008).
4. Hirotaka Takeuchi, "Why Japanese Businesses Are So Good at Surviving Crises," *Harvard Business School Working Knowledge*, June 26, 2020.
5. James Womack, Daniel Jones, and Daniel Roos, *The Machine That Changed the World: The Story of Lean Production* (New York: Harper Perennial, 1991).
6. Jeffrey Liker and Gary Convis, *The Toyota Way to Lean Leadership* (New York: McGraw-Hill, 2011).
7. Jeffrey Liker and Timothy Ogden, *Toyota Under Fire: How Toyota Faced the Challenges of the Recession and the Recall Crisis to Come out Stronger* (New York: McGraw-Hill, 2011).

第二部分

流程：竭力为客户创造连续的价值流

第2章 The Toyota Way

原则2：通过连续流将人员和流程连接起来，从而使问题暴露出来

在单件流生产中，一旦出现问题，整条生产线就会停止，从这种意义上讲，这是很糟糕的制造系统。但是生产线停止会迫使大家立即解决问题，所以在这个过程中，团队及团队成员通过不断思考而不断成长与进步，从而成为更优秀的团队与人才。

——箕浦辉幸（Teruyuki Minoura），
丰田汽车北美制造公司前总裁

在大野耐一的TPS之旅的早期，他发现了后来成为该系统支柱的基本原则：在将价值传递给客户的过程中，最好能做到中间无任何阻碍！浪费恰恰阻碍了价值的流动。最完美的理想流程是，过程中都是增值工作，毫无浪费。而其典型代表就是单件流生产单元，各道工序及相关设备与工具按顺序排列，工人在各道工序中以最小的浪费进行增值工作。

也许有人认为，如果能正确地构建单件流生产单元或者用其他精益工具不断地消除流程中的浪费，我们就可以永久地（或者至少在很长一段时间内）消除浪费并且取得出色的成果。事与愿违，实际上，定义并且开始

建立精益流程仅仅意味着行动的开始。事实上，我们会面临巨大的挑战，正如箕浦辉幸先生在本章开头提到的，当单件流生产出现问题时，整条生产线就会停止。如果单纯地从批量生产转变为无库存保障的单件流生产（本章后续会详细阐述），几乎可以肯定的是你会遇到很多问题。那么，为什么还要这样做呢？因为让流程及时地中断会让我们发现流程的薄弱环节，进而改善。提出“精益生产”一词的约翰·克拉夫西克后来将其描述为“脆弱生产”，旨在打破现状和暴露问题。

本章将介绍丰田模式第二部分“竭力为客户创造连续的价值流”七个原则中的第一条。这七个原则中，有可用于改进常见的生产流程与服务流程的 TPS 方法。虽然这些工具重要且强大，但是注意不要机械性地应用它们，而是要用它们让问题暴露进而解决。这的确是一个持续努力的过程。“精益过程”实际上是一个值得人们不断为之奋斗的愿景，也是人们在不断解决问题的过程中形成的经验成果。基于原则 1，当这些工具成为公司培养人才的长期管理理念的一部分时，它们才真正有了生命。

单件流需要勇气

在丰田，连续流已经是一个核心理念。流动是精益理念的核心，即缩短从原材料到成品（或提供服务）的时间将带来更好的质量、更低的成本和更短的交期。但设立缓冲是有必要的，缓冲库存以及步骤间的间隔时间可以有效地保护下游工序免受上游工序的影响，例如，给外购件设立缓冲库存可以减轻供应商短期停工或延迟发货的影响，甚至这些缓冲库存还可以让你有时间应对大批量物料中的质量缺陷，以免中断生产。

但从另一个角度说，这些让你安心的缓冲会让团队懈怠，而连续的步骤强制所有的团队成员追求完美。大野耐一曾说，降低库存的“水位”会暴露一些问题（就像水中的石头），迫使你去处理这些问题。耦合过程中的步骤使得物料或时间缓冲很少，而降低水位会暴露需要立即解决的低效问题。流程中的任何人都有意愿与动力去解决这些问题，因为一旦没有在短时间内解决它们，整条生产线就会停下来。正如大野耐一的弟子箕浦辉幸所解释的：

> 当人们进行单件流生产而无法完成生产任务时，人们会很沮丧，不知道怎么办。在这种情况下，人们必须思考如何完成生产任务。这就是 TPS 的本质。从这个意义上来说，我们制造了问题，然后不断尝试不同的方法去解决问题。

需要注意的是，单件流不适合过于保守谨慎的人，也不适合想要一蹴而就的人。举一个简单的例子就能说明突然从批量生产转为单件流生产将会面临的压力：假设有按顺序进行的四道工序（见图 2-1），每道工序平均有 90% 的时间可以正常运行，起初公司一直采用批量生产，每道工序之间有大量库存以及其他浪费，但大部分情况下整体运行良好。由于每个人都在处理库存，即使上下游工序出现问题，最终也会达到 90% 的平均产出率，若是保有一些成品库存，加上在必要时加班，就不会耽误交期。

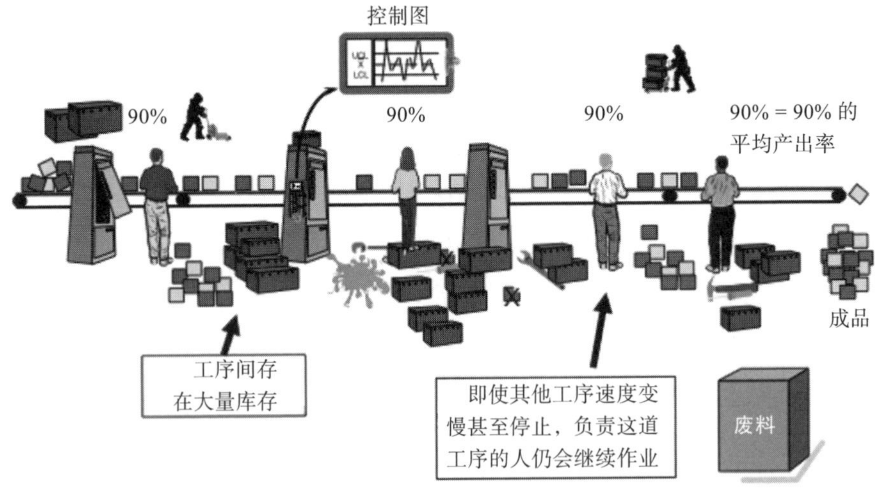

图 2-1 批量生产

一切都很顺利，直到你了解到这种新的精益方法，并决定消除所有多余的库存、强制执行单件流时，灾难发生了：任何工序变慢时，其下游工序都会被迫停止，并等待该工序赶上进度，于是你得为这个灾难以及客户的不满意买单了（见图 2-2）。现在该生产线的平均产出率为这四道工序全部处于低生产效率时的乘积，即：

$$90\% \times 90\% \times 90\% \times 90\% = 65.6\%$$

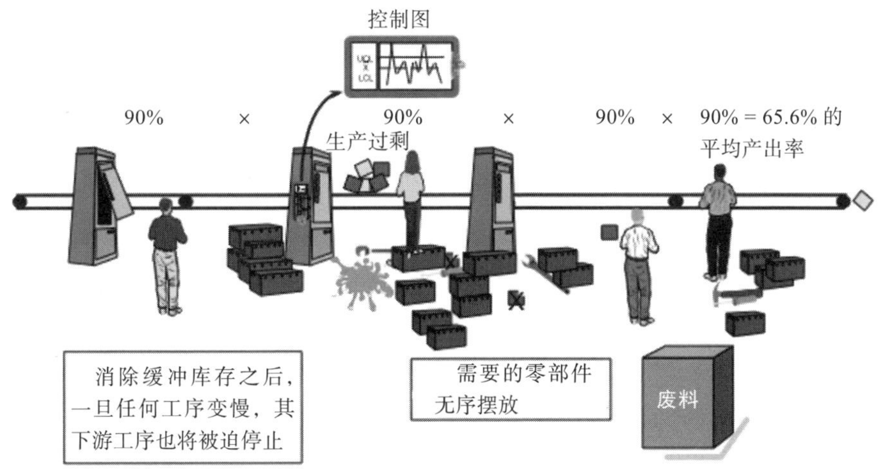

图 2-2　不合理的“单件流”实则充满浪费

丰田对其每个工厂都寄予厚望，在典型的工厂中，丰田可以做到 97% 的车辆订单在生产计划内按时生产。在数以百计的工序之间没有缓冲库存，因此可以预见流程中经常会出现瓶颈。每个人的工位上甚至有一根绳子，一旦出现问题就拉下停止生产。或许叫这种生产方式“连续停线”比“连续流”更加准确。但是即使这样，这个公司怎么能如此傲慢地预测自己能做到 97% 的达成率呢？

在丰田，这不是傲慢，而是事实。丰田不相信预测，它相信问题总会发生。它无法预知所有的问题，因此在工序之间只保有少量的库存，一旦出现不可预知的问题，员工就会一一解决这些问题。但是如果没有出现问题，那么意味着工序之间的库存还是过多，丰田会再次降低库存。

浪费无处不在

传统的业务流程中隐藏着人们未注意到的严重低效现象：人们只是假设一个典型的流程需要几天或几周才能完成，他们没有意识到采用精益的方法可能在几小时甚至几分钟内就可以完成相同的事情。

假设你升职了，拥有了新的办公室，你定制了一套新的办公家具：一张有抽屉的实木桌，还有一把漂亮的人体工学椅，你迫不及待地想要丢掉前一位留下的破旧不堪的家具，但是你不得不继续忍受八周甚至更长的时间，因为新家具的交期为八周，如果你看看客户发在网上的评论，甚至会发现新家具可能要延迟交货。为什么会花这么长时间呢？答案是批量生产。你的家具正在等待生产，每道工序中有大批的物料与零部件排队，得等待很长时间，才会进入下一道工序。

以交期为八周的定制人体工学椅为例：组装过程中的增值工作（实际需要执行的工作）包括在框架上覆盖海绵垫，然后用螺栓将各个零部件组装起来。组装工作只需要不到一小时就可以完成，而实际上同时制作椅套、海绵垫以及框架和零部件最多需要一天，因此在八周的交期中，其他时间都是浪费。为什么会产生如此多的浪费？椅套的生产部门，弹簧、框架与海绵供应商都在批量生产这些物料与零部件，再将它们运送到最后的组装工序，接着它们在堆积的库存中等待。作为客户，你一直在等待有人从这些库存里取出相应的零部件并进行组装。不仅仅是这些时间上的浪费，椅子还需要几周才能离开工厂，再通过仓库与配送系统，最后送达到你的办公室，而你已经坐在那把不舒服的旧椅子上等待好几周了。在 TPS 或精益环境中，公司的目标是通过不断消除没有给你的椅子增值的浪费而创建单件流。办公家具制造商赫曼米勒与丰田合作了 20 多年（详见第 10 章），将椅子的制作与运输时间缩短至数天，所以你可以在十天甚至更短的时间内用上广受欢迎的 Aeron 椅子。

在“丰田的历史：丰田如何成为世界上最好的制造商”中，我们总结了丰田不断从其流程中消除的七大浪费。这对像制造椅子这样的物理制造流程来说很好理解，但是对知识性工作或者服务流程呢？如何区分其流程中的增值工作与浪费？例如，在办公室里，工程师都忙着设计产品，坐在计算机前查看技术规格，与同事或供应商开会，他们在做增值工作吗？事实上你并不知道。你无法通过观察一个工程师正在做或思考的事来判断他是否在做增值工作。你必须跟踪工程师正在开发的产品的进度，因为它正在从概念转变为最终产品（或服务）。工程师将信息转化为设计，所以你可以关注这些事情：工程师在哪些时候做出了直接影响产品的决策？工程师什么时候真正进行了重要测试或做了影响这些决策的分析？有多少设计返工？更复杂的是，有的“返工”实际上是以有用的创造性思维，排除了一些还没有被证明的想法。在大多数情况下，你都可能会发现典型的工程师（或任何白领、专业人士）都像疯子一样拼命工作，不停输出各种信息，问题是，他们的工作中真正“增值”的内容很少，即那些能真正塑造最终产品的工作。

我们与一家需要缩短产品开发周期以满足客户需求的汽车排气系统供应商合作。在价值链的一个环节中，客户正在进行有限元分析（FEA），以测量压力对消声器的影响，从而确定它发生故障的可能性。工程师提供了消声器的设计方案，FEA 分析师运行了计算机程序，提供了有关应力和应变的数据，这个过程看起来很简单。

我的顾问与 FEA 小组进行了为期三天的研讨会。客户刚刚与通用汽车签下大合同，客户的所有消声器设计项目都需要进行 FEA，但是以客户目前的能力无法完成这项工作。而招聘 FEA 分析师非常困难，因为这项工作通常需要人员具备高学历和一定的资历，这类人在市场上供不应求。客户的目标是在不增加 FEA 分析师的基础上提升效率，缩短交货时间。

设定目标后，FEA 小组通过分析已完成的一组项目来了解当前状况。消声器设计项目中，局部变化的迭代分析与全新排气系统的全面分析之间存在很大差异，因此小组成员将它们分开。他们发现局部分析的平均周期为 18 天，全面分析为 38 天。局部分析中只有 8% 的时间是增值的，全面分析则为 12%——大约 90% 的时间是在浪费！这意味着工程师为得到客户要求的分析结果无缘无故地等待了数周。

FEA 小组进行深入分析发现，对于哪些项目正在进行、哪些项目正在排队并没有明确的判定标准。此外，还有大量返工现象，返工似乎是由于数据不完整或不准确或者假设有误造成的。针对这些问题，FEA 小组提出了若干对策：

- 改善前期数据收集工作以更好地了解客户需求。
- 找到并减少非增值的 FEA 分析。
- 设定在制品上限。
- 为流程创建一个标准化作业表。
- 在白板上记录信息，让 FEA 工单和人员负荷的状态可视化。

在制品上限是指每个 FEA 分析师一次可以处理的 FEA 项目数量。FEA 小组计算出合理上限为每个 FEA 分析师负责 6 个项目，包括局部项目和全面项目。当有新项目时，这些项目会被张贴在一个可视化工作状态板上，分配给 FEA 分析师（见图 2-3）。当某个 FEA 分析师已安排了 6 个项目时，他在完成之前不会再被安排新的项目，也就是说直到之前 6 个项目中的 1 个项目完成了，才会安排新的项目，这样就流动起来了。

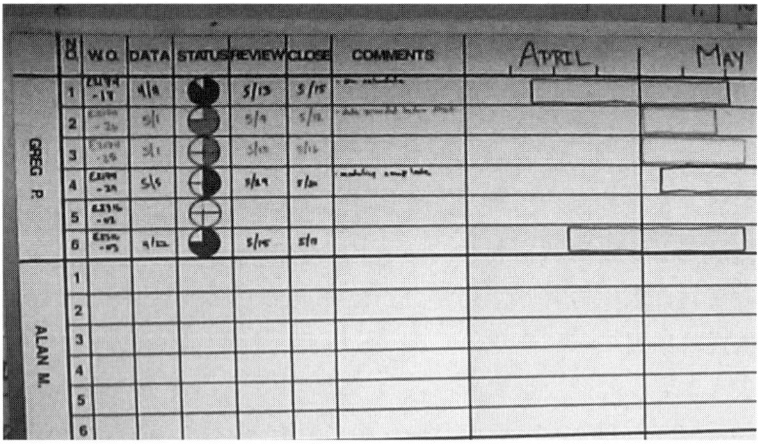

图 2-3　FEA 分析师的工作状态板

结果令人印象深刻：

（1）局部项目，从开始分析到将结果交给工程师，平均周期由 18 天缩短到 7 天，而全面项目则由 38 天缩短到 16 天。

（2）为新项目释放了 25% 的产能，足以处理预测需求，甚至还会有富余，无须新增 FEA 分析师。

（3）质量提升，返工减少，工程师满意度提升。

（4）工程师在询问项目状态时可以第一时间得到准确的答案——这点对他们的客户来说非常重要。

（5）FEA 分析师压力减轻。

注意，这里似乎是一个相互矛盾的悖论：每次分析更少的项目可以获得更多的产出。丰田在其新产品开发中经常使用这个原则，感兴趣的可以阅读《设计未来》。

批量生产思维 vs 流动思维

通常来说，不同流程的调度是向各个部门发送独立的调度计划，若是周计划，每个部门的负责人可以独自决定每日要做什么以优化设备和人员利用率，周计划也为缺勤人员创造了灵活性，因为就算某一天没有达成当日目标，也可以用另外的时间来弥补，只要在一周内完成周计划就没有问题。

用精益思想来看，这种组织生产方式必将产生大量的在制品库存，在生产过程中，如冲压机等处理速度快的设备，将制造更多的在制品库存。物料闲置在库存中是由七大浪费中最基础的浪费——生产过剩造成的。闲置的库存占用现金流与宝贵的空间，最重要的是，它们会掩盖问题。

图 2-4 是一个计算机制造商进行批量生产的示意图（按顺序制造），该制造商有三个部门：第一个部门制造计算机底座，第二个部门制造显示器并组装计算机，第三个部门测试计算机。物流部期望的最小搬运量为 10 台。每个部门完成 1 台计算机的相应工序需要 1 分钟，因此不计物流部的搬运时间，30 分钟后客户才能收到第一批的 10 台，整个过程中每台计算机的增值时间只有 3 分钟，但是第 1 台计算机经过 21 分钟才能完成生产。

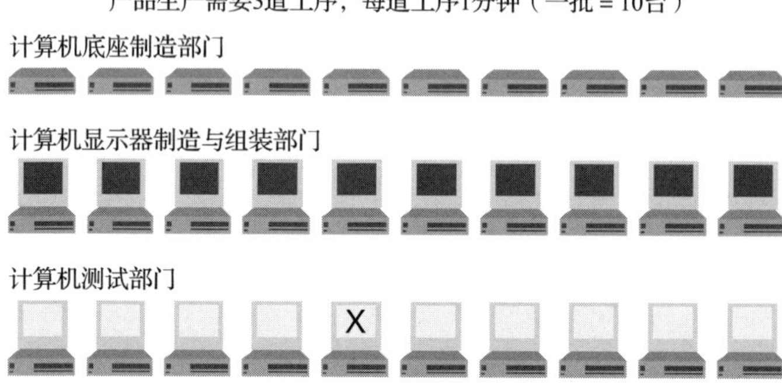

图 2-4　批量生产案例

图 2-5 中采用了相同的计算机制造过程，不同的是它被组织成一个单件流生产单元。如果是大野耐一来管理，他会从底座制造部门取出所需的底座制造设备，从显示器制造与组装部门取出显示器制造设备，然后从测试部门取出测试设备，将它们放在相邻的位置并且按产品族[⊖]布置。结果就是创建了一个生产单元来实现单件流生产。两者差异非常显著，采用新的方式后，生产 10 台计算机只需要 12 分钟，此外，精益流程生产的第 1 台计算机只用经过 3 分钟（全部为增值时间）就可以交货，而不是批量生产方式下的 21 分钟。

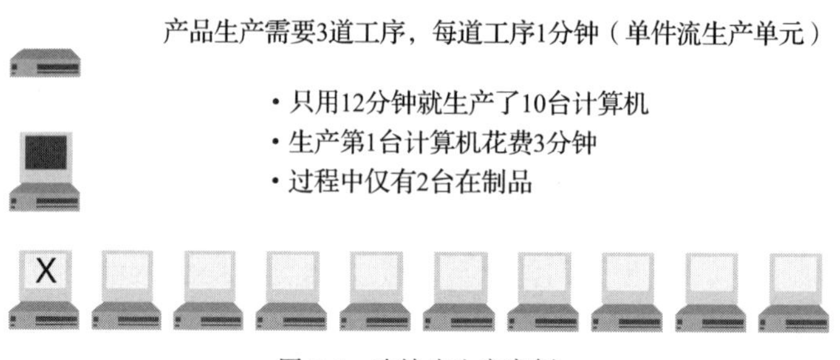

图 2-5　连续流生产案例

⊖ 产品族是产品经过相同或者大部分相同工序的一类产品。——译者注

为什么连续流可以又快又好

从常识来说，似乎让设备运行得更快可以提升生产速度。我们相信，对存在关联的 A 和 B 来说，改变 A 对 B 也会有简单而直接的影响。在这种情况下，A 是指让一台设备运行得更快，而 B 则代表整体的价值流速度。如果进行更系统的思考，我们会发现一些更复杂的关系。例如，将一台大批量加工设备更换为多台小型设备，这样机器运行速度看似变慢了，但是因为小型设备可以与生产单元契合，所以整体的价值流速度就会加快。而如果一味地追求速度却产生了质量问题，即使机器运行速度很快，也会降低整体的价值流速度。

在图 2-4 的批量生产案例中，如果其中出现 1 台有质量问题的计算机（在显示屏上有一个 X），在测试环节中发现它无法运行，这意味着生产流程中的其他在制品也可能有相同的质量问题。如果质量问题出现在计算机底座上，这意味着至少 21 分钟后这个问题才会在测试环节被发现。我们也会发现，加快第一道工序会导致更多的在制品，甚至会产生更多的质量问题。

图 2-5 的连续流生产案例中，当我们发现同样的质量问题时，生产流程中最多只会出现 2 台有相同问题的计算机，并且 2 分钟后这个问题就会被及时发现。而在批量生产方式中，由于两道工序之间有积压了长达数周甚至更长时间的在制品，从产生质量问题到发现质量问题，中间可能需要数周甚至数月的时间，届时现场因果线索已经很模糊，很难去追溯问题产生的原因了。

对于商务以及工程设计流程，这种逻辑同样适用，让独立的部门批量作业并批量传递作业结果，就会发生等待，也会出现延迟。官僚主义会悄悄出现，每个部门把持着自己的标准，流程中会出现大量的非增值职位，美其名曰监管整个流程。这样大量的时间都会浪费在等待指令或其他人的行动上，结果毫无意外是混乱而低质量的。只有把做增值工作的合适人员连接起来（无论是实际的还是虚拟的），通过适当的会议机制（为了整合信息）让整个项目流动起来，就会提高速度、效率和质量，这样的过程我们已经尝试多次，屡试不爽。

节拍时间：单件流的脉搏

在划船竞赛中，核心就是舵手——在船尾吆喝、发号施令的人，他是协调并使船上所有桨手速度保持一致的关键。假设一个特立独行的人出现，这个人划得比其他人都卖力，猜猜看会怎样？结果将是灾难性的，船会失去平衡，船速将减慢，额外的力与速度最终会导致船的减速。

当我们设置单件流的时候，我们应该设定多快的速度？设备的产能如何设置？需要多少人？在回答这些问题之前，我们首先要计算节拍。

节拍（Takt）在德语中的意思是节奏或韵律。节拍表示客户需求的速度——客户购买产品或服务的速度。如果我们每月工作 20 天，每天工作 7 小时 20 分钟（440 分钟），客户每月购买 17 600 单位的产品，那么每天我们需要制作 880 单位的产品，每 30 秒就需要制作 1 单位，则节拍为 30 秒。在理想的单件流中，每个步骤应该每 30 秒生产 1 单位的产品；若时间低于 30 秒，将会导致生产过剩；若时间高于 30 秒，该步骤将会成为瓶颈。节拍可以看作生产的标准节奏，可以提醒现场的员工是提前还是延误了。

连续流与节拍时间很容易就能应用在重复性制造与服务作业上，但是如果能发挥创造力，它可以应用于任何可重复的流程，记录下流程中的步骤，运用节拍思维，就可以减少与消除非增值活动，创造更好的流动。

单件流的好处

在实现单件流的过程中，人们同时在进行很多其他活动以识别并消除浪费。下面让我们更深入地了解单件流的好处吧。

（1）**内建质量**。在单件流中比较容易实现内建质量。每一个操作者在将产品传递给下一道工序之前都会进行自检并且修复问题，但若产品有问题未被自检出而流入下一道工序，它也会很快就被发现并且得到处理。

（2）**创建柔性**。当我们将设备专用于一条生产线时，常常会降低此设备用于其他生产的柔性。当生产周期足够短的时候，我们将会有足够大的柔性应对客户的需求并且生产客户真正需要的产品。与其忍受每个订单长达数周的交期，我们可以将交期缩短到仅仅数小时，这样我们在数小时内就可以安排生产新的订单。交期缩短了，我们就可以通过快速换模实现小批量、多品种生产，尽可能实现按照客户的需求生产，做到快速响应。

（3）**提升效率**。人们经常认为，按部门进行生产运营时效率最高，其原因在于每个部门都以设备利用率与人员利用率来衡量效率。每分钟人与设备生产得越多，似乎显得效率越高。但是实际上，在批量生产中很难衡量生产一批产品需要多少人（或设备），因为其效率不是以增值时间来衡量的：在生产的整个过程中，究竟因生产过剩（这些过剩的物品还需要搬运与储存，也会产生浪费）浪费了多少真正的效率？追踪有问题的零部件和修理产品又损失了多少时间？而在单件流中，诸如将物品搬来搬去的非增值活动极少，很容易分辨出生产过程中哪个工序超负荷、哪个工序还有闲置产能，同时也很容易计算出完成预定产量需要多少人与设备。在 TSSC 的每一个案例中，每当丰田帮助一个供应商将批量生产转变为 TPS 的单件流生产时，其生产效率都会有大幅提升，经常超过 100%。

（4）**节省空间**。当设备按部门摆放时，设备之间有很多空间都被浪费了，但大部分空间通常都被库存所占领。而在单件流生产单元中，工序的间隔很近，库存所浪费的空间也几乎没有，若能更有效地利用车间面积，可以释放出大量空间，这些空间可以用来生产新的产品，或者在不扩大设施的情况下增加新产品线。公司通常将这些空间围起来，标记为“为新业务保留的空间”。

（5）**提升安全水平**。美国早期采用 TPS 的线模公司（Wiremold Corporation）决定不设立单独的安全计划。但是在线模公司从批量生产转变为单件流生产之后，公司的安全水平也提升了，甚至赢得了一系列国家安全奖。物料都是小批量搬运，意味着不需要用叉车运输（这也是主要的事故来源），同时重量减轻意味着搬运负荷减轻，更加安全。建立单件流生产可以有效地提升安全水平——不需要再单独为保障安全进行新的项目。[⊖]

⊖ 更多关于线模公司及其精益转型详见：Bob Emiliani, David Stec, Lawrence Grasso, and James Stodder, *Better Thinking, Better Results* (Kensington, CT: Center for Lean Business Management, 2002)。

（6）**提升士气**。在精益转型的过程中，线模公司发现其士气在转型的每一年都得到了提升：在实施精益转型前，只有 60% 的员工认为该公司是适合工作的好公司；在转型过程中，这个数据每一年都有所提升；在实施精益转型后的第四年，超过 70% 的员工都认为该公司是个好雇主。在单件流中，员工可以做更多的增值工作，并且可以马上看到工作的成果，员工可以更快更好地获得自我实现的成就感和工作满足感。

（7）**降低库存成本**。不受库存束缚的资本是可以用于其他地方的现金流，而且公司不必为腾出的资金支付账面成本。此外，存在呆滞库存等问题也会减少，在德纳公司（Dana Corporation），这一点尤为明显，在破产重组的过程中，该公司通过降低库存节省出数亿美元用以偿还高息贷款。

（8）**激发创新**。单件流最大的好处之一在于暴露问题，激发人们思考与解决问题，在这个过程中，人的能力不断提升。

“真流”与“伪流”

很多公司认为只要改变布局、移动设备，单件流就会自动产生。事实上，这只是“伪流”。“伪流”的典型例子就是先缩短设备间距，形成看起来像是单件流的单元，然后在各工序进行批量生产，丝毫不考虑客户需求的节拍，这种看起来像是连续流单元，但是实际上仍然是批量生产。

例如，位于俄亥俄州奥维尔的威尔 – 伯特公司（Will-Burt Company）生产许多钢结构的产品。该公司产量较大的产品之一是一系列应用于雷达或者摄制组的厢式车的可升降桅杆。每个桅杆都是根据其应用而定制设计的，该公司将生产该桅杆的生产线称为单元，并且声明其符合精益的理念。实际上在我去现场查看之前，一位生产经理已经向我说明，该公司生产的产品种类繁多，不可能通过任何改善实现流动。

在为期一周的改善研讨会中，我们对其情况进行分析，认定这是典型的“伪流”。[㊀]生产一件产品的增值时间为 431 分钟，但是由于生产该产品

㊀ 改善研讨会由我公司的前资深精益顾问杰弗瑞·里韦拉（Jeffrey Rivera）与届时我密歇根大学的博士生爱德华多·兰德（Eduardo Lander）主导。

的设备是分散的，产品在各道工序之间以叉车运输，由于每道工序间都堆积着在制品，该产品从原材料到成品总用时 37.8 天。若仅仅看产品的生产周期，从锯切到最后焊接仍然要花费 3.75 天，而其中真正的加工时间仅仅有 431 分钟，产品在工厂中的移动距离为 1792 英尺[⊖]。

分析过后，小组开始改善该流程：移动相邻设备使设备之间的距离更近；进行单件操作，尽量不用叉车；在无法实现彼此相邻的工序之间，设置一些特殊的滑动推车搬运产品；改善订单处理流程，从之前对各工序批量下单改为只对单一工序下单。图 2-6 展示了改善前后的产品制造流程对比。从图中很容易看出来，改善之前是“伪流”，只是将设备按类型放置，没有形成真正意义上的单件流，同时工作人员对流动的理解不深刻，所以看不出那是“伪流”。改善成果十分明显，大家因此兴奋不已，同时也对能在一周内完成这种改变感到震惊。

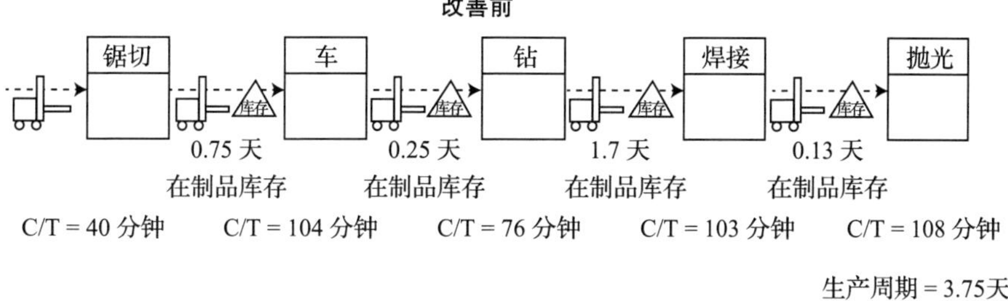

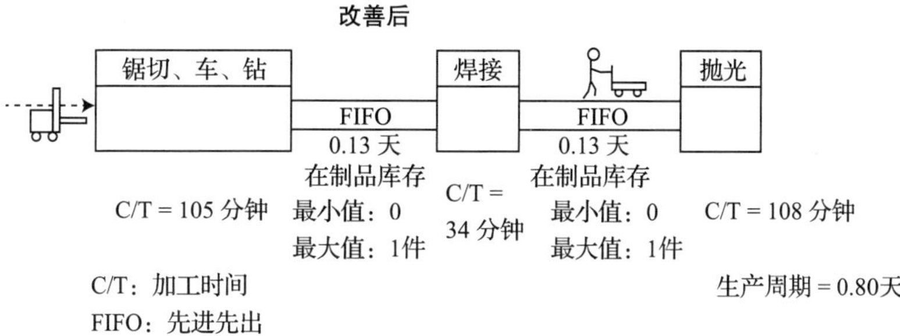

图 2-6　改善前后的产品制造流程对比

这些改善极大地缩短了交期，降低了库存并且节省了生产空间（见表 2-1）。

⊖　1 英尺 = 0.3048 米。

改善过程中还有个额外收获，小组调查了订单处理流程后，发现批量处理订单会导致严重的浪费，改善之后，订单处理时间从每件产品 207 分钟缩短为 13 分钟。但是这并不意味着就可以万事大吉了，我们提醒该工厂这仅仅是开始，还需要不断解决暴露出的问题以持续改善。

表 2-1 “伪流” vs “真流”

指标	改善前	改善后
生产周期（从原材料到成品）	37.8 天	29.2 天
生产周期（从锯切到焊接）	3.75 天	0.8 天
叉车移动次数	11	2
移动距离（每件产品从进到出）	1 792 英尺	1 032 英尺
订单处理时间（每件产品）	207 分钟	13 分钟

单件流并非实施的工具，而是要努力的愿景与方向

丰田对任何真正的单件流的期望都是零浪费。创建单件流意味着需要将之前不连贯的工序安排在一起，当所有的步骤都连接在一起时，公司将有机会实现更高效的团队合作、更快速的问题反馈、更好的流程控制，还会促进人们不断地思考和解决问题，实现人的成长。在丰田模式中，单件流的终极好处是刺激员工不断思考与改善，即使有停线的风险，也要让问题暴露出来，迫使团队成员不得不去解决这些问题。问题暴露之后，丰田的做法是停下来并将这些问题逐一解决，更多内容将在第 6 章中阐述。

本书第二部分“流程”中的各个原则都说明：持续为客户提供价值既是愿景，也是努力的方向。经常有人对单件流产生疑惑，例如，在工作单元中，单件流到底是愿景还是解决方案？我们经常会听到诸如“我们无法实现单件流，因为我们有一台难伺候的机器人总是宕机，总不能不断地停线吧？”或者“我们车间是按订单进行生产的，订单每小时都在发生变化，并且产品经过的工序都不一样，所以无法组成单件流生产单元”这样的声音。在这两种情况下，他们这样说没错，因为他们将单件流当作糟糕的、不适

用的解决方案，他们的问题在于，他们只是将单件流视作一种解决方案。

我记得早年在 TSSC 有一个汽车零部件供应商的案例，是有关密歇根的格兰海芬公司（Grand Haven Stamped Products）的，该公司制造换挡装置，负责辅导该中心的大庭一先生沿着价值流走动了一圈，要求将负责钢部件焊接与组装的机器人与钢部件生产工序一起组成单件流生产单元。该公司的总裁与主要领导向我描述了他们当时没日没夜创建单元的情况：付出了努力后，运行时却发现产品制造不出来，整个单元总是会出现各种故障，只能停止生产。大庭一先生要求他们必须解决这些暴露出来的问题，否则就得停止生产。

如同箕浦辉幸指出的，单件流实际上会导致生产中断，如果以此来暴露问题进而不断解决这些问题，那确实是流程改进与问题解决齐头并进。人们经常将单件流视作自变量，通过技术操作获得我们想要的结果（因变量）。图 2-7 中表达了不同的见解，我们将单件流视作因变量（或至少是我们想要的结果的中间变量）[⊖]，当整个链条断裂时，只要我们科学地解决出现的问题，作为回应，我们就会越来越接近单件流。越接近单件流时，链条越会收紧，进而会出现新的问题，于是我们继续解决新的问题，不断地朝着单件流的理想状态前进，这是一个周而复始的持续改善过程。

图 2-7　单件流与科学思维

⊖ 感谢迈克·鲁斯，他提出了将很多精益技术（如单件流）视作因变量的概念，并相应地修改了图 2-7。

关键点

- JIT 的核心理念是努力实现通过单件流将价值流向客户的愿景，朝着零浪费前进。
- 我们常常将流程视作物理性的，事实上它只是一个需要不断努力实现的理想状态，而非一个具体的工具。
- 拥有批量生产思维的人通常错误地认为，只要将每道工序的周期时间最小化就可以实现整体运营效率的提升，但是在大部分情况下，这样做会创造更多的浪费，造成物料流动速度慢、信息延迟等问题，进而导致混乱无序。
- 单件流不仅能提升效率，还能提高质量、缩短交期、增强客户响应能力、提升士气与安全程度。
- 从相互独立的工序转变为单件流会带来立竿见影的好处，但是其长期的益处是不断暴露问题并快速解决，实现持续改善。
- 建立单件流的额外好处就是可以培养现场员工用科学思维解决问题。

参考文献

1. J. F. Krafcik, "Triumph of the Lean Production System," *Sloan Management Review*, 1988, vol. 30, pp. 41–52.
2. James Morgan and Jeffrey Liker, *Designing the Future: How Ford, Toyota, and Other World-Class Organizations Use Lean Product Development to Drive Innovation and Transform Their Business* (New York: McGraw-Hill, 2018).
3. Jeffrey Liker and Gary Convis, *The Toyota Way to Lean Leadership* (New York: McGraw-Hill, 2011), chap. 6.

The Toyota Way

第 3 章

原则 3：使用拉动系统来避免生产过剩

一家公司的库存越多……就越没有自己想要的东西。

——大野耐一

想象一下，你发现了一个超值的互联网服务，可以将你所需要的商品直接送到家，折扣力度也很大，唯一的问题是你需要提前确定下个月每周的需求数量。该公司需要每周将货物送到仓库，因此它希望提前确认销售订单，这样就能够将仓库的库存都销售出去。如果送货的时候你不在家，配送员会将商品放在你家门前的冰箱内冷藏保存。由于实际用量不确定，只能估计每周需要的鸡蛋、牛奶和黄油的量。保险起见，你可能会多订购一点。问题是，如果一周之内你没有用完，它们就会堆积在冰箱里面，可能会变质。一周又一周，你的库存不断增加，于是你需要再买一个冰箱——这是一大笔开支。另一个问题是：如果你去度假，碰巧忘记取消那一周的订单，那等你回来的时候，门前就会有一周的量的过期商品。

这是一个典型的计划推动系统。在商业领域，服务和商品通常是根据复杂的排程 / 调度系统推送给零售商的，有些甚至会使用人工智能（AI）和大数据。或许它们比之前的系统猜测得更准确，但改变不了这依然是对未来的猜测。不管是不是可以立刻售出，商品都会被推送给零售商。这样会导致零售商试图通过打折或者其他促销活动将商品卖给你——也就是消费者。如果恰巧你对促销活动有兴趣，那么你会买回来一堆当前用不上的商品，但最终零售商大概率依然会有大量库存。

现在再想象一下，上面这家提供互联网服务的公司收到了很多投诉，该公司决定学习丰田的拉动系统来改造它们的物流系统。它们会给你一个与冰箱连接的无线设备，并为你经常需要的商品装上按钮。当你打开倒数第二盒牛奶或者鸡蛋的时候，按下设备上相应的按钮。第二天，相应的商品就会配送到家。这就意味着你有一盒打开的（如果还没有用完的话），还会收到一盒新的。冰箱里肯定会有一些库存，但是数量不多。如果你估计近期对某些商品的用量会增加，比如牛奶，那么你可以直接通过网页或者 App 订购，公司会直接配送。这家公司和供应商重新商定了供货协议，如果客户订购了更多的产品，就会触发给供应商的订购信号。这就是拉动系统的例子，也就是我们说的 JIT。你只会在需要的时候收到商品，零售商也只会收到客户实际需要的商品。为了避免推送不需要的商品给你，你甚至会愿意为这种“按需”服务支付更高一点的费用。

很多公司和公司内的支持部门都是根据内部的排程来安排工作的，它们在计划表内根据对自己方便的原则来安排。因此，它们根据自己计划好的时间表生产零件、商品和服务，并推送给客户。客户不得不收下并在仓库存放起来（见图 3-1）。

图 3-1　从预测到拉动系统

一篇关于快速发展的健康食品连锁店 Sweetgreen 的文章给我留下了深刻的印象。它的创始人不是厨师，在创业时对食品了解不多。他们是技术人员，开发了一个用于订购和配送的 App——一个拉动系统。许多公司似乎认为，只要他们拥有一个 App，所有的物流问题都会迎刃而解。创始人本可以将 Sweetgreen 作为一家恰好提供食品的科技公司，但他们没有。那篇文章描述了公司创始人所面临的挑战：

> 内曼先生说，他非常清楚 Sweetgreen 不是一家科技公司。它在很大程度上是一家餐饮公司，受制于餐饮服务扩张所面临的现实限制：员工每天在每家餐厅切配各种蔬菜、烤鸡腿、制作鹰嘴豆泥，并从头开始准备近 60 种食材。公司从事的是"原子"业务（实体商品），而不是"比特"业务（数字产品）……"鉴于所有这些运营的细节，有时我会抱怨这太难了，"内曼先生说，"但是我也提醒自己，也许这很好，因为这对其他人来说也一样难。"

丰田一直很清楚，它的核心是一家制造公司。与互联网公司不同，供应链物流是"原子"这个层面的业务，而不是"比特"。亚马逊既是一家互联网公司，又是一家仓储和配送公司。我们都知道，丰田模式并不是库存管理，而是通过精益价值流来满足客户。很早的时候，大野耐一就开始考虑根据客户的即时需求来拉动库存，而不是使用试图通过预测客户需求的推送系统。在丰田模式中，"拉动"意味着 JIT 的理想状态：在客户需要的时候，按客户需要的数量提供产品来满足他（这可能是内部流程的下一步）。最纯粹的拉动形式是单件流，我在前面的第 2 章中讨论了这一点。如果你可以接受客户订单，并仅为该订单生产一个产品——使用单件流生产单元——那将是可以想象得到的最精益的系统。该系统能够实现完全按需生产和零库存。但由于在将原材料转化为成品交付给客户的过程中，流程中总会有一些自然的中断，因此在实际情况下有必要持有一些库存。

前面提到的互联网服务案例，即使在其改善之后的精益状态下，系统也无法实现零库存。系统中的库存一般可以称为缓冲库存。改善后的互联网服务要求客户简单地发出信号：何时开始使用某种商品，这样就可以在冰箱中仍有一些库存时补充。系统正在补充你正在消耗的东西，这也是大多数超市的运作方式。事实上，超市也只是以特定方式运作的仓库。根据过去的购买模式和预期的未来需求，超市货架上会保留一定数量的库存。客户从货架上取下他们想要的商品，超市店员会定期查看货架上的商品，并从库存中补充。店员不是简单地将库存堆上货架，也不是直接从制造商那里订购商品然后上架，而是通过补货系统从超市的少量库存中提取存货。

原则：使用拉动系统来避免生产过剩

大野耐一和他的同事对超市在20世纪50年代美国人的日常生活中的重要性产生了浓厚兴趣。大野耐一从一开始就认识到，在许多情况下，库存是必要的，因为它可以确保稳定的流动。他也认识到，如果各个部门使用推动系统按计划生产产品，自然会“生产过剩”，从而产生大量库存。正如我们所知，“生产过剩”是最根本的浪费。

大野耐一需要在理想的流动和推动之间找到一个平衡点。在丰田喜一郎对JIT的早期工作基础上，大野耐一（和他的同事）提出了在工序之间建立少量“车间库存”来控制库存的想法。这个想法很简单：当客户开始使用一箱零件时会发送一个信号，仓库就会送来一箱新的零件，从而触发新一箱零件的生产。当客户不需要零件时，储存零件的箱子就会放在客户的缓冲区中，没有信号发出，自然也就不需要生产零件。这样做就几乎没有生产过剩了，客户需求和公司的生产安排之间形成了一个清晰而简单的间接连接——客户只需以某种方式表示：“我已经准备好接受更多产品了。”

不过，由于工厂可能占地很大、分布较广，零件的供应商也可能相距甚远，大野耐一必须设法让装配线在零件需要补货的时候能够发出信号。

他使用的是卡片、空箱子和空手推车等简单的信号，也就是现在说的“看板”。看板在这里泛指发出信号的标志、海报、布告、公布栏、卡片等，送回一只空箱子（一个看板）就是一个信号，所发出的信息是“请在其中补充指定数量的零件”，或者是送回一张卡片，上面也写明了所需零件的型号和数量。

在如今这个高速电子通信的时代，丰田使用电子看板，但是同时也在物料箱上使用带有可供扫描的条码的纸质看板。当电子系统出现错误的时候，这个冗余系统还可以让人看到必要的信息——例如，物料箱是否在没有附带任何看板的情况下移动。它是一个卓越、简单、有效且高度可视化的通信系统。这并不是说丰田没有生产计划。丰田使用一种复杂的算法来接受客户的订单并创建均衡的排程。在丰田，理想的情况是只在一个地方进行生产排程——这称为定拍工序，定拍工序通过看板来拉动其他零件的生产。

我们在前面已经强调过，丰田模式是基于系统性思维的。有人可能会认为，为复杂系统进行调度需要同样复杂的调度系统，这些系统要能够从宏观视角全面审视整个系统，可以对流程中的每个点都进行寻优规划。遗憾的是，即使是最先进的调度系统，甚至是基于预测的系统，也不足以应对更加复杂多变的现实世界。所以，丰田版本的系统性思维是将流程分解为更小的部分，将本地控制权分配给当地客户，这就可以根据最新的信息建立小型闭环反馈。看板给价值链中的每个客户都赋予了调度权，客户可以根据实际需要灵活下单。响应速度越快，需要的库存就越少。因此，丰田可以在系统中不断地消除浪费，建立更快速的流动。

斯皮尔和鲍恩在《TPS 的 DNA》一文中总结了四个原则，其中就谈到了这种分布式控制方法：

准则 2

每个客户与供应商的连接都必须是直接的，并且必须以明确的方式，即“是”或“否”来发送请求和接收响应。

看板就是这样一种“是”或“否”通信工具。实际上，通过看板，客户是在说：“根据我现在的实际情况，我已经准备好接收这张卡片上的物品了——‘是’。”

日常生活中的拉动式补货

要想揭开看板这个概念的神秘面纱，不妨思考下日常生活中拉动式补货的例子。你如何决定什么时候补充家里的日用杂货？当你注意到某个物品库存不多的时候，你会说：“是的，我需要买一些回来。”同样地，你会根据液位（一般汽车都会有报警提示）来决定汽车什么时候需要加油或者需要补充玻璃水。

不过，并非所有东西都可以基于拉动系统进行补充，有些事情必须提前计划。以高端产品为例，例如，劳力士手表、跑车或老虎伍兹宣传的那些高科技高尔夫球杆。每当购买特殊或一次性物品时，你需要考虑自己想要什么，考虑成本和收益，或许可以提前存钱，并计划何时购买。从某种意义上说，这就是创建了一个购买计划，因为不是即时的需求。

个人服务是另一种类型的预定采购。它们通常不是即时需求，而且需要提前预约。例如，我们会预约洗牙、体检或理发。如果我们的医疗需求很紧急，需要使用拉动系统，我们会直接去急诊室。

丰田的看板系统：在必要之处采用拉动系统

理想的单件流应该是零库存的系统，价值链中的所有东西只在需要的时候出现。丰田将单件流视为愿景——提供方向的真北，永不止步却不能到达。很多时候由于工序相距太远，周期差异太大，或者存在换模时间，单件流都无法实现。在这些情况下，最优的选择应该是丰田的看板系统，它利用少量的缓冲库存来解决这些问题，但是这个库存数量应该在之后不断努力降低。

鲁斯和舒克在《价值流图培训套件》（*Training to See Kit*）里面讲述了如何教授价值流图，并为绘制未来状态的价值流图提供指引。他们建议你回答："哪里需要流动？哪里需要拉动？"鲁斯补充道："在可以流动的地方建立流动，在不能流动的地方采用拉动。"这个简单的口号可以帮助你一路向前。重点是在可能的情况下以单件流为目标，但如果做不到，那么最好的选择就是建立一个拉动系统——可以设置一些物料或者信息的缓冲库存。

来看一下丰田总装厂中的拉动系统。来自经销商的订单汇集到总装厂，生产控制部门根据订单建立了一个均衡化生产计划（在第 4 章中会详细讨论）。这个计划会发送到车身车间，从预冲压板的"超市"中取走的冲压钢板会在那里焊接成车身，之后车身会通过小缓冲区流动到装配线。另外，冲压只需要几秒，比焊接快很多。如果将冲压机放入一个节拍时间是 60 秒的焊接单元中，冲压只需要几秒，然后就要停下来，等待 60 秒的焊接完成，所以把冲压放进单件流中是不现实的。取而代之的是，根据看板生产一批的冲压件放入缓冲区。车身车间将这些库存用到一定数量的时候，就会触发一个信号将看板发回冲压车间，冲压车间根据这个看板再生产一批冲压钢板以补充库存。

同样地，当装配线上的工人开始使用物料箱里面的小批量零件（铰链、门把手、雨刷器等）时，他们会取出看板，放到看板架上。物流水蜘蛛会定期收集看板和空的物料箱，然后从"超市"中领取在装配线上刚被用完的物料，重新装满物料箱。另一个物流水蜘蛛会根据看板补充"超市"的库存，也就是说同时会触发另一个信号，给上游零件供应商下订单以启动生产，如此反复。

如图 3-2 所示，这是一个总装厂的外部供应商拉动系统。过程从其客户装配工厂开始（图中最右侧部分），零件用完之后，空箱子和取货看板（也可以使用电子看板）由卡车送回供应商工厂进行补货。供应商在"超市"里面储存了一定的成品库存，但可能不希望按照看板到达的顺序进行生产。相反地，供应商会根据手上的看板进行均衡化排产（具体会在接下来的第 4 章中详细讨论）。图 3-3 从供应商工厂的角度展示了其内部的拉动系统。

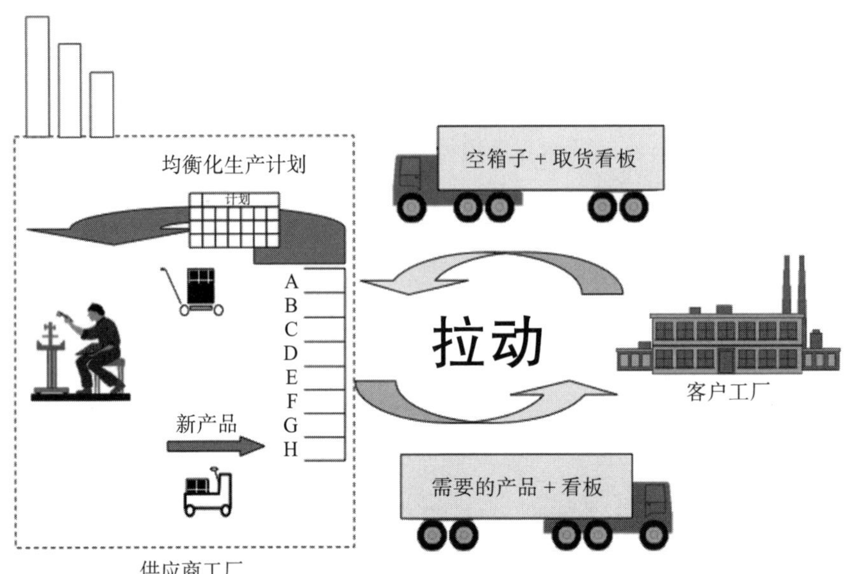

图 3-2　外部供应商拉动系统

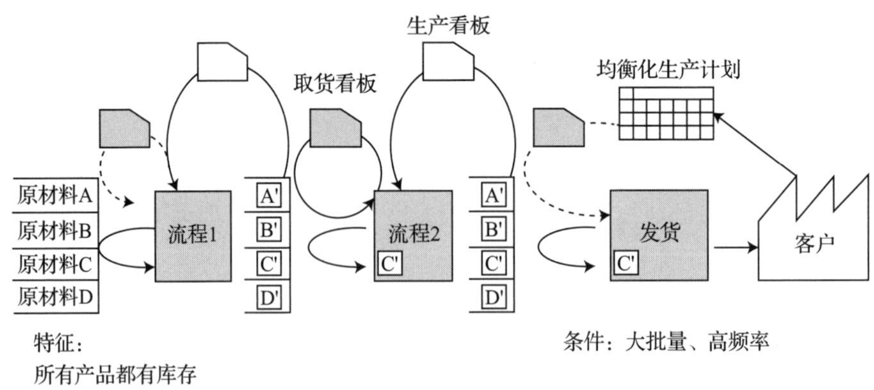

图 3-3　供应商工厂内部拉动系统

在通用汽车的培训办公室中使用拉动系统

拉动系统也可以在办公室里使用，以节省资金并避免缺少耗材。大多数办公室已经使用某种形式的拉动系统。没有人确切知道办公室将使用多少铅笔、橡皮或纸张。如果所有这些耗材都有一个固定的周期性订单，那么在某些情况下，预测的数量会比较准确，但是在另一些情况下，又会出现要么库存太多，要么关键耗材缺货的问题。因此在运行良好的办公室中，有人负责检查库存和用量，确保耗材库存充足，同时在需要的时候订购补货。

在 NUMMI 还没有关闭时，通用汽车曾在加利福尼亚州设置了技术联络办公室，并将该办公室用作结合 NUMMI 参观的 TPS 培训基地。许多通用汽车的员工就是在这个办公室上了第一堂 TPS 课程。因此，通用汽车将其打造成了一个精益办公室的典范。例如，它为耗材建立了一个正式的耗材看板系统。由此，办公室很少会发生耗材短缺问题。所有东西都有“库位”，即都在它自己的位置——在储藏室里、在桌子上，或者在电脑旁边。例如，在储存区，每个物料旁放置了少量对应的看板（覆膜卡片），指示该物料应该何时触发补货。例如，当阿司匹林用到只剩下四分之一瓶时，阿司匹林看板会被放入咖啡罐，以重新订购。再如：办公室里原来有一个传统样式的冰箱，里面放着软饮料。有些饮料总有剩余，而有些又总是缺货。因为冰箱门是不透明的，所以很难看到门后面的混乱。因此，办公室购买了一台玻璃门板的饮料机，人们可以轻松地看到软饮料的供应情况，标示清楚的架子上放着各种果汁和软饮料。当某种饮料的库存降低到一定水平时，人们就会取出该饮料的看板，将其放入一个盒子，重新订购该饮料。

从成本节约的角度来考虑，你可能会认为在小办公室中建立拉动系统不合适、太复杂，而且不容易维护。你甚至会进行成本收益分析，以评估所花费的时间是否值得。但请理解这一点：在进行分析时，你用的是传统的批量生产思维。问题的关键在于——这也是 TPS 的核心所在——拉动系统所带来的好处可能远远超出节省的那几分钱。TPS 的强大之处在于它所释放出来的创造力和带来的持续改善。因此，建立这些看板系统可能会激发员工的工作热情，让他们对改善订购耗材的流程产生兴趣，并最终引导他们找到在其核心工作中创造流动的方法。办公室的浪费通常远比工厂严重，为改善流程所做的一点创造性努力都有可能产生巨大的乘数效应。

拉动系统也可用于调控信息流。在前面对原则 2 的探讨中，我们看到了一个简单的可视化看板，用来控制有限元分析的项目数量。这也是一种拉动系统，设置一定数量的在制品库存，当一个项目完成之后，就可以将后面排队的项目拉入流程。

建立拉动系统仅仅是开始

观察拉动系统的有序运作非常有趣——大量的零件和物料像跳着舞一样有节奏地在工厂中流动。在大型装配厂中，例如丰田肯塔基工厂，成千上万的零件在不断地移动。沿着装配线，小物料箱里面的小型常用零件从“超市”整齐有序地运来，空箱子则有序返回。由于复杂系统固有的不确定性，很难想象，这个中央调度系统如何能够出色地协调这些零件的复杂运动。

与此同时，当 TPS 专家听到人们对看板赞不绝口，并宣称它是 TPS 的全部和最终目标的时候，他们会变得非常不耐烦甚至恼怒。看板确实是一个漂亮的工具，其运作过程也很有趣。我带领过许多人参观精益工厂，人们可以花几小时谈论许多不同类型看板系统的技术细节并回答各种问题，例如“看板是如何触发的?”“你应该只补充已经使用的部分，还是按照预定的顺序触发下一个订单?”“数量是怎么计算的?”“如果看板丢失了怎么办?”。但这不是重点。在设置系统时，确实必须了解这些内容，但从技术上讲，它们非常简单。看板的真正目的是消除看板。

挑战在于建立学习型组织，要设法找到减少看板数量的办法，从而减少并最终消除缓冲库存。请记住，看板是一个有组织的库存缓冲系统，根据大野耐一的说法，无论是在推动系统还是拉动系统中，库存都是浪费。

所以看板是需要努力消除的东西，而不是引以为傲的东西。事实上，看板的主要好处之一在于它可以强制你改善生产系统。假设你已经打印了四张看板，每张看板对应一个物料箱，规则是，除非有看板随行，否则物料箱不能移动。现在扔掉一张看板会发生什么？系统中只有三个物料箱在循环。如果机器出现故障，下一个流程的零件消耗的速度会比之前快 25%。这就有可能给系统带来压力并导致停线，但同时又会促使团队去改善流程。

看板是一个简单的可视化系统，可以让客户直接将信号发送给供应商。它是二进制通信："我看到已经到达触发点了，请再送一些来。"试试吧——它很有趣，也很有效！

关键点

- 大多数公司认为它们可以使用需求预测和复杂的调度算法来为每个流程提供指令。
- 传统的生产调度方式通常会使用推动系统，即使是需求或条件上的微小变化也会导致停线，进而导致库存剧增、零件短缺和延迟发货。
- 丰田使用调度系统，通常是为了建立均衡化的排程，但它更喜欢只在工厂中的一个点（定拍工序）进行排产。
- 理想情况下，丰田希望使用可以实现零库存的单件流，但在许多情况下这不现实。
- 当不能实现单件流时，丰田会通过拉动系统从库存缓冲区中取走零件，然后效仿超市的做法补充缓冲区的库存。
- 使用看板（一种实体或电子信号）的话，下游客户可以在准备好接收更多零件时通知上游供应商。
- 看板系统的最大价值在于帮助流程可视化。研究它，并找到减少库存的方法，从而更接近单件流。
- 拉动系统常用于医院、办公室等服务环境中，以调度内部物资流动，同时它调控信息流的功能也很强大。

参考文献

1. Elizabeth G. Dun, "In a Burger World, Can Sweetgreen Scale Up?," *New York Times*, January 4, 2020.
2. Steven Spear and Kent Bowen, "Decoding the DNA of the Toyota Production System," *Harvard Business Review*, September–October 1999, p. 98.
3. Mike Rother and John Shook, *Training to See Kit* (Cambridge, MA: Lean Enterprise Institute, October 2002).

第4章

原则4：均衡生产负荷，做“龟兔赛跑”中的乌龟（均衡化）

一般而言，当你准备实施TPS时，首先要做的就是生产均衡化，或者生产升级，这是生产管理人员的首要责任。在调整生产计划的过程中，你可能需要提前或延迟发货，可能需要一部分客户短暂等待。

——张富士夫

在戴尔与其他成功公司的刺激下，按订单生产模式开始在美国流行起来。在这个需求导向型社会中，它们尝试在客户需要的时候生产制造客户需要的产品——好像符合精益的最终目标，对吧？但是事与愿违，客户的需求变化莫测，每天的订单和每周的订单都会大不相同。如果完全按客户需求来生产，最终的结果只可能是在某一周有巨量的订单，员工可能得加班加点工作，设备也得超负荷运转，但是在另一周设备闲置，员工无所事事。由于不知道外购的数量，只能保有尽可能大量的库存，或者强制供应商保有大量库存，也许会让供应商在公司旁边租赁仓库来存放产品（这是戴尔的做法）。以这些做法进行精益生产是不可能的。严格按订单生产只可能会增加库存、隐藏问题、降低质量，讽刺的是，这还可能使得交期延长，因为它会导致整个工厂处于无序与混乱状态，而这些实际上都是有精益解决方法的。

另一种模式是将按订单生产转变为从巨型成品仓库按订单取货，这两种都不可取。丰田发现，根据均衡化生产计划而非总是执行按订单生产模式，可以建立更好的精益运营系统，最终可以为客户提供更好的服务与质量更高的产品。

在我合作过的公司中，有几家公司执行按订单生产模式，但实际上客户需要等待 6 ～ 8 周才能收到它们“按订单生产”的产品。或许某些特殊客户可以插单，在短时间内获得产品，但是付出的代价是，绝大多数客户需要等待更长时间。拦在客户与工厂之间的是配送中心、当地仓库和储存区中的库存，而工厂由于需要严格按客户的订单生产，日复一日面临巨大的压力。这听起来很荒谬，为什么要为了一个今天得到的订单，在客户需要几周才能收到产品的情况下折磨你们的制造经理，并且在过程中产生大量的浪费呢？相反，为什么不积累一些订单，然后进行均衡化生产呢？这样就可以缩短交期，降低零件库存，并且可以按照更短的标准交期向所有的客户交付，从而获得更高的客户满意度，并且摆脱那种“越快越慢”的按订单生产模式。对大部分人来说，“越慢越快”的发展概念似乎令人难以置信，但是一旦尝试，其合理性就会得到验证。

丰田的经理与员工在谈到浪费时会使用“Muda”这个日语词——消除浪费和浪费的七种形式也是精益的关注点，因为它们非常明显。然而其他两个“M”同样重要，三个“M”组成一个系统。实际上，仅仅关注消除浪费的这七种形式会影响生产效率与生产系统。《丰田模式 2001》提到过“消除浪费、超负荷、不均衡”（见图 4-1）。

- **浪费——非增值。**这是我们最熟悉的“M”，即前面提到的七大浪费。这些浪费导致交期延长，需要额外的动作来获得零件或工具，产生过多的库存，导致因质量问题造成的返工，或者导致任何形式的等待。
- **不均衡——无序、波动。**传统生产系统中，有时候订单量会超出人员或设备的产能，有时候却缺乏足够的订单。宕机、物料缺失或者质量不合格等内部问题所造成的生产计划无序或者产量波动会导致不均衡。不均衡也会导致浪费。生产计划的不均衡会促使组织必须保有能达成最大产能所需的设备、人力以及物料，即使平均产能要求要低得多。同时，不均衡也会导致工作时多时少，进而直接导致超负荷。

- **超负荷——人员或设备超负荷**。某种意义上说，浪费与超负荷是两个极端，浪费是生产效率低，超负荷却使得人员与设备处于产能极限或超出极限状态，但是人员超负荷工作会导致安全与质量问题，设备超负荷运行则会导致宕机与产品缺陷，即超负荷会导致浪费，而且更糟糕的是，人员超负荷工作会引发安全与职业健康问题。

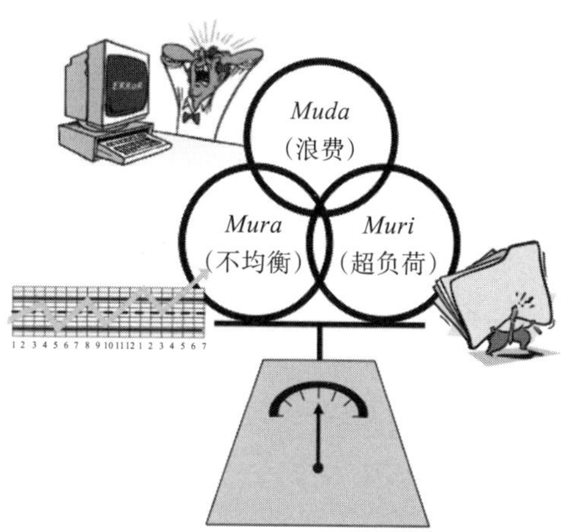

图 4-1　三个 M：Muda（浪费）、Mura（不均衡）、Muri（超负荷），消除这三者以实现真正的流动

假设你的生产计划波动很大，生产系统也不稳定且不均衡，你决定应用精益思想，专注于从生产系统中“消除浪费”。先减少系统中的库存，然后根据工作平衡的原则减少系统中的人员，再重新组织工序，去掉无用的动作。最后，系统运转起来，你会伤心地发现——改善失败。若是没有缓冲库存，当在工作中心内第一次按单件流进行生产时，你只会得到不稳定的单件流——员工一会儿无事可做，一会儿面临巨大的产能压力，设备的宕机率更高，零件会用完。最后你会得出结论：精益思想没用，然后继续

增加库存。

有趣的是，实施精益管理的最常见做法就是专注于消除浪费，因为这样最简单。追求流程稳定与建立“均衡”更为困难，很多公司在这一过程中都失败了，而这才是创造真正均衡的、精益的工作流的关键。在丰田，均衡化生产被称为“heijunka”，它是 TPS 的基础，或许也是丰田模式中最违反直觉的原则。实现均衡化生产是消除不均衡的基础，而消除不均衡是消除超负荷与浪费的基础，大野耐一曾经这样解释：

> 相比快步奔跑然后偶尔睡觉的兔子，速度较慢但是一直不停地走的乌龟更容易赢得最后的胜利，只有当所有的员工都变成“乌龟”时，TPS 才能实现。

丰田的管理者们经常这样说：“我们宁愿像乌龟那样缓慢而稳定，也不要像兔子那样快速而不稳定”。美国的生产系统经常迫使员工像兔子一样工作，他们往往疲于奔命，把自己累垮，之后再休息。在很多美国工厂，装配线上的员工有时会加班，甚至一个人要完成两份工作，有些人却非常悠闲。虽然他们能完成当天的生产任务，但是这种工作方式往往导致他们疲惫不堪。在丰田，浪费是一线员工需要关注并解决的问题，但是不均衡与超负荷却是管理者的责任。由于客户订单会波动，具有不可预测性，很多人对如何实施均衡化生产感到非常困惑，下面将列举均衡化生产在不同行业中的应用。

均衡化生产在少品种生产中的应用

在制造业中，均衡化生产会同时平衡品种与数量，工厂并非根据经常剧烈波动的客户订单进行生产，而是将这段时间内的订单总量根据品种进行平衡，使得在一段时间内每天要生产的品种与数量相对稳定。从一开始，TPS 的方法就是小批量生产（外部或内部）客户需求的东西。如果严格地按订单生产（假设只有 A 与 B 两种产品），可能生产顺序是这样的：

AABABBBABB，这样做会导致生产陷入混乱。假设周一的订单量是周二的两倍，那么员工在周一就需要付出两倍的劳动，设备运行时间也会翻倍，而周二可能员工工作量不饱和，设备有闲置。为了解决这个问题，你需要根据实际的客户需求，确定品种与数量，制订好每天的均衡化生产计划。例如，如果每生产 5 个 A 则必须生产 5 个 B，那么就可以按照 ABABAB 的顺序来生产，这被称为均衡混合生产，这样就可以根据客户的需求有预见性地调整 AB 的顺序，在一段时间内实现品种与数量的平衡。

图 4-2 描述了一家割草机发动机生产商采用传统生产方式的实际案例。

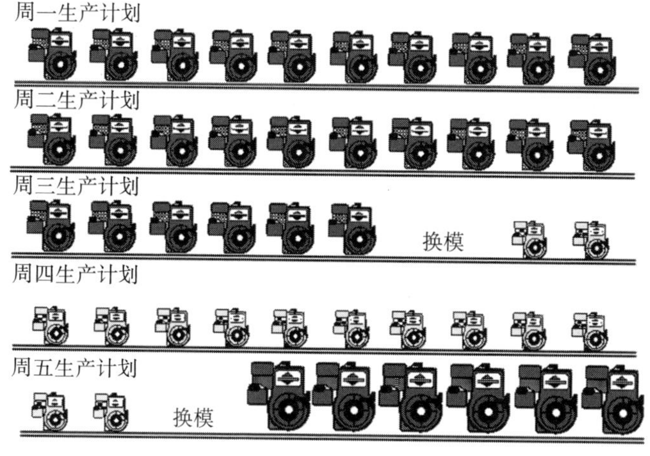

图 4-2　传统生产方式（不均衡）下的一周生产计划

在这个案例中，一条生产线生产小型、中型、大型共三种发动机。中型发动机需求量最大，所以每周都优先安排生产：周一、周二全天，周三大半天。经过几小时的换模，接着在周三下午到周五上午进行小型发动机的生产，然后再换模，在周五下午进行需求量最小的大型发动机的生产，这种不均衡的生产方式会有以下问题：

（1）**客户的需求不可预测**。客户在一周的任何时间都可以购买中型和大型发动机。如果客户在周一到周四突然决定购买大量的大型发动机，工厂将陷入麻烦。当然，工厂可以通过对所有型号的发动机保有大量的成品库存来应对这样的情况，但是付出的代价是不必要的高额库存成本。

（2）**存在货物滞销的风险。**如果工厂没有卖出周一到周三生产的所有中型发动机，那么工厂只能保有库存。如果这种发动机在设计上有变更，那么库存就可能需要报废。

（3）**资源的使用不均衡。**生产不同型号的发动机需要的工时很有可能不同，大型发动机需要的工时更长。工厂在每周前段的工时较为合理，中段需要工时较短，而后段则需要加班，这种不均衡继而会导致很多潜在的浪费与超负荷。

（4）**对上游工序的需求不均衡。**这也许是最严重的问题。由于三种发动机需要的零部件不同，需要供应商在周一到周三配送某些零部件，在剩下的时间配送其余零部件。由于客户需求总在变化，发动机工厂无法严格按照生产计划生产。最常见的情况是，型号组合会发生一些大的变化，比如大型发动机的订单激增，需要在整整一周内集中生产这些发动机，因此供应商可能无法按照既定的计划交货。若要满足客户需求，供应商至少得为三种发动机准备一周数量的所有零部件，而所谓的“牛鞭效应”会使供应链下游需求的小变化沿着供应链向上游传递，导致需求成倍放大。想象一下，你手腕轻微施力会在鞭子末端产生的巨大破坏力。同样，当客户需求波动时，发动机工厂生产计划的微小变化将导致供应链上每个阶段的库存量不断增加。

在批量生产方式中，工厂的目标是让每台设备实现规模经济效应，而从生产品种 A 切换到品种 B 时，换模似乎是一种浪费，因为此时设备处于停机状态，不再生产零部件，但是员工的工资还是要付的。于是工厂会最大化地减少换模的次数，尽可能地将品种 A 生产完再生产品种 B，但是这种方式将会导致不均衡与超负荷。

在精益顾问的指导下，发动机工厂经过分析发现，换模时间长是因为需要移动不同型号的零部件与工具，而不同型号发动机对应的托盘尺寸也不一样。于是为了解决这个问题，工厂配备了流动货架，可以放置少量不同型号发动机的零部件，再将流动货架放置在员工旁边，将三种型号的发动机需要的所有工具放在员工触手可及的位置，同时工厂更换了托盘，使其可以承载任何型号的发动机。于是换模时间完全消除了，工厂可以在混合型号装配线上按照任意顺序进行多品种生产了。然后工厂根据客户需求，将三种型号的发动机转变为均衡化生产（见图 4-3），这样做有以下好处：

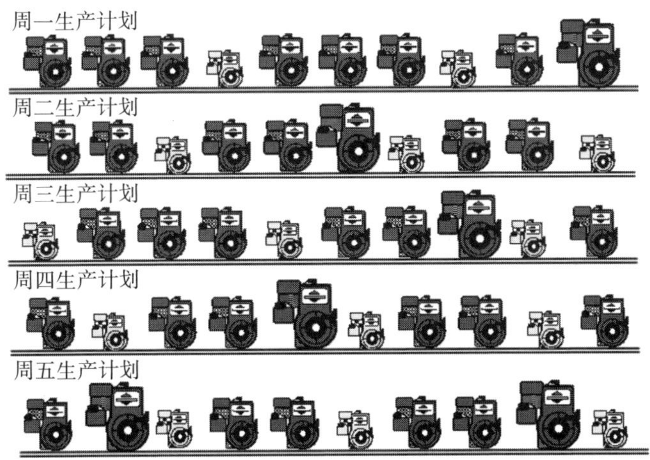

图 4-3 均衡化生产方式下的一周生产计划

（1）**灵活，在客户需要的时候生产其需要的产品**。这样做可以降低库存并减少由库存导致的其他问题。

（2）**减少滞销风险**。工厂只生产客户需要的产品，保管与储存库存的成本因此大大降低。

（3）**人员与设备的平衡**。工厂可以进行标准化作业，考虑到生产大型发动机需要的时间长、小型发动机需要的时间短，员工可以多花点时间在大型发动机的生产上。只要不连续生产需要额外工时的大型发动机，多花的工时可以从小型发动机的生产上弥补回来，丰田称之为加权平均标准化作业。这样做就可以让每天的计划保持平衡，每天的工作量均衡可控，需要的员工与设备产能相对平衡，员工与设备的效率也会更高。

（4）**上游工序与供应商的需求稳定**。若上游工序与供应商也采用 JIT 方式，供应商可以实现每天多次交货，那么其订单也会更稳定，库存将会降低，然后它们可以将一部分节省下来的成本通过各种方式传递给客户，这样供应链上的所有人都将从中受益。

实现均衡化生产的关键在于缩短换模时间。虽然缩短换模时间非常困难，但是丰田在20世纪60年代就实现了这一点。新乡重夫（Shigeo Shingo）是一名工业工程师，他虽然不是丰田的员工，但是与丰田合作密切，在他的帮助下，丰田将平均换模时间降低了97%以上。新乡重夫是一名一丝不苟的工业工程师，关注员工每一个细微的触碰和抓握动作，以真正的丰田风格分析了大型冲压机的工作过程。他发现，大部分工作可以分为两个部分：一是浪费，二是在大型冲压机工作过程中可以完成的工作，这部分也称为"外部工作"；与之对应的是"内部工作"，即必须在冲压机停机时才能完成的工作。

在传统的批量生产方式中，生产线需要进行下一个型号的生产时，换模团队会先将冲压机停机，然后进行换模。新乡重夫想知道在冲压机运行时能完成多少换模工作，所以他重新规划了操作员的工作区域，并做了其他的技术改善，直到所有操作员在冲压机运行时无法完成更多工作。他发现，如搬运下一个模具和工具、预热模具、移动模具等都是外部工作，是可以在冲压机运行时完成的。在操作员最后停下冲压机时，只需要断开软管，更换模具，再接上软管后冲压机就可以再次启动。于是，令人惊奇的事情发生了：几百吨重的冲压机以前换模需要耗费几小时，现在只需几分钟就可以完成，新乡重夫将其称为"快速换模"（SMED）。你可以把它想象成赛车维修人员更换轮胎的过程：在极短的时间内就可以让赛车换好轮胎，做好维护，回到赛道上。赛车维修团队开发并持续改善了这种方法，因为这为他们带来了竞争优势。

西南航空公司很早就意识到快速换模的竞争优势，并且进行了深入的研究。西南航空公司在必要时甚至可以快速地更换飞机发动机，这样做增加了飞机的实际飞行时间，减少了其在机场地面上的停留时间，旅客不必等待太久，同时给定航班数量所需的飞机数量也减少了。

时至今日，在日本，换模已经成为一项运动，在制造业中相当于美国的牛仔竞技比赛。20世纪80年代，我参观了一家马自达的冲压车门供应商，其团队以52秒完成了数百吨冲压机的换模的成绩获得了全国换模比赛的冠军。

丰田非常重视均衡化生产，这也是 TPS 的必要条件。图 4-4 阐述了均衡化生产背后的思维过程。均衡让节拍（稳定的需求速度）成为可能，而节拍是建立标准化作业与实现产能平衡的关键，进而可以均衡地拉动上游工序与供应商，最后使得库存减少、成本降低、质量提升。

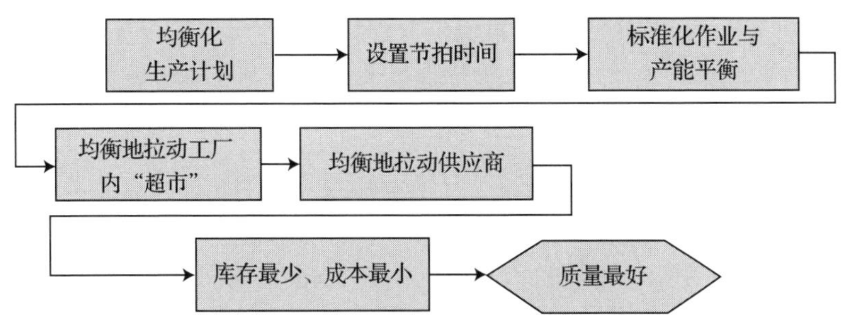

图 4-4 丰田为何进行均衡化生产

在均衡化的工厂里建造半定制住宅

在日本以外，很少有人知道丰田住宅公司，这家公司从 1975 年开始就一直从事住宅的设计与建造业务。丰田住宅公司是一家具有发展潜力的公司，业务范围已经从私人独立住宅扩展到公寓与租赁单元，根据财务数据合并后的报表，住房服务业务在 2017 财年销售了 10 321 套，净收入为 3008 亿日元（约合 27 亿美元）。相比于其他公司，该公司更像一家汽车工厂，因为大部分的住宅都是在装配线上建造的。2013 年，我参观该公司时，其最短建造周期是 15 天。原本我以为，比起在工地上从头开始建造的房屋，这种在工厂生产的模块化房屋虽然更加便宜，但是不会受客户欢迎，出乎我意料的是，这种房屋非常昂贵并且非常受欢迎。顶级的占地面积 2600 平方英尺[⊖]的定制住宅售价超过 100 万美元，这种房屋经久耐用、抗震环保。虽然该公司的盈利对丰田贡献很小，但是作为一个学习实验中心，

⊖ 1 平方英尺 = 0.092 9 平方米。

它可能为丰田带来与其主业不相上下甚至更大的收益。

该公司探讨的一个研究课题是，在如此高度混合和多样化的复杂需求环境下如何应用均衡化生产。三浦宪二（Kenji Miura）是当时丰田最好的TPS专家之一，负责监督此研究。整个过程始于一个在汽车工厂中很常见的场景——机器人将钢结构焊接在一起，只不过在这里，机器人焊接的是房间的框架。当房间的钢结构被机器人焊接好之后，其移动到装配线，然后房间（而不是汽车）经过各个站点（见图4-5）。每个房间都是一个隔间，之后将在现场组装，就像用乐高积木搭房子一样。当房间离开装配线时，已经安装了管道、电器和大部分固定设施，如橱柜等，房间内还堆放了所需的石膏板与电线，以便到现场安装。丰田在汽车制造方面有丰富的均衡化生产经验，但是房屋毕竟完全不同，每个房间都有很大的区别，定制化程度也比较高。

图4-5　丰田装配线上的房间（根据节拍时间均衡化生产）

均衡化的第一步是确定每个房间涉及的任务与每个任务的时间，然后将任务分配给不同的工作站。有些房间建造的时间相对更长，丰田不会将这些房间安排在一起建造，而是将这些房间分散建造。有的任务花费的时间比其他任务加起来还要长，这些任务将安排在工作站外进行（如定制楼梯，见图 4-6）。每个工作站里与站外都有详细且可视化的时间表。

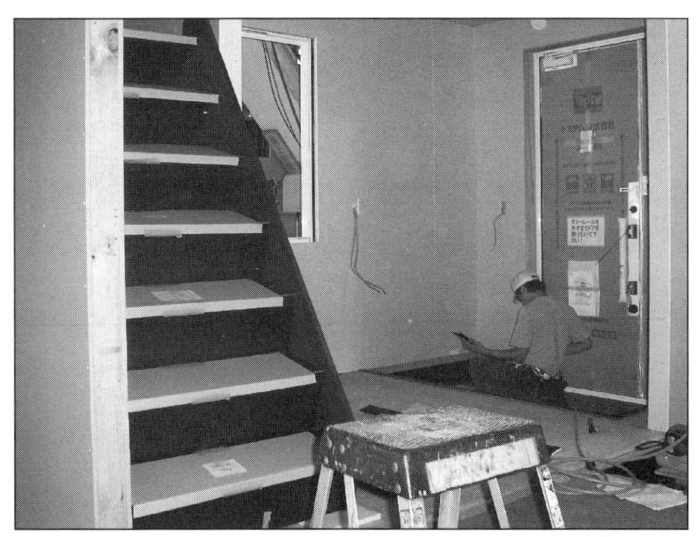

图 4-6　站外作业的任务（定制楼梯花费时间很长，并且每个楼梯都不一样）

我曾在之后的几年内三度参观该工厂，每次它都有重大的改善。例如，前两次参观时，该工厂都是一次建造一栋房屋，一个个地建造该房屋的所有房间，这让工厂可以平衡该房屋中各个房间的工作量。第三次参观时，经理们就将两栋房屋的建造统筹安排了，这样有更多的房间可以用来平衡工作量。例如，由于一间高端厨房的定制功能特别多，经理们就将一间更小的标准厨房与其放在一起建造，团队成员在两间厨房之间来回走动完成任务，这样，这两间厨房的平均任务量即可控制在一个节拍内。统筹安排建造两栋房屋的房间，让原来必须在站外作业的任务也可以在站内完成。

精益建筑已经风靡全球，但是很少在其他公司看到像丰田这样对均衡化生产的追求与对细节的重视。很多人都是双手一摊，说：“不可能均衡化生产，变化太多了。”但是在丰田，没有不可能，只要不断思考与不断试验，总能成功。

季节性铝制排水管的均衡化：有时候需要有意识地建立额外库存

现在，美国房屋的铝制无缝排水管大部分是按订单在现场制造的：成卷的材料被带到现场，然后切割成不同的长度、形状，加上端帽，最后安装。美国中西部一家工厂生产安装人员需要的大部分喷涂铝卷。这些铝卷本身并不复杂，但是排水管的宽度、长度与客户需要的颜色都不同，于是不同的铝卷生产出来之后装在不同的箱子里，运往不同的公司与商店。

该工厂最初采用的是按订单生产模式，大部分订单都可以按时交货。但是采购原材料、生产调度、产品制造、成品入库以及向十几个码头运送货物的整个过程都非常混乱，到处都是库存。然而这家工厂经常缺乏客户需要的关键材料，于是紧急发货的成本愈来愈高。由于需求的季节性变化，工厂也会规律性地招聘与解雇员工。像家得宝这样的大型仓储式商店在春季与初夏时购进大量的排水管，但是过了季节，其需求量就急剧下降，因此在旺季时工厂需要大量的临时工（通常是无经验的新手），但是在淡季时就需要解雇这些人。

这家工厂决定聘请一位曾在 TSSC 工作的顾问。顾问的建议匪夷所思：如果精选产品，设置产品库存，从而实现均衡化生产，可以让整个运营更加精益。所有人都觉得很荒谬，设置更多库存来实现精益生产？这不可能！但是人们还是接受了顾问的建议，也许是在 TSSC 工作过的资历让他们信服了。

顾问的后续建议更加奇怪：在四个不同的地方设置四种不同类型的库存。第一种是真正按订单生产的产品，这种产品放置在临时通道中，以便立即装载到卡车上；第二种是工厂可以预知的存在大批量需求的季节性产品，全年都应该稳定生产该类产品，储存在季节性缓冲库存中，然后在春夏旺季提取出来；第三种是安全库存，应对季节性高峰需求以外的偶发性高峰需求；第四种是缓冲库存，应对设备停机，这样一来，客户也不会因为设备停机而收不到产品，这种库存本质上由工厂驱动。

根据顾问的建议，工厂设置了四种不同类型的库存，并且配有可视化指示器，让每一种库存的状况对所有人都一目了然（原则 7）。

根据原则 5，工厂的库存是用看板控制的（通过卡片告诉生产线生产既定数量的特定产品）。例如，数量最大的库存是季节性缓冲库存，它在淡季积累，在销售额最高的春季来临前达到顶峰。季节性缓冲库存有一个预测数量，根据该预测数量，生产线使用看板只生产预测数量内的产品。在库存储备前有一条像晾衣绳一样的线，上面标有月份。例如，根据全年不变的生产水平，得出 8 月应完成的数量并标记，一旦库存量超过应完成的数量，库存高度就会超过线上代表 8 月的标志，这时候大家都知道需要解决生产过剩的问题了。

在看板系统中，信息流从客户订单开始，再回流向上游形成拉动系统。该公司最终的切割与包装（单件流）单元会收到客户的订单。当订单量不足时，员工并不是停下生产工作，他们会继续工作以补充季节性缓冲库存或者补充已经使用的安全库存或缓冲库存。这些需要补充的季节性缓冲库存、安全库存和缓冲库存都以看板（卡片）的形式存在，计划员会将这些卡片分类放入一个可视的“生产均衡柜”（Heijunka Box），生产计划得以均衡（见图 4-7）。生产均衡柜会告诉生产单元在上午 8:00、上午 8:10、上午 8:20 等时间需要完成多少数量的何种产品。卡片会放入生产均衡柜的插槽中并交给生产单元，这样生产单元就能知道需要做什么、以什么速度完成。而由于生产单元需要原材料（例如，喷漆铝），它就会将一个看板送到上游工序，告诉上游需要更多的原材料，此看板会一直反馈到供应商（例如，涂料供应商），如此建立起了拉动系统。

根据顾问的建议，该工厂也做了其他的改善，诸如建立标准化作业、缩短换模时间与设立防错装置。做了这些之后，产品真正地流动起来了，以至于工厂只需要两个码头就可以处理所有的订单，可以关闭其他十个卸货与发货码头。除此之外，工厂的运营指标大幅度改善：产品交期缩短了 40%，换模时间缩短了 70%，喷漆产品在制品库存减少了 40%，库存报废率降低了 60%，准时交货率接近 100%。大量熟练工在淡季也可以留下来继续生产缓冲库存，而旺季时只需要额外招聘少量的临时工即可，因为工厂可以用季节性缓冲库存发出大量的产品。这就是另一个精益悖论：保有正确的库存意味着减少整体库存。这是从系统出发的最优考虑！

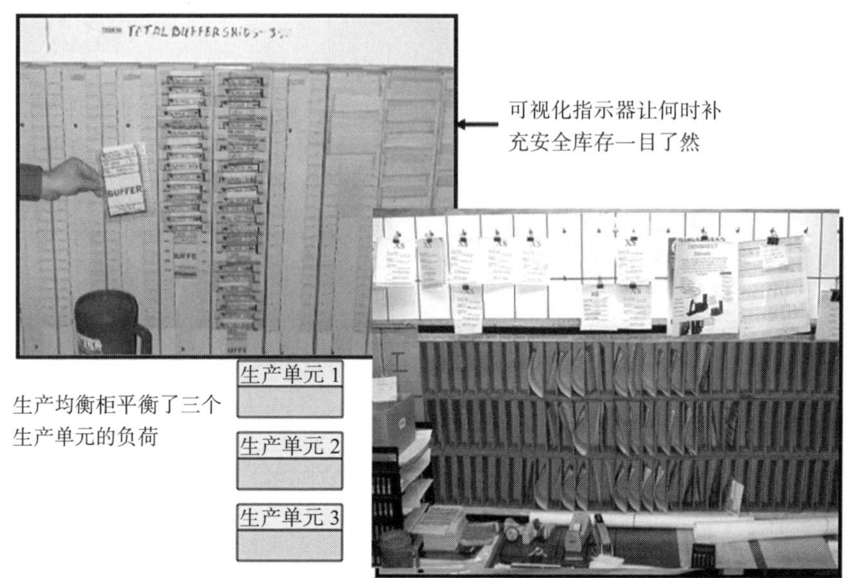

图 4-7 为铝制排水管的生产单元排期

在变幻莫测的呼叫中心开展均衡化工作

在数字化商业时代，接听客户的电话也是不可避免的。很多公司似乎都在制造尽可能多的障碍以阻止客户与人工客服通话，在等待人工客服接听时，客户听到的通常是无休止的菜单选择话语与恼人的音乐。但密歇根州安娜堡市的金格曼邮购（ZMO）并非如此，该公司将高端手工食品运往美国各地。当你致电该公司时，大部分情况下几乎都是人工客服立即接听，而且他们将与你沟通视为“他们一天中最好的时光”。

自 2004 年以来，ZMO 一直致力于仓库的精益转型，该公司整合了所有的精益工具，并且培养了一支敬业的团队。在此过程中，团队逐渐将矛头瞄准了呼叫中心。当他们分析所有的呼叫数据时，发现在每年、每周、每天都有清晰的规律，可以很容易地根据预测的高峰话务量来进行合理排班。即便如此，还是会有意外，导致有时候会出现闲置情况，因为客户的呼叫时间与通话时长不可预知，不均衡是必然的事情。

在这种情况下，ZMO 决定采取一种不同的均衡化生产概念：均衡员工的工作方式，而非客户需求。如何充分灵活地利用每一个员工的碎片时间，创造一个流畅的工作流程？ZMO 首先在工作单元中建立了呼入计算机工作站，然后对座位进行排号，1 号为“热线座位”，“热线座位”获得第一个呼入请求，再按顺序将其他的呼入请求分配给其他座位。在圣诞假期期间呼叫量剧增，ZMO 会设置“热线单元”，随着呼叫量的增加会额外增加人员。未分配呼入请求的员工会去可视化任务板（见图 4-8）处获取任务。这些任务都是非周期性任务，如处理信用卡订单、整理货架上的产品、回复语音邮件或者处理礼品卡等。这些卡片放置在每两小时为一个单元的卡槽中，早晨这些卡片红色一面朝外，任务完成后，卡片将翻面至绿色朝外，这样就能直观地显示这些任务是否在两小时内完成了——这个工具简单而强大。配置了这样的可视化任务板后，不需要管理者，每个人都知道自己接下来要做什么，无论是需要全神贯注地服务客户，还是处理需要完成的各种辅助任务。

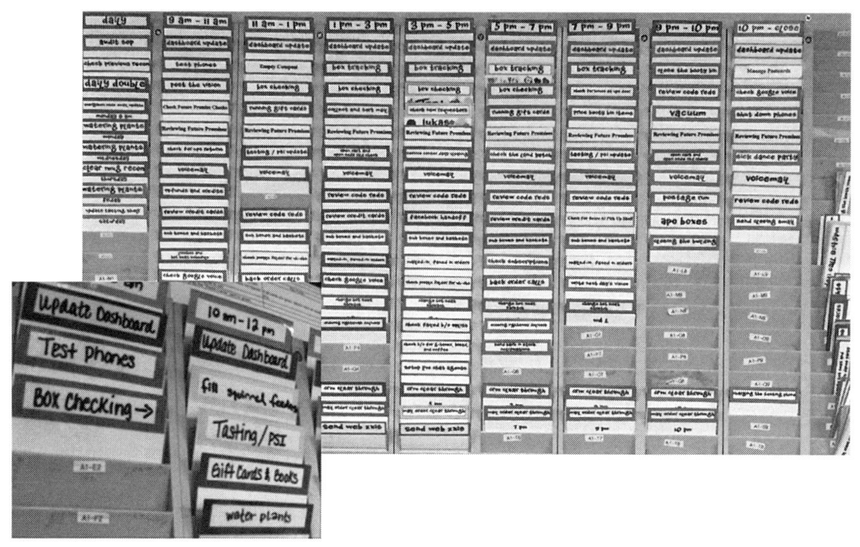

图 4-8　ZMO 呼叫中心的可视化任务板

兼顾均衡化与流动：艰难的生意

每个企业都希望能长期获得稳定持续的订单，这样就可以有稳定、可预测的工作量。但是若你无法控制销售，是否就会陷入困境呢？答案是：只要具有创新的思维，就不会陷入困境。

TPS 专家可能会建议制造商保有一定的成品库存。用成品库存来满足客户需求，以实现均衡并拉动上游生产，正如前面的铝制无缝排水管的案例。但是有些企业会说："但我们有 15 000 种零部件！"

TPS 专家建议："分析现有产品，寻找品种少但需求量大的甚至是季节性的产品，当订单很少时生产此类产品进行备库。"这对制造商来说听起来很合理，但是销售千变万化。TPS 专家建议企业减少换模时间，尽量进行多品种组合生产，以此平衡工作负荷。但是很多企业都犹豫不决，对大部分企业来说，批量生产太方便了，先生产一段时间的 A 产品，然后换模，再生产一段时间的 B 产品，以此类推。起初换模时间看起来不可能减少，直到一位专家向制造商展示了如何将 3 小时的换模时间减少到 10 分钟之内，但即使成功减少了换模时间，大部分企业也很难保持快速换模。问题的真正原因可能在于促销策略，正是这些促销策略导致客户需求极度不均衡，但是如果对销售人员进行限制，则更不应该。随着企业精益化程度越来越高，精益会上升到企业层面，并且开始改变促销策略，以此获得高水平、稳定的客户需求。这需要企业最高层的深刻承诺，这些企业会很快发现，均衡化生产的好处值得它们这样做。

这一点再怎么强调也不为过。若想获得连续流的精益效益，需要贯彻原则 4。消除浪费只是实现流动的三分之一，消除超负荷与消除不均衡同等重要。因此标准化作业可以让管理更容易、成本更低、速度更快，它会使由缺件与质量问题导致的浪费更容易暴露出来。不均衡会导致更多的浪费，因为员工与设备时而超负荷工作，时而闲置（就像龟兔赛跑中的那只兔子一样）。均衡化生产在丰田随处可见，包括销售人员，组织中的每个人都遵循这个原则，为实现这一目标而共同奋斗。

关键点

- 实现流动需要消除三个“M”：消除浪费（Muda）、消除不均衡（Mura）、消除超负荷（Muri）。
- 三个“M”之间相互关联，当不均衡与超负荷同时存在时，仅仅消除浪费会降低生产效率并对增值流造成负面影响。
- 在丰田混线生产车间，消除不均衡与超负荷就需要将不同型号的车进行均衡化生产，例如保持这样的生产顺序：凯美瑞、凯美瑞、亚洲龙、凯美瑞、凯美瑞、亚洲龙……
- 在制订均衡化生产计划的同时，工厂还必须减少换模时间，做到小批量生产之间的快速切换。
- 有时最好建立缓冲库存来应对客户需求的波动，在按小额订单需求生产的同时补充大批量需求产品的缓冲库存。
- 均衡化生产对服务业来说可能不一样，但是同样适用，正如呼叫中心的案例所述。
- 均衡化生产面临的最大挑战在于需要系统性思维，而不仅仅是关注局部的优化与单个操作的改善。

参考文献

1. Taichi Ohno, *Toyota Production System: Beyond Large-Scale Production* (New York: Productivity Press, 1988).
2. Hau L. Lee, V. Padmanabhan, and Seungjin Whang, “The Bullwhip Effect in Supply Chains,” *Sloan Management Review*, April 15, 1997.
3. Shigeo Shingo, *A Revolution in Manufacturing: The SMED System* (New York: Productivity Press, 1985).
4. Eduardo Lander, Jeffrey Liker, and Tom Root, *Lean in a High-Variety Business: A Graphic Novel About Lean and People at Zingerman's Mail Order* (New York: Productivity Press, 2020).

第 5 章 The Toyota Way

原则 5：建立标准化的流程，这是持续改善的基础

标准化作业表及其中包含的信息是TPS的要素。生产一线员工要想编制出一张让其他人可以理解的标准化作业表，他就必须相信这张表的重要性……避免产品瑕疵、作业失误、意外状况等重复发生，并采纳员工的想法，这样才能维持高生产效率。这些之所以能够做到，全是因为一张不起眼的标准化作业表。

——大野耐一

无论你的员工是在设计复杂的新设备、研发有吸引力的新产品、处理应付账款、开发新软件，还是作为护士做医疗护理工作，他们都可能对标准化作业的想法持怀疑态度："我们是富有创造力、善于思考的人，不是机器人。"如果不是从事制造业，你可能会惊讶地发现，即使是装配线上的工人也相信自己掌握了诀窍，可以用自己认为最好的方式去完成工作，而标准化作业方法只会让他们效率倒退。但某种程度的标准化是可能的，正如我们将看到的，这是丰田模式的支柱。

当批量生产取代工艺生产时，标准化作业任务就成了一门"科学"。许

多现代制造业都基于“科学管理之父”弗雷德里克·泰勒提出的工业工程原理。他所提倡的是：工业工程师应该科学地设计作业标准，生产主管应该强制工人遵守标准，工人应该按照要求作业。他找到操作速度最快的工人，将他作为标准，然后要求其他工人照着做。

在汽车行业，工厂拥有大量的工业工程师，他们都遵循泰勒的方法来做时间研究。工业工程师无处不在，他们对工人的操作进行计时，努力尝试挤出哪怕是一点点额外的生产效率。那些坦诚地和工业工程师分享作业实践心得的工人很快就发现作业标准提高了，他们需要更努力地工作，但是薪水却没有提高。于是，工人们也就学聪明了，当工业工程师在现场的时候，就不使用快速生产技术并把他们发明的能节省力气的装置藏起来，故意放慢速度，这样就降低了工时的目标值。工业工程师们也发现了这一点，有时候就会偷偷地观察工人操作，或者躲在什么东西后面，以确定工人的工时。工厂常常根据工人的作业效率和时间研究来改变作业任务描述和责任，这就导致了工会的不满，也成为管理层和工人之间的冲突的主要根源。在美国的汽车公司，工会通过谈判禁止工业工程师参与改变作业标准，只允许工业工程师在一年的特定时间重新定义作业标准。

现如今，公司利用计算机和摄像头来监控工人的产出情况，实时收集每位工人的产能数据。在这种情况下，工人知道自己正受到监视，所以会努力达到产能指标，结果通常是一味追求数量而牺牲质量。这样的结果令人遗憾，工人沦为了数据的奴隶，忽视了公司的使命宣言或理念。然而，事情不必非得如此，实际上还有其他更好的解决方案，关于这一点，我们可以借鉴丰田的标准化作业方法。

福特是在移动装配线上严格实行标准化的批量生产的早期巨头之一。而丰田的标准化作业[⊖]部分受到亨利·福特的观点影响。虽然福特因循守

⊖ 在精益文献中，“标准化作业”（Standardized Work）和“标准作业”（Standard Work）之间的区别很模糊。我采用了“标准化作业”这一术语，因为它在丰田中使用广泛。丰田给出的解释是，标准化作业意味着工作中存在一个标准，而这类标准并不会随着工作上的改进而定期更新。“标准化作业”和“标准作业”这两种说法都有道理，但我必须选择一个。

泰勒科学管理中的破坏性做法，最终成为一个僵化的官僚机构，但是对于“标准化”，亨利·福特本人却持有不同的观点：

> 今天的标准化……是明天改善的必要基础。如果你认为“标准化”是你今天所知道的最好方式，但明天将会得到改善，那么你就会有所收获。但如果你认为标准是用来限制你的，那么你就会止步于此。

对丰田来说，比亨利·福特更具影响力的是美国军方的督导人员训练（Training Within Industry，TWI）的方法论和理念。TWI 开始于 1940 年，目的是通过培训平民从参战人员手中接过工厂的工作，增加产量以支持盟军。该计划基于这样一种理念——通过在车间中实际应用来学习工业工程方法，以及标准化作业是工长和工人之间合作努力的成果。在第二次世界大战结束后，美国占领和重建日本的过程中，一名 TWI 前培训师和他的团队（被称为“四骑士”）向日本企业传授了这种方法。它包括工作方法（如何设计高效和安全的工作场所）、工作指导（如何使用标准方法进行培训）、工作关系（主管应如何通过合作对员工进行管理）和项目开发（如何发现、分析和解决问题）。㊀

丰田的标准化作业培训深受 TWI 的影响，其成为丰田标准化理念的支柱。丰田的标准化作业培训自 20 世纪 50 年代以来基本上没有变化，几乎完全以 TWI 文件为蓝本。

在丰田，标准化作业不仅仅是列出工人需要遵循的步骤。张富士夫是这样阐述的：

> 我们的标准化作业由三个要素组成——节拍时间（按照客户需求的速度完成一项工作所需的时间）、作业顺序（或流程顺序），以及每个工人为了完成标准化作业需要的库存数量。标准化作业是建立在节拍时间、工作顺序和标准化库存数量这三个要素之上的。

㊀ TWI 的中文官方资料和此处措辞略有不同：工作指导（JI）、工作安全（JS）、工作关系（JR）、工作改善（JM）。——译者注

“标准化作业”指的是在目前可能的情况下，将人员、物料和设备以最高效的方式组合起来完成作业。“目前可能”是指这是目前知道的最好的方法，但是还是可以改进的。

还有许多其他类型的标准，例如产品技术规范、设备设置要求、安全规则、质量检验标准、最低空气质量要求等。我经常被问到丰田如何能够信任工人对这些标准做出改变。恰恰相反，若没有经过了解背后科学原理的专业技术团队批准，团队成员无权更改专业定义的标准。这些外部定义的标准成为标准化作业的输入。我们如何才能以最少的浪费完成作业，同时始终如一地符合这些标准？我们需要对设备进行哪些调整才能满足这些标准？

在本章中，我们会了解到，和很多组织实践一样，丰田模式颠覆了标准化作业的实践。在丰田模式中，被视为消极和死板的标准化作业变得积极和灵活，丰田借此建立了团结的团队，而不是引起员工和管理层之间的冲突。丰田从未打算把标准化作业作为强加于员工的管理工具。标准化作业不是让作业简单重复、强制执行僵化的标准。相反地，标准化作业是授权激励员工、分享改善建议和驱动工作场所创新的基础。

原则：建立标准化的流程，这是持续改善的基础

除了在生产车间使得员工的工作具有可重复性和高效率，丰田的标准有着更广泛的应用。整个公司的办公室工作流程都在某种程度上采用了标准化，甚至在工程领域也是如此。例如，丰田有标准化的工程师培训方式，对产品开发的阶段和进度有宏观的标准，以及将技术标准广泛应用于产品和制造设备的设计。

管理者有一种误解，认为标准化就是找到一种科学的最佳方式来完成一项任务并止步于此。正如今井正明在《改善》[⊖]中所解释的那样，在任何

⊖ 本书中文版已由机械工业出版社出版。

流程实现标准化之前，不可能对其进行任何改善。如果流程中各环节不断变化，那么任何改善都只是多了一种变化，而这种变化又被下一种变化改变，从而一事无成。在进行持续改善之前，必须先让流程标准化，从而稳定流程。举个例子，如果你想学习高尔夫，教练教你的第一件事就是基本的挥杆动作。然后你需要练习、练习、再练习，以此稳定挥杆。除非你掌握了基本技能，让挥杆动作具备了一定的稳定性，否则很难学习到控制方向、打出小右曲球、调整距离和球的落点等更进一步的细节。

标准化作业也是内建质量的关键因素。如果你与丰田任何一位训练有素的组长交谈，询问他为什么相信零缺陷是可以实现的，答案通常会是："遵循标准化作业方式。"每当发现缺陷时，组长会首先询问工人："有没有遵循标准化作业方式？"作为问题解决流程的一部分，组长会观察工人作业的过程，逐步查看标准化作业表以寻找偏差。如果工人遵循标准化作业，但仍然产生了缺陷，那么可能需要修改标准化作业表。

实际上在丰田，一直以来标准化作业表是向外，而不是向着工人张贴的。工人经过了标准化作业的培训后就需要在不看标准化作业表的情况下完成作业。标准化作业表向外张贴，目的是供管理者参考，以观察工人是否遵循标准化作业方式。

任何优秀的质量经理都知道，如果没有确保流程一致性的标准，就无法保证质量。许多质量部门的工作就是大量撰写此类流程文件。不幸的是，当出现质量问题时，质量部门往往只会指责生产部门没有"遵守文件要求"。丰田模式是让那些执行具体工作的一线工人自己编制标准化作业表，从而内建质量。为了使质量标准有效，它们必须足够简单实用，以便工人每天都可以使用。

表 5-1 展示了丰田提供的焊接车身侧支撑的标准化作业表。实际焊接由机器人完成，但需要工人完成零件在夹具中的装载和卸载。在这种情况下，节拍时间为 76 秒，人工用时（含操作时间和走动时间）为 56 秒。表 5-1 中未写明机器人进行焊接的时间，在实际操作中，这将显示在"标准化作业组合表"上，此表展示了工人和机器人工作的组合动作。

表 5-1　焊接车身侧支撑的标准化作业表

标准化作业表					
工序	焊接车身侧支撑	零件：侧支架		T/L：	标准在制品库存：
班组		零件号：		G/L：	节拍时间：76 秒
序号	作业要素	时间	走动时间		
1	拿取 A 支架	1	2		
2	放入夹具	6	2		
3	拿取 B 支架	1	3		
4	放入夹具	5	3		
5	拿取侧支架	1	1		
6	放入夹具	3	1		
7	拿取加固杆	1	2		
8	放入夹具	8	2		
9	拿取支撑件	1	3		
10	放入夹具	5	3		
11	启动机器人	1	1		
	合计	33	23		

支撑件　加固杆　夹具　A支架　B支架　侧支架

标准在制品库存 ○　质量检查 ◇　安全 ✚　第　页

资料来源：Jeffrey Liker and David Meier, *The Toyota Way Fieldbook*, (New York: McGraw-Hill, 2006).

标准化作业表可用于工作分析，这个过程中有哪些浪费将一目了然。从表 5-1 中可以明显看出，过程中存在大量的走动浪费。总的来说，大约 40% 的时间是在往返于零件与夹具之间。显然，这将是减少浪费的主要目标。

标准化作业表提供了应该发生什么的概览。想要将期望的行为转化为实际行为，需要通过足够多的重复训练，使新方式成为一种习惯。为了利用工作指导培训来培养标准化作业的技能和习惯，我们必须深入另一个层次的细节——作业分解表。表 5-2 展示了一项丰田与其他公司不大一样的作业：从模具中取出注塑成型的保险杠。脱模作业需要相当高的技术水平。在这张纸上，标准化作业表中的每个步骤及其相关时间都被细分，其中包含与安全、质量、技术和成本相关的关键点，并且解释了它们是关键点的原因。在许多情况下，即使是 60 秒的作业，标准化作业表中的每个步骤也会被分解为 3 ～ 5 个子步骤，每个子步骤都有关键点，而且通常有照片说明如何执行这些步骤。例如，如表 5-2 所示，每个作业要素都有额外的作业分解表。

表 5-2 保险杠脱模作业分解表

作业分解表	史蒂夫·摩根	皮特·德索托
日期：2020.8.24	班长	主管
区域：保险杠注塑 作业：从模具中取出注塑成型的保险杠 制表人：D. 维拉德		

主要作业步骤	关键点 安全：避免受伤、人体工程学、危险点 质量：缺陷预防、检查点、标准 技术：高效移动、特殊方法 成本：适当使用材料	原因
步骤 1 保险杠右侧脱模	1. 抓住顶部和后部	1. 容易抓取
	2. 拉出 2 ～ 5 英寸	2. 少了取不出来，多了容易产生折痕
	3. 拉出后向下拉	3. 从侧边脱模
步骤 2 保险杠中间脱模	1. 用左手从中间向下按	1. 中间脱模
	2. 保持右侧展开	2. 从右往中间拉容易产生折痕
步骤 3 保险杠左侧脱模	1. 用左手大拇指推保险杠边缘	1. 让保险杠易于脱模
	2. 大拇指指节向下按	2. 大拇指指尖用力容易受伤
	3. 向左推一下脱模	3. 让保险杠的左侧脱模
	4. 脱模后抓住保险杠顶部边缘	4. 正确拿取，防止缺陷

（续）

步骤 4	1. 两边保持展开	1. 叠在一起容易产生折痕
放入冲模	2. 确保水口没有卷到下面	2. 水口扭曲容易造成报废
	3. 冲模必须没有毛刺	3. 任何冲模里面的毛刺都会造成压伤和报废

资料来源：Jeffrey Liker and David Meier, *Toyota Talent* (New York: McGraw-Hill, 2007).

通常在参观丰田工厂时，人们不会看到这些大量的文件。它们被装订在文件夹里面，或存放在组长的柜子里，需要培训的时候才会拿出来，用完后就收起来。[⊖]标准化作业和一定程度的稳定性是培训新人来完成这项作业的必要条件。来自 TWI 的作业指导培训是一种非常具体的培训方法，培训从第一个作业要素开始，为工人展示那个要素并让工人去做。然后向工人说明关键点，同时进行第二次演示，然后让工人去做和解释。在第三次演示的同时解释关键点和原因，然后让工人模仿。这个过程会根据需要重复多次，直到工人能够完整掌握一个作业要素，然后在展示下一个作业要素时重新开始这个过程。在丰田工厂，60 秒的作业可能需要两周的重复教学才能让工人独自完成，这比许多专业岗位的培训还要细致。

一旦确定了标准，工人也遵循标准来操作的时候，标准化作业的魔力才真正显现。这个时候，标准化作业成为改善的基础，其中一个强大的工具是作业平衡图（见图 5-1）。作业平衡图将连续的作业分解为若干作业要素，每个作业要素的操作时间都基本稳定，这时就可以将这些要素排列起来，并与节拍时间进行比较。图 5-1 展示了计划周期时间（Planned Cycle Time，PCT），它比节拍时间快一点。只要过程中存在变化，例如设备停机和产品出现质量问题等，那么就需要工人的操作时间比节拍时间稍微短一点，以保证能满足节拍时间的要求。我们的目标是让所有操作时间都少于计划周期时间。

⊖ 在杰弗瑞·莱克和大卫·梅尔（David Meier）所著的《丰田人才精益模式》（*Toyota Talent*，New York: McGraw-Hill，2007）一书中，可见与训练技巧相关的详细讨论。

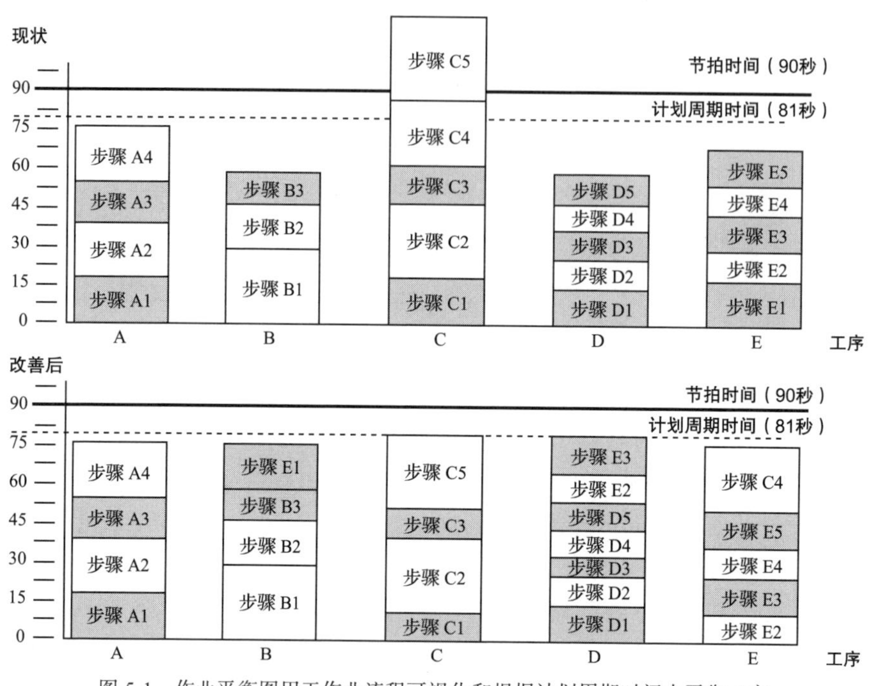

图 5-1　作业平衡图用于作业流程可视化和根据计划周期时间来平衡工序

在现状中，工序 C 超负荷，无法满足计划周期时间，而其他工序的负荷较轻。经过改善后，各工序相对平衡。在丰田，你可能会看到这些图的放大版，每个作业要素都用磁铁贴在白板上。这样工作团队就能够直观地看到现状，然后尝试移动一些作业要素，减少其他工序的时间来维持平衡工序。在那些超过计划周期时间的工序中，消除浪费可以重新平衡工序，甚至可以取消某道工序。这个时候如果大家都相信你不会因此而裁员，那么就值得庆祝一下。这里的关键词是“信任”，即必须通过始终如一的正面行为来建立和维护信任。

新产品开发的标准化作业

导入新车型的时候，需要重新设计所有流程的标准化作业。面对让一大群人参与创造和推出新车型的混乱局面，丰田的做法是以平衡的方式使作业标准化，而不是授予任何一组员工完全控制权。只有工程师制定标准是泰勒主义的一种形式。另一个极端——让所有员工对每一步都达成一致也是过犹不及，这是另一种形式的浪费。

丰田的答案是建立一个“生产试点团队”。当新产品处于早期规划阶段时，丰田会抽调代表工厂主要区域的工人，组成一个团队在一起办公。他们帮助产品设计和新车型的导入。他们首先从车辆的可制造性和可装配性的角度对设计进行“批评”，有时需要飞往日本参与讨论。随着产品开发和工作重点转移到在工厂试产，他们与生产工程部门密切合作，为新车型量产制定标准化作业的雏形，然后将其交给生产团队进行改善。正如丰田肯塔基工厂的制造业务前总裁加里·康维斯所解释的那样：

> 当我们需要导入新车型的时候，就像我们刚刚推出凯美瑞时所做的一样，我们会建立生产试点团队。通过这个机制，我们可以听到团队成员的声音。这通常是一项为期三年的任务。我们车型的换代周期大概是四年，之后我们会对亚洲龙进行改型，然后又是凯美瑞，再之后是赛那。所以我们有足够多的车型改型，可以让工人都能有机会轮转一次。

生产试点团队的成员在轮转结束之后，对新车型的设计和生产有了更深入的了解，他们通常都会被提拔为班长，为改进标准化作业做出更大的贡献。这很重要，因为新车型的量产是协调数千个零件的活动，需要数千人做出详细的设计决策——同时这一切都需要在正确的时间组合在一起。

我和同事在研究丰田的产品开发系统时发现，标准化作业通过向员工传授类似的术语、技能和规则，促进了有效的团队合作。从他们被聘用的那一刻起，工程师就接受了产品开发标准的培训。他们都经历了类似的做中学培训方案。丰田工程师还广泛使用经过几十年发展和完善的设计标准。工程检查清单应用在车辆的每个部分——塑料保险杠、钢制车身面板、座椅、仪表盘等，这些清单也随着丰田对设计实践的理解的不断深入而持续改善。工程师从他们在丰田工作的第一天起就开始使用这些清单，并在每个新车型量产的过程中改善它们。今天，这些厚厚的清单已经电子化，存储在标准数据库中，并在颗粒度和实用性之间找到了合适的平衡，使其既能提供帮助，又不会太多以至于检查变得很烦琐。与此同时，标准的制定是一个持续的过程。

美国的公司也曾经努力学习丰田的工程方法，通过计算机技术建立了大型的工程标准数据库，但是大部分都收效甚微。问题在于它们没有训练工程师，无法让员工具备"使用和改善标准"的理念。将一堆标准电子化并建立数据库并不困难，困难的是让知识渊博的人有选择性地制定最重要的标准，然后在他们的工程作业中使用它们。丰田多年来与其员工合作，向他们灌输"使用和改善标准"的重要性。

强制型官僚组织 vs 授权型官僚组织

标准化作业对强制型组织中的管理者来说就像一剂毒药——控制工人！在泰勒的科学管理下，工业工程师将工人视为需要尽可能提高效率的机器，该管理方式包括以下原则：

- 科学地确定一种最佳的作业方式。
- 科学地开发一种最好的方法来培训工人完成作业。
- 科学地选择有能力以这种方式完成作业的人。
- 培训工长如何教导他们的"下属"并监督工人，要求工人都遵循最佳的作业方式。
- 为工人提供物质激励，让他们遵循最佳的作业方式，并超过工业工程师科学地设定的绩效标准。

通过将这些原则应用于非常简单的手工作业（如铲煤），泰勒在当时确实获得了巨大的生产力提升，但他也创造了非常僵化的官僚组织，在这种组织中，工业工程师负责思考，管理者负责执行标准，工人则盲目执行标准化程序。毕竟，管理者或工人对“专家”所做的设计的任何改变都被认为是一种倒退。结果可想而知：

- 繁文缛节。
- 自上而下的控制。
- 数量庞大的管理者。
- 一本又一本厚厚的规则和程序。
- 抵制变革。
- 僵化和无效的强制性规则和流程。

大多数官僚组织是僵化的，其内部注重效率、控制员工，对环境的变化反应迟钝，而且工作环境普遍让员工感到不愉快。但是，如果环境非常稳定且技术的变化很小，官僚组织也可以有高效率。然而，正如前言中所讨论的，大多数现代组织需要具有灵活性，注重效率，同时能够适应变化，并通过给员工授权来实现这一点。当环境和技术快速变化时，有机型组织会更有效。考虑到周围的世界正在以不可思议的速度变化，也许是时候抛弃僵化的官僚标准和政策，让一线团队变得富有灵活性和创造力了。TPS 却各取所长，融合了这两种路径。

我们在前言中讨论了组织理论专家保罗·阿德勒在 NUMMI 注意到的事情——员工在执行高度重复的工作时遵循非常详细和标准化的流程。不断消除浪费从而提高生产力，这不正是泰勒的科学管理所试图实现的目标吗?

但 NUMMI 同时也具有许多与灵活组织相关的特征，组织理论专家称之为“有机”：广泛的员工参与、良好的沟通、富有灵活性和创造力、高士气和强烈的以客户为中心。这促使阿德勒重新思考关于官僚组织的一些传统理论。

他得出的结论是，并不是只有两种类型的组织——官僚型（机械型）和有机型。而是至少有四种（见图 5-2）。我们可以将具有广泛官僚主义规则和程序的组织与不受官僚主义束缚的组织区分开。规则和程序都是组织的技术性结构的一部分，但还有一种社会性结构，它可以分为“强制型”

和“授权型”。当你把两种技术性结构和两种社会性结构放在一起时，就会得到四种组织形态。NUMMI 的 TPS 证明，当规则和程序与授权型社会性结构相结合时，可能会带来不同的结果——“授权型官僚组织”。

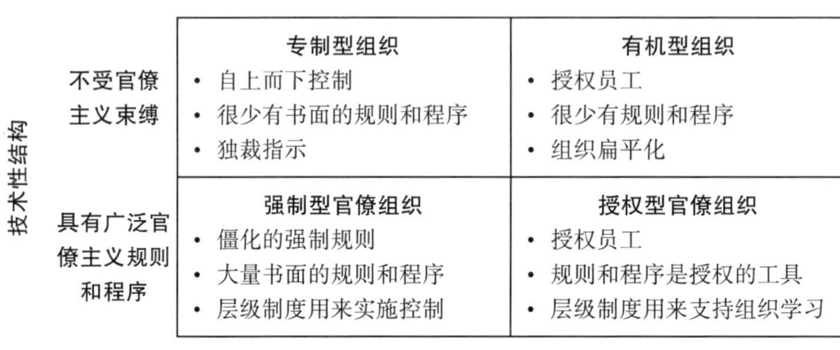

图 5-2　四种组织形态

资料来源：P. S. Adler, “Building Better Bureaucracies,” *Academy of Management Executive*, vol. 13, no. 4, November 1999, pp. 36–47.

泰勒主义和丰田模式之间的关键区别在于，丰田模式认为员工是最宝贵的资源——不只是接受命令的双手，而是分析师和问题解决者。从这个角度来看，蓦然回首，丰田的官僚、自上而下的系统恰恰是灵活性和创造力的基础。阿德勒将其称为“民主泰勒主义”，并由此形成了“学习型官僚组织”。

星巴克如何运用标准化作业实现更好的顾客服务

在我撰写本书时，星巴克在全球已拥有超过 30 000 家门店，提供 87 000 种不同的浓缩咖啡饮品组合。需求每时每刻都在变化。在任何时间，在任何一个门店，也许没有客户进门，也许有几个客户进门，也许有成队的客户涌入门店。标准化作业怎么可能适用？毕竟，咖啡师看起来像艺术家一样，巧妙地给每一杯拿铁拉花。相较于相对高价、提供个性化饮品的咖啡店，来自总部的标准化作业和官僚主义对像麦当劳这样的快餐店来说或许更有意义。如果你知道星巴克通过灵活的标准化提高了质量、降低了成本、提供了更好的客户服务，甚至成功地应对危机，你会感到惊讶吗？

星巴克向丰田前经理们学习，认真实践精益原则，包括 JIT、流动、5S、问题解决和标准化作业。由星巴克前区域运营总监凯伦·高德特（Karen Gaudet）撰写的《稳定作业》（*Steady Work*）一书中记录了这家庞大的公司如何适应性地运用标准化作业，最终取得震惊业界的结果。

外部顾问在星巴克的总部帮助培养教练，但去试验、学习和领导实践的工作分配给了像高德特这样的区域运营总监，她负责管理区域经理和 110 家门店。2008 年，当精益项目首次导入时，区域运营总监们被召集在一起。在教练的培训和辅导下，他们开始学习如何观察并衡量工作流程和浪费情况。突然间，门店经理、值班主管和门店伙伴（在星巴克，员工被称为伙伴。除了通常意义上的工作伙伴的意思，还有一层意思是，在星巴克，符合基本条件的员工都有公司的股票期权）的日常工作成为焦点。一开始的情况很糟：

- 收银员每次不得不对客户说“很抱歉，这种咖啡已经卖完了”时，都会在杯子里放一颗咖啡豆（用来计数）。当得知 25% ～ 30% 的客户都会“得到”一颗咖啡豆时，所有人都惊呆了。当时的副总裁斯科特·海登（Scott Heydon）说，他永远不会忘记，当他将这个问题告诉 CEO 时，CEO 的反应是：“很想听到你的解决方案。”
- 如果按照星巴克的标准流程，将新鲜的牛奶放在大奶缸中用咖啡机的蒸汽加热，然后“等待”之后调制饮品时使用。在等待客户下单的时间内，经过蒸汽加热的牛奶的质量就会下降，用这种热牛奶制作的饮品的质量会受到影响。有时，牛奶还会“过期”，导致不必要的乳制品浪费。
- 作为开店前准备流程的一部分，星巴克允许批量研磨咖啡豆。这主要是因为大多数门店的研磨机距离咖啡机很远。令所有领导者都感到惊讶的是，研磨好 6 ～ 8 小时的咖啡粉制成的咖啡和现磨咖啡之间存在明显的味道差异。最后，作为“更好的方式”标准的一部分，门店将研磨机放在了咖啡机旁边（从精益试点项目中学习到的）。

- 咖啡壶中原本应该每 30 分钟新鲜制作一次的咖啡没有及时更换，导致咖啡质量下降，甚至最后被倒掉。

当星巴克提出通过消除浪费在一年内节省 2500 万美元的目标时，大家都觉得遥不可及。但在现场观察后，人们发现有很多可以改善的地方。

在顾问的帮助下，星巴克为门店中常见的工作（如煮制咖啡、制作其他饮品、准备星冰乐™、糕点柜陈列等）制定了“更好的方式”标准。在这个过程中，星巴克发现了许多问题。例如，如果同时制作两种饮品，即在咖啡机制作一种咖啡的同时，咖啡师去准备另一种饮品（而不是在机器那里等待），饮品的交付会更快。令人惊讶的是，星巴克居然还没有关于制作可用于装壶的现煮咖啡的标准。

另一个大问题是咖啡壶中煮好的咖啡用完了却没有及时补充，客户就需要等待。现有流程要求将四个咖啡壶分配给不同的咖啡：两个用于中度烘焙、一个用于深度烘焙、一个用于低因。计时器上令人讨厌的蜂鸣器每 30 分钟响一次，提示是时候制作下一壶了。制作一壶咖啡需要 7 分钟，因此在该类型的咖啡再次准备好之前，客户至少需要等待 7 分钟（1 分钟准备和 6 分钟冲煮）。因此，就算一切都按计划进行，根据推荐的标准化作业指导，星巴克门店大约有 25% 的时间无法为客户提供深度烘焙咖啡和低因咖啡。而且因为没有明确的职责说明谁负责制作咖啡，客户经常需要等待更长时间——等待有人腾出时间。有了“更好的方式”之后，咖啡壶中的咖啡现在可以按照 8 分钟的节拍时间冲煮。在某种咖啡（例如，深度烘焙咖啡）即将用完之前，新的一壶咖啡马上就会完成，从而提供给客户（见图 5-3）。机动岗员工之前主要的工作是支持咖啡师和收银员，现在其工作是每 8 分钟制作一次咖啡，并在其间穿插完成其他的工作。事实证明，这样做提高了咖啡的质量，减少劳动力的浪费。

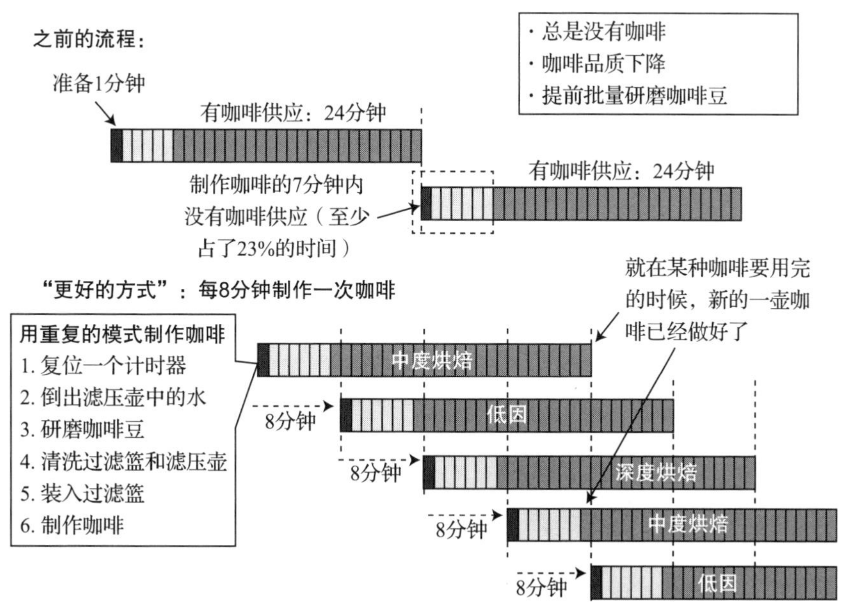

图 5-3　用“更好的方式”冲煮咖啡：标准化作业的前后对比

资料来源：星巴克。

尽管这些想法看起来很明智，但门店并不总是按计划运作。例如，不是每个门店都配有机动岗员工，当机动岗员工忙于其他工作而无法抽身去制作咖啡时会发生什么？幸运的是，公司管理层已经了解到灵活性和本土化调整的价值。领导这个项目的副总裁斯科特·海登是这样解释的：

> 任何公司层面的团队都无法为所有门店——哪怕只是一家门店——提出一种最佳方式。相反地，每个领导者都被要求选择一个“试点门店”，自己亲身去尝试更好的方式。然后与门店团队一起，利用他们接受过培训的解决问题的技能，根据特定门店的情况（设备布局和客流、饮品需求和组合等）量身定制日常工作流程。

这种方法正好契合了阿德勒的“授权型官僚组织”思想，星巴克实现了本土化的调整和适应。正如高德特所写：

> 每一种更好的方式都引导我们解决下一个问题，并为来自全国各地的问题创造了数千种解决方案。在接下来的两年里，我们做了一些小的改变，采用了一些做法，也放弃了一些。不过，让这些“更好的方式”坚持下去仍然很难。我们已经学到了很多关于如何观察和改善作业的知识，但我们仍然不知道如何围绕工作创建一个支持标准化作业的环境。

这种“更好的方式”带来了产品质量和可用性的提高、成本的降低（超过了2500万美元的节省目标）以及快速响应客户需求等。它减轻了团队成员的负荷，如走动和弯腰，还减少了产品的浪费，但是还有很多地方可以做得更好。在客户高峰需求的压力下，经理们高呼“全力以赴”并期望以“更好的方式”创造完善、顺畅的作业流程是不够的。实施“更好的方式”两年后，星巴克引入了“剧本”[㊀]。这是一个综合运营和管理系统，将所有这些想法整合在一起。星巴克要求经理们像教练一样写出“剧本”，然后根据门店情况在整个值班期间调用“剧本”。“剧本”中应有门店在一天的不同时段里需要多少咖啡师、收银员和其他支持岗位以及他们的任务是什么。现在，掌握着标准化作业的星巴克经理们被要求和丰田的领导者一样行事。这样一来，星巴克员工的创造力和对标准的遵守程度都得到了提高。

2012年，康涅狄格州新镇的咖啡师、值班主管和门店经理在一所学校发生大规模枪击事件后度过了可怕的一周。正是标准化作业和授权让他们能够度过难熬的一周。悲痛欲绝的家长、老师与记者一同涌入店内：一周内，咖啡需求量从每天500杯增加到1500杯。高德特在她的书中描述了门店经理是如何调用“剧本”，向区域里的其他门店寻求帮助的，门店的团队又是如何形成稳定的工作节奏，以及如何成功地为每位客户准确提供所需要的服务的：

> 使用“剧本”中的技巧，我们能够加强运营，并为进入门店的每个人提供服务——从悲伤的家长和市民到国际媒体——以及将咖啡外送给急救人员，送到纪念活动会场和其他聚会上。在标准化作业的帮助下，我们能够为每个人提供最好的安慰。

㊀ 原文为Playbook，是指星巴克为门店管理开发的一整套标准。——译者注

标准化作业是努力的目标，而不是实施的工具

标准化作业的关键任务是在为员工提供应严格遵循的程序与创新和创造的自由之间找到平衡，坚持不懈地去实现具有挑战性的成本、质量和交付目标。实现这种平衡的关键在于建立标准的方式，以及谁对改善标准化作业做出了贡献。

首先，标准化作业本身必须足够具体，以便提供有用的知识，但又必须足够概括，以便允许一定的灵活性。重复的手工作业可以高度标准化，能详细规定具体步骤和时间。然而，在工程领域中，规定作业的具体步骤是没有意义的。工程清单可能会包括有里程碑的项目总计划，以及产品的技术信息。例如，了解汽车发动机盖的弧度与该部位的风阻有何关系比为所有发动机盖的弧度指定一个特定参数更为有用。在产品开发中，这通常以权衡曲线（Trade-off Curve）来表现。

其次，真正进行这个作业的人是改善标准化作业的最佳人选。在有限的作业时间里面，工业工程师没有足够的时间来编写和审定作业标准。强扭的瓜不甜，人们也不喜欢遵守由别人强加的规则和流程。受到严格监管的规则通常被视为是强制性的，这也成为管理层与工人之间摩擦和对抗的根源。相反，如果作业中保有一定的灵活性和自由度，人们可以加入自己的想法，那么他们会乐于并专注于当前作业，同时会放下“对抗”，欢迎好的提议和最佳方式。另外，当员工发现团队把他提出的改善作为新的标准的时候，他会大受鼓舞。在丰田，使用标准化作业是持续改进、创新和员工成长的基础。

与泰勒将人视为功能不稳定的机器人的观点相比，高德特在星巴克了解到的标准化作业则截然不同：

> 人类似乎天生就不擅长重复的工作。在服务行业，高质量的人际交往（接触）是工作的核心。人与人之间的接触和标准化看起来就像油和水，两者不可调和。但从我们的观察中可以得出一个真正重要的发现：当实现任务标准化、工作节奏稳定时，人们

> 可以更自由地进行人际交往，进而取得令人满意的工作成果。在不断重复工作任务形成肌肉记忆之后，经理、高管和咖啡师就会有更多的时间来聊天、提问和倾听他人的意见。

在许多组织中，在如何使用标准化方面存在的问题是由我们的宿敌——机械主义视角造成的。当组织被视为一台机器时，标准就是一种工具，其目的是使组织成为一台更好的机器。图 5-4 展示了精益培训中常用的一张图，它将标准形容为楔块（防止倒退）。找到完成这项工作的最佳方式，编写标准化作业表，培训员工并教授它，然后将标准化作业推到合适的位置上，以防流程倒退。但是这忽略了一个事实：倒退的是人，而不是流程。人们有自己习惯的工作方式，而养成任何新习惯都需要不断地重复——练习。

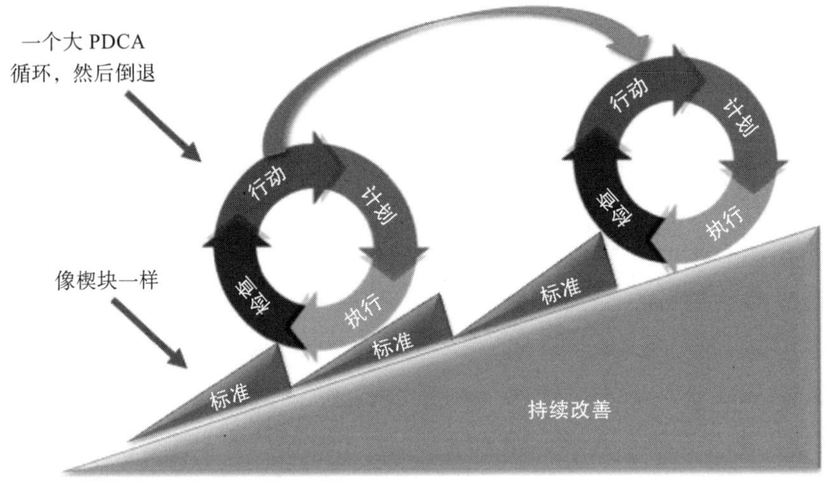

图 5-4 以机械主义的视角看待标准：将标准视为工具

图 5-5 展示了一个更加动态、更加流畅的标准化作业视图，它展示了人类学习一种新的作业方式所需的时间和精力。在这里，我使用了由迈克·鲁斯开发的改善模型，它是“丰田套路”的一部分，在后面的第 12 章中会进行更详细的讨论。“套路”原意是指在武术中的招式。我们都知

道，习武除了有武林秘籍，还需要在师父的指导下反复练习，才能掌握武艺（稳定的技能）、减少差异。套路也是作业指导培训的基础，即在教练的指导下反复练习一部分作业内容。理想的状态是：人们始终如一地实践标准化作业，并通过快速的 PDCA 循环持续改善。下一个绩效目标被称为需要努力达成的“目标状态”，你可以通过尝试不同的工作方式来实现这个目标，在达到期望的目标后，将流程记录下来，并把这个标准作为当时已知的最佳方式进行培训。你可以通过作业指导培训，将标准化作业的文件转化为一致的行为，通过重复练习培养新的习惯。然后工作团队开始朝着下一个目标状态（绩效水平）进发，不断试验以找到更好的方法。这样，标准化作业和持续改善就变成了一枚硬币的两面。

标准化作业的部分关键点：

- 流程的标准是一种期望实现的状态，流程的变化是正常的
- 我们所说的“标准化作业”也是一种需要努力实现的期望的状态
- 就算经过改善，团队成员之间也会存在差异
- 实现“标准化作业”需要团队成员培养新的习惯，改善流程，不断努力减少差异

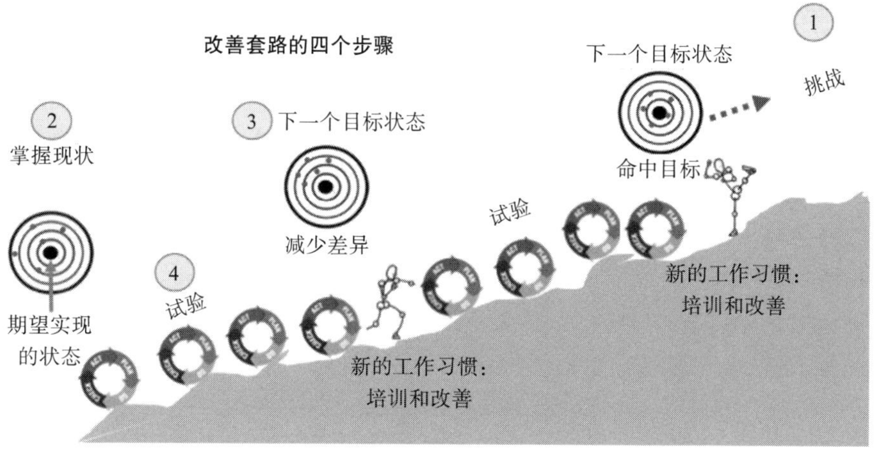

图 5-5　以动态的视角看待标准：实现更高的绩效水平需要培养新的习惯并持续改善

在以控制为导向的官僚组织中，标准化作业可能是一件痛苦的事情。

但是当它能够带来创造力和持续改善时，则是一件美好的事情。要想构建授权型官僚组织，需要艰苦卓绝的努力，最终你会发现这些努力和付出都是值得的。

关键点

- 经典的工业工程通过设计一个完成作业的“最佳方式”来提高效率。
- 在泰勒的科学管理理念中，工业工程师负责思考，管理者负责执行，工人则只能服从。
- 亨利·福特对标准化作业有不同的看法，他认为在找到更好的方式之前，标准化作业就是最佳方式。
- 丰田改变了科学管理的视角，将制定标准的权力交给负责设计和持续改善工作的团队。
- 作为 TWI 的一部分，丰田推出了标准化作业培训，这是将标准化作业转化为作业习惯的关键，重点是关注每一个小步骤的关键点。
- 即使像星巴克这样直接面向客户的服务企业（有无数的饮品组合，客户需求每时每刻都在变化），也可以创建稳定的作业节奏，从而减轻压力，改善客户体验。
- 当标准成为真正作业的人所拥有的工具时，官僚主义就会从强制变为授权。
- 标准化作业是通过不断改善和基于实践的严格培训来实现的，直到新的方式成为一种习惯。

参考文献

1. Frederick Taylor, *The Principles of Scientific Management* (New York, Dover Publications, July, 1997).
2. Henry Ford, *Today and Tomorrow: Special Edition of Ford's 1929 Classic* (Boca Raton, FL: CRC Press, Taylor & Francis Group, 2003).
3. War Manpower Commission, Bureau of Training, Training Within Industry Service, *The Training Within Industry Report: 1940–1945* (Washington, DC: U.S. Government Printing Office, September 1945).

4. Masaaki Imai, *Kaizen: The Key to Japan's Competitive Success* (New York: McGraw-Hill, 1986).
5. Durward Sobek, Jeffrey Liker, and Alan Ward, "Another Look at How Toyota Integrates Product Development," *Harvard Business Review*, vol. 76, no. 4, July–August 1998, pp. 36–50.
6. James Morgan and Jeffrey Liker, *The Toyota Product Development System: Integrating People, Process, and Technology* (New York: Productivity Press, 2006).
7. Frederick Taylor, *The Principles of Scientific Management.*
8. Tom Burns and G. M. Stalker, *The Management of Innovation* (New York: Oxford University Press; revised edition, 1994).
9. Karen Gaudet with Emily Adams, *Steady Work* (Boston: Lean Enterprise Institute, 2019).

第6章 The Toyota Way

原则6：建立“遇到异常立刻停止”的文化，实现内建质量

大野先生曾说：停下生产线所发现的任何问题都要立即解决，不可拖到明天早上。因为当你生产一辆车时，每分钟都可能遇到同样的问题，任何今天发生的问题明天必然会再次发生。

——张富士夫

丰田在肯塔基州乔治城建立第一家美国动力总成工厂，为现场装配厂制造发动机时，鲁斯·斯嘉菲德（Russ Scaffede）在丰田担任动力总成副总裁。他曾在通用汽车工作了几十年，以精明强干和易于相处享有盛誉。他非常高兴能有机会为丰田工作，并帮助按照丰田最先进的TPS建立全新的工厂。他夜以继日地工作，使得工厂符合丰田的标准，让他的日本老师们满意，包括时任丰田肯塔基工厂总裁的张富士夫。

在进入丰田之前，斯嘉菲德坚持汽车引擎制造的黄金法则：不要让装配线停下来。在通用汽车，评判经理好坏的依据是生产的数量。尽一切可能完成任务，那就意味着装配线不能停下来。发动机生产太多了没关系，发动机生产太少了，那离卷铺盖走人可能就不远了。

因此，张富士夫对斯嘉菲德说，他注意到装配线已经一个月都没停下来了，斯嘉菲德站了起来：“是的，过去一个月里装配线表现得非常好，我想你肯定愿意看到越来越多的好成绩。”而斯嘉菲德被张富士夫的反馈震惊到了：

> 斯嘉菲德先生，你可能误解我的意思了。如果装配线一直都在运转，这意味着没有问题，但是这是不可能的，所有的工厂都肯定有问题，所以只有一种可能——问题被隐藏了。请减少在制品库存，让问题暴露出来。这样装配线就会停下来，你也可以解决问题，从而更有效率地生产质量更好的发动机。

撰写本书的过程中，我拜访了张富士夫先生，并向他询问丰田肯塔基工厂与丰田在日本的工厂之间的文化差异。张富士夫先生不假思索地指出，最大的差异就是需要不断地向组长与团队成员强调停线的必要性，他们总是认为一旦停线就会受到惩罚。他花了数月“再教育”他们以扭转他们的观念：需要停线来解决问题，以实现持续改善。他不得不每天都去车间现场，与经理们会面，一旦发现有问题，就鼓励班长们停线。

原则：自働化

自働化是 TPS 的第二根支柱，可以追溯到丰田佐吉和他的一系列发明，这些发明彻底颠覆了自动织布机。在“丰田的历史”章节中，我们讨论过这种一旦一根线断裂机器就会自动停止的装置，这项突破性的发明提升了布的质量，并且解放了操作者，实现了一人多机，并认定了他们作为问题解决者的地位。TPS 的美国优秀学生之一，丰田肯塔基工厂前执行副总裁，亚历克斯·沃伦（Alex Warren）先生阐述了“自働化”以及它与授权员工之间的关系：

> 对于机器，我们在其中安装设备以监测异常，一旦出现异常，机器就会自动停止。对于员工，我们赋予他们权力，一旦发现异

> 常，即可按下按钮或拉绳以停止生产线。每个团队成员都有责任在每次发现不符合标准的情况时停线。这就是我们将质量责任交到我们员工手中的方式。他们会感受到这种责任，他们会感受到力量，同时也感受到他们自己的重要性。

日语中的“自働化”是指赋予机器人类的智慧，发现问题立即自动停止。内建质量（防止问题传递给下游）比事后检查与修复质量问题更加高效，成本也更低。

精益制造强调一次就把事情做对的重要性。少量的库存使得一旦出现质量问题，下游工序将没有缓冲库存可用，从而工序A的问题很快就会使得工序B停止。而当这些工序的机器停止时会升起旗帜或者亮起灯光，通常伴随音乐或警报，表明需要解决问题，这种信号系统被称为“安灯”。

除了关注质量问题，只要出现任何与标准不符的现场，员工都会拉绳，解决问题，持续改善。后面会提到，拉绳不一定就会立即停线，更确切地说是提醒班长可能需要停线。拉绳的一个普遍原因是团队成员进度落后了。传送带上通常有标记，显示员工的工作进度，员工可以清楚地知道自己是否落后。员工通常技能非常熟练，他们可以自己赶上进度，但是这样做就与标准不符。如果他们不拉绳，自己解决问题，这种情况将不会被发现，问题也就无法发现并解决，持续改善也就无从谈起。

虽然及时发现并立即解决问题似乎是理所当然的事，但是传统的批量生产的宗旨是，不到万不得已，不得停止生产。例如，中途偶然发现损坏的零部件，批量生产时员工会做好标记放在一边，后续再交由其他部门处理。批量生产的宗旨是：先不计一切代价生产，以后再解决问题。正如加里·康维斯向我解释的那样：

> 在福特，如果你没有以全部的时间生产，就必须向部门解释，所以永远不能停线，而在丰田不会这样要求。我想，丰田的优势在于丰田的管理层理解安灯系统的意义……他们经历过，也支持它。因此，我在丰田工作这么多年，从来没有人因为损失的生产时间而批评过我，我也从来没有因考虑安全与质量影响生产效率

而遭受惩罚，他们关心的是你有没有解决问题，有没有寻找根本原因，以及你需要什么支持。我曾经告诉我的团队成员们，在丰田只有两点不行：第一是旷工；第二是发现问题不拉绳。在丰田，每个人都是质量卫士。

鉴于雷克萨斯车主们极高的期望，由自働化带来的内建质量就显得尤为重要。刚开始推出雷克萨斯时，该品牌只在日本生产，因为日本的质量文化和质量体系毫无疑问是世界一流的，但如果在日本以外的地方生产，能否保持客户所期待的极高质量水平呢？答案显然是肯定的，安大略剑桥工厂以及肯塔基工厂先后都产出了相同质量的雷克萨斯。

丰田汽车加拿大公司前总裁雷·坦圭（Ray Tanguay）非常清楚从制造卡罗拉和 Matrix 转向制造雷克萨斯 RX330 的门槛有多高。为了保证雷克萨斯 RX330 的质量，加拿大丰田汽车公司在其生产线上应用了一系列的新技术，例如生产设备与机器人会内置传感器，监测到任何偏离标准的情况都会给戴着耳机的班长发送信号。为了防止有漏网之鱼，负责雷克萨斯 RX330 生产线的经理们制定了非常详细的包含 170 个项目的质量检查表，对每一辆雷克萨斯 RX330 成品都会进行细致的检查。无论坦圭在哪里，他的腰带上都挂着一个黑莓掌上电脑，一旦在成品车辆上发现任何质量问题，带有问题照片的报告会立即发送到他的掌上电脑上。如果他认为这个问题需要让每个员工都知道，以增强大家的意识，防止同样的问题再度发生，他会将照片投到大型电子显示屏上，这样所有员工都能看到。虽然这项技术是新颖的，但其执行仍然依赖于在现场保持警惕、善于思考的人员，原则仍然是：让问题暴露出来，可视化，并立即采取措施。

“不是真正的停线？”

我们看到一个矛盾的地方。丰田的管理层表示，即使生产线能够全速运行，不这样做也可以。但是所有人都一致认可，在汽车产业中，丰田是世界上生产效率最高的企业。为什么？其实丰田很早之前就知道，在源头解决问题可以节省下游的时间与成本。通过不断地让问题暴露出来，然后在问题刚发生时加以解决，可以消除浪费、提高生产效率，这样可以逐渐将那些喜欢让生产线全速运行、将问题积累起来后续再处理的竞争对手甩在身后。

丰田的竞争对手们最后也逐渐引进丰田的安灯系统，但是它们错误地认为，安灯系统是连接到所有工作站的，一旦按下按钮（或拉绳），整条生产线就会立即停止。我曾经为一家美国大型汽车制造商提供咨询服务，帮助其装配厂的工程小组了解 TPS。当我解释大部分情况下生产线都没有真正停止的时候，工程师们非常愤怒，有一位工程师叫道："丰田在骗人！"随后我解释生产线确实会停止，只是不是每一次拉绳都停止，大部分时候拉绳是为了引起关注、暴露问题、解决问题，而不是在停线的时候关闭所有设备来立即解决问题。当然如果有严重的质量与安全问题，整条生产线也会停下来。

安灯系统在丰田被称为"固定位置生产线停止系统"，如图 6-1 所示，工位 5 上的操作人员拉绳之后，工位 5 的灯会变为黄色，但是生产线仍然在运行，其他操作者可以把手头的工作干完。班长有权决定是否真正停线：作为生产团队的一分子，他需要完成本职工作，除此之外还需要对安灯信号做出响应。在丰田，班长是一个特殊角色，同时也是安灯系统中的关键角色（在第 10 章中将会详细阐述）。班长需要在问题工位上处理的车辆进入下一个工位之前做出反应，否则黄灯就会变成红灯，生产线届时会自动停止。在每分钟产出一辆汽车的常规装配线上，班长有大约 10 ～ 20 秒决定做什么，若他可以立即解决问题，或者该问题可以在进入下一工位前解决，他会再次拉绳，取消停线指令；若他解决不了，整条装配线就会停止。每个班长都严格执行标准化作业，并经过严格培训以了解如何应对安灯信号。停线时，班长会选取最常见或最严重的问题解决。

即使班长决定停线，整条装配线也不会彻底停产。装配线通常分为几段，中间有少量的缓冲库存（通常为 7 ～ 10 辆汽车）。因为缓冲库存的存在，在彻底停产之前其他员工还可以继续工作 7 ～ 10 分钟，很少会彻底停线。丰田不用冒着不必要的效率损失风险就实现了安灯的目的，而美国的汽车公司需要花费数年理解该系统。这也解释了为什么其他公司的员工与主管们对于停线犹豫不决：他们以为会彻底停产！在他们真正理解安灯系统的原理之后，那个我提供咨询服务的工程小组在当天下午就构建了一个装配线的计算机模拟模型，研究缓冲库存的数量和大小了。

图 6-1　安灯与固定位置生产线停止

使用防错来防止问题

越接近单件流，问题就会越容易暴露。这一点在前文中已经提过了，但仍需要重复。在 1999 年夏天，我有幸得到一个难得的机会学习 TPS，这让我对这一点有了更深的认识。通用汽车通过其与丰田的合资企业 NUMMI 制订了一项计划：通用汽车派遣员工到该工厂接受为期一周的

TPS 培训，包括在 NUMMI 装配线上工作两天——实际上就是制造汽车，我有幸参与过这个计划。

我被分配到子装配线上工作，主要负责制造丰田卡罗拉和通用汽车的相应车型的车轴。在没有底盘的一体成型的汽车壳体中，没有真正意义上的车轴，取而代之的是四个独立的模块，包括车轮、制动器与减震器。车轴完全按照装配线上汽车的生产步骤制造，放在托盘上，并按顺序交付。从模块制造到将模块组装到汽车上大约需要两小时。所以一旦出现问题，最多有两小时解决问题，否则主装配线很可能就会停线。

我被分配的任务是简单的新手活儿：安装一个固定球接头的开口销。把开口销放进去，两头张开，就能把球接头锁住。因为影响制动，所以这是非常重要的安全项目。下午早些时候，我看到很多人迅速集合开了一个即时会议。我询问旁边的团队成员发生了什么事，他告诉我，一个组件没有安装开口销就流入了装配线。这是一个大事故，一名安装人员在安装子组件时发现了这个问题。整个团队知道这个问题发生在几小时之前。我以为这是我的失误并感到后怕，但是团队成员说问题是在我休息的时候发生的，具体情况也不得而知，但他对于我产生内疚情绪说的话令我印象深刻：

> 重点是这个错误经过了八个人都未被发现，我们每个人本应在收到组件的时候就检查它，而不仅仅是装配线的最后一个人负责检查所有的项目。如果大家都检查，不合格品就不会流入装配线。我们整个团队都感到羞耻，因为我们每个人都没有做好本职工作。

尽管在整个检查系统中都未发现这个错误，但是在车轴线上已经有很多对策防止此类问题出现。事实上，每一个工位都有很多防错（Poka-Yoke）装置，这些防错装置让操作者犯错的概率几乎为零。所以很显然，生产线上并没有检查开口销是否安装的防错装置。尽管如此，生产线的复杂程度难以想象——仅仅是前轴线就有 27 道防错装置，每道防错装置都有独立的标准：描述的具体问题、发出的紧急警报、紧急情况下采取的行动、确认防错装置正确运行的方法与频率，以及防错装置失效的情况下应该做的检查标准，这就是丰田内建质量的内涵。

这个例子中，虽然没有检查开口销是否安装的防错装置，但是在开口销的传送带上有个光幕，如果操作员没有因为取开口销而打破光幕，生产线就会停止，警示灯会闪烁，相应的警报也会响起来。另一个防错装置是要求我每次用完一种工具（有点像锉，拉开销的）后需要放回原位，如果没有，生产线同样会停止并发出警报。这种每一步操作都可能触发警报的做法听起来很是怪异，但是非常有效。当然总有方法可以避开这些，丰田的员工却严格遵守这些制度与标准，因为他们知道这些都是预防质量问题的对策。

标准化作业表本身就是预防质量问题的对策之一。例如，我被安排的工作需要在 44.7 秒内完成（包括步行时间），而节拍时间（在这个例子中为生产线速度）是 57 秒，所以我有足够的空闲时间，这也是为什么它是新手工作。但即使是如此简单的工作，在标准化作业表上也有 28 个步骤之多，甚至精确到往返传送带需要走的步数。标准化作业表就张贴在我的工位上，上面有可视化的图文说明可能发生的质量问题。笔记本上还有一个更详细的版本，28 个步骤中的每个步骤都有相应的表格和更详细的说明，以及正确操作每个步骤的照片。这样一来，几乎没有犯错的机会。当有质量问题出现时，就需要再检查一遍标准化作业表，查看是否有遗漏导致此项错误发生，如果确实如此，就需要立即修改标准化作业表。

质量控制简单化，团队参与常态化

如果说美国与欧洲在 20 世纪 80 年代从日本具有竞争力的产品中学到了什么，毫无疑问就是质量。日本公司的全员质量意识让人难以置信。当美国与欧洲公司的员工还在胡乱拼凑时，日本公司的员工已经在努力精雕细琢了，但是后来美国与欧洲公司认识到了这一点，并且努力追赶。君迪对新车的调研报告显示，如今欧美汽车的质量几乎可以与日本汽车相提并论了，但是仅仅对于新车（上路三个月内）。正如在前言中讨论的那样，长期数据显示，两者之间质量差异依然存在，只是隐藏起来了而已。在交付给客户之前，表面的质量问题很容易发现并予以解决，但是随着车辆的持续使用，一些看不见的问题会浮出水面，造成客户不满意。

不幸的是，在很多公司，内建质量在官僚主义与技术细节中迷失了。ISO 9000 等工业标准要求制定详细的书面标准操作程序，尽管这些程序有一些用途，但是它们让很多公司认为，只要它们制定了详细的规则手册，这些规则就会被员工遵守，实际上这些规则最后仅仅是停留在纸面上。另一种现象是质量部门用很复杂的方法统计分析数据，如六西格玛。这些黑带专家们以最复杂的方法武装自己，然后以复杂的方式解决重大质量问题。

相比之下，在丰田，员工都倾向用简单的图表展示质量问题与产生的原因，如帕累托图、因果关系图等，他们的重点是一一解决这些问题。

唐·杰克逊（Don Jackson）是丰田肯塔基工厂前制造副总裁，他在加入丰田之前是一家美国汽车供应商的质量经理。他追求细节，并为他协助编写的复杂的质量手册站台。在丰田，他感受到了“简单”的力量。正如他所描述的：“在加入丰田之前，我制定了很多难以执行的政策和程序，这些注定要失败。”加入丰田后，他仍然参与丰田的供应商质量评审，但其做法和理念与加入丰田之前坚持的官僚主义与教条主义完全不同：

> 或许你可以撰写出涵盖操作人员、设备维护与质量评审的程序文件。理论上，这些程序文件没有问题，但是我的理念是支持实际操作人员，我希望他们知道所有他们应该知道的事情，因为他们是产品的生产者。因此，他们必须知道预防性维护在按计划执行，有可视化的方式让他们知道自己的设备状态良好，每小时都有质量检查……操作人员必须知道每小时都进行了质量检查，并且每次都合格，否则他们就需要停线。最后，他们需要知道工作要求是什么，也有机制了解是否处于良好的内建质量状态。这样操作人员就能够完全掌控这项工作。我也希望他们知道他们有正确制造产品的所有条件：人、材料、方法、设备等。

很显然，这与传统的依照手册规定的详细程序进行的评审有很大不同，传统的评审可能还会分析一些数据，或者查看程序是否被执行。杰克逊的做法则完全不同，他以操作人员的眼光来看整个流程，在现场查看质量（现地现物）。

TPS 中，除安灯以外，另一个强大的工具就是质量门。生产线分段布置，每一段的末端都会进行终检，检查是否存在任何质量问题以及确定它们产生的原因，然后将信息传递给相应的组长以启动问题解决机制。这些都是日常机制，如果问题直到所有生产线的末端才被发现，那么就会上报管理层。如果问题留到客户处，则是重大事故。

从质量危机中长期持续学习

2009 年 8 月 28 日，一名休班的加利福尼亚州公路巡警驾驶雷克萨斯 ES 350 出行，车上载着他的家人，突然车辆失控加速，最终造成一起严重的交通事故。在事故发生后，他们拼命打 911 进行求助，这通电话录音也被传到网上，并引起了广泛传播。据《洛杉矶时报》推测，可能是电子干扰导致汽车电子系统失控，致使汽车失控加速。该报派遣了两名记者准备揭露内幕，以图赢得普利策奖。一年后，美国国家航空航天局（NASA）为了找到事故原因，用电磁波轰击测试车辆，并分析了数十万行的代码，最终得出结论：没有证据表明车辆存在电子故障。

而在事故发生之后，一份鲜为人知的警方报告明确说明，是脚垫的尺寸导致了这起事故。这是一种橡胶的全天候脚垫，原本是用于更大的 SUV 车型的，但被雷克萨斯经销商放在了事故车辆内，而这辆车是在这名警察的车维修期间借给他的。此次事故导致百万计的车辆被召回，丰田为解决纠纷支付了数十亿美元。丰田的做法是降低油门踏板，使其不受脚垫的影响。虽然发现了一些与加速器和制动踏板不相关的问题，但是数量极少，也没有造成严重事故。尽管如此，媒体仍然不断宣称丰田有大量突发的失控加速问题，其车辆安全性令人担忧，这是史上对丰田声誉的最大打击。

如果是你，你会怎么处理类似这种媒体刻意夸大事实的技术问题？出乎意料的是，丰田章男于 2010 年 2 月 24 日被传唤到美国国会听证会上接受质询，他为公司给客户带来的担忧道歉并负责，但是他同样声明丰田的车辆是安全的，并且有客观证据可以证明。

亨利·福特曾说：“质量意味着在无监督的情况下做好产品。”时至2020年，没有人一直盯着雷克萨斯，所有的第三方质量研究机构都将丰田与雷克萨斯排在排行榜最前列。召回事件已是旧闻，但是丰田内部没有遗忘。每年的2月24日（即丰田章男被带到国会接受质询的日子），丰田全球各个部门的人员都会采取行动，重申质量的重要性。丰田在全球的每个总部与每个公司，都有一个质量学习中心，以期提高员工的质量意识，每个地方的分公司都会开发适合当地情况的质量学习版本，以保证效果。

2019年，在丰田英国的组装厂，每位成员都要经过质量学习中心的培训。该中心放映了丰田章男的录像，解释说他要求每个地方“尽可能收集和展示负面信息，例如报纸上措辞严厉的文章、客户的责骂，以及市场上给客户带来不便的其他问题”。他要求每个在该中心接受培训的人都要学会“积极倾听客户的声音，并根据得到的教训迅速采取行动”。

整个培训过程以当年那通电话的录音开始，然后是一系列事故现场的照片，接下来是一些“负面新闻”。当看到一位女性国会议员挥舞着我写的《丰田模式》(第1版）告诉丰田章男，MBA学生正在把丰田当作标杆公司学习，她为此感到羞愧时，我也深感不快。录像继续播放，人们会看到一辆真正的丰田汽车，该车里面放置了一块全天候脚垫，演示油门是如何被卡住的。后面是一系列质量问题展示，并且通过互动展品展示了如何避免这些质量问题（如标准化作业)。最后，录像以振奋人心的好消息结束：客户对丰田汽车的质量赞不绝口。虽然世界上大多数人都忘记了质量危机，但是丰田将其作为动力，始终坚持“客户第一”。

软件开发中的内建质量

内建质量并不仅仅应用于制造业，它可以应用于各行各业，包括软件开发行业。有缺陷的软件会导致关键数据丢失，而复杂的用户界面会导致用户流失，这些在你身上是否发生过？此外，缺陷也会导致返工，通常花在找出软件漏洞上的时间远远大于编写代码的时间。

在密歇根州安娜堡的小型定制软件开发公司门罗创新中，这种情况几乎从未发生过。软件安装即用，不需要用户手册，用户赞誉有加。该公司将其归功于让用户参与过程的每一步，在过程中向程序员提供质量反馈，以及在程序员编写代码时内建质量（见图 6-2）[⊖]。

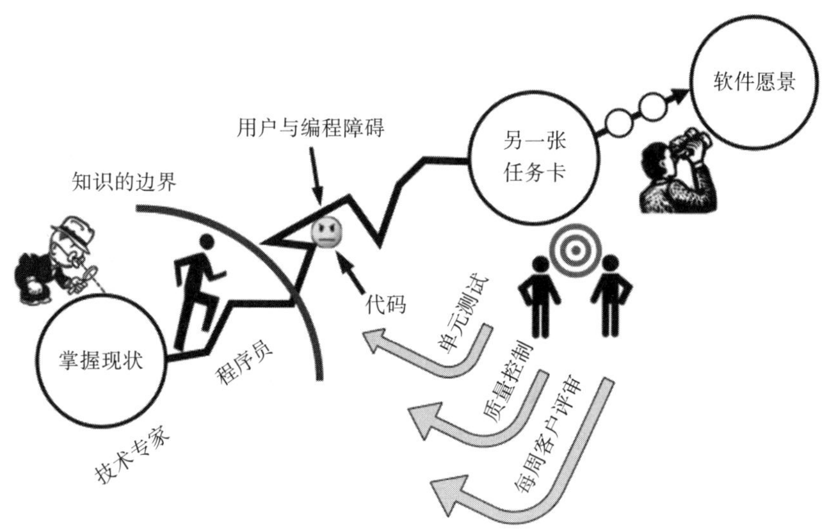

图 6-2　门罗创新在软件开发中的内建质量

一旦就软件愿景达成一致，公司的技术专家会前往现场工作以了解用户。用户的工作性质是什么？他们在软件方面的经验如何？他们在使用当前软件时遇到了哪些痛点？技术专家必须具备深入观察的能力和对用户感同身受的能力，需要将他们自己代入用户的角色。

技术专家确定好软件愿景之后，会开发“关键角色”，即不同角色的用户的虚拟故事，并与用户一起合作选择使用软件的主要角色：通常是未来用这个软件的用户。接下来，技术专家会绘制前端界面并向用户展示，整

⊖ 对流程和文化的详细讨论请参阅 Richard Sheridan, *Joy, Inc.*（New York: Portfolio, 2013）。

个过程中都不断与用户沟通，直到达成共识。界面上的软件功能会形成一张张应用场景故事卡，即任务卡，项目经理与客户将其贴在工作管理板上，以便程序员在每周按照卡片上的任务进行编程工作。从本质上说，技术专家制定了评估程序员工作的标准。

程序员两人一组开始依照任务卡一起进行编程工作，两双眼睛一直关注整个过程：通常两人会相互检查，降低错误发生的可能性。在他们完成一小段代码之后会进行单元测试，查看是否符合要求。这些是对代码的自动测试，随着进度推进，之前的代码和新编写的代码将一直重复运行，程序员可以阶段性地查看有无实现预期的任务。当程序员完成一张任务卡时，质量控制会对其进行测试，其目的不是查看代码的技术细节，而是检查运行后是否符合用户要求。这些测试都是实时进行的，通常在代码完成的当天或者稍微延后一点测试。然后，在每周固定的一天，程序员会与用户会面，用户尝试在没有任何指引的情况下使用软件，以检查当前版本已能满足其要求还是需要进行修改。根据用户测试情况，决定开发团队下一周的工作内容，整个过程按部就班，直到软件交付为止——零错误，客户 100% 满意。程序员在软件交付前仍通宵达旦地修复问题，这在门罗创新几乎是不可能出现的场景。

门罗创新痴迷于建立一种停下来识别不符合标准的情况并且提高质量的文化——也就是内建质量。从员工选择到日常活动，它已有意识地将内建质量和客户满意度作为其企业文化的一部分。一名门罗人需要具备创造性思考、快速学习以及两人一组合作工作的能力。我曾经与该公司的程序员沟通过，他们明确表示，他们不想再回到传统的软件公司工作了，因为在那里大家都是孤立地工作，每天都在猜测用户到底需要什么。

网站的持续改进越来越普遍，因为其成本低，并且能够快速验证。在一些公司中，持续改善已经渗透进企业文化，它们鼓励员工提出任何想法，甚至是离奇的想法，只要他们有办法改进网站。在线测试很容易就能够完成，只要通过随机分析抽样用户，使用对照组比较，就可以知道这些想法衍生出的特性与功能是否有效。根据一些预先设定的标准（如网站的点击量）筛选出那些能实现预期效果的想法，将其集成到网站设计中。一直在研究这一现象的斯蒂芬·托姆科（Stefan Thomke）观察到，通过频繁测试，将试验和创新精神融入企业文化，使之成为日常工作的一部分，即使在预算紧张时也是如此，会更容易取得成功。各级人员都应该学会重视这些“惊喜”，即便它们在短时间内是破坏性的。工作中若总是一帆风顺，很可能意味着问题没有浮现出来。

内建质量是原则与系统，而不是单纯的技术与工具

我从立达汽车（Reiter Automotive，隔音材料供应商）[⊖]的一位工厂经理那里听到的一个故事，帮助我了解了内建质量所需的条件。这位经理在芝加哥经营一家工厂，向丰田供货，有一位丰田老师教导他实践 TPS。丰田老师建议在工厂建立安灯系统，以实时提醒员工注意质量问题，于是这位经理要求工厂工程师设计出一套与丰田使用的类似的安灯系统：信号灯悬挂在椽子上，与按钮连接，操作员在工位上就可以直接按下按钮。虽然该工厂规模无法与丰田相比，但是经理仍然想用最好的技术向丰田老师展示他的诚意与成果。但是丰田老师说：“不，你误会我的意思了，跟我来。”随后他驱车带着经理来到当地的一家五金店，挑出一面红旗、一面黄旗与一面绿旗，递给经理，然后说：“安灯。”

经理一头雾水，丰田老师解释：安灯并不是去购买什么新技术，而是教会员工改变对待问题的态度，将问题暴露出来，明白快速解决问题的重要性。除非有人可以快速发现问题，并且有一套他们遵守的问题处理流程，否则将钱花在花哨的装置与技术上是没有意义的。美国人喜欢通过购买昂贵的新技术来解决问题，而丰田更关注用“人员”与“流程”解决问题，然后辅助以技术。

在引入安灯时，通用汽车很早就开始模仿 NUMMI 工厂的班长制度，但是这些班长大部分时间都在后面的房间里打牌或者抽烟。按下按钮之后无人响应，安灯还有用吗？后来，通用汽车最终学到了安灯的真谛。在密

⊖ 现为欧拓（Autoneum Holding）。——译者注

歇根州哈姆特拉克的凯迪拉克工厂中，通用汽车安装了固定位置生产线停止装置，并配备了相应的配套设施。按下按钮后，在汽车进入下一工序之前，生产线会继续运行，然后停在“固定位置”上。幸运的是，在迈克·布鲁尔（通用汽车经理之一）被派往 NUMMI 学习 TPS 之后，他及时叫停了当前使用的自动停线系统，他知道他们还没准备好。每个工作团队只有通过一次精益评审才能获得停线的权利，另外还有很多其他问题：操作员遵守标准化作业了吗？看板系统是否被正确使用？所有的零件箱是否都在正确的位置上且保有正确的数量？内建质量的关键点是否已经列入标准化作业并且培训到位了？班长是否就位并且能在标准的时间内对问题做出反馈？结果是每个团队成员都在努力通过评审以获得在工位上安装安灯系统的权利，每当有团队成员成功时团队都会庆贺一番。

丰田的做法是让流程与人发挥作用来提升质量，如果你花费大量的金钱在“最新的、最厉害的”安灯系统上，最后可能得不到期望的结果。与之相反的是，你得反复强调质量是组织中每个人的责任，应当以达到客户认可的质量作为价值使命，对于质量没有妥协与例外，始终为客户增加价值才是企业长青与获得利润的源泉。只有这样，组织才能得以稳定，员工与企业才能共同发展。

内建质量已经普及到各行各业，但是像门罗创新这样将其形成文化与机制的公司还是凤毛麟角，读者应牢记丰田模式的所有方面——理念、流程、人员与问题解决——都在支持内建质量，从而满足客户。

关键点

- 客户是公司工作做得好与不好的最终仲裁者。
- 客户的声音必须贯穿从设计到制造的每一道工序。
- 丰田著名的“停止以解决问题”的安灯系统是其暴露问题并立即解决的方法之一。
- 丰田在面临和解决问题方面最出名的案例之一是它对 2008 年的“刹车门”事件做出的反应，十多年过去了，丰田仍然以它来警醒员工，增强员工的质量意识。

- 内建质量也可用于数字互联网行业。最好的公司已经建立了在编写代码时获得快速反馈，并与用户协作测试软件，持续地获得反馈再进行改善的流程。
- 内建质量不仅仅是工具，它更是一种文化，在这种文化中，即使是负面反馈也会予以重视，并将其用于从设计到客户使用的整个过程的持续改善。

参考文献

1. *The Toyota Way 2001*, Toyota Motor Corporation, internal document, 2001.
2. Stefan Thomke, “Building a Culture of Experimentation,” *Harvard Business Review,* March–April 2020.

第 7 章 | The Toyota Way

原则 7：通过可视化管理来支持决策和问题解决

大野先生对 TPS 有无比的热情，他认为只有厘清所有事情，才能看出问题。当不能看出是否有问题时，他肯定会发牢骚。

——张富士夫

我们可以通过五种感觉接收信息——视觉、听觉、触觉、嗅觉和味觉。有很多证据表明，对我们大多数人来说，视觉是学习、回忆和使用信息的最强大的感觉。在约翰·梅迪纳（John Medina）的畅销书《让大脑自由》（*Brain Rules*）中，他提出了“定律 10：视觉是最有力的感觉”。梅迪纳是这么总结的：

- **我们对图片的记忆力是不可思议的。**听到一段信息，三天后只能记住 10%；如果加上一张图片，则可以记住 65%。
- **图片同样可以轻易打败文本，因为我们阅读的效率实在太低了。**我们的大脑会把文字看成很多幅图片，需要花费时间来确认每个字的图像才能阅读。

- **为什么视觉对我们来说那么重要？**也许是因为我们总是通过视觉来感知信息，例如重大威胁、食物供应和繁衍后代的机会。
- **扔掉你的演示文稿（PPT）。**PPT 是基于文本的（一般情况下每张幻灯片有近 40 个词），有六个层级的标题——全部都是文字。世界各地的专业人士都需要了解文本是多么低效，而图像是多么高效。扔掉你手上的 PPT，做一份新的。

因此，丰田没有选择和人类的自然本能做斗争，而是选择在它们的基础上继续发展。像其他任何事情一样，丰田不是通过读书弄明白的，而是通过不断尝试之后总结经验和反思摸索出来的。可以说，丰田已经在可视化管理中创造了一种艺术形式。漫步在丰田，你会发现可视化管理无处不在——有颜色编码的绿色安全步行区，用于表示关键质量流程的带有“Q”的大型倒三角标识，张贴出来的标准化作业表，闪烁着绿色、黄色或红色的安灯指示灯，可视化板上表示指标状态的绿色、黄色或红色标识，显示工具是否归位的影子板以及指示何时补充耗材的看板。

5S 的基础：清理干净，可视化

在 20 世纪 80 年代，如果你走进日本以外的大多数工厂，映入眼帘的往往都是杂乱无章的景象，看不到真正重要的部分。你看不出都快堆到天花板的库存有多少，无法确定各项物品的摆放位置是否正确。当然，你更看不出工作的完成方式是否有问题。那个时候公认的困扰是看不出问题、听不到问题，直到隐藏的问题突然出现，狠狠地“咬”你一口。到了那时，问题就已经不只是一个简单的问题，而是变成一场火烧眉毛的危机了。管理人员需要花许多时间到处灭火。简而言之，危机管理的理念在那个时候被广泛接受。

位于密歇根州格兰德港的唐纳利公司（现为麦格纳唐纳利公司）是一家生产汽车外后视镜的工厂。在 20 世纪 90 年代初期，这家工厂的管理非常混乱，它看起来更像是仓库，而不是工厂。有一天，工厂的一辆福特金牛座汽车神秘消失。它平时停放在工厂中，用来测试一些后视镜的原型。

在它神秘消失后，工厂经理甚至向警方报了案。几个月后，这辆车找到了。猜猜它在哪里？在工厂的后面，被成堆的库存挡住了。唐纳利公司的员工后来用这个故事说明自从开始精益转型，公司的进步有多大。

尽管唐纳利公司的故事听上去很离谱，但它却是许多地方每天都在发生的事情的真实写照。你不妨在工作的地方做个小实验：找到一个同事，请求看他的计算机或公司内部网上的某个文件，观察此人是否可以一次就找到这个文件。找到文件所花的时间，以及这个同事的沮丧程度，一下子就能告诉你这个同事的可视化管理是受控的还是失控的。你也可以观察一下用于战略规划的会议室。房间里发生的事情一目了然吗？当你看墙上时，你看到了什么？是否有图表可以告诉你今天的项目进度是提前还是落后？项目或运营中的任何异常或延迟是否一眼可见？文件是最新的吗？也就是说，是否有可视化的信息将异常情况暴露出来，让人一目了然？在丰田，项目管理会议室被称为大部屋（日语中为“Obeya”）或大房间，人们只要看着墙上的图表就可以迅速了解项目的状态（这点会在本章后面详细讨论）。

美国人在20世纪七八十年代去日本工厂参观学习时，第一反应总是：“哇！工厂太干净了，都可以在地板上吃东西！”对日本人来说，维持工作场所的干净整洁是一种骄傲。谁想住在猪圈里呢？但他们的努力不仅仅是让工厂看起来干净有序。在日本，有“5S计划”，其中包括一系列活动，以消除导致工作场所出现错误、缺陷和伤害员工的浪费。下面是英文版本的5S（日语中为“Seiri”“Seiton”“Seiso”“Seiketsu”和“Shitsuke”）[⊖]：

（1）**整理**（Sort）：整理分类，只留下需要的东西，拿走不需要的。

（2）**整顿**（Straighten）：物有其位，物归其位。

（3）**清洁**（Shine）：清洁的流程也是一次检验的过程，将那些可能会导致质量问题和机器停机的异常及潜在缺陷暴露出来。

（4）**标准化**（Standardize）：制定维持和监督前3个“S”的制度及流程。

（5）**维持**（Sustain）：维持稳定的工作场所是持续改善的过程。

⊖ 丰田只采用了4个“S”，员工还开玩笑说，他们有点落后，尚未全面实现5S。实际上，丰田之所以没有采用第5个“S”，即“维持”，是因为丰田认为在日常管理中，维持是理所当然的事情。如果没有持续维持，那么之前所付出的努力就失去了意义。

在批量生产中，由于缺乏这 5 个“S”，许多浪费存在多年，掩盖了问题，大家也就逐渐对这种低效的运营模式习以为常。如图 7-1 所示，5S 创建了一个持续改进工作环境的过程。

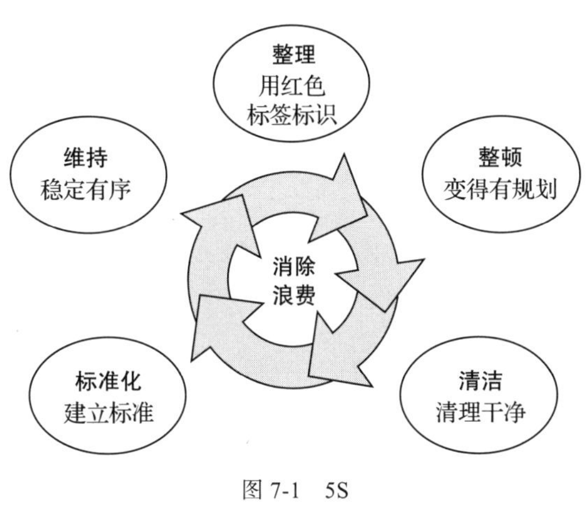

图 7-1　5S

让我们来看一下如何实施 5S：首先，对办公室或工厂中的物品进行分类，将每天进行增值工作所需的物品与很少使用或从未使用过的物品区分开来。将很少使用的物品贴上红色标签再移到工作区之外，为经常使用的物品确定摆放位置，其余物品则处理掉。然后擦拭干净现有物品，确保它们每一天都保持干净。将物品数量和位置都标准化并使其可视化，以明确物品归属，这样缺少某样物品时就能马上发现（例如，盒子应该在红色方块位置）。

第 5 个“S”即维持，对持续发挥 5S 的效益至关重要，它使人们养成维护正确程序的习惯，并在条件发生变化时形成新的程序。维持是以团队为导向的持续改善过程，是经理、班长、组长和团队成员的责任——换句话说，清理你自己的烂摊子。它应该是每个人核心工作的一部分，而不仅仅是支持人员的职责。

定期做 5S 审核，给不同的小组打分，激励它们努力提高分数。丰田的班组长会定期审核自己团队的流程，通常每天都会进行评分。审核的结果及其带来的积极改变的动力，是持续改善的一部分。偏差是通过解决问题来改进的差距。这应该怎么做呢？不太成熟的工厂依靠经理或专家进行审核，并将激励与保持清洁和有序相关联。一家工厂向本次审核中的最佳团队颁发了“金扫帚”，并在另一个团队在之后的审核中得分更高时轮换（类似流动红旗）。在先进的精益工厂中，工作团队负责每周甚至每天审核自己负责的区域，管理人员定期检查以提供反馈。

物品储存位置的标准化需要稳定的流程

很不幸的是，很多公司都认为5S就是精益生产。在我参观的公司里面，不止一家都发生了类似的故事：

> 几年前，管理层决定试试精益这种方法。他们向一家培训公司支付了100万美元，该培训公司教我们5S，举办了很多场5S研讨会。确实，工作的地方整洁干净了，看起来比从我到这里工作以来的任何时候都好。但是成本没有节省，质量也没有提升，很快，所有的5S效果越来越差。最终管理层叫停了这个项目。我们又回到了原点。

TPS并不是使用5S来整理和标记所有东西（包括浪费），从而让这个地方看起来整洁干净。它不是给猪涂上口红，不是在表面粉饰一些本质上低质量的东西。很多公司的大规模生产系统都组织不善，很少有实际的流动、推动系统，排程也不稳定，却认为它们可以用5S解决所有问题。但由于流程和库存的波动很大，使用5S就像试图击中一个移动的靶子。就在你把所有东西都收拾整齐并贴上标签的时候，一大堆库存汹涌而来，无处可放。

不同于让批量生产的系统看起来整洁干净，运行良好的精益系统的可视化控制大不相同。精益系统使用5S来支持流动以满足节拍。5S也是一种有助于暴露问题的工具，如果使用得当，可以成为持续改善流程的一部分。例如，在管理良好的库存缓冲区中，有明确标记的最低和最高库存水平，如果流程稳定，库存应该在这个范围之内。如果库存太少或太多，就会显而易见，从而触发一个问题解决的流程：为什么会发生这种情况？

想象一个人工装配的场景：装配需要的物料都被运送到操作员手边。你可以把这个操作员看成一个外科医生。众所周知，外科医生需要完全专注于手术和患者。你不希望看见外科医生因为不得不去寻找器械或者耗材而分心。在运行良好的手术室中，所有努力都是为了预估外科医生会需要什么、什么时候需要。护士会将外科医生接下来需要的器械准确地递送给他，外科医生甚至都不需要转身。这对装配线上的操作员来说是非常理想的——需要的所有东西都触手可及，不需要中断就可以连续工作。

丰田工厂一直以来都在使用带有物料箱的流动式货架，如图 7-2 所示（现在，丰田更多的是使用装有每辆车所需零件的手推车，因此操作员不需要在不同的零件盒中翻找）。装有标准零件的物料箱会从流动式货架上自动滚落到操作员的手边。这里有足够的空间放置特定数量的物料箱，这些物料箱有固定的位置，并且贴有易于查看的标签，然后根据拉动系统，物料搬运工将在需要时搬来数量刚好足以补充的物料。这个方法很好用，5S 也很有帮助。但是在推动系统中，有时会多出来物料箱。你会把多余的物料箱放在哪里？它们很可能会被放在地板上，而这样的话，操作员就需要弯腰拿取，伟大的“标准组织”就全乱套了。这里的教训是：TPS 是一个系统，仅仅更改系统的一部分作用有限。我们真正想要的是稳定过程的可视化控制，这样在出现偏差时，它们会立即显现出来。

图 7-2　操作员就如外科医生一样，通过可视化信号拉动物料搬运工在需要的时候补充准确数量的物料

工作场所的可视化控制

“可视化控制”是工作中使用的任何一种通信工具，它可以一目了然地告诉我们应该如何完成工作以及工作中是否有异常。它可以帮助那些想要做好工作的员工立即了解他们的工作状态、下一步要做什么。它可能会显示物品应该放在哪里、有多少物品应该在那里、做事的标准程序是什么、在制品的状态以及其他对作业流程至关重要的信息。从广义上来说，可视化控制指的是所有类型的即时信息，这些信息可以确保我们准确快速地执行操作和流程。日常生活中有很多很好的例子，比如交通信号灯。因为事关生命安全，交通信号灯往往是精心设计的可视化控制。抬头看——如果交通信号灯是红色的，那就停下来；如果它是绿色的，那就通过；如果它是黄色的，那很快就会变成红色。好的交通标志应一目了然，不需要你停下来研究它们，否则会引发安全事故。

可视化控制不仅仅是在图表和图形上展示现状与目标的偏差并公之于众。丰田的可视化控制已经集成到增值工作的过程中。“可视化”意味着能够一眼看到流程、设备、库存、信息或执行工作的人，并一眼看到作业的标准以及是否存在偏离标准的情况。尝试回答这个问题：你的经理能否在走过车间、办公室或任何类型的工作场所时，一眼看出现场是否遵循了标准化作业流程或程序？例如，如果对于每个工具所挂位置都有明确的标准，并且这些标准是可视化的（可能通过影子板实现），那么经理就可以一眼发现任何有异常的地方，如工具缺失或工具放置位置不对。这种做法也有助于在厨房准备饭菜，或为你五岁的孩子准备手工艺品。

ZMO 通过可视化标准来组装标准礼品盒。ZMO 运送手工食品，最常见的订单是客户送给他人的礼物。客户可以定制一个礼品盒，或挑选一套标准礼品盒。由于“周末旅人”之类的标准礼品盒往往体积较大，而 ZMO 知道需要什么物品，因此它在纸板上绘制了所需物品的轮廓（见图 7-3）。装配工将每个物品与模板上的轮廓匹配，然后将这些物品放入礼品盒，嘿——这样就可以尽可能避免放错或者遗漏物品了！

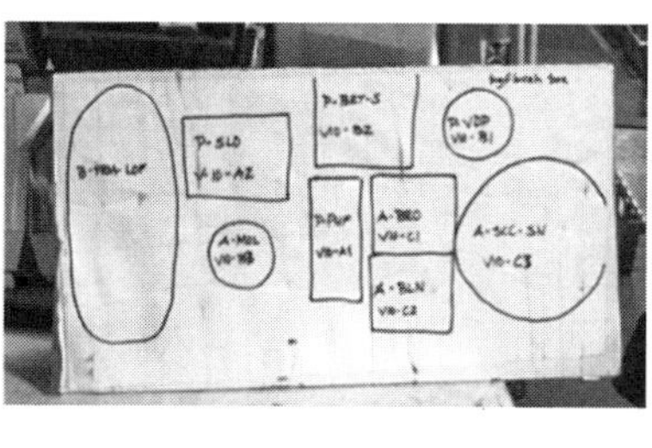

图 7-3　ZMO 关于标准礼品盒的防错机制

为礼品盒选择合适的外包装盒就要困难一些。选择太大的会增加运输成本，而选择太小的则需要额外的作业更换为较大尺寸的。ZMO 配送的订单中，大约有一半都有一个装在标准盒子中的礼品盒或篮子。公司在墙上挂了每个尺寸的盒子的样本，盒子用颜色区分，与它将放入的外包装盒相对应（见图 7-4）。展示的盒子涵盖了大约一半的尺寸，虽然不够完整，但是肯定有一定的帮助。

图 7-4　ZMO 的可视化指引

丰田模式的原则 7 是通过可视化管理来支持决策和问题解决。事实上，许多与精益生产相关的工具都已经融入了可视化管理的思想。例如，看板、单件流、安灯和标准化作业等。如果没有看板指示要重新装满物料箱，那么物料箱就不应该在那里等待补充物料，没有看板的物料箱是生产过剩的可视化信号。精心设计的单元可以通过规定在制品的可视化标识让多余的在制品（异常情况）暴露出来。安灯亮起，表示现在的操作和标准有偏差。现场张贴的标准化作业表可以很清楚地在每个工位展示目前最佳操作方法是什么。观察到情况和标准之间存在偏差，说明存在异常。事实上，丰田使用了一套集成的可视化管理系统，旨在创造一个管理透明和无浪费的环境。

案例：维修零件仓库的可视化管理

让我们来看一个案例，看起来这里是最不可能用可视化管理来增强流动的——一个大型的“精益”仓库。

在美国和日本，法律要求汽车厂在停止生产某种车型之后，必须将维修零件保留至少十年。这就意味着加起来仓库要保存数百万个不同的零件。正如丰田所宣扬的理念一样，目标是让这些零件都即时可用。

坐落于肯塔基州希伯伦的零件配送中心是丰田全球最大的维修零件仓库之一。该中心负责将零件配送到北美各地的区域配送中心，再由这些区域配送中心发给丰田经销商。与 JIT 的原则相反，该中心是一个真正的仓库，占地面积 84.3 万平方英尺，有大约 232 名临时工和 86 名正式员工。2002 年，当我第一次参观该工厂时，工人们平均每天运送 51 卡车的零件，总计约 15.4 万件。与此同时，该中心的零件来自美国和墨西哥的 400 多家供应商，大部分零件在经销商订购发货之前都放在货架上。该中心拥有全球化和现代化的设施，使用复杂的信息技术。虽然可以明显地看到该中心应用了丰田的基本原则，也使用了一些基本的可视化管理，但是你肯定还有疑问：这里的零件数量那么庞大，而且需求那么多变，怎么可能在这里应用节拍时间、单件流和标准化作业这些 TPS 工具呢？

第一，将仓库划分为不同的单元格——丰田称其为“原始位置”（Home Position）。每个原始位置储存的都是尺寸类似的零件，例如，以相同方式储存的小零件。每个班组专注于自己负责的原始位置区域。第二，丰田使用功能强大的定制化软件系统，每个零件的体积和位置都被准确地输入计算机。现在，一批不同的小零件需要装在一个标准箱里，然后配送到区域配送中心。计算机算法会根据零件的体积和位置计算出哪些零件正好可以装满一个标准箱，同时制定出一条分拣员可以在 15 分钟内完成分拣的路线。每个分拣员都随身携带一个带有小屏幕的手持式扫描仪，上面会指示分拣员下一步要分拣哪个零件，而他在分拣的时候会扫描每个零件。第三，即使有了这套信息化系统，可视化管理也在广泛地应用。在整个物流中心，你会看到各种类型的白板——丰田称其为“过程控制板”，这些是运营的神经中枢。图 7-5 展示了一个分拣过程控制板，上面有 2002 年该中心的实际数据。这些数据是用可擦的白板笔手写上去的。这块过程控制板用于在原始位置分拣产品并放入标准箱配送的流程，它收集了大量的信息，包括每 15 分钟查看一次的分拣状态。这里值得详细探讨的是过程控制板的运作方式，以展现可视化管理的强大效果——如何根据不断变化的需求调整分拣操作，监控实际进度和节拍时间之间的对比情况。

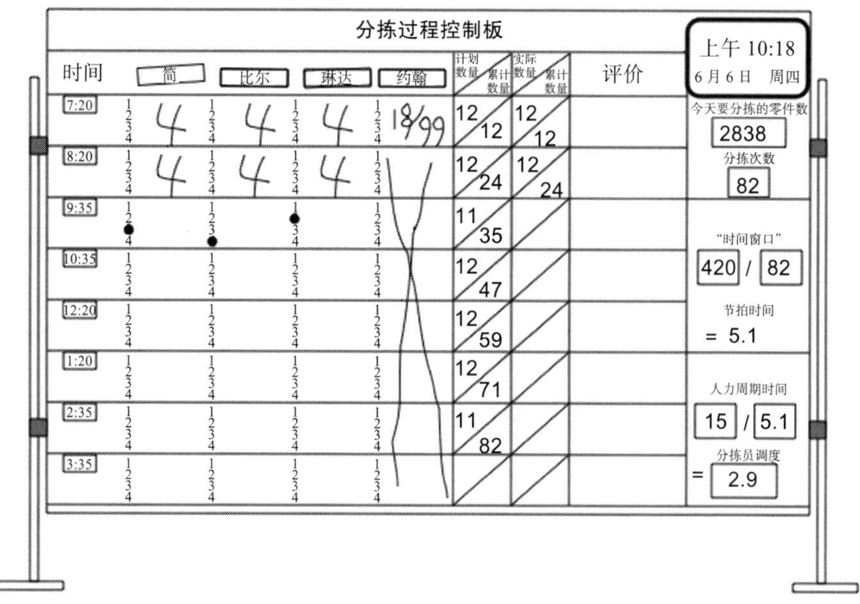

图 7-5　希伯伦零件配送中心的分拣过程控制板

每天早上，在分拣员上班之前，当天的零件订单会通过计算机输入，计算机按原始位置对它们进行排序，然后计算机算法会将零件以每 15 分钟分拣一批进行划分，并确定分拣路线。之后，团队主管将信息手动写到过程控制板上。

团队主管从右侧的数据开始。他把当天要分拣的零件数——2838，写在右上角。计算机得出分拣次数为 82 次（每次 15 分钟）。当天的班次有 420 分钟的“时间窗口”（即可用工作时间），将 420 分钟除以 82 次，得出每次分拣的节拍时间就是 5.1 分钟，也就是说，每 5.1 分钟需要分拣完一箱。用每次 15 分钟的人力周期时间除以 5.1 分钟的节拍时间，得出 2.9——这就意味着需要安排 3 个人来分拣当天的订单。

在过程控制板左边，团队主管考虑到 4 名员工中只需要 3 名来分拣零件，于是他为约翰安排了另一项任务。然后，团队主管写下分拣的计划数量和累计数量，在整个班次中进行平均分配。有几个轻松一点的时段可以休息一下，只需要分拣 11 箱而不是 12 箱。在每次分拣开始时，分拣员将在要拣选的批次上放置一个小的圆形磁铁——如果他准时，则为绿色磁铁；如果他超时，则为红色磁铁。现在是上午 10：18，可以看到简是准时的，比尔提前了，而琳达落后了。但在这段时间，工作负荷不高，只需要分拣 11 箱，所以他们可以休息，工作具有一定的灵活性。大家都没有什么异常，团队主管看一眼就可知大家的状态。另外，这块白板可以在全天的工作中强调工作的连续性。分拣员也是看一眼就知道自己是否落后，如果落后了就需要寻求帮助。如果他们想要提前完成工作，主管也会一目了然。这样就实现了每天工作的均衡化。

这个系统非常强大，是一个展现丰田 TPS 专家独创性的很好的例子，他们想出了如何在非传统的、按订单拣货、多样化的环境中建立连续流。在这种环境中，许多人会立刻举手表示 TPS 工具“在这里不适用”。尽管使用了复杂的计算机系统，但管理日常操作的关键是可视化管理工具。希伯伦的零件配送中心最大的亮点之一是人们努力建立员工参与的文化，以及在遥遥领先的情况下仍然想着努力改善这个世界一流的系统（这点会在第 10 章中讨论）。

但是，即使是在这个大型零件配送中心建成之前，丰田在相对较小的维修零件配送中心使用相同的 TPS 方法，在生产力方面也已经领先于行业，包括订货完成率和系统订货完成率[⊖]——跟踪和衡量此类配送中心的关键指标。例如，从 1992 年到 1998 年，位于俄亥俄州辛辛那提的丰田零件配送中心拥有业内最高的完成率：订货完成率为 95%，系统订货完成率超过 98%。丰田配送中心的完成率通常位居行业前三。

可视化管理用于计划和项目管理：大部屋

我在密歇根州的 TTC 待过很长一段时间，那里的员工设计了凯美瑞和亚洲龙等车型。我在 TTC 的大部分时间里，正木邦彦（Kunihiko Masaki）是那里的总裁。在他供职于丰田的职业生涯中，正木邦彦曾在许多不同的工程和制造部门工作过，他对可视化管理的应用出神入化。因此 TTC 的办公室都需要遵循 5S 原则，这对他来说似乎是理所当然的。正木邦彦会来到每个员工的办公桌旁，并要求查看文件柜（作为丰田文件保留计划的一部分），这件事每年会有两次。他会检查文件柜，看里面是否整齐有序，没有不需要的文件。丰田有整理文件的标准方法，正木邦彦会关注是否和标准有偏差，然后他会打分并形成一份报告。如果某个区域有异常，该区域的员工必须制定对策和计划，之后正木邦彦还会再进行审核，确保落实到位。

尽管对诸如归档之类的日常活动来说，这似乎有些过分，甚至有点咄咄逼人，但对员工而言，这清楚地表明了可视化管理的重要性，尤其是总裁直接到员工跟前，以身作则践行丰田“现地现物”的原则。几年后，这项职责转交给了一位副总裁，并扩大到对每个员工的电子邮件归类整理进行审核，以确保邮件在文件夹中也整齐有序，没有不需要的旧邮件。

丰田在其全球标杆产品开发系统中引入了可视化管理，最重要的创新

⊖ 订货完成率是指经销商下单后，能够在指定的配送中心即刻拿到所需零件的百分比。系统订货完成率是指经销商下单后，能够在某配送中心即刻拿到所需零件的百分比。

之一是“大部屋”（大房间），它被用于开发普锐斯车型（我们会在第 14 章中进行讨论）。为了开发第一款普锐斯，总工程师和参与该项目的主要工程团队负责人几乎都住在大部屋里。这是一个非常大的会议“作战室”，其中展示了许多可视化管理工具，由各个职能专业的代表负责维护。这些工具展示的内容包括每个领域（和每个关键供应商）的状态与进度、设计图形、竞争车型的分析结果、质量信息、财务状况和其他重要绩效指标的对比情况。任何与计划或绩效目标的偏差在大部屋中都可以做到一目了然。大部屋随着丰田产品开发项目而不断发展，也已经是其他公司实施精益转型中的重要部分。

大部屋是一个高度机密的区域，只有丰田的项目团队成员和选定的供应商可以进入。丰田发现，大部屋系统可以实现快速准确的决策、改善沟通、让整体进度保持一致，加快信息收集的速度，并产生一种重要的团队整合感。

我有幸采访过第一款雷克萨斯的总工程师铃木一郎。他是一个传奇人物，有时被称为总工程师中的“迈克尔 · 乔丹”。他在退休前回到 TTC 给员工上最后一课，课程的主题是“优秀工程的秘诀”。不出意外，他这次课程的重点是可视化管理。他强调了使用可视化图表（在一张纸上展示进度、成本信息等）的重要性。他还指出：“如果只有一个人使用电子显示屏查看信息，那么这一电子显示屏将无法发挥作用。使用可视化图表的关键是促进沟通和信息共享。”

通过人机系统实现 IT 的可视化

在如今这个充斥着计算机、信息技术和自动化的世界中，办公室和工厂的趋势是无纸化。现在可以使用计算机、互联网和企业内部网，以闪电般的速度访问大量文本和图像数据，并通过软件和电子邮件共享信息。正如我们将在下一章讨论的那样，丰田其实对这种以信息技术为中心的趋势持谨慎态度。正如铃木一郎所指出的，看电子显示屏通常是一个人的事情。

在虚拟世界中工作会让你脱离实际的团队合作，更重要的是，通常（除非你所有的工作都在计算机上完成）会让你远离“真实”工作的场所。当然，有很多方法可以充分利用可视化系统，当人们在不同地点工作又需要了解其他地方的情况时，可视化系统就大有用途。但这不仅需要付出很多努力，而且需要巧妙和精心地设计可视化系统的展示方式，同时也取决于人们如何有效地使用信息。

丰田模式认为，可视化管理是对人类感觉的补充，因为我们是以视觉、触觉和听觉为导向的。最好的可视化指示器就在工作现场，它们可以跳到你面前，让你通过图像、触感和声音，清楚地了解标准以及任何偏离标准的情况。一个完善的可视化系统可以提高生产力，减少缺陷和错误，促进准时交货，增进沟通，提高安全性，降低成本，并且通常可以让员工更好地掌控他们的工作环境。

随着信息技术逐步取代人们的工作，并且随着丰田继续将整个部门转移到印度等拥有技术娴熟的劳动力的国家，丰田一直面临着利用这些数字工具的挑战。但这并不是非此即彼。问题是，丰田如何才能在利用信息技术的力量和优势的同时，继续在工作场所保持可视化管理和以人为本？答案是遵循丰田模式中的原则 7：通过可视化管理来支持决策和问题解决。该原则并不是说要避免信息技术，而是说需要创造性地思考并使用最好的方式来建立真正的可视化管理。丰田已经用大屏幕上的数字模型取代了一些实体模型，工程师甚至生产团队成员都参与了这项设计。有一件事是肯定的：丰田不会轻易为了更快、更便宜的东西而放弃其原则和目标。简单地将所有内容放在企业内部网上，利用信息技术来削减成本，这可能会产生许多意想不到的后果，从根本上改变甚至损害企业文化。

丰田模式将采取保守的方法来使用信息技术，在寻求平衡的同时坚守自己的价值观。这可能需要妥协，例如同时保留后台的计算机系统和现场的过程控制板，就像在希伯伦的物流中心一样；或者可能意味着使用墙壁大小的屏幕来显示整车的 3D 图像。但重要的原则仍然没有变：通过可视化管理来支持员工，让他们有最好的机会高效地完成工作。

关键点

- 人类天生是视觉动物，最容易记忆和使用的信息是视觉形式的，最好是图片。
- 5S，即整理、整顿、清洁、标准化和维持，是帮助建立可视化工作场所的工具，但它只有在稳定运营、标准化作业和持续改善的精益系统中才能发挥强大的作用。
- 现场的可视化管理应直接地表明标准是什么、是否有不符合标准的地方。
- 对于项目管理，丰田使用了一个大型的可视化会议室“大部屋”，在那里，每个专业小组都可以提供有关项目状态的最新信息和该小组需要别人帮助解决的任何问题。
- 许多公司认为实体的可视化工具浪费纸张且效率低下，而数字工具才够前卫、令人赞赏。通常，计算机系统不但不能实现赋能，反而会分散团队的注意力。但如果设计和使用得当，计算机系统可以为可视化管理提供帮助。

参考文献

1. John Medina, *Brain Rules: 12 Principles for Surviving and Thriving at Work, Home, and School* (Seattle, WA: Pear Press, 2014).
2. Jeffrey Liker (editor), Chapter 8 in *Becoming Lean: Inside Stories of U.S. Manufacturers* (Boca Raton, Florida: CRC Press, 1997).
3. Hiroyuki Hirano, *5 Pillars of the Visual Workplace* (New York: Productivity Press, 1995).
4. James Morgan and Jeffrey Liker, *Designing the Future* (New York: McGraw-Hill, 2018).

The Toyota Way | 第8章

原则 8：建设性地采用新技术，以支持人员和流程

社会已经发展到可以一键获取大量技术与管理信息的地步，确实方便了很多，但是一不小心就会面临丧失思考能力的危险。我们必须牢记：问题解决最终还是要靠人。

——丰田英二，《创造力、挑战和勇气》（*Creativity, Challenge and Courage*），1983

1989 年，在日本泡沫经济即将结束之际，丰田在其位于日本田原的工厂推出了雷克萨斯 LS 400，该车型配备了最先进的自动化技术。与往常一样，几乎所有的涂装和焊接都由机器人完成，而且在发动机—变速箱—悬架、空调、电池、仪表盘和挡风玻璃的安装中也选择性地引入了自动化。这个工厂的投产，标志着丰田的自动化水平位于世界前列，质量也几乎堪称世界一流。但是问题在于：当投资泡沫破灭时，汽车的销量下降，因此，“该工厂因为巨额投资而受到批评，因为对丰田来说，这么高的固定成本也是负担”。

丰田引以为傲的是根据实际订单生产，当需求下降时，公司希望通过

灵活地降低成本保持赢利。通常情况下，当经济低迷时，公司会通过消除加班、减少临时工与重新部署员工从事改善工作来降低成本，但是固定成本是无法降低的。于是，在田原工厂事件以后，丰田提高了引入自动化的门槛。丰田选择生产设备的原则变为“简单、轻巧、灵活”。

在2008年金融危机期间，丰田再次得到了惨痛的教训：皮卡与大型SUV市场不景气，丰田也遭遇了50年来的首次亏损。痛定思痛，丰田经过分析发现，固定成本太高，导致盈亏平衡点升高。丰田及时采取了对策：重新审查设计与制造的各个环节，将所有工厂的盈亏平衡点从计划产能的80%降低到70%，这意味着每一个工厂在订单量从峰值迅速下降30%时，仍能实现收支平衡。

这样做的一个含义就是，在引入新技术时要谨慎行事，不要操之过急。如今技术变革日新月异，尤其是数字互联网世界，我觉得这可能会产生问题。你应该做的是：建设性地采用新技术，以支持员工和流程。想想你这样做的出发点：真正的需求是什么？哪些技术可以帮助你实现目标？应当基于需求和机会拉动技术，而不是为了赶时髦而引入最新的技术。在引入昂贵的技术之前，首先简化那些只需要少量投资就能改善的流程。比尔·盖茨曾经说过：

> 在企业中应用任何技术，第一条规则是在高效运营中应用自动化会放大高效；第二条规则是在低效运营中应用自动化则会放大低效。

多年来，丰田在获取最新的技术方面往往落后于竞争对手。请注意，我说的是“获取”，而不是“使用”。丰田在涂装和焊接车身时使用了大量的机器人，其发动机和变速箱工厂都配备了自动化加工和锻造设备。丰田拥有超级计算机和非常先进的计算机辅助技术来支持产品开发。丰田在智能驾驶方面投入了数十亿美元，并且正在制造和销售能帮助住院的患者和住在家中的患者、老人的机器人。丰田对于自动化的理念从未改变：无论研究领域如何扩展，丰田始终追求“人性化的自动化”，这也是丰田的前辈们珍视的最重要的要素，机器人与人工智能永远不应取代人类，要始终坚持珍视人类的“能动性”。

不幸的是，所谓的前沿公司虽然获取了大量技术，但是并没有有效利用它们。即插即用的概念可能适合计算机与打印机的连接，但是大部分计算机系统要复杂得多，不乏可能出错和已经出错的情况。一个典型的例子是特斯拉入驻加利福尼亚州的前 NUMMI 工厂后引入了先进的自动化装配技术，马斯克在 2017 年第四季度的投资者电话会议上声称，这是自建立福特荣格工厂以来的最大突破，其目标是消除所有的人工，以最高的生产效率生产汽车。然而有趣的是，即使采用了如此先进的自动化装配技术，其生产效率也远低于丰田运营该工厂时的效率。几个月后，马斯克承认工厂的生产效率低下，无法满足 Model 3 的产量目标，而后特斯拉在“帐篷”车间里建立了一条更简单的装配线。马斯克得到了一个宝贵的教训：“我们有一个非常复杂的传送带系统，但是它不起作用，所以，我们放弃了它。”马斯克随后在其推特上写道：“人的能力被低估了。”也许那时马斯克已经重新开始重视人的价值。

当然这并不是说精益思想与数字时代的技术不兼容，也并不意味着马斯克永远实现不了他对于制造的某种超前梦想，如果你这样认为，就是坐井观天、夜郎自大了。我认为并不能无视这些最新技术的伟大进步，而是需要在获取这些最新技术之前抵制住诱惑，仔细考虑如何用这些技术帮助与支持熟练的员工、高度完善的流程。本章后面将会介绍丰田最大供应商电装（Denso）的案例，该公司在应用实时数据采集、物联网（IoT）和数据分析以支持精益系统与改善方面取得了显著的进展。电装的核心仍然是人，以及人的主观能动性和创造性思考的能力。电装证明了技术与进行持续改善的高素质人才结合起来具备无限潜力。

计算机处理信息，负责思考的还是人

我教授过很多 TPS 的基础知识课程，例如看板，这是一个人工的可视化工具。信息技术专家想要立刻取消纸质看板，并将整个流程数字化。多年来，丰田的纸质看板一直应用得很成功，它的优点是可见，并且可以与零件容器一起移动，因此能做什么一目了然：没有看板，就不能移动容器。虽然丰田在几年前开始改用电子看板，但是仍然有同步的纸质看板可供扫描与处理。使用各种可视化工具的好处在于员工在工作时可以轻松而直观地查看流程是否符合标准。

在为一家与丰田合作多年并学习 TPS 的美国汽车座椅供应商提供咨询服务时，我清楚地认识到强推技术的愚蠢。我客户公司的 CEO 迷上了将提升库存周转率作为主要的企业“精益”目标的想法。他为每个业务部门制定了一个激进的库存周转率目标，从表面上看，这似乎符合消除浪费的 TPS 原则，然而它成了一种极端。

这样做的直接结果就是公司中有一大批“供应链工程师”负责减少库存的工作，而供应链部门的领导是信息技术背景出身的，他想用计算机技术来实现“供应链的可视化”。市面上有一大批供应链可视化软件“解决方案”，都承诺可以从根本上减少库存，并且可以实现对于整个流程的管控。据称，这些软件可以实时向每一位登录系统的人展示供应链中每个环节的库存量，并且提示哪些环节的库存量低于或高于警戒线。

这个 CEO 的下属们都为他们老板的明智与健谈而感到自豪，他们经常重复这个故事。CEO 将这个供应链可视化软件比作推土机，你可以手动挖土，这没问题，但是显然推土机可以干同样的事，而且干得更快更好，就像 IT 一样——它可以极大地加快以前由人工处理的工作。

我感到困惑：仅仅是在计算机上监控库存量如何能让多余的库存消失？我在 TPS 课程上经常讲，库存是流程控制不良导致的症状。归根结底，制造业就是要生产产品。我将我的想法分享给这个 CEO：用这个软件可以很快地知道库存状态，但是实际操作中，人员与设备正在根据某种逻辑生产产品，正是这些流程产生了库存。实际上，这个软件就相当于在工作场所安装一个监控摄像头，然后在另一地点连接一个远程显示器，这样就可以实现在办公室远程查看库存状态。但是，这个老板还是坚持用这个软件。

当我们被要求在一家没有使用此软件的工厂开展并行项目来进行对比

时，我的想法得到了证实。在无任何新的信息技术的支持下，通过将基于计划生产的推动生产方式改为手动放置看板的拉动方式，我们使得装配线上的库存减少了 80%，同时交期缩短了三分之一，而同期那家使用软件的工厂基本没有变化。另外，为了消除大部分零部件库存，我们需要与同一家公司的墨西哥供应商合作，该供应商将它们的库存尽可能推给我们的客户，所以自身的库存周转率看起来不错，但这也是虚有其表。改善流程才是最终实现可持续库存控制的方式。

应用最新技术并不是丰田的目标

丰田在流程中过度推行自动化方面有很多负面的经验教训，正如前文的田原工厂，这样的例子不胜枚举。20 世纪 90 年代，丰田芝加哥零部件配送中心进行了一次试验，配置了一套高度自动化的旋转式货架系统。刚开始，各经销商每周向配送中心下零件订单。在新系统完全建成之后，配送中心就导入了每日订货与每日交货制度，其认为这样做可以降低经销商的库存与缩短交期，配送中心期望能够更快地装满比之前更小的零件箱（尺寸是改善前的五分之一），并且加快整个流程，但是事与愿违。人们很快就发现了问题的根本所在：该配送中心保有一条很长的固定传送带，传动带末端工人不得不等待这些较小的零件箱通过长长的固定传送带，技术本身导致了这种等待的浪费。这项技术带来的好处是短暂的，丰田芝加哥零部件配送中心也成了丰田效率最低的仓库。2002 年，丰田又在该中心投入巨资：拆除原有的自动化设备与相应的计算机系统。作为比较，丰田生产效率最高的地区零部件配送中心位于辛辛那提，那里几乎没有自动化。

丰田北美零部件运营部前总经理兼副总裁简·贝斯达（Jane Beseda）曾经解释过：

> 在物流世界中，万物缺了信息就不会移动。但是在引入自动化方面，我们是保守的。改善人的流程非常容易，但是改善机器的流程则特别困难，所以人的流程改善后生产力和效率越来越高，

> 但是机器的流程仍然保持原样，因此我们不得不淘汰机器。
>
> 首先制定人工流程，然后将其自动化，但是在过程中尽量保持流程的灵活性，做到当业务改变时，仍然可以持续改善流程，始终都要“现地现物”地补充流程信息。

贝斯达又举了个例子展示在拉动系统中应用可视化的效果：在你有了看板系统后，自然地就确定了最大库存（超过这个量就会过多）与最小库存（你不希望低于这个量），库存量取决于多种因素，包括节拍时间、客户需求与流程本身的波动等，波动越大意味着需要的库存越多，以缓冲其对下一道流程的影响，基于假设，有现成的公式可以用来计算库存量并且可以程序化。但是贝斯达对于复杂的计算不感兴趣，与之相反，她让一名员工根据经验（基于清晰的逻辑）得出一些数字，然后开始运行系统，查看会发生什么问题。运行后就可以很容易地看到哪些库存经常多，哪些又经常不足，然后排查库存不足的原因，这样就可以通过增加或减少看板的数量来调节库存，实现既不缺货也没有生产过剩。贝斯达发现这种基于实际情况调整与解决问题的过程比基于数字模型的计算与猜测更有效率。

我曾经参观过丰田在日本的一家发动机零部件生产工厂，其在一条简易的 chaku chaku 线中用机器人代替了人工，令我惊叹不已。所谓 chaku chaku 线就是一条半自动化的生产线，包含两组平行排列的机器与一个工人，这个工人的作用是来回上料，并从机器上取下零部件。因为机器实现了自动下料，所以工人只要上料然后机器就可以自动加工，机器加工完成后还会自动吐出零部件，这样工人就只需在其移动过程中取走它们。工人受过严格的训练，学会了如何按照标准化作业双手同时进行作业，所以效率很高。在这家工厂，一个简单的机器人代替了工人，我对此感到非常着迷。这个机器人是丰田设计与制造的，成本不高，主要功能是一只机器臂抓取加工完成的零部件，另一个机械臂放置需要加工的零部件。工作人员介绍说，这个机器人不仅节省成本，还能节省空间，因为机器人可以在移动时与生产线靠得非常近，不用考虑安全操作空间，而出于安全考虑，工人需要更大的操作空间。

在另一条生产线上，虽然其产品和 chaku chaku 线生产的相似，但是上下料却是由工人而非机器人进行的。我询问工人为什么不用机器人，他解释说，因为这里的产品品种与复杂度远高于前面那条生产线，整个作业流程要求相对灵活，需要工人操作调整。工厂计划未来实现机器人操作，但现在的流程与产品需要通过持续改善予以简化，而这些改善只有人才能做到，这让我认识到“具体问题需要具体分析”。

有创造性思维的人改善自动化和设备

诚然，我的改善经验主要局限于知识层面和人工作业部分，我没有思考过可以持续改善高度自动化的设备。在遇见河合满（Mitsuru Kawai）后，我改变了我的想法。河合满先生是丰田第一位从员工做到执行副总裁以及董事会成员的人。自 1966 年从丰田技术技能学院（一所职高）毕业后他就加入了丰田，他的大部分职业生涯都在丰田总部的工厂度过，该工厂主要加工与锻造金属传动部件。当他还是负责生产线的员工时，大野耐一就相中了他并且开始栽培他。

大野耐一的教育方式一向别具一格：从完成看似不可能的挑战开始，在 50 年里每月都要完成 2% 的效率提升，第二个月要在第一个月的基础上提升 2%，这意味着即使上个月提升了 4%，这个月仍然要从 0 开始。最初大部分流程都是人工完成的，50 年过去了，工厂中几乎所有流程都实现了自动化。

河合满确信，相同的 TPS 原则同时适用于人工作业与自动化作业。他解释道：

> 如果我们以销售的速度来加工产品，那么物料是流动的，其他的都是浪费。操作员应当知道如何合理地使用设备、材料与他们的五感，以合适的成本制造出好的零部件，然后就可以开发智能自动化，尽可能减少一切不会对产品造成影响的运输与搬运。

河合满继续解释道：团队成员们应当深入了解设备，进而进行重新设计以减少浪费。但是大多数员工是在一切都实现自动化之后才进入公司的。他对于员工抱有的“按下红色按钮，零件就会自动出来”的心态感到非常担忧。经理、工程师与生产团队成员都应该培养以下四项技能：

- 让生产可视化。
- 挖掘整个流程中的知识。
- 将知识标准化。
- 通过改善开发出智能自动化。

这些年来，河合满为了培养人做了很多事情。首先，员工必须亲自动手。他要求所有的工人、工程师与经理都必须手动操作锻造与加工设备；其次，为每个操作员分配了一台设备，并称之为“我的设备”。工人必须手绘出零部件在设备中每秒发生的一切细节，包括它的移动、定位与成型。经理被要求教导这些工人，并且回答工人提出的一切问题。这点让经理认识到自己对生产知之甚少。之后，经理就得回到现场，深入研究流程。学习曲线非常陡峭，但是随着时间的推移、设备占地面积的缩小，产品的质量缺陷也逐渐降低至接近零的水平。最后，他创建了一条手动装配线，以便于每个人都可以学习 TPS 的传统应用，并且在此基础上改善。20 世纪 50 年代，巴西有一家原始的变速器工厂，丰田准备关停这家工厂，因为其产量低且不赢利。大野耐一亲自去了这家工厂，并且证明了 TPS 可以使其赢利，但是 75 年过去了，这家工厂还是走到了尽头。河合满要求将其变速器装配线搬到他在日本负责的工厂用于 TPS 的实践培训。

团队成员的任务是在手动装配线上以经济的方式手动装配多品种、小批量的模型，而且要在没有电的情况下完成。这条线被称为“ TPS 基础学习生产线”。团队成员们接受了精益改善的具体任务，在手动装配线上学习基础的改善，然后再去锻造与机加工线上改善自动化流程。随着时间推移，他们将原本高效的变速器装配单元占地面积缩小了一半，同时使生产效率提升了几倍。

由于有诸如“必须使用简单的、几乎没有成本的机械装置”等限制，在完成手动装配线的改善挑战时，诞生了很多创新。例如，众多挑战中的一项是找到一种方法，手动从众多零部件中准确地找到适用于变速器的正确零部件。以如今的技术，借助光幕、条码与计算机很容易就可以实现：如果挑选了正确的零部件，下一个需要挑选的零部件所在的箱子会亮起灯光；如果挑选了错误的零部件，警报会响起，灯光会闪烁。但是，若不借助计算机与电力，该如何做到准确挑选呢？

团队成员们制作了一个巧妙的装置，该装置有两种功能：第一是作为看板，使得他们可以少量补充零部件；第二是充当防错装置，他们称之为“钥匙看板”。装配线上的零部件每种都会保有少量，在工人使用了一定数量的零部件后会触发补货，这时一个长方形的金属补充看板（每种零部件都对应唯一的金属补充看板）就会充当相应的钥匙用来打开正确的箱子。看板都有相应的颜色，并且有相应的识别信息以匹配储存相应零部件的箱子。一个透明的塑料盖子上有零件图片和识别信息，只要将钥匙看板插入插槽并且抬起，就能打开一个装有相应零部件的箱子（见图 8-1）。

图 8-1　手动钥匙看板：只能打开装有相应零部件的箱子

这是不是意味着要摒弃所有的数字化手段，回到人工作业和简单机器的时代呢？答案当然是否定的。河合满这样做是为了培养人才，从而可以更加高效地运行和改善自动化流程。

当丰田模式遇上工业 4.0

对于工业 4.0 我不是专家，但我理解的工业 4.0 是通过物联网软件来管理设备：数据采集装置（例如，无线传感器与高清摄像头）、用于识别模式的大数据挖掘技术、预测算法与自学习的人工智能。这些都有很多实际应用，其中一种应用是监测设备以预测其失效时间，当某些条件满足时立即自动调整机器，采取相应的干预措施。还有一种应用是智能机器人，它可以适应不同的条件，并且学习和模拟人的决策与动作。

2020 年 2 月，我在练习高尔夫时无意中体验了新技术的威力。一个朋友联系我去一个练习场试打高尔夫，该练习场是当地第一个应用新技术的场地，可以捕捉挥杆动作，将数据发到智能手机上。雷达塔遍布练习场，可以搜集三维数据。按照指引，我下载了“Trackman”App，到达指定地点，输入了球道号码，进入高尔夫俱乐部，挥杆击球，然后在智能手机上查看球的轨迹、空中飞行距离、落地后继续行进的距离和飞行高度。我可以设定相应的天气，不同的天气情况对应的结果是不一样的，还能通过数据更好地了解自己使用不同球杆时的击球表现，这种体验非常棒。

我甚至可以询问这样的问题，如“我平均每支球杆的击球距离是多少?”“哪支球杆更好用?”“我是不是应该在某些情况下使用更短距的球杆以获得更好的结果?”等。其中的关键是安装数据采集器（雷达）并进行数据处理与分析，通过互联网将智能手机与系统连接，以及最终实现可视化的 App。

之后对于这项技术及其威力，我有了更多的思考。我非常喜欢这项技术，它让我体验到完全不同的练习场，就像玩电子游戏一样，但是相较于以前，我真的学到更多东西了吗？去高尔夫练习场是为了通过练习实现更好的击球表现，那这项技术会让我的练习更加有效，从而提高击球水平吗？理论上成立，但是实际上并非如此。如果我将它用作我刻意练习的一部分，它可能会有所帮助，这意味着我不能仅仅停留在挥杆然后看智能手机上。我要有想要练习的动作，要知道挥杆的标准，还要在每次挥杆时注意标准与实际情况之间的差距，分析原因并且做出相应的对策，否则它仅仅是有趣而已（这并不是坏事）。只有将技术与人的刻意练习结合起来，才能有所增益。

在电装，我看到很多类似于练习场中应用的技术，规模更大也更加复杂。电装的文化包括培养员工基于实际情况与标准之间的差距来思考和解决问题的理念，这与物联网结合起来简直是如虎添翼。

电子壁纸[⊖]

1982 年我刚加入密歇根大学时，“未来工厂”风靡一时。我研究了计算机集成制造的“社会影响”，预测它会扰乱行业，进而导致数百万人失业。在计算机上设计一些东西，创建数据库，将其传到自动加工设备上，然后产品就完成了。这种颠覆性技术受到了媒体的热议，但令我震惊的是，它只是一个神话，失败多于成功。我们中的一群人研究了一家生产物料搬运系统轴承的小公司，它标榜自己是计算机集成制造的早期应用者。该公司采用了新的设备并且用它取代了旧设备的操作员。然而当新设备出现故障时，该公司又不得不重新启动旧设备，重新雇用原来的操作员来维持生产，最终该公司倒闭了。我们写了一篇文章：“毕其功于一役”，记录了为什么事情变得如此糟糕。基本上，失败的都是雄心勃勃的早期应用者，它们未经验证就毫无保留地应用了新技术。鉴于此，我对工业 4.0 持怀疑态度。后来，我去电装拜访拉贾拉姆 · 申贝卡尔（Rajaram Shembekar）的经历既强化了我的怀疑，也让我开始逐渐说服自己：这种先进的数字技术是早期计算机集成制造中缺失的一部分。

拉贾拉姆是电装北美生产创新中心原副总裁，后来成为电装物联网首席架构师。他在福特工作了 12 年，在那里学习了汽车设计与制造的基础知识，然后他在 2004 年加入电装，学习了文化与系统，并且花了 2 年在日本学习制造工程。2012 年，他回到美国，察觉到美国在现代软件尤其是物联网与人工智能的新兴技术领域方面领先于日本后，决心将这些技术带给电装，当时，他认为电装远远落后，需要迎头赶上，因此他开始物色物联网

⊖ “Electronic Wallpaper”一词为电装北美生产创新中心高级副总裁戴夫 · 格林姆（Dave Grimmer）在看到数据的显示与使用之间的差距时所创。

供应商，他解释说：

> 早在 2017 年，我们进行了很多现场考察，这些公司做了精彩的 PPT 演示，并且声称可以满足我们的要求。那时候，我们真的认为我们远远落后于美国。于是我们与五家不同的公司沟通，并且进行了试验，在内部安装他们的软件。

整个过程与之前的“未来工厂”非常相似，当拉贾拉姆与他的团队深入调查工业 4.0 标杆公司后，他发现这些公司实际做的非常有限。虽然有大量的数据仪表盘，但几乎没有真正解决问题的行动。他觉得非常悲哀：

> 我们确实学到了很多知识，但是我们很快意识到：如果你去工厂，它们只是给你展示各种数据仪表盘（我称之为电子壁纸），而不根据实时数据采取行动以解决问题，那么数据就只是数据，仅能当作电子壁纸。我也走访了几家大型公司的十几家工厂，很多工厂都采取了很好的行动，但是它们没有将数据仪表盘与行动结合起来。而当我们深入挖掘那些展示了很多数据仪表盘的公司时，发现它们几乎没有采取任何行动来改变现状。

他又访问了一家以物联网最佳实践者著称的主要汽车零部件供应商。该供应商有很多漂亮的数据仪表盘和大量的条形图，他盯着一台显示器，它正在衡量设备综合利用率，计算设备运行时间。显示器上的数字表示，其中一条生产线的设备利用率是 135%。拉贾拉姆对此感到非常惊讶，并询问这个数据是否准确，得到的答案是否定的，因为软件没有根据今天遇到的问题进行调整。拉贾拉姆感到非常吃惊：如果生产线上的员工看到 135% 这个数字，最终却发现他们没有完成当日的计划产量会有什么想法？

他还发现，设计此软件的技术专家毫无制造经验，并且经常脱离实际状况设计软件。在筛选软件供应商的时候，拉贾拉姆曾遇到过这种情况：

> 我们曾经验证过两家公司的概念，一家是德国公司，另一家是美国公司。假设生产线每天早上 8 点开工，它们会将其嵌入软件逻辑：8 点开始监测生产线的生产效率。但是假设我们那天接

到主管通知，由于安全问题或者其他因素，生产线需要改在 8:07 开工，我们的要求是，不要把那 7 分钟算作异常时间，因为是管理者决定延后开始生产的。不管你相不相信，我们觉得这是一件理所当然的事，但是软件设计者却觉得这不正常，不可能让主管随意确定开工时间。

巴特尔克里克市电装物联网的应用

2020 年 2 月当我访问密歇根州巴特尔克里克市的电装试验场工厂时，我发现有大量物联网应用已经投入使用。在进入车间的走廊上有一个巨大的屏幕，上面显示着不同区域的地图，当时所有的区域都是绿色的，意味着它们在湿球黑球温度（WBGT）指数方面都是正常的。当温度高于 95.5 华氏度时，员工必须依法每 4 小时停止作业 15 分钟。过去都是由员工去工厂各处测量温度并计算一个大概的平均温度的。如果平均温度高于目标值，整个工厂必须停止工作 15 分钟。现在所有的区域温度都是实时持续搜集的，当某个或某几个区域的温度异常时，只有这些区域会立即停止工作，这样可以避免生产时间和劳动力的浪费。

在另一个区域，我们发现了一系列的数据仪表盘，它们实时显示着安全、质量、成本以及交期信息。如果出现质量问题，屏幕会显示事故发生在哪里、事故的情况、采取了什么措施，如果 20 分钟内无任何行动，该问题会自动升级。

在一个工作站，操作员正在查看屏幕，上面实时显示着该工序的质量过程控制图，图上有控制上限和下限。操作员只看了一眼就可以清楚看到过程正在接近失控状态，于是他立即采取措施，让过程重新回归可控状态。

电装试验场工厂中一个最大的成功案例是对铝热交换器制造过程中钎焊炉的预测性维护。这些钎焊炉又大又长，每个都配有 12 个昂贵的风扇，每个风扇都有圆形餐桌大小，为钎焊炉提供可控的循环气流，以保持温度恒定。有任何一个风扇停止运行，对应的钎焊炉就必须关闭。而钎焊炉停止时的温度大约是 1300 华氏度，冷却时间约为 12 小时，然后才能更换风扇，更换过程同样需要花费 12 小时，之后需要 12 小时才能重新升温至指定的温度继续进行生产。所以风扇每停止运行一次，工厂就会损失 36 小时的生产时间，每天少生产大约 3 万件产品，同时，还会有 60 个人因停止生产而没有生产任务，每年大约有 4 ～ 6 次意外停机，每次造成的损失约为 7 万～ 8 万美元。

电装请了一家供应商为每个风扇安装了一个复杂的无线传感器，可以监控两个维度的谐波（因为风扇在双轴上运行）、温度和扇叶运转速度，并对运行的数据进行预测性分析。该软件很智能，不仅可以预测风扇故障，还可以在某些情况下预警故障原因，如轴承过热。有一次电装数据专员就向维护人员发出预警：一个风扇将在 58 小时内出现故障，维护人员应该更换它。拉贾拉姆又向我们解释：

> 虽然维护人员不相信，但是我们还是让他们更换了风扇。他们将风扇拿出来，发现一半的叶片已经解体了。维护人员非常震惊，他们不知道叶片正在解体，但是我们可以预测。他们对于新技术越来越抱有接受的态度。

电装是如何做的

在对所谓的工业 4.0 标杆公司进行考察后，拉贾拉姆很清楚，必须由内部来管理这些技术，并且有选择地与具有特定专业知识的外部供应商合作。他明白公司必须做自他加入公司起就想做的事：立刻行动起来，解决真正的问题。公司还需要在所有的层级之间达成共识，尤其是生产车间负责生产的员工与维护人员之间。

发展内部专业人员开发与定制自己的软件

拉贾拉姆在巴特尔克里克市的工厂组建了一个由大约 10 名程序员构成的跨职能团队，主导整个北美的工作。团队里大约一半是具有特定物联网知识的外部人员，另一半是经验丰富的内部员工，其中 3 名有质量评审师经历，他们很清楚电装在生产中遇到的问题。北美物联网经理查德·奥尔贝克（Chad Orbeck）拥有超过 26 年的专业实践经验，包括如何运行一条生产线。拉贾拉姆说：

> 外部人员确实非常擅长软件开发，但是我们的人员在 TPS 方面有超过 20 年的经验，所以我认为电装比其他的美国标杆公司更容易在这方面取得成功，因为团队成员知道会出现什么问题、需要解决什么问题，所以他们会开发出真正有用的软件。

他的团队甚至开发出能在不同系统之间实现数据互通的软件。对拥有众多遗留系统的公司而言，转型的关键在于让所有系统的数据互通。拉贾拉姆继续说：

> 建立用户界面很容易，困难的是如何从不同的遗留系统中获取数据，这就需要一个有效的应用程序接口。我们评测过的外部供应商无法实现不同系统之间的数据互通，但是我们的人员可以，因为这些系统都是他们建立的。他们学习了新系统，因此能够使应用程序接口发挥作用，知道怎样获取数据，也知道获取哪些数据。

对于大数据，拉贾拉姆聘请了 2 名擅长分析大型数据集的数据分析师，他们与车间的团队成员和外部供应商合作开发现场的实际项目，取得了很好的成绩。有一次，他们的一个客户，美国一家大型汽车制造商，听说了他们正在做的事情之后，带着团队过来考察他们的数据分析应用项目。这个客户进行了大笔投资，聘请了大约 50 名数据分析师。拉贾拉姆询问了其中一名人员他们是怎么做的之后，感到非常失望：

> 他笑了笑，说："不多，我们只是搜集了一堆数据。"我们保持联系，6 个月之后，我向他展示了我们与数据分析师合作的成果，他感到非常吃惊："你只有 2 名数据分析师，这么快就有实际应用了？"

与运动技术初创公司的合作

电装成功的另一个关键在于其网络与协作，其中一个例子是通过斯坦福研究所的联系人发掘了一家从事人体运动数字化的科技公司，该公司可以将标准化作业实时数据化。

该公司名为 Drishti Technologies，由普拉萨德·阿凯拉（Prasad Akella）博士创立。阿凯拉博士一直坚信技术应该增强人类的能力，而非取代人类。他与研究了 100 家大型制造公司的科尔尼管理咨询公司（A.T. Kearney）合作，发现 72% 的工厂任务是由人而非机器执行的，然后他提出了一个问题：将人的创造力以及适应能力与 AI 的认知能力结合起来，会碰撞出什么火花？人类的优点是灵活与创新，缺点是多变。

标准化作业是减少人类多变性的一种方式。如果 AI 可以分析视频数据、识别工作周期、识别工作要素并在偏离标准时实时发出提醒，会怎样？这就是一个自动的安灯系统，可以给员工提供实时反馈：是否跳过了某个步骤？是不是拿错了物品？是否过快或者过慢？这样的实时反馈可以让人快速学习、提升能力。

Drishti Technologies 通过多个摄像头从不同角度连续记录员工的工作情况，并将数据传送至云端，然后由基于神经网络的专有 AI 系统来分析视频，识别超出工作计划的时间段，继而发现瓶颈并生成工作平衡图。Drishti Technologies 也在提升产品可追溯性方面取得了突破，一旦客户发现了质量问题，通过产品序列就可以调出生产过程，查看问题所在，这为后续的根因分析提供了事实依据，可以避免猜谜式分析。

拉贾拉姆发现阿凯拉博士对于制造有一定的经验，但是对于 TPS 没有深入的了解，于是他与团队开始教授阿凯拉博士及其团队有关精益系统的知识，经过一年的密切合作，他们创造出了可能会彻底改变标准化作业的东西。对于该项突破，拉贾拉姆是这样解释的：

> 在手动装配线上，每个员工的工位都配有一个摄像头，用来记录员工的实时动作并将数据发送到谷歌云，数据在那里经过 AI 分析后，系统会在两秒内反馈员工，告知他们是否按正确的顺序

> 执行标准操作。在应用该技术之前，必须先安装摄像头，并人工调试数小时。该技术将人体运动数字化并提供瓶颈分析，是全球首创的技术，它涵盖了很多 TPS 的内容，如标准化作业、不将缺陷传递到下一道工序、设置节拍时间、监控每个工位的工作周期时间并实时报告等。在应用该技术之后，我们取消了手工记录的每小时工作报表。这套系统可以通过人体运动识别每个零件，并查看完成了多少零件，还能告诉我们哪里与节拍不一致，生成工作平衡图并分解工作要素。数据分析师可以提取任何时间段的数据，回顾想要查看的视频，跨越了工作人员、班次的限制，突破了瓶颈，这确实是 TPS 的一场革命。

Drishti Technologies 发现，AI 对于电装与丰田等已经拥有完善精益系统的客户作用最大，这或许并不奇怪。丰田部门总经理圆吾明治（Akiharu Engo）将整个系统称为“ TPS+AI”，这意味着两者是相辅相成的。例如，当工厂的标准化作业已经达到某一水平，并能平稳顺利进行时，AI 就相当有用。关键在于熟练应用原则 2 到原则 7 中的所有技术，以保证作业的平稳顺利进行。可视化仍然很重要。Drishti Technologies 在每个员工面前都放了一块平板电脑，显示每一步正在执行的过程，一旦与标准有偏差，就会显示为红色。这项技术的目的与作用是提醒人们及时注意问题，然后迅速做出反应，以创造性的方式解决问题。这正如接下来我们要在原则 10 中讨论的那样，精益公司是由受过问题解决培训的工作小组组织起来的。支撑人与技术系统完美结合的基础是相互信任的文化。最糟糕的情况是，管理层和员工在绩效标准问题上争论不休，员工认为 AI 是管理层试图控制他们以加快生产的手段。

技术会削弱、代替还是增强技能

答案是取决于管理理念。我们在前言部分讨论过有机精益与机械精益。从机械性的角度出发，应用技术的目的非常清晰：用技术代替一部分员工，监控并以明确的指示来严格控制被保留下来的员工。快速而广泛地应用技术就是为了消除人的不确定性因素。

从有机性的角度出发，应用技术的目的则明显不同。技术与以服务客户和帮助公司为目标的高素质人才的聪明才智相结合，就能实现更多、更好、更快的改善。

拉贾拉姆清楚地表明了他的立场，电装应用新技术不是为了减员，虽然他毫不怀疑，未来工厂里需要的人会越来越少。虽然在某些情况下，闭环技术系统可以诊断并自动纠正问题，但是仍然会有更多的地方需要人的聪明才智与人为干预。事实上，拉贾拉姆深信，对于人的技能要求会越来越高：

> 我们总会需要人，但是随着时间的推移，对人的技能要求会越来越高。技术会提供数据供现场的员工与班组长做出更高水平的决策。在此之前，他们需要完成各种文本工作，但在做这些事情的时候，他们没有时间也没有精力对数据进行分析，更不用说看五天之前或者不同人的趋势数据。如今的技术让我们实现了“快速 PDCA”，我们再也不需要等待三周甚至更长时间完成PDCA，我们想要的 PDCA 是在换班之前完成。

拉贾拉姆还举了预测风扇故障的例子：

> 我甚至能比一个拥有 26 年丰富经验的人更快、更好地判断出风扇的问题。之前，他会用超声波探测，然后得出振动可能有点糟糕的结论。现在，他正在查看时间序列数据，是一个傅里叶级数。想象一下，他的水平从探测变为真正地理解幅频曲线。所以从某种程度上说，他的技能水平已经是初级工程师级别的，但是事实上人还是那个人。

在日本电装，高管与工程师也都认为，物联网的目的不是将人排除在外，而是为人们提供更多关于流程的优质信息（见图 8-2）。大数据与人工智能的强大之处在于可以及时向操作员提供以前可能需要猜测的信息。但是电装不仅仅满足于此，它希望操作员根据这些信息有创造性地找到问题的根源，并通过改善来解决问题，电装称之为“人、机、料的协同性创新与成长”。但是这样做会产生一个讽刺的结果，历史上工业工程师的作用是减少员工数量，但是这项技术的出现可能会导致员工淘汰工业工程师。

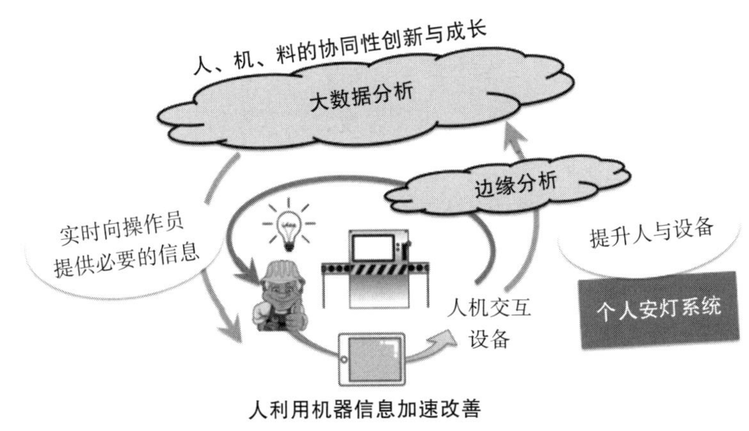

图 8-2　电装所描述的支持人的物联网

在提高效率与追求最新技术之间取得平衡

几十年来，丰田一直是一家技术先进的公司，如果关闭了计算机系统，就等于关闭了这家公司。现在丰田正在将超级计算机植入车辆，但是丰田并不热衷于最新技术以及所谓热门技术的应用。正如丰田拒绝将零部件根据计划从一个部门推向另一个部门一样，丰田同样拒绝信息技术部门或者先进制造技术部门将技术推向做增值工作的汽车设计与制造部门。任何信息技术必须通过支持人与流程的严格测试，并且在证明它能真正创造价值之前是不会进行推广的。引入新技术的责任落在管理者的身上，因为管理者为运营与结果负责，所以他们应该主导新技术的引入。

丰田愿意花费数年时间先在一个工厂（如巴特尔克里克市的工厂）试点新技术，然后再推广至全球的工厂，即使该项技术在第一年就推广至全球就可以快速得到回报。在新工厂的每一次新技术引进都是难得的学习经验，可以为下一个工厂的发展奠定基础，而每一次工厂引进新技术都是培养工程师与工程师维护和改善技术的机会。

在我看来，问题在于，生活在计算机世界的人们认为一切问题都可以在数字模拟的基础上演示，然后无缝转化为外部物质世界问题的解决方案。这种思维导致了 20 世纪 80 年代很多公司遇到的麻烦，这也是 21 世纪拉贾拉姆在电装准备实践工业 4.0 时遇到的情况。与拉贾拉姆交谈之前，我对全自动化工厂的这个大胆的概念持怀疑态度，以互联网、大数据技术与 AI 管理整个工厂是不可靠的，而拉贾拉姆证实了我的怀疑，这种工厂如同镜花水月。另外，我也逐渐认识到技术的力量。我仍然怀疑完全自动化的无人工厂是否可行，但是现在的互联网与 AI 技术远远超过了 20 世纪 80 年代所能实现的技术水平。看来人类对潜力的认识并非完全错误，只是为时过早。

拉贾拉姆在电装的巴特尔克里克市工厂做的事情充分证实了工业 4.0 不是与 TPS 毫无关系的破坏性力量，而是可以成为建立在 TPS 的文化与思维之上的推动力，两者可以充分结合。无论如何，物联网天然包括“物”，如果“物”本身没有设计好，或者没有布局好、没有维护好，技术本身是解决不了任何问题的。

电装与那些制作电子壁纸的公司的区别在于思维。电装从问题出发，构建相应的机制与技术系统来帮助解决问题，它是建立在现有的严格执行与问题解决文化之上的。在第 12 章中我们会讨论科学思维，届时可以回顾一下电装的做法。没有这点，那么技术所能带来的就是一张电子壁纸。TPS 原则不会从像电装这样的公司中消失，但是一旦 TPS 和物联网结合起来，该公司的运营方式会有很大不同。

我对电装的物联网技术非常着迷，但我又不禁猜测河合满先生会怎么想。在高度自动化的工厂中，他为人类会逐渐失去批判性思考能力而担忧。人们乐于享受按下按钮产品就出来的过程，因此他强迫人们对自动化流程进行更深入的思考与挖掘，然后做出改善。但是如果计算机自身能思考，人们会不会就放弃思考了呢？这些系统提供大量的数据，并且经过分析与人工智能处理，甚至会有一些结论。但是目前这些系统与人脑相比还是非常原始与简陋的，而且它们没有创造力。我们需要思考如何让人的能动性、创造力与计算机的强大信息处理能力结合。

丰田章男似乎也认同这个观点，在一次演讲中他说道：

> 两个概念——以人为本的自働化与 JIT——是 TPS 的两根支柱，其共同点是以人为核心。我相信，随着自动化水平的提升，人的技能就越要经受考验。但是机器本身不会提升，只有人才能。培养具备拥有与机器同等技能和超越感官能力的人才是丰田模式的基本组成部分。

关键点

- 丰田在引进自动化上有惨痛的经历：在商业低谷期投入太多固定成本。
- 有了几次包括金融危机的类似经历后，“简单、轻巧、灵活”加上人与自动化的平衡成为丰田引进新技术的条件。
- 改善不会随着自动化的实现而终结，相反，对于自动化设备的持续改善可以让组织更加接近无间断单件流的精益愿景。
- 建立在 TPS 原则之上的物联网有潜力将作业带到全新的层次，因为人们得到实时持续的数据反馈可以加速与扩大改善活动。
- 丰田员工仍然被视作工匠大师，他们会运用他们所有的感官了解流程的状态，甚至可以人工达到自动化的水准。

参考文献

1. Takahiro Fujimoto, *The Evolution of a Manufacturing System at Toyota* (New York: Oxford University Press, 1999).
2. Joann Muller, “Musk Thinks Tesla Will School Toyota on Lean Manufacturing; Fixing Model 3 Launch Would Be a Start,” *Forbes*, February 16, 2018.
3. Jeffrey Liker, David Roitman, and Ethel Roskies, “Changing Everything All at Once: Work Life and Technological Change,” *Sloan Management Review*, 1987, vol. 28, no. 4, pp. 29–48.

第三部分

人员：尊重、挑战、培养团队和合作伙伴，以实现卓越的愿景

三、人员

9. 培养领导者

10. 培养员工和团队

11. 与价值链伙伴开展合作

第9章 The Toyota Way

原则9：培养那些能够理解工作、与公司理念一致，并能够教导他人的领导者

没有神奇的方法。相反地，（公司）需要一个全面的管理系统，最大限度地培养人的能力，提高创造力和成果，充分利用设施和机器，消除所有浪费。

——林南八（Nampachi Hayashi），
大野耐一弟子，丰田前董事

从内部培养谦逊的领导者

《汽车新闻》每年都会通过表彰业内最重要的新闻人物来收尾。2002年的新闻人物包括福特CEO比尔·福特（Bill Ford）、通用汽车执行副总裁罗伯特·卢茨（Robert Lutz）、克莱斯勒集团总裁迪特·蔡澈（Dieter Zetsche）、日产总裁卡洛斯·戈恩（Carlos Ghosn）和丰田总裁张富士夫。张富士夫和其他几位公认的领导者之间的成就对比揭示了不同公司的文化差异。以下是《汽车新闻》对每位领导者的赞赏：

- **比尔·福特**（福特CEO）：谈论振兴，请回了艾伦·吉尔摩（Allan

Gilmour），提拔大卫·瑟斯菲尔德（David Thursfield），出演电视广告。确实很艰难，福特的股价仍在 10 美元上下波动。

- **罗伯特·卢茨**（通用汽车执行副总裁）：70 岁的海军陆战队前飞行员，激励着通用汽车团队，革新（并简化）产品开发，让汽车制造商和设计师拥有更大的发言权。
- **迪特·蔡澈**（克莱斯勒集团总裁）：让克莱斯勒集团提前一年扭亏为盈，有三个季度都是赢利的。
- **卡洛斯·戈恩**（日产总裁）：常年新闻人物，带领日产取得了更多令人难以置信的结果，美国市场份额再次上升。戈恩当之无愧地被称为“邮递员”[⊖]。
- **张富士夫**（丰田总裁）：丰田总裁带领丰田创造汽车行业的营业利润纪录。丰田在混合动力车领域处于领先地位，抢占美国市场 10 个点。丰田与标致合作在东欧建立工厂。

所有非丰田的领导者都对他们的公司产生了积极影响，至少在一段时间内确实如此。他们是从外部请来救公司于水火之中的。反过来，他们每个人都会带一队自己精心挑选的中层来帮助扭转局面。他们还重组了公司，用他们自己的理念和方法来改造公司。福特 CEO，同时也是福特家族成员的比尔·福特是个例外。然而，他的任命是临时性的，目的是让公司摆脱困境。他最大的成就是聘请了波音公司的奇才 CEO 艾伦·穆拉利（Alan Mulally）作为他的继任者。这些非丰田的领导者都不是通过内部的自然晋升成为总裁和 CEO 的。他们突然从外部空降，肩负着改革文化和挽救一家经营不善的公司的重任。

事实上，典型的美国公司似乎经常在令人震惊的成功和濒临破产的两个极端之间摇摆。这种过山车一般的惊险刺激确实令人兴奋，某些时候也会带来极好的体验。然后，当问题突然出现时，公司就会找到一位与公司此前宣扬的理念完全不同的 CEO。这种商业领导力就像龟兔赛跑寓言里面的兔子，疯狂奔跑，然后睡觉——这种不稳定的模式会导致同样不稳定的

⊖ 原文为 Deliver，在英语中除了指邮递员，还有能够实现目标的意思。——译者注

结果。

相比之下，张富士夫成长于丰田，是大野耐一的学生。他为 TPS 的建立提供了理论基础，并主持推出了《丰田模式 2001》，以强化海外公司的丰田文化。他还是丰田肯塔基工厂的第一任总裁，这是丰田在美国的第一家全资发动机和装配工厂。他是丰田董事会成员，并在公司取得成功时成为总裁。他自然而然地担任了这个职位，并让丰田延续了几十年来的上升势头。在丰田，新总裁不需要从外部进来将公司推向全新的方向，也不需要在公司留下自己的印记。张富士夫的领导角色更侧重于延续而不是变革。也许就像丰田车一样，丰田领导者并不总是令人兴奋，但他们却非常高效。

即使丰田从比较特殊的部门提拔管理层来领导战略方向的转变时，文化也不会突然变化。这就像是在管理层消除超负荷。似乎在丰田的整个历史中，公司内部都在合适的时间找到了关键的领导者，从而推动丰田的下一步发展——在整个公司范围内都是如此，包括销售、产品开发、制造和设计等方面。

奥田硕（Hiroshi Okuda）是几十年来第一位执掌丰田的非丰田家族成员，他在丰田需要更积极地进行全球化的时候担任总裁。在他的任期中，确实出现了一些小插曲，但也推动了普锐斯的研发，正是普锐斯带领公司进入了 21 世纪。在这段激进的时期之后，张富士夫以一种更平静、更平和的方式继续带领丰田全球化，以他在美国的经验为基础，专注于重新激发内部的丰田模式文化。尽管个人风格存在很大差异，但这些领导者都没有偏离丰田模式的基本理念。

后来，丰田喜一郎的孙子丰田章男被任命为总裁。丰田章男向我解释说，他没有走捷径，也必须从最基层开始。最初，他在运营管理咨询部门工作，那种氛围类似新兵训练营。他面临的挑战是要在供应商工厂实现一个看似不可能实现的目标。和大野耐一一样，他的老师同样苛刻、要求严格。丰田章男努力应对挑战，最后成功克服了困难。作为总裁，他必须面对的最大挑战是为公司定位，让公司适应他所宣称的数字技术和电动化带来的“百年一遇”的行业颠覆。一直以来，他不得不处理一个又一个危机。当被问及学到了什么时，丰田章男强调冷静和稳定，而不是下意识的反应：

我所学到的最重要的事情是“不恐慌”。我一直都非常高效和稳定地管理着公司。在管理公司的过去10年中，没有几年是平静的。每一年，我们都见证并经历了多次百年一遇的惊涛骇浪。所以，我认为我越冷静，公司内部在面临大风大浪时就越平静。

丰田不会到处物色“超级巨星”CEO和总裁，因为丰田领导者必须透彻理解丰田文化、践行丰田文化。由于丰田文化的一个关键要素是“现地现物”，意思是要深入细致地观察实际情况，领导者必须展现出这种能力，并了解一线工作是如何完成的。根据丰田模式，对任何部门而言，不能深入了解现状都会导致决策和领导效率低下。丰田还希望其领导者向下属传授丰田模式，这意味着他们必须首先理解并践行这一理念。丰田章男在担任总裁之后的第一次演讲中发誓要成为丰田历史上在现场最活跃的总裁。他解释说：

“现地现物”的意思是，想象一下，你所观察的是你自己的工作，而不是别人的问题，并努力改善它。职位、头衔并不重要。归根结底，了解现场的人是最受人尊敬的。

《丰田模式2001》很好地总结了丰田领导者的愿景：领导持续改善，同时尊重他人。尊重始于公平对待他人并将他人视为团队的一部分，不仅如此，更需要让团队面对挑战以便有所成长。

培养“第五级领导者”，而不是去物色“第四级领导者”

我经常将丰田与西方公司进行对比。如果让我描述美国对理想的CEO的普遍看法，我会说我们更看好坚定的个人主义者——有魅力，大声表达对公司的大胆愿景，然后让合适的高管加入，要么实现这个愿景、要么出局——要么成功、要么沉沦。由于西方公司的CEO往往都在其他公司任职过，他们会采用一些过去有用的方法，并将其强加给他们接管的任何一家新公司。从外部空降一位挽救公司的CEO是因为公司的表现不符合预期，因此新任 CEO 可能会谈论“打破文化”以及他们将如何建立新的绩效文化。这通常包括引入他们过去合作过的咨询顾问来建立领导团队，帮助推动新文化。

当我第一次读到吉姆·柯林斯（Jim Collins）的著作《从优秀到卓越》时，我对他总结的五级领导者结构感到震惊。我所认为的西方公司的领导者（我在上面描述过）与他提出的“第四级领导者”相对应，随着时间的推移，他们能够正常地经营公司。但是在 11 家西方“卓越公司”中，每一家都拥有他所谓的“第五级领导者”——与我在丰田观察到的情况很相似。那本书中提供了一些验证，证明了我在丰田观察到的情况并不是一家日本公司独有的。相比之下，这 11 家西方“卓越公司”实现了非凡的增长和卓越的股市表现，而 11 家普通竞争对手和 6 家“无法长远发展的公司”虽然暂时表现出色，但随后就衰落了。“第五级领导者”的特征包括：

- 强烈的职业意志，谦逊的性格。
- 低调又无所畏惧。
- 变革型领导者。
- 毕生致力于打造一家经久不衰的伟大公司。
- 选择最优秀的人选，范围不局限于创始人的后代。
- 创立新的公司或者从内部发展。
- 自省，自责，不居功。
- 热衷于了解业务细节。
- 坦诚面对现实，即使是坏消息。

“第五级领导者”的代表是达尔文·E. 史密斯（Darwin E. Smith），一位相对不为人知的 CEO。他带领金佰利从一家股价下跌 36%、陷入困境的造纸公司转变为世界领先的消费纸制品公司。在史密斯的领导下，金佰利接下来 20 年的累计股票回报率是一般市场的 4.1 倍。史密斯之前是公司的一位彬彬有礼的内部律师，不太可能是 CEO 的人选。柯林斯将史密斯的“第五级领导者”特征描述为：

> 人们普遍认为，将公司从优秀转变为卓越需要不平凡的领导

者——像艾柯卡、邓拉普、韦尔奇和高尔特这样的大人物，他们都是常常出现在新闻头条的名人。与那些 CEO 相比，达尔文 · 史密斯似乎来自火星：害羞、朴实甚至笨拙，不喜欢引人关注。

这些被我们视为名人的、英勇大胆又擅长演讲的 CEO 取得了多大的成功？他们通常是“第四级领导者”，他们可以在一定程度上发挥作用，“坚定地承诺和积极追求清晰、令人信服的愿景，并激励团队达到高标准”。但他们是普通公司的领导者，他们的主要目标是实现引人注目的短期业绩，大多数人将这份工作视为他们的跳板。超过三分之二的普通公司拥有“第四级领导者”，“他们的自负导致公司的倒闭或持续平庸”。柯林斯总结道：

当一个领导者让自己成为人们担心的首要问题，而不是让真实情况成为首要问题时，就会埋下平庸或更糟结果的伏笔。这就是不那么有魅力的领导者往往会比更具魅力的领导者产生更好的长期结果的关键原因之一。

领导力和文化

我所遇到的每一位作为深陷泥潭的公司新 CEO 的“第四级领导者”都很喜欢谈论文化改变。他们都是这么说的：

- 这家公司的文化中缺乏纪律，我将建立一种纪律严明的执行文化。
- 这家公司变得像一个豪华度假村，表现不佳的经理竟然可以在这里闲逛。那些人都不会留下，在我的文化中，不努力做好工作就没有你的位置。
- 这是我的新组织结构图，其中每个产品部门都有自己的损益表（自负盈亏），人需自立。
- 这家公司要体现的是我的文化，我正在让它成为我们的文化。（“我”这个字经常出现在他们的宣言中，即使在谈论团队合作时也是如此。）

这些陈述让我怀疑这些 CEO 是否真的理解文化或明白真正的文化变革会带来什么。他们确实成功地打乱了业务，吓坏了原来的高管，让他们要么离开、要么服从，但通过恐惧来管理能否建立一种新文化？组织文化领域的一位泰斗，埃德加·沙因（Edgar Schein）将“文化”定义为“在解决适应外部环境变化和调整内部协调合作的问题时，一个集体学到的共同基本假设的模式……共同学习的产物”。

建立广泛而深入的“集体学到的共同基本假设”需要时间——十年或更长，而不是一个月或一年。每次新的领导者接任时，改变文化通常意味着猛然改变，缺乏深度，也没有培养员工的忠诚度。新的领导者与公司缺少“共同”的部分，而这正是文化定义的关键。空降领导进行激进的文化变革会导致严重的问题：组织永远无法学到东西——它失去了在成功、错误或持久原则的基础上成长的能力，这会影响领导者做出有效变革的能力。用戴明的话来说，丰田努力追求整个组织的“恒定目标”，这就为“一致和积极的领导力以及学习的环境”奠定了基础。

更广泛地说，丰田的长期文化似乎是多种因素影响的融合。日本是一个建立在人们集体工作之上的社会，至少在公开场合，人们彼此之间非常礼貌。相互依赖、帮助他人、共同达成目标，都是日本人生活中需要承担的基本义务。一项研究认为，日本文化的这一方面在很大程度上源自水稻种植。与西方的小麦种植相比，水稻种植需要高度的合作、相互联系和全局思维，而小麦种植则可以独立完成。

主张等级制度、尊重长者的智慧、遵循规矩以及长者有义务积极地培养年轻后辈等都是孔子所宣扬的信条。戴明博士在许多方面对丰田产生了深远的影响，但有一点特别突出：他深信大多数问题都是系统问题，而系统是由管理层所负责的。丰田领导者接受的教导是——团队成员不应该为错误负责，通常是系统中的某些东西“允许”了错误的发生。亨利·福特在《今天与明天》中介绍了 TPS 的许多核心原则。当然，还有来自公司创始人的文化根源。

我开始认为领导力和文化是相辅相成的，甚至是缺一不可的。领导者树立了文化规范和价值观的榜样，并通过他们始终如一的榜样鼓励其他人树立同样根深蒂固的信念。正如父母之间的一致性是抚养孩子健康成长的关键一样，领导者之间以及随着时间的推移而树立的一致性是建立健康的企业文化的关键。

丰田在 1984 年与通用汽车建立合资工厂时就意识到了建立企业文化的困难。对丰田来说，NUMMI 的重点是尝试和学习如何将 TPS 文化带到海外。数年来，许多来自日本的丰田人搬到美国，开始教授美国人，研究正在发生的事情，而且每天晚上与丰田的日本总部通话讨论他们所观察到和学到的东西。这几乎就像一个由人类学家组成的研究所，旨在研究一些新发现的部落。尽管在这种情况下，日本丰田的领导者积极配合，但丰田的长期目标仍然是培养美国丰田的领导者，使他们能够将北美业务作为自给自足的区域实体进行运营，这些实体适应当地情况，但仍然遵循丰田文化的基本原则。

案例：培养丰田肯塔基工厂的第一任美国总裁

当丰田建立 NUMMI 工厂和肯塔基工厂时，它需要一位可以以身作则和教授丰田模式的总裁，起初这意味着总裁是一位日本高管。那时候，有大批日本丰田外派的“协调员”和“培训师”在指导担任高管的美国人。因此在 1999 年，加里·康维斯从 NUMMI 调离并被任命为肯塔基工厂的第一位美国总裁这件事是一个大新闻。选择康维斯担任这个关键的职位执掌丰田在本土之外最大的制造基地，意味着丰田在美国的新时代到来。丰田的管理层花了大约 15 年才将康维斯培养成可以信赖的人，让他能够扛起丰田模式的旗帜，成为一位真正的丰田领导者。然而，尽管经过了这么多年的培养，康维斯并没有直接担任总裁，而是被任命为执行副总裁，希望他通过自己的努力获得晋升。前 6 个月，虽然康维斯准备接任总裁，但是丰田还是保留了日本籍总裁。康维斯去了丰田在北美的所有工厂，在工厂的每个部门工作，并亲自领导改善活动。

即使康维斯成为肯塔基工厂的总裁时，他仍然乐观、充满活力，谦虚地向丰田学习，就好像是一名刚参加入职培训的新员工一样。

> 我一直在学习，而且我认为这个培养过程是无止境的。我现在的主要职责之一是培养其他美国人来走同样的路。他们称之为丰田的DNA、丰田模式和TPS——这些都是同样的意思。

与其他丰田高管一样，康维斯更强调实践经验，而不是出色的理论见解。这也正印证了丰田高管的宣言："我们制造的是汽车，而不是知识分子。"事实上，他们探讨理念时就像他们谈论生产实践一样热切，但驱动丰田模式的理念始终根植于生产实践。即使在丰田工作了18年之后，康维斯仍以日本同事特有的自谦但自豪的方式发言：

> 我之所以能走到今天，是因为反复试验、失败和坚持。这种反复试验是在我的日本导师的指导下进行的。我很自豪能和丰田一起成长。有些人听到18年会说："哎呀，你在汽车行业工作了20年，光是在丰田就工作了18年。你是个大器晚成的人！"但我不认为这项事业有速成宝典。经验是很重要的一方面，但如果你喜欢正在做的事情，那么今天就不是漫长的一天，而是有趣的一天，你会期待明天要做的事情。

丰田培养人才的方法源于师徒制，这种模式长期以来一直是日本的文化特征，并延续至今。当康维斯担任NUMMI工厂总经理时，他看到团队成员很努力地让车身焊接机器人的运转率达到日本工厂的水平。由于库存很少，任何设备出现故障都可能会让整个工厂停摆。曾担任NUMMI总裁的日本籍财务主管伊藤文隆（Fumitaka Ito）表示，每天早上走进工厂时，他都会看到工程师们坐在办公桌前。他建议康维斯让工程师每天到车间去，每次故障超过30分钟都要填写一份故障报告（写在A3纸上）。伊藤文隆要求康维斯他们每周五与工程师会面，审阅报告。

工程师们认真地准备了故障报告，并与康维斯和伊藤文隆碰了面。在接下来的几周里，停机时间有所减少，但伊藤文隆并不高兴。他向康维斯指出，工程师们每周都会提交他们的报告，每周他都必须用红笔将报告里提到的所有问题标记出来。他问道："康维斯先生，你教了这些工程师什么？"终于，灯泡又亮了。康维斯意识到教导工程师如何解决问题是他的责任。在康维斯花了很多时间直接辅导工程师后，焊接车间达到了日本工厂的水平。在这个过程中，康维斯学到了很多关于成为丰田领导者的知识[㊀]。他也学会了用简单的 A3 报告作为辅导的作用。伊藤文隆不是制造方面的专家，但通过 A3 流程，他可以理解工程师的思维方式，并教给他们更科学地解决问题的方法。

亲自到现场去观察，彻底理解现状

丰田喜一郎从他的父亲那里学到了动手和做中学的重要性——他对所有工程师都坚持这点。关于丰田喜一郎的一件事已经成为丰田文化遗产的一部分：

> 一天，丰田喜一郎走在巨大的工厂里时，遇到一名工人挠着头，嘟囔着他的磨床不能运转。丰田喜一郎看了那人一眼，然后挽起袖子，把手伸进油盘里。他抓出两把污泥，把污泥甩在地板上，问道："你怎么能指望在不弄脏手的情况下完成工作？"（从污泥中的金属屑里可以找到关于这个问题的线索。）

我询问过曾在别的公司工作，之后来到丰田的美国籍经理：丰田的领导力有何不同？他们很快就谈到了现地现物。对试图从丰田模式中学习的管理层来说，要求所有工程师和经理每天花半小时观察现场以了解情况，并遵循"领导者的标准化作业"，并不是非常困难。但是，除非他们具备了解和分析当前情况的能力，否则这么做只会收效甚微。现地现物有一个表面版本和一个更深层次的版本，员工需要多年的努力和坚持才能掌握后者。

㊀ 关于这一故事以及其他更多故事，可参见杰弗瑞·莱克和加里·康维斯合著的《丰田模式（领导力篇）》（*The Toyota Way to Lean Leadership*）。本书中文版已由机械工业出版社出版。

丰田模式所要求的是员工和管理人员必须“深入”了解流程、标准化作业等过程，并能够批判性地分析和评估正在发生的事情。数据分析也很有价值，但需要有实际情况作为支撑。

这些年来，大野耐一教过很多学生，第一课总是一样的——站在一个圆圈里看。它被称为“大野圈”。我有幸与箕浦辉幸亲自交谈过，他师从大野耐一学习 TPS，当然也参加了大野圈的训练：

> 箕浦辉幸：大野先生让我们在工厂的地板上画一个圆圈，然后告诉我们：“站在那里，观察过程，自己思考。”他甚至没有给我们任何暗示，告诉我们要注意什么。这就是 TPS 的真正本质。
>
> 莱克：你在圈子里待了多久？
>
> 箕浦辉幸：八小时！
>
> 莱克：八小时？！
>
> 箕浦辉幸：早上，大野先生要求我待在圈子里，直到晚饭时间，然后大野先生来检查，问我看到了什么。当然，我回答了(思考中)。我回答：“这个过程有很多问题……”但是大野先生没有在听，他只是在看。
>
> 莱克：最后发生了什么？
>
> 箕浦辉幸：到了晚饭时间，他又过来找我，但是没有给任何反馈，只是温和地说：“回家去吧。”

当然，很难想象在美国的工厂中进行这样的培训。如果你让年轻的工程师们画一个圆圈，要求他们在那里站上 30 分钟，甚至是一整天，也不解释为什么要这么做，他们多半会感到愤怒。但是，箕浦辉幸明白这是一堂重要的课程，能由 TPS 大师以这种方式进行教导，他应当感到很荣幸。大野耐一到底在教什么呢？这是“现地现物”的第一步，即深度观察。他教导箕浦辉幸“独立思考”自己看到、听到、闻到的一切，也就是说，质疑、分析和评估通过感官获取到的信息。

我从美国 TTC 前总裁山科忠（Tadashi Yamashina）那里学到了很多关于现地现物的知识：

> 这不仅仅是去看看。“发生了什么？你看见什么了？有哪些问题？有什么问题？”在北美的丰田工厂，我们仍然只是去看看（截至 2001 年）。“是的，我去看过了，现在我有感觉了。”但是你真的分析过吗？你真的了解问题所在吗？这一切的根源都在于，我们试图根据事实信息而不是根据理论做出决定。统计数据和数字有助于呈现事实，但事实远不止如此。有时我们会被指责花费了太多时间进行所有分析。有些人会说：“常识会告诉你的。我知道问题是什么。”但是收集数据并分析会告诉你，你的常识是否正确。

山科忠就任总裁时，提出了他的 10 项管理原则（见图 9-1），其中包括与现地现物相关的原则 3 和原则 4。

- 时刻牢记最终的目标：
  - 为实现最终目标详细地计划。
  - 任何会议都要有明确的目的。
- 清楚地分配任务，不仅包括给别人的任务，还包括给自己的。
- 根据经过验证的信息和数据思考和发言：
  - 亲自去确认事实（现地现物）。
  - 你要对自己向他人报告的信息负责。
- 充分利用他人的智慧和经验来发出、收集或讨论信息（现地现物的一种形式）。
- 及时地分享你的信息：
  - 时刻考虑谁会从接收信息中获益。
- 及时报告、联络和相谈。[Hou-Ren-Sou，其实是报告（Houkoku）、联络（Renroku）、相谈（Soudan）三个词的结合。]
- 用可衡量的方式分析和理解你能力的短板是什么：
  - 厘清你未来需要培养的能力和补充的知识。
- 艰苦卓绝地努力去实施改善。
- 跳出思维定式，或者超越常识思维去思考。
- 时刻注意保护你自己的安全和健康。

图 9-1　山科忠的 10 项管理原则

丰田模式在美国落地生根的过程中，有许多伟大的现地现物故事。当丰田在1997年推出第一款凯美瑞时，人们发现这款车的线束有问题。日本丰田的零部件供应商矢崎公司是线束的供应商。接下来发生的事情在大多数公司中并不多见。矢崎公司的质量工程师打电话给丰田，解释了矢崎公司正在采取的纠正措施。矢崎公司派了一名工程师到凯美瑞的生产工厂。但随后，矢崎公司总裁亲自前往位于乔治城的凯美瑞的生产工厂，观察工人们是如何将线束组装到车上的。

TTC副总裁吉姆·格里菲斯（Jim Griffith）跟我讲了一个相反的故事。美国的一个零件供应商出现了与线束问题类似的情况。这家公司负责丰田业务的部门副总裁也来到了TTC，讨论他正在做什么来解决问题。他显得很让人宽心，解释说："我对此深感抱歉。不用担心，我个人已经关注这个问题了。我们肯定会解决这个问题。我们不找任何借口。"当吉姆问他问题是什么以及他的计划是什么时，他回答说："哦，我还不知道，我还没有了解到细节。不过别担心，我们将深入了解并解决问题。我保证。"吉姆·格里菲斯讲述这个故事时看起来很生气：

> 我应该对此感到高兴吗？这种完全没有准备就来开会的情况在丰田是不可接受的。如果他自己都没有亲自去看看问题出在哪里，他怎么能向我们保证呢？……所以我们请他回去亲自观察，等他真正明白问题所在并找到对策后再回来。

到现场去观察（Go and See）也适用于办公室。当会计师格伦·尤名格尔（Glenn Uminger）受命为丰田肯塔基工厂搭建第一个管理会计系统时，他决定首先需要去车间了解实际运作方式，这意味着了解TPS。他在日本和美国的丰田工厂待了六个月，从做中学——实际上是在制造车间工作。对尤名格尔来说，很明显，他不需要搭建像他在前公司建立的那种复杂的会计系统。他解释说：

> 如果说我在之前工作时为零部件供应商搭建的系统的复杂度为10，那么我在丰田搭建的系统的复杂度为3。它更简单，也更高效。

丰田的系统更简单，因为尤名格尔花了足够的时间去了解制造系统，了解他作为服务供应商所服务的客户。他需要搭建一个会计系统，以支持丰田建立的制造系统的实际需求。通过现地现物和实践改善，他深入了解了正在运行的 TPS。他了解到，丰田的系统是基于拉动的，而且库存很少，因此他以前的公司使用的复杂的计算机库存跟踪系统是不必要的，并且可以大大简化艰巨而昂贵的实物盘点工作。丰田会成立一个专门的工作小组来主导每年两次的实物盘点工作。工作小组会在盘点前准备好标签，班长在班次结束前，提前 10 分钟进行盘点，并将数字写在标签上。会计人员收集标签并将信息输入计算机。当天晚上，库存盘点就完成了。团队每年只用做两次，每次只用花几个小时，这项工作就大功告成了！

报·联·相：每日报告、联络和相谈

山科忠的管理原则（见图 9-1）中有一个是及时报告、联络和相谈（“报·联·相”）。由于丰田领导者深谙深入参与、通过提问和提供有针对性的建议来培训和培养下属的重要性，因此他们努力寻找有效的方法来收集信息并提供反馈和建议。这里没有灵丹妙药，但有一种重要的方法，即教会下属进行有效的沟通，并对白天发生的重要事件进行简要的日常报告。有条件的情况下，管理层还需要到现场去。

例如，作为 TTC 总裁的山科忠负责五个部分：密歇根州安娜堡的主要技术中心、密歇根州普利茅斯的原型制作中心、亚利桑那州的试验场、加利福尼亚州的技术中心以及驻扎在丰田制造工厂的产品工程师。山科忠每月会安排一次与 TTC 所有部门的会议，所有级别的员工都需参会。他还会亲自前往各个工作地点，在相对偏远的地方召开会议。虽然按照西方公司的标准，山科忠已经对现状了如指掌。但他并没有止步不前，他还坚持让每位副总裁和总经理每天给他一份日常报告，一点点更新，而不是等到月底一次性报告。这让山科忠能够在公司的各个部门分享他当天获得的实时信息。他可能会建议：“也许你应该在试验场和弗雷德谈谈这件事。”虽然丰田不是世界上信息化程度最高的公司，但它正在学习如何有效地使用电子邮件来支持“报・联・相”。山科忠讲述了这个故事：

一位年轻的工程师通过电子邮件解释了他的测试及目的，并询问其他人是否有类似测试的经验。突然，一位非常有经验的工程师回复了邮件：“我在类似的情况下尝试过，但那个测试没有成功。”他对这位年轻的工程师的建议是寻找另一种测试方法，或者停止测试。如果没有系统来共享信息，那位年轻的工程师可能会浪费大量时间和精力来测试。我坚持让那些向我汇报的人每天给我一份日常报告，所以我每天会收到60～70封来自副总裁和总经理的电子邮件。我坚持要求他们在电子邮件中写明要点：你正在做的关键事情是什么？这封电子邮件必须以读者的角度来写。这会激发思考和信息的共享。这是丰田学习方式的一部分。

美国经理人对“报・联・相”的第一反应是，这是一种微观管理方式，因此他们很自然地会抵制它，直到他们开始在丰田实践并体会到其好处。我采访过的几位经理人说，随着时间的推移，它已经成为他们管理技能的重要组成部分，他们无法想象如果没有这个技能还能怎么当领导者。

管理的第一性原理：客户至上

神谷正太郎（Shotaro Kamiya）之于丰田汽车销售公司就像大野耐一之于TPS，可以说他的领导力奠定了丰田的销售理念。像大多数丰田领导者一样，神谷正太郎可以说是一个白手起家的人。1935年，在丰田成立之初，他离开三井贸易公司（丰田的亲密合作伙伴），加入了丰田。神谷正太郎在日本建立了丰田经销商网络，并负责丰田在美国的销售扩张。最后，他成为丰田名誉董事长。神谷正太郎的一句名言反映了他在整个职业生涯中所宣扬和一直坚守的“客户至上”理念：

从汽车销售中获得利益的优先顺序应该首先是客户，其次是

> 经销商，最后是制造商。这种态度是赢得客户和经销商信任并最终为制造商带来增长的最佳途径。

在美国，通常是利用汽车展厅来促进销售。不同的是，日本的传统销售方式是上门销售。在日本，汽车公司拥有大量的客户数据，并且知道应该何时上门。例如，当年轻女孩美香马上就要到可以开车的年龄时，销售人员会联系她，为她配备符合她需求的丰田汽车。这份关心在客户和公司之间建立了纽带。如果客户需要汽车维修，他们很可能会打电话给销售人员寻求帮助，而不是与一个没有人情味的维修部门打交道。这支持了丰田的目标：拥有终身客户……甚至他们的子孙后代。

丰田使用这种上门销售的方法，来教导新员工观察和理解客户，后来让员工去经销商处学习也是出于同样的目的。我向丰田汽车北美公司前总裁兼 CEO 田中俊明（Toshiaki Taguchi）请教了此事，他回忆起早期销售的经历：

> 我作为新员工得到的第一个任务……我不得不在丰田汽车销售公司的各个运营部门轮转，我们三个人被送到经销商那里，看看工厂员工在经销商那里待几个月能不能学到什么。所以我在名古屋的经销商那里待了大约五个月，我带着小册子挨家挨户走访，在那段时间里总共卖出了一共九辆新车和二手车。但重点是了解客户，我认为丰田正试图让新员工有机会去亲身了解实际情况。直到今天，新员工仍然要经过这样的洗礼——去经销商处学习一两个月。

这种经验也适用于丰田工程师。作为新员工培训的一部分，新员工必须出去卖车，去源头查看和了解客户到底想要什么。领导者仅仅通过研究营销数据或聆听市场报告来获得对客户的抽象印象是不够的。挨家挨户销售可以深入了解客户需求，让他们对丰田汽车留下印象。除此之外，还可以通过丰田的总工程师系统来深入了解客户需求。

总工程师就像一家创业公司的 CEO，他负责整车的研发计划，他的首要职责是深入了解客户并确定对车型的愿景。

2004年时赛那是关键车型，因为它使丰田从小型厢式车的追随者转变为领导者之一。研发赛那的总工程师是横屋雄司（Yuji Yokoya）。该车型的主要目标市场是美国和加拿大，在墨西哥也有销售。横屋雄司曾参与日本和欧洲项目，但从未参与过面对北美市场的车型研发。他觉得自己并没有真正了解北美市场，其他经理可能已经了解了市场和销售数据，但这在丰田远远不够。他去找他的领导，要求去北美一趟。他说："我想开车走过美国的50个州、加拿大的13个省和地区以及墨西哥的所有地区。"

安迪·隆德（Andy Lund）是TTC的一名美国项目经理，被派往北美协助横屋雄司。他有机会和横屋雄司一起在加拿大自驾。他对横屋雄司如此深入地观察和学习当地情况感到惊讶，并举例说明了横屋雄司甚至决心去加拿大努拉瓦特一个名叫兰金湾的小镇：

> 他到达了机场，试图租一辆车，但是那是一个很小的机场，整个小镇都没有租车公司。于是横屋雄司先生叫了辆出租车，那是一辆小型厢式出租车。他努力与出租车司机商量，但司机的英语说得不够好，横屋雄司先生听不懂，于是司机的儿子出来帮忙翻译。最后出租车司机同意了横屋雄司先生的租车要求，允许横屋雄司先生自己开车。但是小镇确实太小了，横屋雄司先生在几分钟内就开着出租车穿过了小镇唯一的道路，完成了自驾。

横屋雄司实现了他在美国每个州（包括阿拉斯加和夏威夷）以及加拿大和墨西哥的每个地区自驾的目标。他通常都能够租到一辆丰田赛那，驾驶它走过这些地方，寻找改进它的方法。最后，他进行了许多对生活在日本的日本工程师来说毫无意义的设计更改，例如：

- 加拿大的道路有比美国更高的路拱（中间隆起，高于两侧），这可能是因为加拿大的降雪量很大。驾车穿越加拿大时，他了解到控制小型厢式车的"漂移"非常重要。
- 在密西西比河上的一座桥上行驶时，一阵风过来，车子在摇晃，他意识到侧风的稳定性非常重要。
- 在圣达菲狭窄的街道上行驶时，他发现赛那很难转弯。因此尽管车辆尺寸更大，但他还是选择缩小转弯半径。

- 他通过自驾赛那旅行，体验了实际的生活，了解到杯架的价值。在日本，驾驶的距离通常较短。如果驾驶出行时买一罐果汁，更常见的是在车外喝。在美国，在长途驾驶中，喝两杯咖啡或两瓶水是很常见的。因此每人确实需要2个杯架，如果一个人想要一杯咖啡加两瓶水，甚至需要3个。他为赛那设计了14个杯架，以及许多有助于长途旅行的隔层和储物空间。
- 横屋雄司还注意到美国人习惯于在车内用餐，而不是停下车找一个合适的地方吃饭。在日本，在车上吃饭的情况很罕见，部分原因是日本道路更窄，交通繁忙，人们需要集中精力关注路况，定期停下来放松休息。为了让赛那贴合北美市场需求，车里需要设计一个地方放汉堡包和薯条，横屋雄司根据这个需求设计了一个驾驶员可以直接够到的可翻转托盘。

从有趣的理念到一致的日常行为

想要了解一家公司如何评估领导者的价值，可以去看看绩效评估系统。通常来说，对于经理和高管，薪酬一般都与绩效指标挂钩。他们签署了哪些业务目标，有没有达成既定的目标？他们是如何做到的并不重要。在丰田，超过一半的正式绩效评估是基于一套明确规定的“通用”能力，因此随着人员轮换和晋升，领导行为具有高度一致性——这就维持了一致的文化。丰田所说的“通用”能力是指适用于公司任何部门的领导角色的能力。绩效评估的另一半则关注关键绩效指标的达成情况，但也要关注目标是如何实现的——换句话说，领导者的做法是否符合核心价值观？能力评估与年度绩效增长挂钩，而达成情况则与奖金挂钩。

丰田的退休员工格伦·尤名格尔在公司任职超过27年，担任过许多不同的领导角色，包括负责TPS、生产控制和北美物流的高管职位。在这段时间里，丰田确定了10项核心能力，这些核心能力是所有管理层的正式绩效评估系统的基础，也是丰田高管全球评估流程（GAP）的一部分（见表 9-1）。尤名格尔向我解释道：

> 每个人都必须在人力资源培养系统中构建一个培养计划。每个人都必须与他们的经理达成一致，从 10 项核心能力中选择 3 项作为培养重点。培养计划还包括某些提供培养机会的活动，主要是在职活动。这些活动的范围很广，但都在每个人的工作涉及的流程内。每个人全方位的能力都会得到评估，但其中 3 项会得到经理更多的参与和指导。

表 9-1 丰田管理层的核心能力（用于绩效评估、人才培养和晋升）

1. 准确地掌握现状：深入挖掘，到现场去观察和倾听，用事实和数据说话
2. 开放和创新的思维：如何超越现状来观察和引领
3. 开发和带领改善活动：关注中长期的目标
4. 做出合适的决策：详细考虑业务现状
5. 坚持不懈地努力实践
6. 根据优先级分配和调整资源
7. 建立和改善业务框架和系统
8. 一致而合理的工作安排及绩效评估
9. 全面和公平的人才培养
10. 实现个人愿景，并和公司价值观保持一致

资料来源：丰田肯塔基工厂，1995。

一个显而易见的问题是，如何准确地衡量 10 项核心能力中的每一项？每项核心能力都有对应的指标来描述在不同管理层下“满足要求”和“超越要求”的含义。当然，级别越高，要求越广泛、越复杂。在正式评估中，领导者会要求被评估者写出一个代表日常实践的具体情境示例，通过这个示例来展现他是如何运用每项核心能力的。为了避免过于主观，领导者会从比被评估者的级别低的管理层中收集反馈。尽管如此，对进行评估的领导者来说，重要的是亲自到现场观察，在现场辅导下属并了解其优劣势。像“报・联・相”这样的方法是一个持续的过程，是领导者持续了解和及时指导下属的重要手段。

丰田领导者具有许多优秀领导者共有的基本特征。例如，在 10 项核心能力中，有些是任何领域的领导者都有的："开发和带领改善活动：关注中长期的目标""做出合适的决策：详细考虑业务现状""根据优先级分配和调整资源"以及"一致而合理的工作安排及绩效评估"。这些是任何组织都希望其领导者承担的基本管理职责。但丰田在强调教学、辅导及不断培养自己和他人方面超越了大多数组织——这是丰田核心价值观的标志。丰田是一个学习型组织，而且学习的理念是通过领导者传播的。学习的出发点是"准确地掌握现状：深入挖掘，到现场去观察和倾听，用事实和数据说话"，这是科学思维的基础，是朝着任何目标一步步前进的基础，也是一步步培养人的方法。

尤名格尔还根据自己的经验确定了几种日常领导行为，以下四种对辅导和培养人才至关重要：

- 提出具有挑战性和智慧的问题。
- 不断挑战以实现持续改善。
- 辅导和支持员工，给他们失败的空间。
- 设定具有挑战性的目标，让负责的人决定实现的方法。

这四种行为就像直接从大野耐一培养人才的剧本中照抄的——这就是大野耐一所做的。他提出问题，甚至很少暗示答案。他不断地设定具有挑战性的目标，让他的学生去思考、思考、思考和改善、改善、改善。"尝试做一些事情，现在就去做。"只要他的学生尝试了很多事情并从失败中吸取教训，失败就是没有问题的。他提出的挑战是巨大的，但他的学生需要思考如何突破这些挑战。大野耐一的学生张富士夫向我描述了这个悖论，他激动到眼中带有泪花：

> 当大野耐一先生看到错误时，他会非常挑剔，有些人可能很难接受。通常我们会工作到晚上来解决问题。但在一天就要结束时，甚至是在晚上 7 点，他也会把我们聚集在一起，解释为什么他那天很挑剔。每个人，甚至是初级工人，都很感激他试图教他们这件事。他对培养每个人的潜力很感兴趣。

培养丰田领导者

丰田领导者的根源可以追溯到丰田家族，他们发明了丰田模式。如果我们看看丰田历史上所有伟大的领导者，我们就会发现他们有几个共同的特征：

- 丰田的长期目标是对社会增值做出贡献。
- 坚持与丰田模式的核心原则保持一致，身体力行，并为所有人树立行为榜样，让所有人都能看到。
- 到现场去——到真正完成增值工作的地方去。卷起袖子亲自上场，在组织中以身作则。
- 将问题视为培训和辅导员工的机会。

在丰田经常听到的一句俗语是："在我们造车之前，先造人。"丰田领导者的目标是培养人才，使他们成为精兵强将，能够在组织的各个层面上思考和遵循丰田模式。一家公司如果能够培养自己的领导者，并将领导者最终定义为"建立学习型组织"的角色，那么它就在为真正长期的成功奠定基础。在下一章中，我们将详细了解日常领导行为是如何在主管和班组长层面形成的。

关键点

- 丰田有从内部培养伟大领导者的传统，他们都坚信并且践行丰田模式的价值观。
- 核心价值观可以追溯到公司创始人丰田佐吉和丰田喜一郎，并在张富士夫的带领下，最终在《丰田模式 2001》中确定。
- 吉姆·柯林斯研究了 11 家"伟大的公司"，发现所有这 11 家公司都拥有"第五级领导者"。这些领导者同时拥有谦逊的品格和强烈的职业意志，并且许多特征与丰田领导者相同。
- 领导力和文化是相辅相成的——各级领导者通过他们的行为和指导在组织中广泛

而深入地传播文化。

- 丰田的悠久文化受到了很多影响，包括一些独特的日本文化，但是它已在开展业务的其他国家成功地传播了这种文化。
- 文化是通过师徒制在组织内传播的，从总裁到车间班长的每一位领导者都与员工一起在现场，抓住机会向员工提出挑战并给予其反馈。
- 现地现物——去了解和学习——是教授和传播文化的最重要的核心价值观之一。
- 丰田的所有部门都强调客户至上，包括新工程师，他们来到丰田的第一年就花时间在经销商处销售汽车。
- 为了在全球范围内实现行为的一致性，丰田使用强大的绩效评估系统，强调体现在行为中的“通用能力”。只是获得结果不足以获得正面评价，还必须学习并展示这些能力。

参考文献

1. Jim Collins, *Good to Great* (New York: HarperBusiness, 2001).
2. Jim Collins, “Level 5 Leadership: The Triumph of Humility and Fierce Resolve,” *Harvard Business Review*, January 2001.
3. Edgar Schein, *Organizational Culture and Leadership*, 4th ed. (San Francisco: Jossey-Bass, 2010).
4. T. Talhelm, X. Zhang, S. Oishi, et al., “Large-Scale Psychological Differences Within China Explained by Rice Versus Wheat Agriculture,” *Science*, 2014, vol. 344, no. 6184, pp. 603–608.
5. Henry Ford, *Today and Tomorrow: Special Edition of Ford's 1929 Classic* (Boca Raton, FL: CRC Press, Taylor & Francis Group, 2003).
6. *Toyota Way 2001*, Toyota Motor Corporation.

第10章 | The Toyota Way

原则10：培养那些深谙公司理念的杰出员工和团队

尊重员工与不断挑战员工让其做得更好，这两者相互冲突吗？尊重员工指的是尊重他们的想法和能力，不希望员工浪费时间。美国人认为团队合作就是你喜欢我、我喜欢你。其实，相互尊重与信任指的是相信彼此会做好自己的工作，使整个公司获得成功，并非彼此互相喜欢对方。

——山姆·赫特曼（Sam Heltman）[1]，
丰田汽车北美制造公司前高级行政副总裁

仆人式领导支持做增值工作的员工

不管公司怎么发展，大多数公司的组织架构图最终都是金字塔形。位于高层的人员数量相对较少，中层多一些，而大多数人都在底层。薪酬从某个高层级开始，随着层级的下降而下降，而且通常会下降很多。

如果把丰田的组织架构图画在纸上，它就像一个倒金字塔。担任领

[1] 丰田肯塔基工厂首批雇用的五名美国人之一。

导角色的人仍然得到更多的报酬，但他们在底层和中层，而做增值工作的人在顶层。这种模式有时被称为“仆人式领导”，它由罗伯特·格林利夫（Robert Greenleaf）提出，他告诫领导者要帮助那些被服务的人成长，从而“变得更健康、更聪明、更自由、更自主，也更有可能成为仆人”。

丰田有一种常识性的观念，即只有工人在做增值工作，因此工人处于顶层，所以丰田在发展早期就很自然地采用了“仆人式领导”模式。丰田称工人为团队成员，经理在谈到团队成员对产品建设的贡献和对持续改善的贡献时几乎带着敬畏。在前言中，我们可以看到一位 NUMMI 前高管将每个团队成员称为工业工程师。

为什么我们会认为做短周期、重复性体力工作的工人在驱动持续改善？毕竟，他们所接受的正规教育通常不如管理层，他们可能没有管理层那么能言善辩或博学多识，他们的工资也较低，而且他们只管理工厂中非常有限的一部分。丰田的回答是，真正重要的是要在现场进行改善，而团队成员就是在现场的人员，他们亲身经历流程，天天和设备打交道。丰田需要团队成员观察、思考和试验。

因为丰田对员工的期望很高，所以它有细致的员工选择过程，但就像许多事情一样，丰田有独特的选择标准。通常情况下，被录用的人并不具备他们将所从事的工作相关的经验和技能。丰田很少录用经验丰富的电工、机械师、焊工或油漆工。相反，员工被录用是因为他们具有学习这些技能的潜力。虽然拥有相关工作经验和技能很有帮助，但团队合作的能力，尤其是学会批判性思考和解决问题的能力，才是更重要的。丰田相信，它可以把这些人培养得出类拔萃。

卡罗尔·德韦克（Carol Dweck）将其称为成长型思维。成长型思维的假设是，一个人即使在成年以后，也可以终身学习和成长。拥有成长型思维的人，就算一开始会遭遇失败，他们也愿意尝试新事物。他们积极地把建设性反馈视为学习的机会。这完美地体现了丰田的人力资源理念——录用那些有优良潜质的人，然后通过设置挑战并提供指导来培养他们。

我读过一篇关于斯堪的纳维亚教育系统如何教育“完整的人”的文章。这篇文章的观点很有趣，认为这是斯堪的纳维亚人在经济和社会文明上取得成功的一个原因：

> 他们对教育的理解和我们不一样。他们用德语单词“bildung”来描述自己的方法，这甚至在英语中都找不到相对应的词。它意味着人的道德、情感、智力和公民性的完全转变。它所基于的理念是，如果人们生活在新兴的工业社会并为之做出自己的贡献，就需要更复杂的内心生活。它的目的是帮助人们理解复杂的系统、了解事物之间的关系——个体和社会之间的关系、家庭和城镇之间的关系。

我很快将其与丰田如何建立一种尊重员工和持续改善的文化联系起来——丰田如何将普通员工培养成卓越人才。丰田广泛地研究环境，设置巨大的挑战，并通过一致的目标整合组织的力量，它似乎可以实现任何事情。在丰田，仆人式领导者每天、每时、每刻都在培养员工，而这些仆人式领导者也在他们的上级仆人式领导者的培养下不断成长，这就是丰田的教育。这些都发生在现场，而且有时并不容易。它公平、尊重员工，它培养“完整的人”。

团队成员和团队的力量

如果和丰田员工谈论 TPS，你一定会被告知团队合作的重要性。所有的系统和方式都是为了支持团队做增值工作而存在的。但是团队不做增值工作，个人才做。团队可以协调工作，互相激励，互相学习；团队可以激发灵感，甚至通过同伴压力产生影响。然而，在大多数情况下，个人去做生产产品或推进项目等具体的事情会更有效率。

个人表现优秀是团队脱颖而出的必要条件，这就是为什么丰田花费巨大的努力来寻找和筛选潜在员工。在丰田的文化中，员工想要茁壮成长，必须具有巨大的潜力。但丰田不会让新员工孤军奋战，他们会很细致深入地培养新员工。

丰田认为，如果将团队协作作为公司的基础，并且培养出优秀的领导者，那么个人就会全心全意地为团队做出贡献，使公司获得成功。正如你将会读到的，丰田模式不是向员工提供丰厚的福利（不管他们实际是否值得如此待遇），而是同时设置挑战和尊重团队成员。

颠倒的组织架构图

在传统的汽车工厂中，白领或熟练的维修人员负责问题解决、质量保证、设备维护和生产率提升。相比之下，在 TPS 中，现场团队是日常问题解决的主角（见图 10-1）。

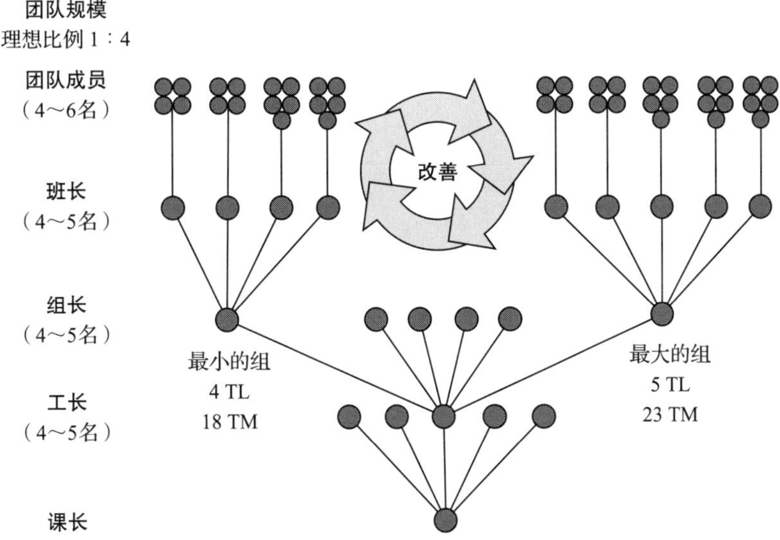

图 10-1　典型的丰田装配作业部门的组织架构

注：其中 TM 指团队成员，TL 指班长。

资料来源：比尔·科斯坦蒂诺，丰田肯塔基工厂前组长。

如前所述，团队成员位于组织架构的顶层，组织架构的其他层级为他们提供支持。下一层级是班长，班长是小时工，精通一线工作，积极学习并解决问题，接受了细致的培训和培养。丰田在大多数国家的工厂中，班长还是小时工，但每小时的工资会有小幅加薪。班长不负责绩效评估或纪律处分，而是支持和培养团队成员。组长是一线主管，也是最低的管理层，负责领导和协调生产小组中的多个团队。

生产小组这个层级的改善活动数量最大，不过单个改善活动可能不会产生大的影响。通常工程师和经理们负责的单个项目才会产生大的影响，比如引入新技术或改变物料流的架构。一旦进行了这类大的改变，系统通常会出现许多烦人的问题，而生产小组要负责完善所有生产的细节。可以说，生产小组决定了结果的好坏。

图 10-2 总结了团队成员、班长和组长的角色和职责（请注意，比尔是丰田肯塔基工厂的第一批组长之一）。值得注意的是，责任从团队成员转移

团队成员
- 根据现有标准工作
- 维持自己工作区域的5S
- 实施常规、简单的维护
- 发现持续改善的机会
- 支持问题解决的小型团队活动

班长
- 即时响应安灯
- 启动和监控流程
- 完成生产任务
- 为确认质量进行巡检
- 应对旷工和缺勤
- 培养、交叉培训、辅导团队成员
- 处理快速维修工单
- 检查团队成员标准化作业情况并进行辅导
- 促进和协调小组活动
- 落实进行中的持续改善项目
- 确保生产流程的零件和物料得到供应

组长
- 排班
- 制订月度生产计划
- 行政职责：政策、出勤、纠正措施
- 方针规划
- 指导班长
- 鼓舞团队士气
- 确认质量巡检和班长的巡检结果
- 协调不同的班次
- 流程试运行（运行中的改动）
- 培养和交叉培训团队成员
- 跟踪、汇报每日生产结果
- 降本增效
- 流程优化项目：生产效率、质量、人体工程学等
- 协调重大维护
- 协调来自外部团队的支持
- 协调上下游流程的工作
- 保证团队安全
- 应对班长的缺勤
- 协调重大改善活动

图 10-2 丰田生产小组中各类人员的角色和职责

资料来源：比尔·科斯坦蒂诺，丰田肯塔基工厂前组长。

到组长。团队成员按标准执行工作，负责发现问题并协助解决问题。班长承担了许多传统上由经理承担的责任，尽管他们不是正式的经理，也没有正式的权力。他们的主要作用是确保生产线平稳运行，生产出高质量的零件，并在出现偏差时解决问题（即时响应安灯）。组长做了很多本来由人力资源、工程和质量等专业支持部门来处理的事情。他们具备人力资源职能，如绩效评估、考勤、培训、安全和纪律，甚至负责更多其他职能。重大的流程改善过程中不能没有他们，甚至在引进新产品和新工艺的改善中他们都是不可或缺的。他们定期教授短期课程。如果有需要的话，他们也能进入一线完成工作。在丰田，不存在不会动手的领导者。

四比一：工作团队和不可思议的班长的角色

对一家以精益闻名的公司来说，这个组织架构的层级似乎太多了。毕竟，许多西方公司通过减少管理层级来“精益”它们的组织架构，这必然导致每个一线主管都有非常大的管理范围，可能有 30 ～ 50 个直接下属。这种大范围的管理需要“授权”员工根据自己的判断去做正确的事情，而管理者只需要处理特殊情况和员工纪律问题。

正如上一章所讨论的，丰田对于领导者这个角色的看法是完全不同的。丰田的领导者负责的不是管理纪律和应对问题，而是计划、以身作则和指导。持续改善至关重要，单个团队成员可能不会参与持续改善，他需要得到指导，而一个人无法有效地指导几十个人。丰田的理想比例是四比一，即每个班长指导四个团队成员，每个组长指导四个班长，当然在现实中工作小组的规模是有差异的。

丰田的班长比团队成员承担更多的任务（见图 10-2）。开班生产的首要前提是确保生产线上有足够的人力资源，所以如果有人缺席，班长就会充当团队成员。一旦开班生产，班长的首要任务就是即时响应安灯。正如第 6 章中所讨论的，班长只有几秒来响应，否则生产工段将停止生产。班长随后将根据安灯信号的记录来解决问题。

我之所以称班长的角色“不可思议”，是因为当我教授丰田模式时，大多数人意识到这个角色很重要，但担心它会增加昂贵的非直接劳动力成本。一个常见的问题是："丰田的班长在生产线上有全职工作吗？"因为他们想知道是否需要为班长支付额外的管理费用。答案既是否定的，也是肯定的。

答案是否定的，因为如果班长在生产线上工作，他们就不可能履行所有的岗位职责。例如，他们不能停止工作去另一道工序上响应安灯，因为这会导致停线。他们也无法完成所有生产线以外的任务，当然也不能去解决问题。

同时，答案也是肯定的。丰田的标准是在生产线的所有岗位上要安排足够的团队成员，一半的班长负责生产线上的生产工作，另一半则负责生产线外的工作，他们会轮换（尽管班长在生产线上工作的时间通常比预期的要多）。因此，丰田用 1 名班长的价格获得了 2 名班长，例如，通常情况下，一个工作小组的 4 名班长中，2 名上线生产、2 名离开生产线。

对那些在严格控制直接劳动力和非直接劳动力目标比例的公司里的持续改善领导者来说，这仍然是不现实的。一旦从直接劳动力中抽调一个工人，让他变成班长，这个人就会成为非直接劳动力，然后成为被淘汰的目标。问题不在于比例，而在于简单地将班长的角色视为人头预算。丰田也有严格的人头预算，但不区分团队成员和班长的人头数。丰田工厂经理不会质疑这个职位或考虑取消它。有些人认为班长是工厂中对单个生产工艺和质量的持续改善来说最关键的角色。在本章的后面，我们将看到美国办公家具公司赫曼米勒（Herman Miller）是如何解决这个问题的。

组长：最具挑战性的角色

组长的职责范围更广。他们是最低的管理层，类似于一线主管，但组长的职责远不止于此。在英国工厂，人们喜欢称组长为某块业务的总经理。

如图 10-2 所示，组长有很多职责，从为团队计划日常工作，到协调新设计车辆的投产，再到通过方针管理流程制订和实施年度改善计划（原则

13）。在许多公司中，工程师把工厂视为他们的领地。他们制订计划并按照自己的想法实施。一线主管需要在一定程度上知晓并参与，比如与一线员工沟通，但随后他们会让开，让工程师去做他们的工作。丰田的情况并非如此。工厂是组长的领地，任何想在生产线上工作的人都需要把组长当成客户。毕竟，组长必须让新系统发挥作用，并改善它。

每个工作小组在负责的生产线旁边都有自己的会议区，组长的办公桌就在这个会议区。这个“开放式办公室”有储物柜、微波炉和大桌子，班长看板和一些组长看板都在这里。这是每天换班前开每日例会的地方，也是休息、吃午餐和很多非正式交流的地方。

日本小学生不但在团队中做事，而且以团队为单位做事

就组建小型工作团队来说，丰田在日本有一个优势，因为日本的孩子从小学开始就接受这样的教育。我以前的学生珍妮弗·奥尔夫（Jennifer Orf），她在美国的学期期间在美国上学，然后在美国的暑假期间去日本上学，因为美国的暑假期间日本的学校还在上课。她写下了自己的经历，描述了日本小学生如何认同他们的班级，以及认同四到六名学生组成的小团体（称为“Han”）：

> 在日本，学生学习的是如何作为一个团队做事，这有别于仅仅在团队中做事。这意味着孩子们不但知道他们作为一个团队能取得的成就要比单独一个人所能取得的成就要多，而且对这个团队有一种集体认同感，并且知道他们作为团队一员的特殊责任，比如要倾听团队中其他成员的意见并分派工作。

小团体中的学生通过完成分配给他们这个小团体的各种项目来学习，比如科学项目等。标准化作业、可视化管理等工具在这些学生的日常生活中很常见。珍妮弗描述了午餐时间学生们把教室变成餐厅的样子：

> 根据我的经验，每个小团体都期待着为大家分发午餐，而站

在“自助餐柜台”后的人戴着厨师帽子，常常是满面笑容的。这种由学生自我管理的工作甚至是一年级学生每天都要做的，它之所以能够实现，是因为这个过程已经标准化。图表列出了分发午餐中的各岗位职责，这样学生就可以按照步骤履行。

在丰田仓库里培养团队：这不只是一个一分钟的提议

丰田在加利福尼亚州建立了旗下第一个北美零部件配送中心，并且雇用了许多没有经验的人，指派一些人担任班长和组长的角色。但事情并没有预期得那样顺利，许多年后，公司仍在努力培养这些领导者，培养团队精神。因此，当丰田在肯塔基州希伯伦开设第二家北美零部件配送中心时，它决定从一开始就组建团队。2002 年，新项目的发起人肯·埃利奥特（Ken Elliott）向我解释道：

> 我们不是建造仓库，我们是建立一种文化。这就是我们一直成功的原因。我们只有一次机会去培养正确的文化。

他的意思是，他不想像在加利福尼亚州时那样，多年后仍在试图修正企业文化，而是一次就把事情做好。

我参观希伯伦的零件配送中心时，经常听到人们提到“情境型领导”，这个词来自肯·布兰佳（Ken Blanchard）的著作《一分钟经理人》（*The One-Minute Manager*）一书。布兰佳描述了团队发展的四个阶段（括号中是另一个著名模型中采用的描述）以及领导者在每个阶段中的角色。

- **阶段 1：定位（组建）**。团队需要领导者提供强有力的任务指导，团队需要理解基本任务、合作规则和成员要使用的工具。
- **阶段 2：不满（激荡）**。团队开始工作，这不像谈论成功的伟大愿景那样有趣，成员们发现作为一个团队工作比他们想象得更困难。在这个阶段，他们仍然需要领导者提供强有力的任务指导，但也需要社会支持，以应对他们不了解的社会动态。

- **阶段 3：整合（规范）**。团队开始对各个团队成员的角色有更清晰的认识，并开始对团队流程施加控制。领导者不需要提供太多的任务指导，但是团队仍然需要社会支持。
- **阶段 4：成果（执行）**。团队作为一个整体高效运转，很少需要领导者提供任务指导和社会支持。

布兰佳描述的是一个委员会或任务小组，其发展过程需要几周。将情境型领导的概念与 TPS 先进的工作流程相结合，就会产生一种新东西，但是它需要的时间远不止一分钟。丰田决定一开始就不设置班长的角色。组长接受 TPS 培训，并直接指导处于阶段 1 的团队成员。随着团队在阶段 2 和阶段 3 发展成熟，就能发现有领导潜力的成员，与此同时，团队成员也能成熟运用 TPS 了。几年后（不是几周），组长们终于觉得团队成员们已经成熟，可以安排一些成员担任班长的角色，使团队朝着更加自主的方向发展。即便如此，不同团队的成长速度也不同，所以需要在几年内分多次设置班长。丰田在希伯伦的零件配送中心对人才和团队培养的投资远远超出了我之前所见过的任何公司。正如我们在通用汽车看到的那样，班长往往没有经验，只是被赋予了一个称号，就好像在组织架构图上设置一个职位头衔就能获得领导者似的。

重振丰田英国的现场管理培训体系

丰田制造英国公司（TMUK）在伯纳斯顿设立的工厂是 1992 年丰田在欧洲成立的第一家工厂。它是一个成熟的组织，尽管早期进行了大量组织建设和人才发展投资，但仍在工作团队领导力上遇到了困难。就在我撰写本书的时候，这家工厂正在制造 2020 款卡罗拉（包括混合动力版和燃油版）。TMUK 成立之初，许多日本高管、经理和工程师来到这里，对新员工进行基本的汽车生产技能和 TPS 培训。几年后，日本员工去了其他地方，而由于丰田的知名度，其他公司热衷于挖走 TMUK 的英国员工。这给 TMUK 带来了挑战，因为它失去了许多组长和经理，不得不想办法找人替代。数年后，当金融危机给工厂造成损失，工厂销售额下降时，两条生产线中的一条被关闭了，许多员工拿着解散协议离开了工厂。

整个工厂的表现开始发生变化，变得不符合丰田的标准，具体表现为：解决问题的能力下降、对标准化作业和岗位指导培训不够严格、5S 落实不到位、异常缺勤的情况比平时多、检查中发现了质量问题。根本原因在于组长，尤其是组长指导班长所花的时间。

TMUK 有丰田标准的现场管理培训体系（Floor Management Development System，FMDS），包括每日站立会议、可视化管理系统、明确定义的角色和职责，以及对班长和组长的培训。TMUK 对问题进行了研究，认为需要进一步发展 FMDS，将其提高到新的层次。它推出了重新设计的 FMDS，在涂装车间进行了几年的试点，然后推广到整个工厂。

当然，还有针对组长的关键绩效指标看板，这些看板是按照安全与环境、质量、生产、成本和人力资源开发等类别组织起来的。每天组长会主持会议，对这些指标进行审查，重点是红色指标——低于目标的指标。当然，实际上要做的事情远不止这些。TMUK 详细定义了每一级领导的职责、技能要求和培训内容，并引入了新的可视化管理板来促进改善。

核心职责设定

团队成员、班长、组长和部门经理的职责设定及职责要求记录在一系列 A3 大小的纸质文件中。其中，为团队成员定义了 21 项核心职责，包括了解 TPS、执行设备启动—全面生产维护—关闭、识别异常、担任主要流程负责人、完善标准化作业的执行、了解基本技能、使用安灯等。表 10-1 是团队成员怎样在作业延误时使用安灯的 A3 文件示例：严格遵循标准化作业，提醒小组注意异常情况，并作为流程负责人积极参与改善。工厂会安排团队成员在两个流程之间进行岗位轮换，每个团队成员在当前班次会被指定主要负责某一个流程，之后会轮换，并负责不同班次之间的沟通。

表 10-1　团队成员怎样在作业延误时使用安灯

主题：在作业延误时使用安灯		
目标：确保团队成员理解在作业延误的什么时机使用安灯，以及使用安灯的重要性		
术语：提醒领导者异常情况的可视化方法——在需要时暂停生产		
标准	**规则**	**不执行会导致**
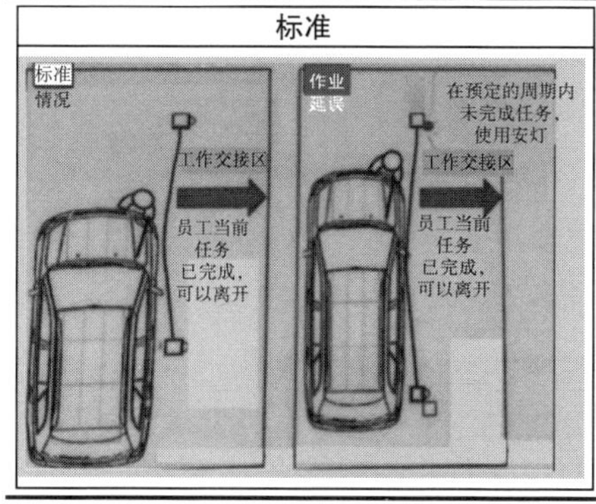 	• 车身完成时，团队成员身体的中心位置如果在交接线上或超出交接线，应当使用安灯 • 必须由班长确认状态后才能解除安灯	• 匆忙进行下一个流程 • 未遵循标准化作业导致产品存在缺陷 • 未遵循标准化作业带来安全风险 • 工艺设备无法定位 • 无法了解为什么赶不上节拍 • 无法在周期内完成标准化作业

资料来源：TMUK。

班长被定义了 40 项核心职责，包括响应安灯、分析安灯原因、安全培训、确认团队成员的姿势、质量管理、班前会议、TPS 内训、变更管理、4S 领导、改善、快速解决问题报告、标准化作业确认等。表 10-2 是班长确认团队成员的姿势的 A3 示例。总的来说，班长需要帮助团队成员顺利工作、组织班前会议、响应安灯和领导改善。

表 10-2　班长如何确认团队成员的姿势

主题：确认团队成员的姿势		
目标：定时检查团队成员的姿势，识别潜在的人体工程学风险		
术语：MSS，即肌肉骨骼症状，能够引起肌肉、韧带和骨骼疼痛		
姿势：身体的特定位置		
标准	**规则**	**不执行会导致**
• 每月都使用车间标准姿势检查表确认团队成员负责的所有工序中其姿势是否标准。 • 对团队成员 / 流程中出现的任何问题进行纠正。 • 将所有姿势检查表归档，以备将来查阅。 人体工程学标准  姿势检查表 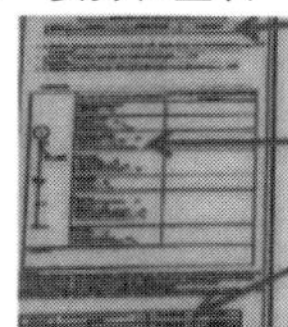 • 确认团队成员和工序 • 在标准化作业过程中，确认各团队成员的姿势 • 班长和团队成员就问题和需要的培训达成一致	• 每个月检查团队成员的姿势 • 班长检查时要纠正发现的任何不良姿势 • 班长和团队成员在签署姿势检查表时共同确认改善方案	• 团队成员健康出现问题 ↓ • 团队成员士气低 ↓ • 团队成员能力低 ↓ • 轮岗能力差 ↓ • 没有生产线外的班长应急 ↓ • 无法响应安灯 ↓ • 影响所有团队成员的士气

资料来源：TMUK。

组长则被定义了 44 项核心职责。据 TMUK 的一位经理说，组长的工作是“工厂中最艰难的工作”。他们的职责包括管理 KPI 板和生产管理板（展示每小时计划产量与实际产量的对比以及出现差异的原因）、主持会议、管理人员防护设备、确认团队成员的姿势、确认标准化作业、确保遵循丰田商业惯例、管理报废和拒收物料、实现方针目标，指导并给出绩效反馈。组长就像相关业务的总经理，负责生产规划、日常管理、人事管理，并为了实现年度方针目标实施改善。

工长（有时称为助理经理）有大约 100 ～ 120 个下属，其中有 4 名组长是其直接下属。工长在班次开始时会在车间密集工作两小时，确保一切顺利进行，然后在当班的其余时间则灵活安排。TMUK 中有句俗语：“刚开班的两小时没做好，整个班次都做不好。”工长只被定义了 11 项核心职责，这些职责非常笼统，重点是践行与示范丰田模式，包括发现事实和分析问题、进行创造性和创新性思考、制订行动计划和建立共识、采取行动并持之以恒、监控进展和进行指导。

组长的最低职责要求

丰田日本汽车制造部门更详细地定义了组长的最低职责要求，这些职责相当于组长的标准化作业表，每天都要检查并完成（见图 10-3）。当然，对于这个管理层级来说，一天的工作内容没办法完全按照计划进行，但至少这些职责都应该做好，并预估好时间。其中有些日常活动是有固定时间的，这些活动可以分为四大类——在现场巡查和指导、在办公室处理工作、参加会议和休息。在现场巡查和指导理论上应该占组长的一半左右的时间，实际上，组长花在现场和会议上的时间要更多（通常是在现场的时间最长）。

图 10-3 中强调了一些标准日常活动的例子，比如指导班长对最关键的安全项目进行 Delta S 质量审核；参加发货质量审核会议，即每天拆卸少量车辆；参加班长会议并进行指导；处理并反映自己负责的区域内出现的质量偏差后，设置质量门；指导班长改善流程；和其他组长一起参加经理会议……这些事情都是组长必须要做的。组长跟踪这些项目，通过表格核对进展，然后工长每天检查这些表格。

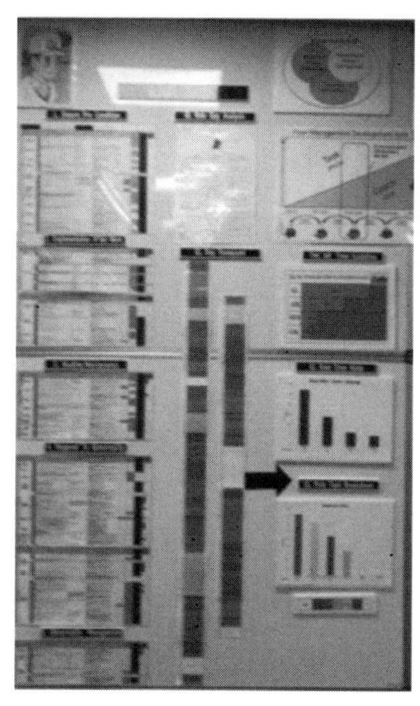

例子

- 进行Delta S 质量审核（指导）
- 参加发货质量审核会议（任务）
- 参加班长会议（指导）
- 处理耗材订单（任务）
- 设置质量门（任务）
- 休息
- 指导班长改善流程（辅导）
- 准备给工长的报告（任务）
- 参加经理会议（任务）
- 吃午饭

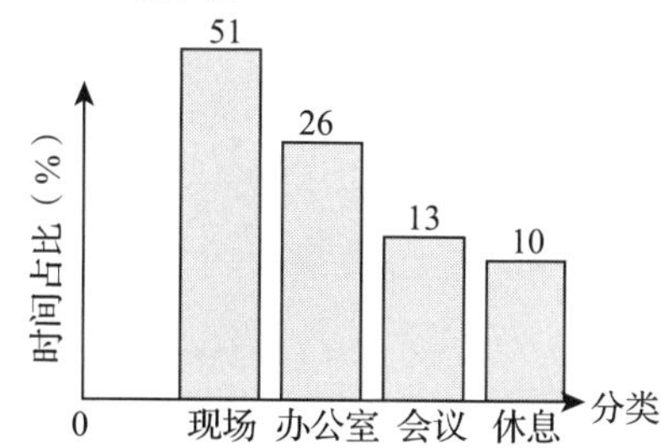

图 10-3　组长的最低职责要求以及职责山积图

资料来源：TMUK。

岗位过渡和结构化学习

升任领导职位前的过渡岗位也有正式定义：高级团队成员、高级班长和高级组长，包括新的头衔、薪酬水平和职责要求，丰田也为员工顺利适应新岗位制订了新的培训计划。

高级团队成员接受的培训是 17 周的结构化学习，重点是标准化作业，包括编写流程、审核和应对异常。高级班长也有 17 周的结构化学习，重点是领导改善项目和指导班长。对于这两项职责，这些培训主要是基于工作的领导力培训——扮演领导角色或改善某项工作。这些培训每天都有安排、每天都被追踪，并且在不同的阶段都会得到细致的反馈。有些是非工作时间的正式培训课程，许多任务需要由团队成员和班长在下班后完成，比如在被指导的改善项目中工作。团队成员必须认真投入精力，即使花费这些时间得不到报酬。

可视化管理板和日常会议

可以说，TMUK 最强大的创新是班长管理板和组长管理板，以及专注于一对一问题解决的日常会议。图 10-4 展示了一个带有虚构数据的班长管理板。这是用于每天 5 分钟的班前会议的管理板。在班长管理板上有一些固定的内容，比如在左上角区域是安全、质量等相关图表，在班前会议上要向团队成员强调。变更点管理是非常重要的，它强调了流程中任何可能影响班次和需要采取行动的变更。变更包括由一个临时团队成员接手一道工序、一个新员工正在接受培训、一个零件的工序变更，或者一个新工具正在试用。同样地，班长管理板上有一个区域是留给 A3 文件的，用于各班长负责的更大的问题解决项目。

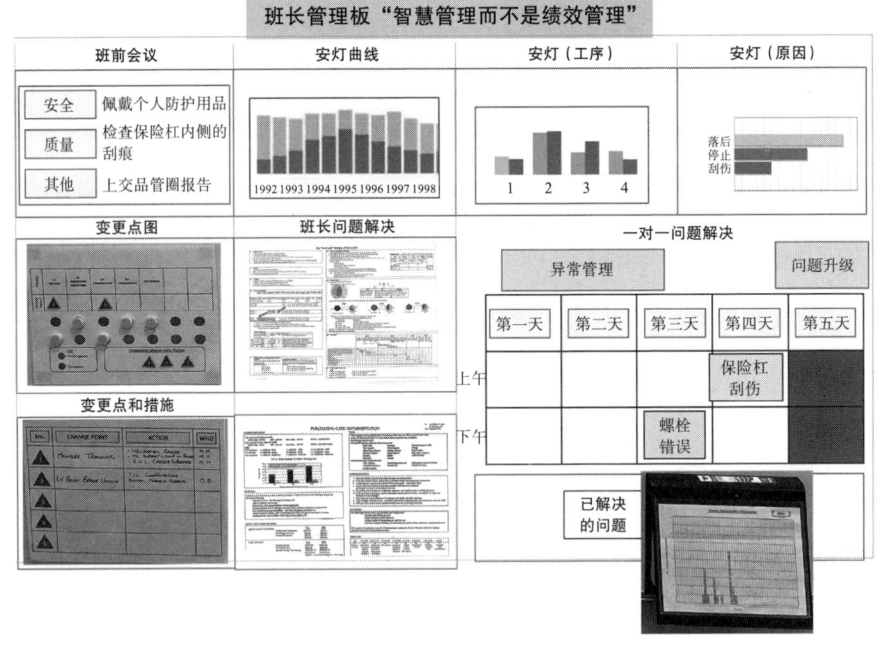

图 10-4　TMUK 的班长管理板示例

资料来源：TMUK。

班长管理板的其他部分是可变动的——强调一对一问题解决。要记住，安灯拉绳是由于检测到异常，所以需要班长和团队成员负责异常处理。班长管理板上有图表记录了安灯拉绳次数，包括总体趋势和前一天安灯拉绳次数。这些数据在团队成员拉绳时由计算机实时自动更新。班长要手动记录每次拉绳的原因，并做成帕累托图。然后，班长会选择最严重的问题进行解决，他将问题写在卡片上，放到“第一天”。在问题得到解决之前，卡片每天向后移动，直到在“第五天”触及红色区域（图中显示为深灰色），问题升级，卡片会被移动到组长管理板上。

组长管理板能够解决通常会议中遇到的问题（见图 10-5）——组长感到自己“被扔在一边”。原先，组长需要工程师、维护人员和生产专家的支持来解决问题，于是不得不追着这些人寻求帮助。现在，这些人每天都需要参加管理板会议——工程师、维护人员、生产专家、部门经理、质量负责人和其他需要的人。组长手里有麦克风，而只有拿着麦克风的人才能发言。会议中，所有人都是组长的“仆人”。

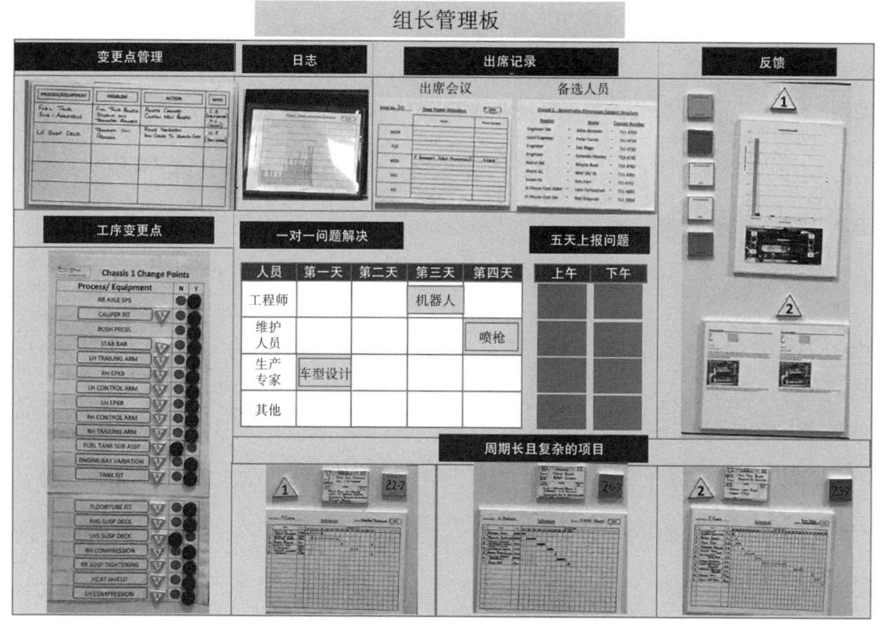

图 10-5　TMUK 的组长管理板示例

资料来源：TMUK。

每一张来自班长的卡片或组长为一对一问题解决而设置的新卡片都被分配给相应的团队。周期长且复杂的项目通过组长管理板上的甘特图进行管理。可视化管理板和日常会议给组长带来了极大的力量，而且反馈速度也特别快。

通用汽车团队的形与神

通用汽车通过与丰田合资的 NUMMI 获得了直接向丰田学习 TPS 的难得机会。多年来，这家公司并没有特意去学习 TPS，但十几年后，它取得了良好的进展。通用汽车花了这么长时间才从简单地模仿 TPS 的特色，转变为努力构建一种有效的企业文化，但是经过 2009 年的破产危机，通用汽车又回到了老路上。

在合资公司建立的早期，通用汽车派了 16 名“先遣队队员”到 NUMMI 担任了几年经理，然后这些人回到通用汽车，分享他们从 NUMMI 学到的东西。“先遣队队员”从 TPS 的文化中学到了很多，也有很多东西可以传授给别人，但是他们分散在组织的不同部门，没有能力改变整个组织。其中一名“先遣队队员”拉里·施皮格尔（Larry Spiegel）后来感叹道：

> （长滩通用汽车工厂）对变革这件事的接受程度很低。太多人坚信他们不需要改变。这其实是不对的，他们只是否认（需要改变）。

大约十年后，通用汽车形成了自己的 TPS，即“同步制造”项目，但是因为通用汽车中没有熟悉精益生产的领导者，这种尝试最终变成了一种简单的照搬。据说，某些通用汽车的领导者在 NUMMI 的工厂内部到处拍摄照片，然后努力使通用汽车的工厂看起来跟 NUMMI 的工厂完全一样。通用汽车也复制了 NUMMI 的工作组织架构，包括班长的角色。通用汽车设立了相应的职责要求，并与工会达成一致，然后广泛、快速地在工厂内部设置了该职位。结果是，通用汽车只得其形，未得其神。

过了一段时间后，一位高管想知道这些团队的表现如何。工业工程师进行了时间研究，测算通用汽车的班长在上班时如何利用时间，并与NUMMI 的班长做了对比。研究发现，通用汽车和 NUMMI 的班长之间最主要的区别是，通用汽车的班长没有真正理解或履行他们的职责。事实上，通用汽车的班长只有 52% 的时间是用于做算是工作的事情，而 NUMMI 的班长则积极支持装配线的工人，并且花了 90% 的时间在现场工作。举例来说，NUMMI 的班长花费了：

- 21% 的时间用来替补缺勤或休假的工人。通用汽车的班长只花了 1.5% 的时间做这件事。
- 10% 的时间用于确保零件顺利进入生产线。通用汽车的班长只花了 3% 的时间做这件事。
- 7% 的时间用于积极沟通与工作相关的信息。这在通用汽车几乎没有发生。
- 5% 的时间用于观察团队工作，以便预测问题。这在通用汽车根本没有发生。

通用汽车的班长主要专注于工人的紧急求援（例如，让工人可以抽身去洗手间）、质量检查和维修。没有紧急的问题时，他们就不知道该做什么，有时会去后面的房间休息一下。通用汽车缺乏的东西很明显：它没有TPS 和支持的文化。它只是复制 NUMMI 的工作组织架构，并将其应用到传统的批量生产工厂中。这个教训告诉我们：除非你决定致力于建立肯塔基州希伯伦的零件配送中心那样的体系和文化来支持工人，否则就不要引入工作团队模式。

赫曼米勒如何重视培养班长和组长

与通用汽车早期的做法不同，办公家具设计师和制造商赫曼米勒在班长和组长的职责上做了认真的长期探究。赫曼米勒于 1996 年开始与 TSSC和大庭一先生合作，从一个文件柜工厂的模型生产线开始试点工作，并经历了作为丰田导师的学生必经的痛苦和挣扎。他想要什么？为什么他不给我们答案？但这家公司努力学习，并取得了显著的成绩。例如，它虽然减少了一个班次，并将从事生产工作的工人从126人减少到30人，但是产量却提高了，并且几乎没有投入资本。

丰田导师与CEO有协议，没有人会因为推行TPS而失去工作。因此，当岗位取消时，员工会转到其他岗位，有时是暂时安置在改善团队中。后来，由于整个公司的生产效率提高，赫曼米勒得以继续在美国本土生产家具，从而保住了许多工作岗位，而它的竞争对手则为了更低的劳动力成本而将生产线搬到了墨西哥（更多内容见后文）。

赫曼米勒绩效体系（HMPS）走出了那条模型生产线，推广到了所有制造领域，取得了令人惊叹的结果。然而这个过程并不简单，也不顺利。经历了起起落落后，公司才认识到，可持续发展的关键是管理体系和人才培养。2004年，为了培养合格人才，HMPS团队通过几个月的一对一强化培训，开发了各种版本的班长和组长的职位。它把班长称为"辅导员"，把组长称为"工作团队领导"，但职责与丰田的班长和组长相似。这些职位设置取得了非凡的成功，以至于所有的工厂都开始开发自己版本的类似职位，但是效果不一。

赫曼米勒早期遇到的一个问题是，如何正确地安排培养顺序。当先把工作团队领导的下属辅导员培养起来时，辅导员会觉得自己的能力没有得到充分施展，由此感到沮丧。意识到需要集中、有条理地培养员工后，2009年，公司为辅导员推出了为期12周的名为"桥梁"的培训项目，为工作团队领导推出了名为"驱动"的培训项目，培训由HMPS团队负责实施。值得注意的是，从赫曼米勒向丰田学习开始，到为辅导员这个新职位推出正式培训，已经过去了13年，所以此时它在工具和系统方面已经相当成熟。同时，赫曼米勒在每个工厂都有熟练的持续改善负责人。

在丰田，这些职位已经融入了公司文化，但在赫曼米勒，由于运营部门需要为这些职位支付成本，所以需先说服他们。起初，高层领导不能接受辅导员这个岗位，他们认为这会增加不必要的开销。当然，项目负责人不这么认为。正如当时负责持续改善的副总裁马特·朗（Matt Long）所解释的：

> 我们刚开始启动“桥梁”培训项目时，有人质疑这些岗位的成本，因为看起来这些岗位增加了管理费用，而且不利于维持直接劳动力和非直接劳动力的比例指标。但当我们调查第一期“桥梁”培训项目学员的回报时发现，2 名“桥梁”培训项目学员在毕业后 6 个月内的收益就可以支付整个“桥梁”培训项目（10 名学员）的费用。

对一个培训项目来说，这样的投资回报率很不错。成本仅仅是参加第一期培训的 10 个人的工资。学员需要脱产全程参加为期 3 个月的培训，学员被有意安排在不同的工厂，这样他们就不会因为熟悉原工厂的人员和流程而受到打扰——这是赫曼米勒的做过的最好决定之一。随着回报越来越明显，高层领导开始接受这个培训项目，他们不再要求跟踪成本和回报。他们只想要更多训练有素的辅导员。

HMPS 团队从丰田那里学到了足够的知识，可以理解课堂理论培训和在岗实际技能培训之间的区别。它需要有技能、能够适应实际情况的人才。12 周的“桥梁”培训项目的日程如表 10-3 所示。所有内容都有明确的目标，并且所有内容都需要立刻应用和评估。

第 1 周是基本的培训和一些软技能培训，每个学员被派往指定的工作区域做 1 周的生产工作，以熟悉该区域和人员，并体验团队成员的工作。学员们开始学习操作的“稳定性”，以此来找出在标准化作业中影响团队成员稳定操作的因素。当学员了解了标准化作业后，他们会去实践：他们对工作要素计时、制定标准化作业表、观察该区域内从事不同工作的团队成员的作业周期和节拍时间之间的平衡。哪里的工作比较轻松？哪里的工作比较繁重？在早期阶段，他们培养出了“挑剔的眼睛”。正如项目负责人吉尔·米勒（Jill Miller）所描述的：

> 他们学习和应用各种工具，如识别浪费、对比作业周期与节拍时间、建立作业平衡图、确定要解决的问题的优先级、制定标准化作业表。有了这些工具，他们就能了解现状，并以不同于以往的方式看待工作。

表 10-3 赫曼米勒辅导员“桥梁”培训项目日程表

周	周一	周二	周三	周四	周五	
1	“桥梁”基础	“桥梁”基础	“桥梁”基础	软技能——建立关系	软技能——建立关系	
2	HMPS——操作工体验	HMPS——操作工体验	稳定性模块 HMPS——操作工体验	HMPS——操作工体验	HMPS——操作工体验	基础技能
3	HMPS——浪费	HMPS——CT/TT	HMPS——CT/TT	HMPS——CT/TT	软技能——与他人沟通	基础技能
4	HMPS——标准化作业 1	HMPS——标准化作业	HMPS——标准化作业	HMPS——标准化作业	HMPS——标准化作业	基础技能
5	HMPS——PDCA 和标准化作业 2	HMPS——问题解决	HMPS——问题解决	HMPS——问题解决	软技能——获得影响力	基础技能
6	HMPS——JI 培训 JI 准备和练习 HMPS——问题解决	HMPS——JI 培训 JI 准备和练习 HMPS——问题解决	JI 准备和练习 HMPS——问题解决	JI 准备和练习 HMPS——问题解决	JI 准备和练习 HMPS——问题解决	进阶挑战 1
7	HMPS——JI 培训 JI 准备和练习 HMPS——问题解决	HMPS——JI 培训 JI 准备和练习 HMPS——问题解决	HMPS——JI 培训 HMPS——问题解决	HMPS——问题解决	软技能——冲突管理	进阶挑战 1
8	自働化 可视化管理 /HR × HR	可视化管理 /HR × HR	HMPS——问题解决	HMPS——问题解决	HMPS——问题解决	进阶挑战 1
9	HMPS——问题解决	HMPS——问题解决	HMPS——问题解决	HMPS——问题解决	软技能——变更管理	进阶挑战 2、3、4
10	影子辅导员	辅导员体验	辅导员体验	辅导员体验	辅导员体验	进阶挑战 2、3、4
11	辅导员体验	辅导员体验	辅导员体验	辅导员体验	小组反馈 辅导员体验	进阶挑战 4
12 ～ 26	实习	实习	实习	实习	实习	

HMPS 集体培训　　软技能培训

学员小组反馈
下面几天的每日 12:00 ～ 13:00：
软技能培训第 2 天
软技能培训第 3 天
软技能培训第 4 天
软技能培训第 5 天
“桥梁”培训项目最后一天

学员在第 2 ～第 12 周继续待在学习的现场，在“利用 PDCA 解决问题”的主题下，练习他们在课堂上学到的所有技能。现场的工作团队领导者会分配给他们一个需要解决的问题，学员需要定义问题，然后快速解决问题。这些问题通常小而具体，例如，在每小时产量表中发现导致产量不达标的原因。学员们不会独自面对问题，所在工作区的团队成员和领导者会给他们提供支持。此外，公司还会给他们指派一名持续改善领导者，该领导者是工厂的员工，每天会花 2 ～ 3 小时跟学员待在一起。

在接受了近三个月的培训之后，学员将再花三个月作为实习生来实践他们所学到的知识，承担更多的辅导员责任。如果他们通过了培训（事实上，大部分学员都通过了），那么他们就有资格成为辅导员，在他们学习的工厂工作，或者回到他们原来的工厂工作。

经过培训项目，流程得到了改善，成本得到了回报，最重要的是，学员们发生了根本性的转变。这次经历将改变他们的余生，点燃他们的热情。吉尔高兴地说道：

> 我总是告诉人们，我有一份最棒的工作，我能看着这些人一周又一周地学习和成长。学员们甚至谈到了这个过程对他们家庭的影响，因为他们的家人可以看到他们成长和改变了很多，真的很神奇。对这些人来说，这是一次改变命运的机会。

“桥梁”培训项目的一个意外的好处是，它创造了一个以前不存在的领导力培养渠道。此前，赫曼米勒从组织外部寻找工作团队领导者的候选人，但现在在内部培养候选人。有许多团队成员晋升到辅导员、工作团队领导者、持续改善领导者，甚至经理的职位上。赫曼米勒还通过有意识地培养多样化的候选人，帮助推动了领导层的多元化。

为工作团队领导者开展的“驱动”培训项目首先对“桥梁”培训项目中所教授的技能进行为期一周的回顾，并识别不足之处。这样做的重点在于，工作团队领导者要具备他们下属所拥有的基本技能。他们还要学习其他的知识和技能，比如每月写一份 A3 报告、培养管理风格，以及制定物料和信息流图表。这些技能可以用于了解一个区域的现状，并有效地管理它。问题解决的培训是在工作中学习，同样在持续改善领导的强化指导下进行。

这个案例中的问题解决是学员进行的一个更大的项目，并且遵循了丰田商业实践的八个步骤（将在第12章中详细讨论）。学员定义一个大的问题，包括确定理想状态和现状之间的差距，并将问题分解为可管理的模块，从而推动问题向理想状态转化。在这个过程中，他们学会了教授那些辅导员自己曾经学过的课程，提高了演讲技巧，还更加深入地理解了工具和知识，因为他们不得不思考如何利用、如何向他人解释这些工具和知识。在完成HMPS培训之后，他们开始学习人力资源技能以及如何在实际中应用这些技能。虽然还有三个月的实习期，但“驱动”培训项目的学员在公司内部需求太大，往往在实习结束前就被运营部门抢走了。

我们向完成“桥梁”和“驱动”培训项目的员工调查了该培训项目的亮点、他们最自豪的事情，以及培训项目是如何改变他们并帮助他们成长的。共有27人用发自肺腑且满怀感激的话语回答了问题，他们不只谈论了具体的精益工具，还涉及他们建立的关系、他们如何学会成为领导者以及解决问题的新视角。下面是一些辅导员的感想：

- 在指定的区域实施改善并取得成功，这是让我最有成就感的事情。还有成功地实现员工的想法，尤其是当问题已经存在了很久的时候，感觉也很棒。我还有一件感到很自豪的事：我能够改变员工对辅导员的看法，员工应该信任辅导员，把辅导员视为支持者，因为辅导员所做的一切都是为了员工的最大利益。
- 我的教练很厉害。他意识到了我的野心，但还是让我冷静下来，把重点放在了先解决小问题上。我居然会认为几乎每个人都会在有空的时候去解决世界性的难题，这真的很让我很惭愧。幸运的是，教练总是在我身边，确保能够及时支持我，让我勇于接受挑战，让我保持专注，并且提醒我犯错也没关系。
- 我最自豪的是，这个过程让我变得自信。我谁也不认识……我挑战了自己，与人建立关系和友谊，直到今天我还在这样做。它让我走出了自己的舒适区，我因此更喜欢自己了。这个项目教会了我做自己，我学会了用真心去领导别人，要表现出同情心，要乐于助人和谦逊，这是所有人都喜欢的领导品质。我学会了做一个有前瞻性的思想者，也学会了就算在没人监督的情况下也能诚实、品格高尚地工作。

- 在培训前，我永远想不到我会成为一名领导者。现在，我已经在领导者岗位上了。在学习 HMPS 工具的过程中，我不但提升了自己的能力，而且走出了舒适区，练习了演讲和沟通技巧，学会了在不同的工厂建立人际关系网——所有这些都帮助我走上了现在的职业道路。

下面是一些工作团队领导者的感想：

- “桥梁”培训项目教会我不要傲慢自大，要做一个仆人式领导者。它还教我要寻求帮助，要对自己做的每件事都负责任，无论是好是坏。它教了我很多……员工是最宝贵的资源，不应该责怪他们，他们是很有价值的，我们需要让他们的工作更轻松。
- 就我个人而言，老实说，我之前没有在制造业实践过精益生产。我确实想过更深入地理解精益原则，也许能够对精益原则有更深刻的认识，但没想过要真的去做！写下问题、去现场观察、收集数据、和团队成员一起解决问题并持续改善，这是很有挑战性的。
- 我注意到自己和他人在作为领导者和作为普通人两方面都有很大的成长。赫曼米勒的优秀领导者放在全世界范围内都是优秀领导者。无意之间，我们不仅培养了能实现需求的公司领导者，还培养了能让世界变得更美好的社区领导者。我在各方面、全身心学习如何成长为强有力的领导者和支持者。“桥梁”培训项目不仅教你技能、如何熟练使用工具来领导业务，还让你在情感和逻辑方面有所成长。

有很多访客来赫曼米勒了解这些培训项目，马特和吉尔意识到，很少有人经历过如此密集的学习项目。大多数领导力培训项目都是 5 天或更短的时间——主要是课堂培训和一些模拟练习。赫曼米勒从 1996 年开始向丰田学习，至今已经在这方面深耕了23年。然而，“桥梁”和“驱动”培训项目仍在完善中，即使开展了这么多次培训，有的生产线仍然没有辅导员。这需要长期的努力，其时间远远超过大多数公司项目的生命周期。这个项目之所以有效，是因为基本的工具和管理系统已经存在，领导者可以从中学习、进行改善。这种模式可能不适合每家公司，但赫曼米勒提供了一个模式，告诉我们认真培养领导力技能意味着什么。

用内在奖励、外在奖励还是两者兼顾来激励团队

如何激励团队成员深度关注工作以实现持续改善？我经常听人说：“工人们只想赶紧过完这一天拿到工资。”有人问我，如何激励他们更加努力、提出改善建议？最直接的方法是用外在奖励和惩罚——也就是说，如果员工表现好，就奖励他们一些东西；如果表现不好，就剥夺一些东西。例如，美国的汽车公司过去会用实施员工提出的建议所节约的成本，按一定比例发放给员工奖金，甚至奖励汽车给某些员工。然而这种奖励方式会导致争议，因为员工会争论建议是谁提出的，还可能引发工会对奖金数额的不满，但它确实激励员工提出了一些好建议。

卡尔·邓克（Karl Duncker）在1945年发表了一项研究，其内容是研究内在奖励和外在奖励如何影响实验对象的反应速度。挑战是要以最快的速度把蜡烛固定在墙上。他把实验对象分成两组，向一组提供内在奖励——他们是出于对科学的热爱而参与实验的；向另一组提供外在奖励——如果赢了就给钱。在实验1中，他提供了如图10-6所示的物品，包括一盒图钉。实验对象尝试了各种各样的方法，比如用熔化的蜡油把蜡烛粘在墙上，但都失败了，直到他们发现了一个简单的解决办法：取出盒子里的图钉，将空盒子钉在墙上，然后把它当作蜡烛的支架。哪一组的表现更好呢？令人惊讶的是，那些受到内在奖励激励的实验对象赢了，而且速度快得多。外在奖励实际上会影响实验对象的表现，受到外在奖励激励的实验对象平均需要更长的时间才能发现诀窍。

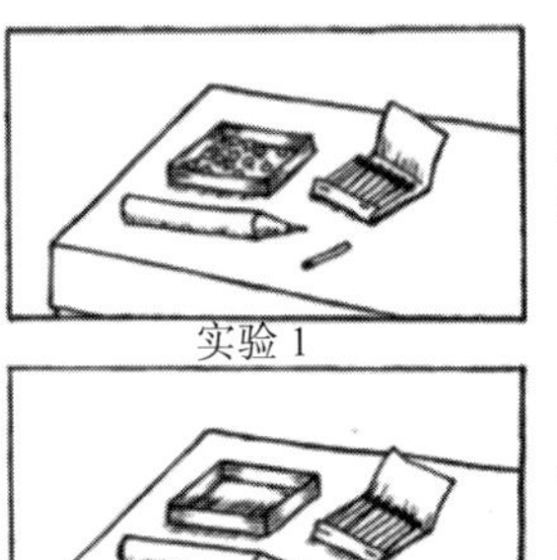

实验 1：受到金钱激励的实验对象反应更慢

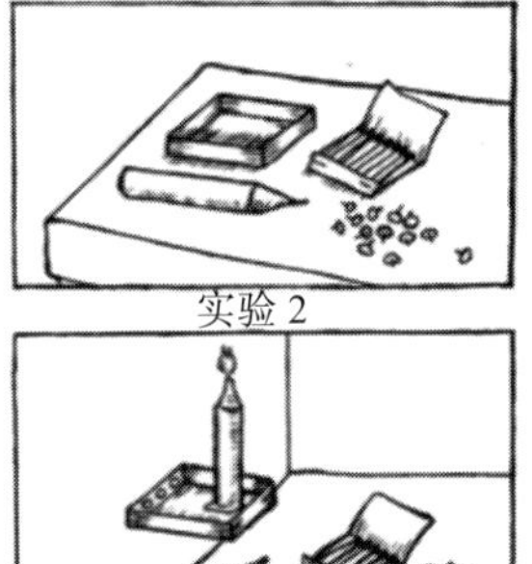

实验 2：受到金钱激励的实验对象反应更快

图 10-6　研究内在奖励和外在奖励的蜡烛实验

资料来源：插图作者凯伦·罗斯根据卡尔·邓克的“关于问题解决”绘制，Psychological Monographs 58，American Psychological Association。

在实验 2 中，盒子是空的，图钉放在盒子外面。在这个实验中，盒子的使用方式更加明显，实验对象可以直接找到正确的解决方案，那些受到外在奖励激励的实验对象很容易击败受到内在奖励激励的实验对象。

他的结论是，当要做的工作非常清晰且不需要创造性思维时，外在奖励可以成为强大的激励因素。当需要跳出框架思考时，外在奖励会使人们试图快点达到目标，导致他们的思考变得不那么深入。

也有许多其他的研究得出了类似的结论——对创造性工作来说，外在奖励的帮助不大，实际上甚至会减少自由思考，而且实验对象更不会享受工作。因为人们按单位活动获得报酬，所以他们倾向于只达到最低要求来获得报酬。

对重复性的手工工作来说，你可能会认为按件计酬是有意义的。或者，如果你想得到创造性的改善建议，为什么不按建议的数量给奖励呢？不过，丰田尽可能避免用外在奖励激励。所有人都能得到有竞争力的薪酬，但从事生产工作的员工没有绩效奖金。即使是经理浮动工资占比也很小，而且主要与公司和组织（如工厂）的效益有关，个人奖金的占比也很小。

丰田想要的不是快速生产出大量产品或提出建议。它希望按照节拍时间进行高质量的生产，而不是生产过剩。它希望员工思考如何改善自己的工作。它希望问题能够在深思熟虑后得到解决，而且通常是以团队协作的方式解决，它需要每个人都能做出创造性的贡献。

有一个只给予内在奖励的特殊情况是将表彰作为奖励。例如，在TMUK工厂，这类表彰包括：授予发现难以察觉的质量问题的员工“鹰眼奖”；表彰最佳品管圈，并给予小额奖励；对特别优秀的改善活动组织者进行表彰。此外，所有的领导者都要学会识别积极的行为，表彰相关的个人和团队。

信任是尊重员工的基础，工作保障和工作安全是信任的基础

丰田领导者坚定地承诺尊重员工和提供工作保障，决不妥协。TMUK的一个人力资源模型将工作保障作为基础，它是其他所有层级的必要条件（见图10-7）。这是丰田理论中最难以复制的部分。我经常听到这样的话：“我们理解丰田致力于提供工作保障的做法，但我们的需求太不稳定，无法对我们的员工做出这种承诺。”

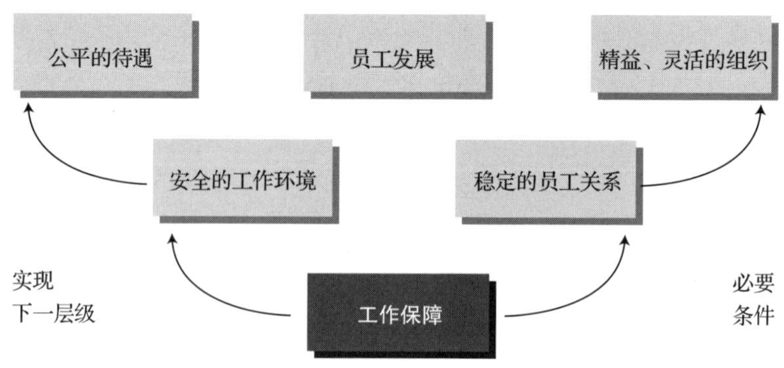

图10-7 构建尊重员工的人力资源管理

资料来源：TMUK。

问题在于，这样做需要假设当前的状况是固定不变的。大多数人认为，如果按照公司的现有体系行事，然后试图简单地提供工作保障，一定会遇到问题。因为他们公司的体系不是为此而设计的。丰田以改善的心态，花了很长时间构建了支持工作保障的体系，这不仅是因为领导者善良，还因为工作保障是一种设计约束。如果一种文化中认为长期雇用和具有竞争力的成本都是生存所必需的，那么它就别无选择，只能找到创造性的方法来实现这两者。长远来看，原则 4 中的均衡化能够有力地支持工作保障，维持工厂运转。丰田希望在同一条生产线上生产多种汽车并采用均衡化生产计划的一个原因（但不是唯一的原因）是为了稳定产量，从而稳定工作岗位。乘用车销量不佳时，SUV 可能会销量很好，反之亦然。如果它们在同一条生产线上生产，那么长远来看，工作岗位就会比较稳定。

适应需求变化的一个重要工具是“可变的”劳动力。与拥有极强工作保障的常规劳动力相反，所有丰田工厂都使用临时工作为缓冲，根据需要雇用或解雇员工。丰田常规标准是，20% 的团队成员是临时工。临时工的工资因国家而异，可能低于正式员工的工资，或与之相同。丰田尽力尊重临时工，甚至邀请他们参加品管圈，花钱安排他们培训。如果客户需求有长期上升趋势，那些表现良好的临时工就会被优先录用为正式员工。

在短期内，丰田使用各种工具来弹性安排工作时间（见图 10-8）。许多访客都想知道，为什么丰田没有 24 小时不停地生产，而是更喜欢两班倒，中间间隔几个小时。除了使用第三个班次进行预防性维护外，它还提供了增加和减少工作时间的灵活性。在 TMUK，当产量暂时增加时——例如，一款新车型首发——丰田每个班次加班时间加起来可达 1.5 小时；当产量下降时，公司可以取消正常情况下支付给每个班次的半小时加班费。在 TMUK，管理层与工会协商了各种政策，比如增加非生产成员来从事生产工作，并在一个月内最多灵活处理五个班次。弹性工作时间是这样的：如果产量下降，丰田想要减少员工每周的工作时间，在一周内可能会有两个班次停产。停产期间，丰田仍然需要向在家的团队成员支付工资，但在其他时间，它可以增加一个周六班次，并且只用支付加班费。

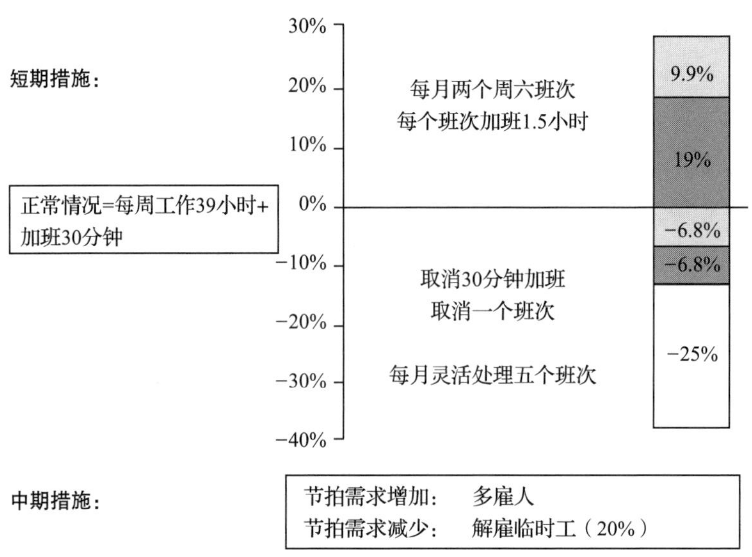

图 10-8　TMUK：弹性工作时间提供工作保障

可变劳动力和短期工作时间调整工具的组合带来了灵活性，可以每天增加或减少约三分之一的工作时间，以适应突然的需求变化。我并不是说这些方案适用于所有公司。我经常听到这种说法："我们的工会没有那种灵活性，我们的法律也不允许雇用临时工。"关键在于，由于丰田承诺提供工作保障，坚信其对成功至关重要，它根据每个制造业务所在国家的不同情况，制订了本地化的解决方案来实现灵活性，但是原则不变：管理层与团队成员之间要建立互信，构建双赢的伙伴关系。如果团队成员认为管理层在耍把戏，那就完了。

工作保障使人力资源的其他关键要素得以实现（见图 10-7）。在丰田，安全是最重要的，这是丰田的公理，而且随着时间的推移也在不断完善。在 TMUK，每次会议开始时，每个发言的人都会做出个人安全承诺。针对不安全行为的警告标志在工厂内随处可见。个人防护装备是必需的。标准化作业建立在安全地完成作业之上。关于安全的单点培训属于例行培训。每次在工厂内转弯时，团队成员都会停下来，指出他们将要行走的方向。TMUK 将未发生工伤事故的天数张贴在工厂里显眼的地方，通常是几百天。任何安全事故信息都会立即发送到高层领导者的手机上。安全文化向每个人传达的是："我们重视你和你的健康，安全高于一切。"

员工驱动持续改善

丰田投资于员工，作为回报，它得到了忠诚的员工，他们每天准时上班，并不断改善自己的日常工作。在我早期的一次参观中，我发现在丰田肯塔基工厂，过去一年中，员工们提出了大约八万条改善建议，而工厂实现了 99%。

那么，怎样才能让你的员工勤奋地工作、把工作做到完美，并每天努力提高呢？你应在公司内建立一个遵循丰田模式中原则 10 的体系："培养那些深谙公司理念的杰出员工和团队。"首先，审视你所在组织的体系状态。想要培养理解并支持公司文化的杰出员工，并不是采用简单的解决方案或应用事后激励理论就能够实现的。培养杰出的员工和建立高效的团队需要你建立管理方法的支柱——一种将人文体系与技术体系结合起来的方法。在本书中，你已经看到了单件流是如何驱动积极地解决问题和激励人们持续改善的。然而，你需要持续改善的人文体系和文化来支持这种行为。

当然，你不能像变魔法一样变出现成的文化。建立一种文化需要多年持续应用一致的方法和原则。你必须设计具有挑战性的工作。人们需要感觉到他们对自己的工作有一定程度的掌控力。此外，在得到支持的情况下，最激励人的是具有挑战性的目标、对进展情况的持续督导和反馈，以及及时有效地肯定员工的付出。奖励可以是象征性的，不需要很昂贵。归根结底，培养杰出的员工和建立高效的团队需要尊重员工的文化。

关键点

- 丰田文化建立在一种成长型思维模式上，即在正确的领导下，任何人都可以发展和成长，以奉献精神和激情面对新的挑战。

- 丰田早在“仆人式领导”流行之前就接受了这种领导模式，它颠覆了公司的组织结构，让做增值工作的员工占据顶层。
- 丰田的标准是建立拥有自己的流程的工作小组，由支持部门提供服务。
- 在丰田的标准架构中，组长被视为公司内小块业务的总经理，班长则领导小型工作团队。
- “不可思议的”班长是一个关键角色，他负责支持团队成员、检查标准作业、即时响应安灯、落实持续改善项目，每天指导一个小规模的团队（理想情况下是四个人）。
- 培养和维持有效的领导力甚至对丰田来说也是挑战，它经常尝试新方法，以重振工作团队。
- 一些组织错误地认为，只要它们在组织架构中设置了班长和组长的角色，它们的工作团队就会像丰田一样运作，但它们通常会失败。
- 赫曼米勒致力于培养高效的团队，通过近三个月的严格实践培训和三个月的实习，培养辅导员和工作团队领导者。
- 丰田的工作小组得到了人力资源系统的支持，该系统注重公平、安全、有工作保障的环境，而工作保障是基本要素。

参考文献

1. Robert Greenleaf, *The Servant as Leader* (pamphlet), Greenleaf Center for Servant Leadership, 2015.
2. Carol Dweck, *Mindset: The New Psychology of Success* (New York: Ballantine Books, 2007).
3. David Brooks, “This Is How Scandinavia Got Great: The Power of Educating the Whole Person,” *New York Times*, February 13, 2020.
4. Jennifer Yukiko Orf, “Japanese Education and Its Role in Kaizen,” in Jeffrey Liker (ed.), *Becoming Lean: Inside Stories of U.S. Manufacturers* (Portland, OR: Productivity Press, 1998).
5. Daniel Pink, *Drive: The Surprising Truth About What Motivates Us* (New York: Riverhead Books, 2012).

The Toyota Way | 第11章

原则11：尊重价值链中的合作伙伴，提出挑战并帮助它们改善

丰田更注重实践，也更愿意改善自己的系统，然后还愿意展示如何改善你的系统……丰田会做一些事情，例如均衡化其生产系统，让你的生产更容易。丰田每天取货12次。丰田帮助我们将冲压机移动到更好的地方，然后培训我们的员工。在业务方面，丰田也亲力亲为——会到现场来测量以获得成本数据。跟丰田做生意有更多的赢利机会。刚开始与丰田合作的时候，我们只是一家在加拿大新开的工厂，仅供应一种零件。随着我们表现的提高，我们得到了回报，现在几乎拥有整个驾驶舱的业务。相比于其他我们打交道的汽车公司，丰田是最好的。

——丰田的一个供应商

我们一直在研究丰田内部的精益流程和人员培养。现在来思考一下更广泛的价值链——它将从供应商到公司再到面向客户的分销商联系起来。在汽车行业，70%或更多的零部件来自外部供应商，这很常见，因此汽车的好坏取决于外部供应商提供的零部件。随着支持互联、自动驾驶、电动汽车等

创新技术不断出现，汽车行业进入了一个新世界，建立合作伙伴关系变得越来越重要。许多行业的分销是通过外部代理商或经销商完成的。在美国汽车行业（特斯拉除外），经销商是独立的企业主，由汽车制造商选定来代表自身品牌。丰田将与其有业务往来的公司视为"合作伙伴"，无论它们是供应商、经销商、IT 服务提供商、律师事务所，还是其他你能想到的公司。长期合作伙伴有权获得与团队成员相同的尊重——在相互信任的基础上公平对待它们，向他们提出挑战它们，培养它们，帮助它们成长。让我们先看看供应商，在本章稍后的部分，我们将探讨如何培养销售和维修汽车的经销商。

供应商伙伴关系

汽车行业的供应商都一致表示，丰田是它们最好的客户，同时也是最严厉的客户。我们经常认为"严厉"指的是难以相处或要求不合理。但就丰田而言，这意味着它具有非常高的标准，并期望其所有合作伙伴都能达到这个标准。更重要的是，它愿意帮助所有合作伙伴达到这个标准。

让我们从一个处理供应商关系的无效（但可悲的是，这很典型）方式的例子开始。1999 年，美国三大汽车公司之一，我将其称为"美国汽车公司"，决心将其供应商关系打造为业内最佳。美国汽车公司已经厌倦了听到丰田和本田在教导和培养供应商的精益生产方面是多么的出色。美国汽车公司决定建立一个供应商培养中心，该中心将成为最佳实践的全球标杆，即使是丰田也会将其视为标杆。

这是一个非常引人注目的项目，为了确保能够成功，项目由副总裁级别的管理者直接负责。从一开始，副总裁就有一个建立供应商培养中心的愿景，包括为一座配备最新教学技术的尖端建筑绘制蓝图，使其成为让供应商齐聚一堂，学习最佳实践，包括精益制造方法的最大、最好的场所。

我作为顾问加入了这个培养中心，帮助设计培养中心的培训计划，因此我能了解到内部的情况——并没有蓝图所描绘得那么理想。该项目的第一步是通过走访 25 家美国汽车公司的供应商来了解它们的培训需求，收集有关当前情况的数据。这些供应商中的大多数已经拥有内部的精益制造计划，在精益制造上超过了美国汽车公司。我们听取了一个又一个供应商的意见，因为它们愤怒地抨击它们的客户。典型的意见包括：

> 告诉美国汽车公司不要浪费钱去建造昂贵的建筑来培训我们，正相反，它应该先整理、整顿一下自己的业务，这样它才能成为我们可以真正与之合作的有能力的和可靠的合作伙伴。它应该改善糟糕的产品开发流程，并要求在内部实施精益制造。我们甚至可以来培训它的员工。

另一个供应商说道：

> 问题是美国汽车公司的工程师缺乏经验，他们却错以为知道自己应该做什么。我更希望美国汽车公司派那些认识到自己的不足、想要学习的人来，我会很乐意培训他们。我与美国汽车公司共事了将近 18 年，见过一些试图帮助你的好人。但是现在双方关系严重恶化，今不如昔。

显然，美国汽车公司需要做大量工作才能从建造漂亮的供应商培养中心中获益。基本问题在于美国汽车公司自身内部的弱点：人员的发展不足，以及在不了解供应商流程的情况下，信奉简单粗暴的“胡萝卜加大棒”式管理。它首先需要自己努力获得成为领导者的权利，然后才能期望供应商成为它的追随者并向它学习。最终，成本削减扼杀了建立供应商培养中心的全部努力。

与此同时，丰田花了几十年在日本建立了强大的精益企业，后来又建立了世界一流的全球供应商网络。供应商通常会对丰田苛刻但公平的合作伙伴关系做出积极回应。例如，约翰·亨克（John Henke）开发了“工作关系指数”，用于衡量汽车公司与一级供应商之间的关系。在这个指标上，丰田几乎总是名列前茅。从 2012 年到 2019 年，丰田在工作关系方面一直名列第一，紧随其后的是本田。北美的汽车制造商远远落后。丰田经常在多个领域中处于领先地位，也许最重要的是在供应商信任方面。亨克的研究着眼于该指数与绩效结果的关系，并得出结论：

> 工作关系指数®与汽车公司从一级供应商那里获得的利益高度相关，包括更多的创新和技术投资、更低的定价和更好的供应商支持，所有这些都有助于提高汽车公司的运营利润和竞争力。

丰田在建立强大的供应商网络方面的认真投资一次又一次地获得了回报。丰田和雷克萨斯汽车在品质上斩获无数大奖，很大程度上归功于丰田的供应商在创新、工程、制造和整体可靠性方面的卓越表现。丰田的供应商通常会先让丰田获得新技术，然后再提供给丰田的竞争对手。无论是在系统运行顺利时，还是在需要解决系统故障时，丰田的供应商都是 JIT 理念不可或缺的一部分。

虽然许多公司遭遇一次危机就会放弃 JIT，但丰田会与供应商携手应对罕见的危机。例如，1997 年 2 月 1 日，一场大火烧毁了爱信的一家工厂。爱信是丰田规模最大、合作最紧密的供应商之一。通常情况下，丰田的零部件有两个采购源，但爱信是一种叫作“p 阀”的零部件的唯一供应商，它是所有丰田汽车中必不可少的制动部件——当时每天的产量是 32 500 个。由于丰田采用其引以为豪的 JIT 系统，这意味着整个供应链中只有两天的可用库存。两天后，灾难就会降临。这是否证明 JIT 是个坏主意？200 家供应商非但没有动摇，而是自发组织起来，在两天内开始生产 p 阀。63 家公司负责制造零部件，整理现有的工程文件，使用它们自己的一些设备组装临时生产线来制造零部件。最后，几乎实现了无缝对接的供应，维持住了丰田的业务。这次事件之后，丰田反省的不是放弃 JIT，而是避免只从一个供应商处采购关键零部件。

尊重价值链中的合作伙伴，提出挑战并帮助它们改善

现在去参加供应链管理会议，最可能会听到什么？你可能会学到很多关于通过先进的信息技术“简化”供应链的知识：如果可以在纳秒内获得信息，就应该能够将供应链加速到纳秒级交付，对吗？也许还会了解到将供应链上部分环节转移到低成本国家的好处。这一切都是基于一种机械性

观点，即将供应链视为一个可预测的技术流程，认为供应链可以立即重新设计从而满足任何需求。你不太可能听到的是，协调详细的日常活动为客户提供价值有多么复杂，也不太可能听说过建立公司之间的关系——如何共同努力实现共同目标。

丰田刚开始制造汽车时，没有足够的资金和设备来制造汽车所需的那么多零部件。丰田英二作为新工程师的第一个任务就是找到可以和丰田合作的优质零部件供应商。那个时候，丰田没什么产量，也就没法给供应商很多业务。事实上，因为没有足够的优质零部件，有时候丰田连一辆汽车都造不出来。丰田英二明白，需要为主要的复杂组件系统（不含螺母和螺栓等标准件）寻找可靠的本地合作伙伴。丰田所能提供的只有一个所有合作伙伴共同发展并实现长期互利的机会。因此，就像在丰田内部工作的员工一样，供应商成为在 TPS 中学习和成长的大家庭的一部分。

即使丰田后来成为全球汽车行业的巨头，它也坚持与高增值的供应商建立合作伙伴关系的原则。一般来说，丰田会在全世界每个地区拥有 2 ～ 3 个特定零部件的供应商。丰田鼓励竞争，但长期合作伙伴往往会随着时间的推移获得稳定的业务份额。供应商一旦获得区域合作伙伴的位置，就成为长期供应商，这意味着新供应商很难进入该业务领域。丰田对新供应商的加入持谨慎的态度，一开始以小订单测试它们。如果它们在几年内坚持努力实现质量要求和可靠交付，新供应商将获得更大的订单。

丰田的一个出色的供应商是 Avanzar，它可以按需求顺序生产座椅和其他内饰件，即遵循 JIT。它的工厂就在丰田位于得克萨斯州圣安东尼奥的卡车工厂对面。丰田进行了一项重大试验，在卡车工厂的所在地建立一个供应商园区，并从少数族裔供应商那里采购，Avanzar 就是这项试验中的一部分。Avanzar 是供应商园区中 23 家供应商中最大的一家。它成立于 2005 年，是老牌供应商江森自控（现为 Adient）和一家由贝尔托·格罗（Berto Guerro）控股的拉丁裔集团的合资企业。

Avanzar 的意思是“向前迈进”，它采用了 TPS，规模扩大了数倍，甚至在墨西哥新建了一个工厂。丰田的卡车工厂就在它位于圣安东尼奥的工厂对面，那里有源源不断的管理人员和工程师指导 Avanzar，而 Avanzar 是一个求知若渴的学生。多年来，Avanzar 基于长期发展的理念和对所有团队成员的承诺，逐渐建立了一套完整的人员、流程和问题解决系统。当金融危机来临时，Avanzar 决定效仿丰田的做法，不解雇员工。在即将无法支付工资的时候，贝尔托找到合作伙伴丰田寻求救济。丰田提前支付了模具费用，并同意基于合理的理由进行可追溯的涨价。Avanzar 向员工支付了工资，贝尔托则投桃报李，不断致力于成为丰田有史以来最好的合作伙伴。Avanzar 经常凭借优质的座椅赢得君迪颁发的奖项，包括 2010 ～ 2012 年和 2017 年（与 Adient 一起）的“最优质座椅供应商”大奖。

人们总是担心供应商会利用那些善待它们的客户。贝尔托和我认识的所有丰田的供应商都非常尊重丰田，但没有人会说作为丰田的供应商是很轻松的。就像对待自己的员工一样，丰田也对供应商提出了不断改善的挑战，其中一个例子就是构建目标成本系统。大型系统供应商参与车辆开发过程，与丰田工程师合作设计零部件。虽然会有一个投标过程，但通常丰田会事先指定一家供应商，该供应商受邀合作“设计”其系统。就像丰田内部开发系统和设计零部件的工程师一样，每个供应商都有一个目标成本。丰田根据市场状况制定车辆的总体价格，然后拿掉利润，剩下的就是这辆车的必要成本。供应商会收到一份“支票簿”，从而了解它们的零部件可能需要的成本。然后丰田会直接提出要求：请以此成本设计具有这些特性的零部件。需要有大量的工程研究工作，才能弄清楚如何实现这个具有挑战性的目标，同时还能有盈利。车辆投产后，丰田也会要求供应商每年降价。因为丰田的假设是：通过改善，成本应该不断下降。

这并不是说丰田会和数百家供应商都密切合作。如果你将供应链想象成组织架构图，那么参与产品开发、有密切合作关系的主要集中在第一级供应商，这些供应商直接为丰田的工厂制造和运送仪表板、座椅、排气系统、制动系统和轮胎等主要零部件系统。与此同时，这些供应商还有直接和它们合作的第二级供应商，然后是第三级供应商。

无论是在采购部门、质量部门还是制造工厂，丰田都有很多人能够通过教导供应商如何实现目标来实现真正的增值。丰田并不担心供应商会将所学的知识应用在出售给竞争对手的零部件上。供应商之所以希望跟丰田合作，是因为它们知道自己会变得更好，并且会赢得同行和其他客户的尊重。从丰田的角度来看，尊重指的是对供应商寄予厚望，公平对待他们，教导他们。仅仅因为另一家供应商便宜几个百分点（这是汽车行业中的常见做法）就更换供应商是不可想象的。正如大野耐一所说："汽车公司通过欺负供应商来实现经营业绩，与 TPS 的精神完全背道而驰。"

和供应商合作的同时保持自己内部的能力

如今，管理学界流行的一个词是"核心竞争力"。定义公司需要擅长什么，然后将其余的外包出去。丰田对其核心竞争力有一个清晰的界定，但似乎又很宽泛。这可以追溯到公司刚成立的时候，当时丰田决定走独立自主发展的路，而不是从美国和欧洲的老牌汽车厂商那里购买汽车的设计和零部件。

丰田理念的根源之一是自力更生的概念。《丰田模式 2001》中就指出："我们要努力决定自己的命运。我们要自力更生，相信自己的能力。"因此，将关键能力交给外部公司和这一理念是矛盾的。丰田是设计、制造和销售汽车的，如果丰田依靠供应商的技术，并将 70% 的汽车零部件生产外包给与竞争对手合作的同一家供应商，那么丰田如何才能脱颖而出？如果一项新技术是汽车的核心，那么丰田希望成为这项技术的专家，成为全世界范围内最擅长驾驭这项技术的公司。它希望和供应商一起学习，但从不将任何关键领域的核心知识和责任交给供应商。

在第 14 章中我将讨论普锐斯的研发案例。混合动力发动机的核心零部件之一是绝缘栅双极晶体管（IGBT，它可提升电池电压，并将升压后的直流电转换为交流电来驱动电机）。

丰田工程师不是制造电子零部件的专家，但丰田并未将这一关键零部件生产外包，而是自主研发并建造了一个全新的工厂来制造它——这一切都是在普锐斯紧迫的研发进度内完成的。丰田将混合动力汽车视为迈向未来的下一步，同时希望在迈出这一步时"自力更生"。一旦拥有了专业知识，丰田就可以有选择性地外包。高管坚持在内部制造 IGBT，因为他们将其视为未来混合动力汽车以及一切电动汽车设计和制造的核心。丰田想知道“黑匣子”里面是什么。丰田也认为，其他公司就算知道掌握了核心技术可以降低成本，也不会像它一样为此付出努力。

此外，在研发普锐斯时，丰田决定与松下（Panasonic）合作开发和制造电池，这是成功的混合动力汽车和新能源汽车的核心。丰田非常想在内部开发这种能力，但得出的结论是没有时间。丰田并没有简单地将责任交给松下，而是成立了一家合资公司——松下电动汽车能源公司。这并不是丰田第一次与松下合作。丰田电动汽车事业部已经与松下共同开发了一款用于电动版 RAV4 荣放 SUV 的镍氢电池。因此，丰田在该合资公司成立前就与松下有合作关系，有成功合作的历史。

即使有这样的合作历史，合资公司也考验了公司之间的不同文化。时任丰田电动汽车事业部总经理兼普锐斯电池主管的藤井雄一（Yuichi Fujii）沮丧地说：

> 我有一种感觉，汽车制造商和电器制造商在交货时间的危机感上有所不同。丰田工程师深知，生产开发的准备工作应该在特定时间点之前完成。我觉得松下工程师有点太放松了。

也有人担心松下的质量控制理念，以及这种新型复杂电池的质量要求对松下来说是否太高。有一天，藤井雄一发现一位年轻的松下工程师脸色苍白，他得知这位工程师为了完成一些电池测试一直工作到凌晨 4 点。然而，他第二天又来上班了，为了“确认一件事”。那时，藤井雄一意识到松下风格与丰田风格是适配的。

与供应商合作，共同学习 TPS

丰田在应用 TPS 的过程中，磨炼其技能的一种方式是与供应商合作开发项目。丰田需要供应商像丰田自己的工厂一样，有能力及时制造和交付高质量的零部件。此外，除非供应商削减成本，否则丰田无法削减成本。

丰田模式不是简单地将削减成本的责任推给供应商，从而削弱供应商的财务状况。丰田与供应商共同学习的方法有很多，在丰田模式中，这些都是做中学的过程，应尽量减少课堂培训。

所有主要供应商都是丰田的区域供应商协会成员。它们是丰田的核心供应商，全年都会经常会面，分享经验、信息和交流疑虑，还有一些协会负责的具体事项，包括联合项目。在美国，蓝草汽车制造商协会（Bluegrass Automotive Manufacturers Association，BAMA）成立于肯塔基地区，因为丰田的供应商最早都来自那里，现在该协会已经扩展到全北美。BAMA 成员都是核心供应商，占丰田北美地区公司年采购量的 65% 以上，采购金额占整车成本的 60%。BAMA 成员可以参加许多活动，包括为了提高 TPS 技能而举行会议的学习小组，这些被称为自主研修（Jishuken）或自愿学习小组。

自主研修小组于 1977 年由运营管理咨询部（Operations Management Consulting Division，OMCD）在日本创立。OMCD 是大野耐一在 1968 年创立的 TPS 专家精英团队，旨在改善丰田及其供应商的运营。当时 OMCD 有 6 名资深 TPS 专家和大约 50 名顾问——其中一些是“三年轮换”项目上的年轻生产工程师，他们正在被培养为制造业领导者。

只有最好的 TPS 专家才能指导 OMCD。大约 55 ～ 60 家丰田主要供应商（占零部件价值的 80%）按地域和零部件类型分为 4 ～ 7 个组。TPS 专家在公司间巡回，一个接一个地开展为期 3 ～ 4 个月的项目。他们选择好一个主题就开始工作，其他供应商的代表定期参观交流并提出建议。OMCD 的 TPS 专家差不多每周都会到现场观察并提出建议。这些项目是很彻底的变革，而不是渐进式的改善。通常 TPS 专家会对工厂布局等大动干戈，并建立单件流单元、均衡化生产，目的是在成本、质量和交付方面实现巨大改进。TPS 专家会设定极具挑战性的目标并竭力实现。

亚乐克（Araco）公司是丰田在日本最优秀的供应商之一，主要产品是汽车座椅。其高管今泉清（Kiyoshi Imaizumi）解释说，自主研修小组沿袭大野耐一最初使用的“严厉精神”来教授 TPS：

> 丰田在日本的自主研修完全不同与在美国的，它是强制性

的——你不能说不。丰田指定供应商参加，并从每个供应商中挑选3～5名成员。丰田派出自己的TPS专家到目标工厂，观察工厂的运营活动并给出一个主题，例如，这条生产线必须减少10人。供应商的团队有一个月的时间来提出解决方案。然后TPS专家会回来检查供应商是否达到了目标。之前有一些参与者因精神压力太大而辞职。丰田在美国有一个温和版的TPS。一旦你通过了丰田在日本的自主研修，你就会对自己更有信心。Trim Masters公司的一位前总裁经历了这一切之后变得十分自信，不向任何人妥协。

丰田已逐渐将其风格转变为一种更有支持性、更少惩罚的风格，尤其是在美国。在美国，最接近OMCD的是曾经的丰田供应商支持中心（Toyota Supplier Support Center，TSSC），现在被称为丰田生产方式支持中心（Toyota Production System Support Center，仍称为TSSC）。它成立于1992年，由OMCD前领导者和大野先生的弟子大庭一领导。该中心在OMCD的基础上稍做调整，以适应美国文化，同时关注实际项目。供应商，甚至汽车行业以外的公司，如新百伦鞋业（New Balance Shoes）、维京公司（Viking Range，LLC）和赫曼米勒，都需要排队申请才能成为其客户。该服务最初是免费的，但后来变成了一种付费的咨询业务。

TSSC会确定一个业务需求，然后为项目选择产品线。该项目包括建立一条示范线。一条典型的示范线涵盖一个制造流程，制造流程生产的零部件后续进入装配线。全面的TPS转型由公司管理层完成，包括JIT、自働化、标准化作业、可视化管理、日常管理、全面生产维护等所有要素。丰田导师将TPS作为一个系统进行教学和演示。随着时间的推移，TSSC成为一个独立的、非营利性的公司，它的业务中，三分之一面向私营公司，三分之一面向非营利组织，三分之一面向慈善组织，只有私营公司需要为服务付费。

TSSC取得的成果是惊人的。从1992年到1997年，TSSC完成了最初的31个项目，在每个项目中都取得了令人瞩目的成果。它平均减少了75%的库存，平均提高了124%的生产力。它减少了占用的空间，提高了质量，并消除了加急运费。在25年的服务中，TSSC为超过320个组织提供服务，包括食品银行、医院、学校、慈善房屋建筑组织、软件开发公司等。

例如，纽约市西哈莱姆区的社区厨房和食品组织每月为客户提供 5 万多份免费餐点。在过去，即使在寒冷的日子里，排队也很长，但餐厅的空间利用率仅为 77%。社区厨房向 TSSC 寻求帮助。TSSC 将运营过程视为组装过程，重点是改善流动和消除浪费：

> 团队很快就确定，与其一次为 10 个客户提供服务，不如一对一地为客户提供服务，后者反而更高效。团队还建议社区厨房为下一批客户创建一个“甲板区域”用于候餐，并指定一名“指挥官”通过协助客户找到空位来确保客户的流动。有了这些改善措施，一旦客户吃完饭，社区厨房就能够更快、更高效地为下一位客户服务。

对这项服务的负责人提供八周的辅导和支持服务后，队伍的等待时间从 1.5 小时减少到 18 分钟，服务的客户数量也大大增加。这种变革继续推广到由 900 家机构组成的纽约市食品银行网络。

我在拜访丰田的供应商时注意到另一件事情：同一家供应商工厂会同时为多家汽车公司供货——而且即使在整个过程中采用相同的劳动模式，丰田的生产线似乎也会表现得更好。为了验证这一点，我们收集了 91 家供应商工厂的数据，这些工厂同时为丰田和至少一家美国汽车制造商供货，这样可以控制许多变量保持不变。果然，在丰田的生产线上，库存周转率更高，在制品库存更低，成本更低，准时交货表现更好。我们认为这与丰田如均衡化生产、每天多次送货等物流措施，以及供应商从丰田那里得到源源不断的辅导和支持有关。杰弗瑞・戴尔（Jeffrey Dyer）和尼尔・哈奇（Nile Hatch）进行的另一项研究得到了类似的结果，他们将其归因于知识共享和学习更快。

与经销商合作，通过教导，而不是强迫

任何制造商的好坏取决于其与分销网络的关系。在汽车行业，这就意味着经销商是汽车制造公司面对客户的形象代言人。丰田的经销商是独立

的公司，丰田视其为合作伙伴。之前对供应商的强压政策对经销商是没有效果的。丰田为销售和服务开发了一个专门版本的丰田模式："建立以愉悦、便利和高价值为目的的经销商网络，并提供集成的 3S（销售、备件、服务）服务，与客户进行直接沟通来发展长期关系。"㊀㊁

丰田很久以前就为经销商开发了一个专门版本的 TPS，但丰田并没有强加给它们，而是提供机会来教授它们。在美国，丰田快速维修店就是一个例子。维修店的主要服务范围是更换机油、润滑油和提供其他日常服务。它的维修系统类似于单独的快速换油业务。丰田开发了该系统，并认证了一个顾问网络，以辅导和帮助经销商建立这个系统。经销商一开始需要为顾问付费，但当经销商达到既定的目标时，丰田会将这笔费用返还给它。

除了丰田之外，我所见过的开发全面的精益经销商系统的最好案例是沃尔沃销售和服务部门。埃纳尔·古德蒙松（Einar Gudmundsson）是沃尔沃全球销售和服务副总裁，阅读了《丰田模式（领导力篇）》之后，古德蒙松决定全力以赴，首先是请了一名最好的外部教练培养自己。他制订了一个"大部屋"计划，包括年度、月度和每日的任务，并持之以恒，每天与员工会面来回顾进度。这种可视化的日常管理推广至所有的职能部门，整车、配件和维修零件的销量都在持续上升。

在这个过程中，沃尔沃深耕从客户体验出发来重新设计经销商提供的服务。客户购买一辆车，之后他们会不断地回到经销商处进行轮胎更换、定期保养和维修。保修期内的费用由沃尔沃承担，但保修期结束后，客户就可能转去其他维修店，这就意味着客户可能会不再和经销商联系。

沃尔沃团队使用自己的价值流图模板来绘制客户将汽车送去维修的流程（见图 11-1），但它现在的流程明显和出色相距甚远。首先，客户打电话描述了问题，和预约专员做好了预约。其次，在预约当天将车开到经销商

㊀ 更多详情可查阅 Yoshio Ishizaka, *The Toyota Way in Sales and Marketing* (Tokyo: Asa Publishing, 2009).

㊁ 可查阅 Jeffrey Liker and Karyn Ross, *The Toyota Way to Service Excellence* (New York: McGraw-Hill, 2016)。该书详细阐述了丰田的服务哲学，它为销售和服务经销商提供了宝贵的指导。

处，登记信息（可能需要重复在电话中已经告诉预约专员的信息）。再次，如果没有人接送，客户可能会整天都要坐在等候区。在此期间，客户可能突然会接到通知说经销商没有维修汽车所需的零件，好消息是第二天早上就有货了。客户不得不把汽车开回家，第二天再来一次，或者把汽车留在经销商那里，第二天再开走。最后，汽车终于修好了，客户又需要到独立的财务部门去付款。

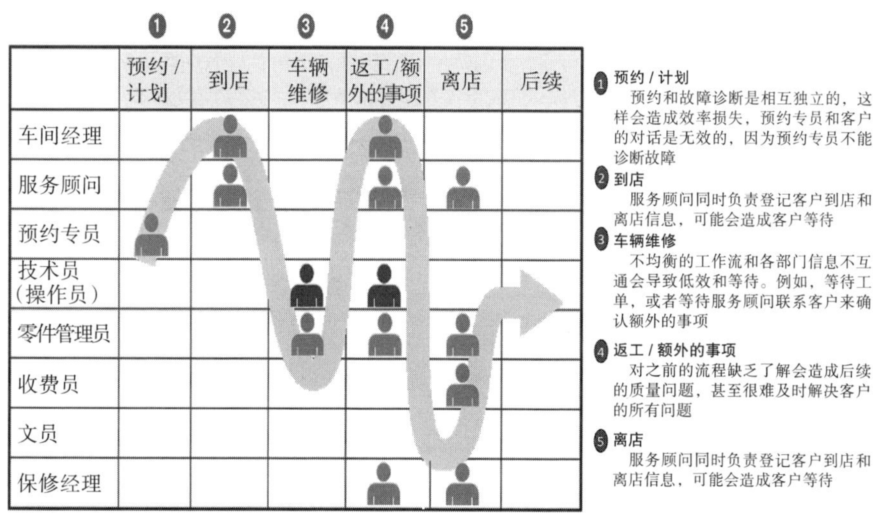

图 11-1 沃尔沃经销商汽车维修店的传统客户价值流

资料来源：沃尔沃。

沃尔沃从客户的角度重新考虑了一切。理想的状况是怎样的？答案是：一小时内可以修好车并离开，从第一次说明问题到付款只和一个人打交道（见图 11-2）。

经过大量的试验和学习，沃尔沃升级了客户体验。客户不需要打电话给预约专员，而是直接打电话给技术员（在购买汽车时沃尔沃就会给客户分配一个技术员）。技术员了解情况、提出诊断相关的问题并安排预约。如果技术员觉得需要更换零件，他会致电维修零件仓库订购，然后将它们放在按照服务类型或维修类型排列的托盘上。托盘连同维修所需的工具一起放在带轮的手推车上，及时送达维修车间。办理到店登记手续的时候客户是和技术员沟通，他可以选择在舒适的休息区等候，那里提供拿铁和小吃，甚至有儿童游乐区。一小时不到，维修结束，技术员简单和客户沟通总结。客户可以直接向技术员付款结算，然后就可以开车上路了。

	预约 / 计划	到店	车辆维修	返工/额外的事项	离店	后续
车间经理						
服务顾问						
技术团队（安灯）						
预约专员						
技术员（操作员）						
零件管理员						
收费员						
文员						
保修经理						

图 11-2　沃尔沃经销商汽车维修店的精益客户价值流——“一小时维修”

资料来源：沃尔沃。

古德蒙松组建了一个精益领导团队，这个团队在世界各地帮助经销商建立这个维修系统。该系统取得了巨大的成功，使每个维修店的吞吐量平均增加了一倍以上，这对没有扩展空间的城市中心来说非常重要。但是古德蒙松仍然不满意。经销商总是有选择地实施，当然，也就只获得了其中的一部分收益。当他有机会成为瑞典哈尔姆斯塔德的一家拥有两家沃尔沃经销商的企业的首席执行官时，他决定离开沃尔沃，接手新的工作。这样他就可以导入整个系统，并将其用作沃尔沃和其他经销商的教学实验室。

在后台（客户可以通过大窗户看到维修区），维修区的组织方式就像丰田班组的作业单元。古德蒙松第一次接手时，每个维修单元都分配了一名技术员。与修理相比，技术员花费更多的时间在车辆周围走动。实验表明，如果车辆两侧各安排一名技术员遵循标准化作业并有效沟通，他们的工作效率可以是原来的两倍以上。班长负责为技术员提供支持，包括负责安排、跟踪和响应安灯信号。

班长在一块被称为“脉冲板”的工具协助下，直观地计划一天的工作并应对异常情况（见图 11-3）。脉冲板的上方是两人一组的技术员的名字，下方是他们的预约安排以及预计每项工作需要的时间。彩色的磁铁用于表示工作状态和其他信息，例如客户是在等待还是已经离开，汽车是新车还是二手车，或者是否存在需要检查的特殊问题。没有客户需要服务的空闲时间也被安排用作培训、5S 和计划等方面。由于公司针对常见的服务和维修项目制定了标准化作业表，因此实际需要的时间是相对可预测的。

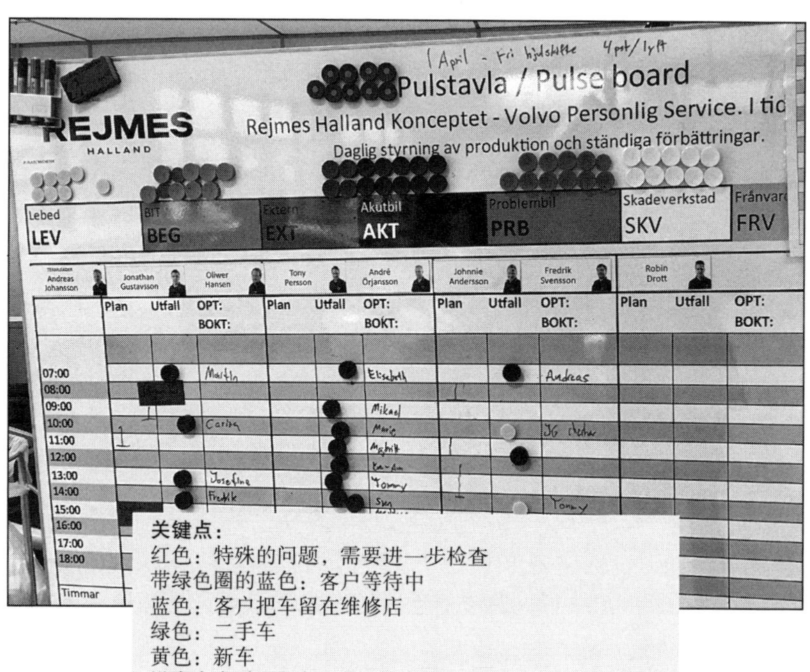

图 11-3　沃尔沃经销商脉冲板——可视化的一天工作安排

资料来源：沃尔沃经销商。

经销商全流程都采用精益管理，包括可视化计划和销售人员的每日站立会议。古德蒙松最初接管此经销商时情况一团糟，不仅亏损，客户满意度得分还在瑞典沃尔沃经销商中垫底。几年之内，它就成为利润最高、客户满意度得分最高的瑞典沃尔沃经销商之一。正如古德蒙松希望的那样，他的维修店成为世界各地经销商学习的地方。通过举办培训班，他对精益经销商的理解更加深刻。

除了供应商，丰田还努力与服务提供商和所在的社区共同学习、和谐共处

如果你买了房子，你可能在成交时签署了无数文件，相信并希望它们都是标准文件，以后不会给你带来困扰。也许律师审查了文件，告诉你一切正常，并且你认真地签署了每份文件。在大多数公司中，这似乎是一种自然的经营方式，但如果遵循丰田模式，则并非如此。

理查德·马勒里（Richard Mallery）在 1989 年被丰田聘为律师，帮助收购位于菲尼克斯西北部的 1.2 万英亩㊀土地。今天，它是丰田亚利桑那试验场，车辆在测试车道上行驶并接受测评。这片土地包括道格拉斯牧场北部的四分之一。马勒里处理过规模更大的交易，在他看来，这次收购是例行公事。但他从未为丰田这样的客户工作过。马勒里这么解释：

> 我对亚利桑那州的法律历史及其成文法和普通法的发展有了前所未有的全面了解（笑），因为我必须回答丰田的所有问题。我不能只是指着产权政策说："我们一直都是这样做的"或"别担心，卖家会赔偿我们"。为了回答丰田所有的问题，我再次成为一名学生，学到了很多关于联邦制度的知识，该制度首先将亚利桑那州确立为领土，然后再建立州。

丰田想知道卖方是如何获得所有权的，以及所有权是如何追溯到最初

㊀ 1 英亩 =4046.86 平方米。

的所有者——联邦政府的。在为丰田服务 14 年之后，马勒里总结道："丰田是杰出的战略和战术分析师。在丰田，没有任何假设，一切都经过验证。丰田的目标是用正确的方式把事情做对。"

理查德·马勒里在 2002 年又有了一次深刻的学习经历。丰田意识到，在亚利桑那试验场附近的大型住宅开发计划会威胁到整个周边地区的长期供水。丰田采取法律行动阻止开发商，并努力组织市民委员会来抗议该计划。但丰田并没有采取对抗性的方法，而是试图与所有利益相关方——开发商、市民委员会和当地政府达成共识。它们努力寻找一个让所有人受益的解决方案。最终，开发商同意留出 200 英亩土地，并支付数百万美元的基础设施费用建造地下水补给点。基本上来说，开发商每使用一加仑水，就会购买一加仑水来补充含水层。马勒里当时负责领导这个项目，在各方建立共识。他是这么讲述的：

> 开发商、市民委员会和当地政府——所有的利益相关方都认为丰田为所有人提供了良好的服务，并且从各方的角度出发，让所有的当事方都满意。该镇最终为地下水沉降问题找到了一个更负责任、更长期的解决方案。对开发商来说，问题也得到了解决，而它们最终不得不解决这个问题——就算现在不解决，也许 30 年后仍要面对。关键在于"是什么"以及"如何产生影响"——在接下来的 50 ～ 100 年里保护土地，而不仅仅是在短期内。

现在让我们将这种建立共识的行为放回到公司的日常业务中来。在大多数公司内部，每个人都是在同一个团队内的（在同一个公司），似乎没有理由采取对抗性的行动。然而，我在大公司中听到的最普遍的问题是存在"孤岛"。许多不同的团队都在各自的孤岛中，似乎更关心自己的目标，而不是公司整体的成功。这些团队可能是采购、会计、工程和制造等职能部门，也可能是实施新软件甚至是精益制造的项目团队。这些团队似乎经常表现得希望在它们的特定部门或项目中获得所有资源，它们的观点应该主导公司的决策。有时，即使其他团队在此过程中失败，它们似乎也想不惜一切代价获胜。

在丰田就不是这样。就像与亚利桑那州的外部团体达成共识时的流程一样，丰田每天都在应用这个流程从组织的各部门中获得意见，它鼓励各部门参与，最终达成一致。这并不意味着各方都能如愿以偿，但都会有公平的机会表达自己的意见。

建立一个广义的学习型组织意味着授权他人

我一直在反思美国汽车公司与供应商之间建立关系失败的原因，也想知道为什么它想要乘坐电梯直达顶层，而不在中间的任何楼层停留。我将这个问题概念化为金字塔或等级制度。回想起大学时学习的社会心理学，我想到了马斯洛需求层次理论，该理论认为，人类只有在食物和住所等较低层次的需求基本得到满足的情况下才会追求满足更高层次的需求，例如自我实现（发展自己）。所以，我提出了一个价值链需求层次结构，可以向上和向下扩展价值流（见图 11-4）。

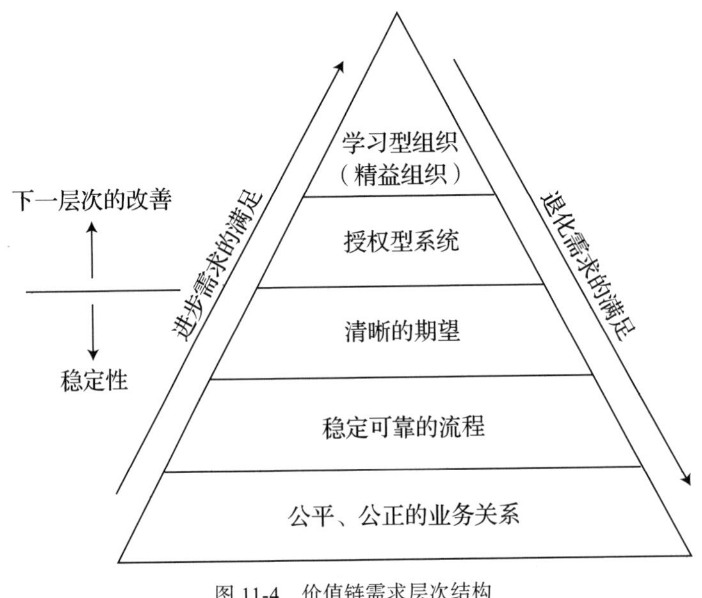

图 11-4　价值链需求层次结构

供应商拼命向美国汽车公司传达的信息是，在解决更基本的问题之前，它们对所谓的供应商培养项目不感兴趣。作为起点，它们想要公平、公正的业务关系。美国汽车公司的许多做法是不公平的。例如，美国汽车公司采用了丰田的目标定价做法——为供应商设定目标价格，而不是依靠竞标，但它们没有有效执行。其中一个供应商这么解释道：

> 我们和美国汽车公司的每个部门都打过交道，经历了不同的目标成本流程。如果价格高于目标，它们就无法发出采购订单。但是我们已经启动项目，在没有采购订单的情况下就投入生产。

美国汽车公司还开发了一个漫长而复杂的流程，从质量角度证明供应商的流程是有用途的。虽然它很复杂，但供应商接受了它，然而美国汽车公司一直在改变它。事实上，它在新车计划期间被多次更改，每次美国汽车公司都会将认证流程延长。在获得认证之前，供应商拿不到已经投入的模具费用，即使他们已经在生产和供应符合美国汽车公司质量标准的零件。

这又回到了前言中讨论的强制型与授权型官僚组织的概念。美国汽车公司和丰田在与供应商打交道时都非常官僚主义。我的意思是，有大量的标准、审计程序和规则等。虽然供应商认为美国汽车公司具有很强的强制性，但它们很少以这种方式看待丰田。尽管丰田也使用类似的质量方法和程序，但其官僚主义通常被认为是正面的。例如，一家美国汽车内饰供应商这样描述它与丰田的合作：

> 在解决问题时，丰田不会像美国汽车公司那样进行 15 次详细的过程能力研究。丰田只是说："在这里和那里减掉一些材料，就可以了——试试看。"11 年来，我从来没有为丰田制作过原型模具。膝垫、地板、仪表板这些零件与上一个车型非常相似，没必要再去做原型模具。当出现问题时，丰田会详细审视问题并提出解决方案——专注于让它变得更好，而不是指责出现问题的部门。

除了希望和客户建立公平、公正的业务关系之外，供应商还需要客户确定自己的流程。业务从稳定可靠的流程开始——比如在第 4 章中讨论过的均衡化，这点通常会被忽视。如果客户自己的生产流程没有实现均衡化，供应商就会不断地受到干扰，也就无法推行精益系统。供应商别无选择，只能大量生产库存，最后堆成墙。只有这样，客户碰巧需要的任何产品才有库存可以发货，然后供应商再通过内部拉动系统进行补充。一位供应商向我展示了为一位未实现均衡化的客户生产的大量库存，并称其为客户的“耻辱墙”。

图 11-4 中的价值链需求层次结构表明，在关系稳定到具有公平、公正的业务关系、稳定可靠的流程、清晰的期望之前，不可能达到更高层次的授权型系统，更别说构建学习型组织了。同样的原则适用于经销商网络的销售方。我不知道有多少次听到美国汽车公司的经销商抱怨某些车型的销路不畅。但无论如何，它们都被迫购买更多的这些车型，这样制造商的销售数字看起来就好看很多。它们从制造商那里感受到的压力也大于得到的帮助，甚至认为制造商没有能力提供帮助。美国汽车公司为经销商提供了某种奖励计划，例如星级排名，它被经销商视为另一种没有任何支持的外部压力。相比之下，丰田会定期派人到经销商处提供实际帮助。这些人带来出色的本地营销数据并提供计划，真正帮助经销商学习精益方法。在真正遇到危机的时候，丰田甚至会为经销商提供经济支持。

丰田模式的原则 11 是“尊重价值链中的合作伙伴，提出挑战并帮助它们改善”。真正巩固丰田作为价值链管理的典范的是与合作伙伴一起学习和成长的方法。在我看来，它实现了一些独一无二的东西：成为广义的学习型企业。我认为这是精益企业的最高形式。

关键点

- 丰田将尊重员工和持续改善带到整个价值链，提出挑战并培养关键的外部合作伙伴。
- 从消费者的角度来看，他们购买的毕竟是丰田汽车，因此所有供应商提供的零部件都必须具有与丰田零部件相同的设计质量和功能。同样地，消费者认为独立的经销商也是丰田的一部分，它们也必须体现丰田的品牌。

- 丰田以完美的零部件交付和激进的成本目标为供应商设置挑战。
- 大型零部件系统的一级供应商在开发早期参与零部件设计，与丰田工程师合作，朝着同样激进的成本、质量、重量和功能等目标一起努力。
- 丰田有多种方式来培养供应商，包括区域供应商协会；来自采购、质量和制造方面知识渊博的专家的直接支持；由 TPS 培训专家指导的示范线项目。
- 尽管面临来自丰田的挑战和高标准导致的压力，供应商通常还是将丰田评为最值得信赖和最受尊敬的客户。
- 丰田会谨慎地选择业务规模较小的新供应商，会花费多年时间来建立全面合作伙伴关系，并且很少“解雇”供应商。
- 丰田将尊重和挑战延伸到整个价值链，包括与客户直接接触的经销商。
- 牢固的供应商关系基础始于公平、公正的业务关系以及稳定可靠的流程。
- 最终目标是建立跨价值链的学习型企业。

参考文献

1. T. Nishiguchi and A. Beaudet, "The Toyota Group and the Aisin Fire," *Sloan Management Review*, Fall 1998, vol. 40, no. 1.
2. Hideshi Itazaki, *The Prius That Shook the World: How Toyota Developed the World's First Mass-Production Hybrid Vehicle* (Tokyo, Japan: The Nikkan Kogyo Shimbun, LTD, 1999).
3. IHideshi Itazaki, *The Prius That Shook the World: How Toyota Developed the World's First Mass-Production Hybrid Vehicle.*
4. Jeffrey Dyer and Nile Hatch, "Using Supplier Networks to Learn Faster," *Sloan Management Review*, Spring vol. 45, no. 3, 2004.
5. Jeffrey Liker and Yen-Chun Wu, "Japanese Automakers, U.S. Suppliers, and Supply-Chain Superiority," *Sloan Management Review*, 2000, vol. 41, no. 2.
6. Jeffrey Dyer and Nile Hatch, "Relation-Specific Capabilities and Barriers to Knowledge Transfers: Creating Advantage through Network Relationships," *Strategic Management Journal*, vol. 27, no. 8, August 2006, pp. 701–719.
7. Jeffrey Liker and Thomas Choi, "Building Deep Supplier Relationships," *Harvard Business Review*, December 2004, pp. 104–113.

第四部分

问题解决：科学地思考和实践，实现期望的未来状态

四、问题解决
12. 深入观察，不断学习（PDCA）
13. 达成目标共识
14. 远大的战略、大跨步和小进步

第 12 章 The Toyota Way

原则 12：深入观察，不断学习（PDCA），克服每一个挑战

> 在对 200 台织布机的测试过程中（测试它们是否会在实际条件下运行良好）我提出了不同的建议，我的父亲一一进行了尝试。人类经常会有无数无用的想法，而当你尝试将它们付诸实践时，你会发现，你觉得有用的想法可能会出乎意料地无用，但是你认为无用的想法可能有时也会出乎意料地好，所以实践第一。曾经我与父亲讨论一件事，结果是我的理论胜出，得出的结论是这件事并不值得尝试，但是我的父亲认为“尝试一下也没什么”，因此我尝试了，结果与我的预期恰恰相反，实际运作得非常好。从那时起，我就不再将讨论放在首位了。
>
> ——丰田喜一郎

21 世纪初延续了 20 世纪末标志性的动荡、不确定与竞争激烈。一家公司可以从开业或提供服务开始，就一直生产某产品并保持其原始竞争优势的日子已经一去不复返了。适应性、创新性以及灵活性替代了这种旧的商业模式，并成为公司生存的必要因素以及成功公司的标志。即使是非营利组织与慈善组织也必须得争夺资源才能维持生计。维持这种组织行为需

要一个基本属性：学习能力。事实上，在当今商业环境中，我们对任何组织的最高赞美就是它是一个真正的“学习型组织”。

1990 年，彼得·圣吉（Peter Senge）在《第五项修炼》（*The Fifth Discipline*）一书中推广了这一概念，将学习型组织定义为：

> 一个人们不断提升创造他们真正想要的结果的能力的地方，在那里人们培养新的和全面的思维模式，在那里人们释放集体愿望，在那里人们不断学习如何一起学习。

圣吉专注于“全面的思维模式”，其最优模式是具备系统性思维，并学习如何学习。换而言之，学习型组织不仅仅是采用与开发新的业务或者技术能力，它已经进化到学习的第二个层次：如何学习新的技能、知识与能力。要想成为真正的学习型组织，组织的学习能力应该随着时间提升，从而使组织的成员得以适应不断变化的竞争环境。

在我学习与工作过的所有机构中，包括世界级的公司与主流院校在内，丰田是最接近圣吉设想的学习型组织的机构之一。丰田没有阅读《第五项修炼》中有关系统性思维的内容，也没有举办如何成为学习型组织的研讨会，丰田以更加艰难曲折的方式成为学习型组织：数十年的实践以及逐个培养科学思维与学习能力。丰田认识到学习型组织必须建立在学习型个体之上，个体必须通过不断反复实践才能形成科学思维，并且在这个过程中需要教练辅导。大野耐一就是一位出色的教练，他培养学生们如何观察、尝试、反思以及学习。在大野耐一看来，最大的错误就是把发生的事物当作理所当然，并且假设你知道——他会这样强调：“回到现场！”

学习刻意地应对重大挑战[⊖]

作为其博士研究的一部分，史蒂芬·斯皮尔（Steven Spear）有一个独

⊖ 本节节选自 Steven J. Spear，“Learning to Lead at Toyota”，*Harvard Business Review*，May 2004, pp.1-9.

特的机会亲身体会大野耐一教授与培养人才的方式。他参观了 TSSC 并且请教了很多人，其中包括从外部聘请到丰田肯塔基工厂担任经理的达利斯（化名）。这位经理拥有双硕士学位并且丰田认为他比较理解 TPS，但是他还是需要从去现场学习丰田改善方式开始。

他的日本导师高桥（化名）让他帮助乔治城发动机工厂装配线的 19 名员工，支持他们提升生产效率、设备可动率以及人体工程学安全。在六周内，他被要求一遍又一遍地观察与改善工作流程。他与组长、班长以及团队成员们一起工作，识别出一个个小问题，然后改善并评估，复位并重复。每周一达利斯与他的导师会面，导师会询问他上周观察了什么工作流程，对发现的问题是如何想的，做了哪些改善，并对他所作所为做出评估与提出建议。每周五导师会回顾达利斯这一周的工作，并将结果与之前的预期做比较（在之后有关丰田套路的小节中我们会再次看到这个模式）。

达利斯在六周中对单个流程进行了 25 项改善，针对工作重新分配提出了 75 项建议，并认为需要对设备进行大规模的重新配置，所有这些都在一个周末内落实了。第六周，达利斯与他的导师回顾了这些变化，结果令人震撼，原本需要 19 人的装配线现在只需要 15 人就可以完成工作。

在达利斯完成六周的团队工作后，导师让他在之后的六周中关注设备效率，他需要达成设备可动率 95% 的目标。达利斯完成了 90%，虽然取得了不菲的成绩，但是没有达成目标。

此时达利斯的学习仍然没有完成，需要学习的内容比达利斯预期得要深入得多，他又被派往日本著名的上乡发动机工厂开展类似的学习。斯皮尔解释道：

> 十二周的美国发动机工厂学习之后，高桥认为达利斯对于人与机器的观察与将想法实地试验方面取得了一些进展，但是高桥担心达利斯对于做出改善有一些心理负担，并且他进行试验与完善改善的速度较慢，所以他决定将达利斯送往日本看看丰田在本土是如何改善的。

达利斯被分配到一个区域，目标是三天内做出 50 次改善（折合每 22

分钟做出一次改善)。在第一个班次中，达利斯在一个日本队友的帮助下，产生了 7 个想法，其中 4 个得到了实施。当他知道两名同样在学习的比他职位低的日本班长在同一个班次中分别产生了 28 个与 21 个想法时，他感到非常震惊，于是他更加谦虚并加快进度继续学习，最终取得了很好的成绩。

这还没有结束，他后来被送回美国并且试图达成之前未达成的设备可动率目标，为什么是 90% 而不是 95%？他究竟忽略了什么？他继续像他在接受训练时那样不断改善，设备可动率最终达到了 99%，更重要的是达利斯对自己作为领导者、问题解决者的认知以及对工作团队的尊重发生了巨大的变化。斯皮尔回顾了达利斯这段改变人生的经历以及他得到的教训：

（1）去现场直接观察是无可替代的。
（2）提出的想法必须通过试验进行结构化。
（3）员工与经理需要尽可能频繁地进行试验。
（4）经理需要充当教练的角色，而不是去救火。

1 ～ 3 点都揭示了我们不能立即理解问题或者得到方案，必须去现场寻找方案的道理。事实上，管理者无法仅仅靠召开会议或者坐在电脑前去做这 4 点中的任何一点，所有这些都需要在现场花费时间观察，试验想法并且与一线人员进行合作。

了解现状：问五个为什么

丰田著名的 5why 分析法几乎成为丰田解决问题的代名词，但是很多人却对其产生了误解。大野耐一强调问题解决需要找出“根本原因”而非“源头”，根本原因藏在源头之外。例如，经常作为教学案例的五个为什么的例子是从地板上的漏油开始的，你可以马上清洁，但是如果没有找到根本原因，它很可能会再次发生。而当你问为什么、深挖根本原因时，你将会越来越深入，直到你发现如果不改变当前采购部门的评估方式，类似的问题就会持续发生（见图 12-1）。问五个为什么不一定就能找到确切的原因，如漏油案例中，在得到垫圈变质的答案之后，后面可能就会出现争论，如为什么设计中允许这类问题出现，结果可能是取消垫圈并重新设计零件。在发生这样的情况之后，我认为最重要的是基于深入的现场观察并采取一些试验，而不是单纯地抽象理解。大野耐一的弟子林南八强调想要找到根本原因，必须去现场："用脚（去现场）调查过程，用手画出流程，而不是用计算机。"

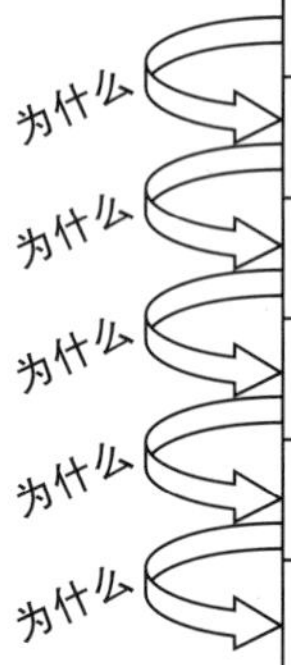

问题层次	对应的解决方案
车间地面上有一滩油	清理油渍
为什么 → 因为机器漏油	修理机器
为什么 → 因为垫圈变质了	更换垫圈
为什么 → 因为购买了劣质材料做的垫圈	更改垫片规格
为什么 → 因为这些垫圈价格便宜	更改采购策略
为什么 → 因为采购会根据短期的成本节省原则进行供应商评估	更改采购供应商评估的策略

图 12-1 五个为什么原因分析

资料来源：Peter Scholtes，《领导者手册》（丰田汽车公司）。

2013 年发生在美国中西部一家儿科医院生死攸关的例子说明了去现场的重要性。[⊖]三个婴儿的皮肤呈现青紫色，这意味着他们呼吸暂停，医院为他们连上了各种仪器监测生命体征，希望仪器每 30 秒反馈一次结果，但是事实上平均 150 秒才会反馈一次结果。问题非常严重，引起了院方高层的关注，院方召集了由 30 名专家组成的团队解决这个问题。

⊖ 这是爱德华告诉我的，他领导了这家医院的持续改善。

团队留出了 4 小时来谈论这个严重的问题，不幸的是，团队一开始就得出了一个结论：“我们需要一个新的计算机系统来解决这个问题。”他们的主要依据是：“我们的临床医生都是训练有素并且道德水平良好的专业人员，他们不会故意伤害婴儿。”所以只可能是计算机系统的问题，而新计算机系统的预估成本高达 500 万美元，尽管这样，他们还是确认这就是根本原因，他们对现在的计算机系统供应商感到非常愤怒。所以这群人如果问五个为什么，他们得到的结果只可能是五个名字，然后他们就会越来越愤怒，于是越来越多的人会受到指责。

爱德华·布莱克曼（Edward Blackman）作为 IT 持续改善负责人被邀请参与这次会议。他很确信他过来只是列席而已，但是他不能让医院可能花了 500 万美元，但是解决不了问题。他必须要让大家重启问题调查，因为他之前都是先去现场的，但是他也很清楚，如果事后他自己去现场调查然后推翻会议上的结论，可能也于事无补，因为没人愿意承认自己之前错了。于是他建议大家一起去现场，因为现场就在楼上，并且原定 4 小时的会议现在只过了不到 1 小时他们就认为找到了“根本原因”并确定了“解决方案”，所以大家同意去现场。

在开始去现场调查之前，布莱克曼召集了相关人员，包括主任、护士长、护士、IT 分析人员、质控人员、技术人员以及行政人员，他们花费 10 分钟讨论了真正发生了什么，讨论的核心是“实际发生了什么”，而不是“按照程序与流程是怎样的”。很显然没人知道真正发生了什么，他们在现场调查了 2 小时，对相关负责人员进行了询问，对响应过程拍摄了录像并进行了计时，并且团队成员扮演了病人与响应的临床医生的角色来了解实际的流程是怎样的。

调查结束后，所有人都清楚这个问题与糟糕的计算机系统无关。这是一个如何设置现有软件与如何培训包括患者家属在内的人员的问题。图 12-2 是这个婴儿住院区的布局图，展示了这个问题是如何发生的。婴儿住院区的外侧是病房，在中间，是与病房的声音隔绝的登记台，而这里是接收警报信息的地方。

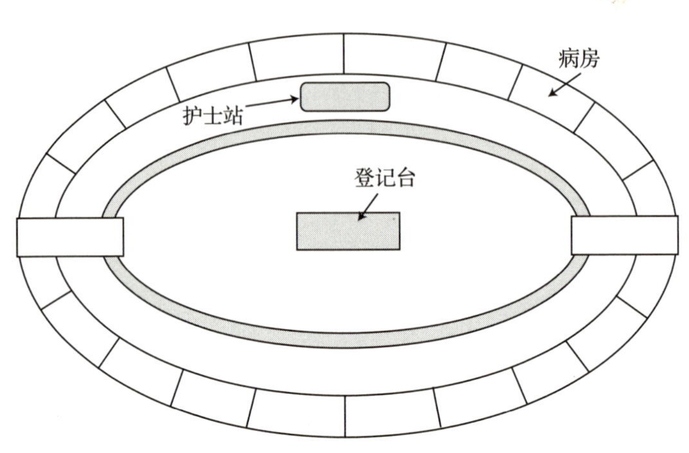

图 12-2　婴儿住院区的布局图

一行人前去与登记台的行政助理沟通，布莱克曼询问行政助理当有警报时她是怎么做的，得到的回答是："我会关掉它。"大家越发不安了，当被问到为什么关掉时，她回答："因为总是误报。"大家开始窃窃私语。布莱克曼问她是如何得知某次警报是误报的。她说："当有警报时，我应该收到语音跟进，如果没有相应的语音跟进，我认为就是误报。因为我认为真的有危险时，婴儿的父母会出声请求帮助。而连接在婴儿身上的传感器也会发出信号，但由于婴儿总是翻滚，触发了传感器，导致误报。"流程如图 12-3 所示。所有人开始质疑医院之前是否真正了解了现状，现在他们更有意愿去调查现状了。

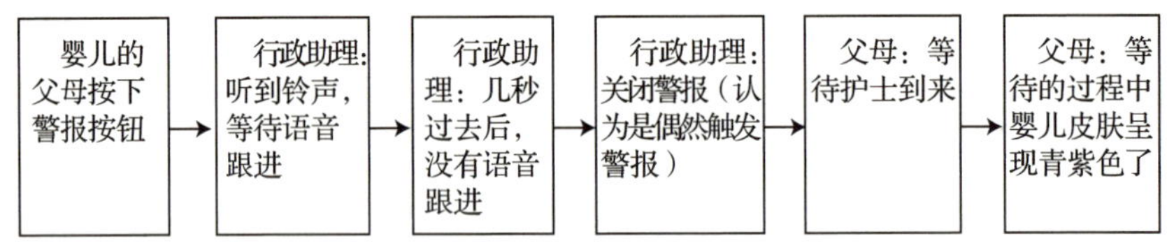

图 12-3　当前父母按下警报后续的流程

还有一些其他发现，如采购部门买错了传感器，一些传感器是为成人设计的，黏性较小，总是翻滚的婴儿会让传感器更容易脱落，一旦脱落就会自动触发警报。此外，传感器应该每 12 小时就更换一次，但是现在护士无法判断 12 小时是否已过。每个病房外面都有不同颜色的警示灯，提醒急救人员里面正在发生的事情，但似乎没有人知道它们的含义。

当天他们就做了两件意义重大的短期改变：

（1）行政助理无法远程关闭警报，只有在病房中的临床医生才能关闭。

（2）所有的陪护人员与婴儿的父母都接受了如何使用警报的培训，并且医院将指导书贴在病床边。

较长期的低成本改变是他们设计并且试验了一个新的流程，例如简化警示灯系统以及为婴儿采购合适的传感器，但是再也没有人提新计算机系统的事情了。结果是干预后的反应时间从 150 秒降低到了 20 秒（比预期目标更优秀），并且再也没有发绀婴儿了。除此之外，这些改变延伸至医院的其他区域，类似的问题也可以得到解决了。

我们能从这个案例中得到什么教训呢？很明显，即使是一群非常聪明并且充满善意的人坐在会议室里，进行脱离事实的讨论也是解决不了问题的。问五个为什么并不能提升他们的知识水平，让他们可以解决问题（有人称这种试图通过理论而不是根据实际解决问题为“纸上谈兵”），但是去现场寻找数据与事实可以得到问题的答案。

大野耐一告诫他的学生：“在现场观察需要带着空白的大脑去，不能先入为主。要对每一件事情问五个为什么。”到底问几个为什么不重要，重要的是在现场观察的过程中了解事实，逐渐消除假设与放弃之前预设的方案。

互联网时代的现地现物与五个为什么

新技术给我们学习与问题解决带来了哪些变化呢？在第 8 章中，我们可以看到像电装这样的成熟公司借助物联网技术帮助人们深度思考，而不是替代思考。例如，在标准化作业中，电装的智能计算机系统可以帮助观察与记录数据，数据搜集是实时的并且通过 AI 进行分析与提供反馈，人们可以在任何时候调取任何时间段发生的事。这些都可以让人们专注于改善，但是不能代替人们去现场。计算机系统提供的信息可以让人们改善时更有目的性，人们可以批判地接受计算机系统的信息，从而可以更明确去现场的目的。

2020 年 5 月 12 日的年度财务业绩发布会上，丰田章男被问到在百年一遇的移动行业转型中他想坚持什么，他是这样回答的：

> 工作在现场或者一线发生。现场是真实的，这么多年以来我们一直在现场培养的东西是任何数字化或远程办公系统都无法取代的，无论这些系统多么先进。只有在现场人们才能工作，做只有人能做的事情，丰田人也只有在现场才会更深入地改善。有了这种能力的不断提升，我会将丰田打造成所有人都可以对未来抱有很高期望的公司。

但是，他也强调在数字时代尤其是在新冠疫情影响下线上工具的使用，大家需要重新考虑现地现物的某些方面。例如，他发现了虚拟会议的一些好处：

> （长期留在丰田市）我减少了 80% 的差旅时间，也减少了 85% 的会面人数、30% 的会议时间以及 50% 的会议准备文件。

他更深入地解释：

> 丰田的现地现物理念是去实际工作的现场看产品实物，我觉得我们必须再次明确定义。到目前为止，我们仍然需要重视：首先需要去实际工作的现场，这是理所当然的；看产品就需要看产品实物，将产品放在眼前看，目前为止没有人质疑这个理念。但在过去的一个月里，我们更多地通过显示器上的图像来看产品，我认为有些时候可以在显示器上查看产品，但是有些时候必须看到产品实物，有些东西只有在现场才能感受到。因此，对于那些需要去现场实际感受产品、感受人的事情，就应该去现场进行。我想我们不应该只是主张我们到处都在现地现物，我们需要明确在什么条件下必须要去现场。

我不相信丰田章男会放弃对真实情况的了解，针对这点我与丰田前经理约翰·舒克讨论过，他恰如其分地指出了搜集信息和分析信息的原则与具体方法之间的不同：

> 我相信丰田章男只是在谈我们需要将去现场这个理念回归目的，不仅仅是选择什么时候去现场，还要明确去现场的目的。现地现物意味着需要弄清楚真实情况，至于途径是什么并不是最重要的，所以并不意味着总是需要去现场看，但是必须得弄清楚真正发生的事实。现地现物如此，问五个为什么同样如此，重点并不是问出五个问题，而是追求真实的因果关系。至于如何理解现实，方法越简单越好，可以从简单地问五个为什么开始，当需要用更复杂的方法时再用更复杂的工具。现地现物与问五个为什么是为了确认真实情况与分析原因，是基础的也是必须掌握的。

我们又一次认识了工具与思维方式之间的区别。单纯地使用信息化工具而不加任何批判、不经过科学的思考，有可能得不偿失，但是若与科学思维与实验结合起来，则可以起到很好的促进作用。在发绀婴儿案例中，刚开始团队认为是计算机系统的问题，但是如果没有去现场，而是简单地更换计算机系统，就会发现这样不但不能解决问题，反而会成为解决问题的阻碍。

合适的时候，回到科学的“第一性原理”

查理·贝克（Charlie Baker）在本田产品研发部的时候也学习了问题解决。他在离职去别的公司的时候同样带走了这套模式——但是这套模式与丰田的做法有一个关键的不同之处：问题解决步骤类似，但是“寻找根本原因”变为“理解物理原理”。因为汽车行业工程师面临的很多问题可以从物理原理上解决，在这种情况下，根本原因经常是一些常用的物理原理。临床医生、工程师以及物理学家们遇到问题时，都是基于已经经过数百年研究与认证的科学知识来解决问题的。

贝克离开本田后任江森自控汽车座椅工程副总裁时，他是带着这个思维的。通常情况下，解决汽车行业问题时不会有太复杂的数学模型，只是一个权衡曲线。当谈到降低座椅成本时，他从“第一性原理”出发：座椅的原始组件是什么？竞争对手的每个组件的成本是多少？看完数据，他将每个组件的最低成本与 JCI 现在的数据相比较，然后创立了一个座椅的“弗兰肯斯坦”模型。理论上，如果 JCI 使用所有成本最低的组件，座椅成本可以降低一半，但是由于适配性等原因，最后贝克向开发团队提出了座椅成本降低 30% 的挑战。完成这些，贝克更进一步与财务合作开发成本模型。制造流程中哪些因素会影响一个组件的成本？根据逻辑反推就可以明确要想达成降低成本的目标需要什么样的制造过程。设计团队最终通过产品创新与过程再造实现了 30% 的座椅成本降低。

有趣的是，我发现埃隆·马斯克也是利用“第一性原理”的逻辑在电车组件工程上取得了突破性进展。“它的物理原理是什么？要花费多少时间？要花费多少成本？”例如，作为电动汽车的最大成本部分之一的电池，也是电动汽车设计里程数的关键约束。在与电池供应商谈判时，他对供应商提供模糊的成本很不耐烦，督促他自己的工程师回到“第一性原理”：当将电池拆解为原材料时，他们得出可以用一半的成本制造电池的结论，并且可以控制他们后续巨大的电池需求得到有效供应——这直接促使特斯拉做出建造著名的特斯拉电池超级工厂的冒险决策。

科学思维的障碍以及如何克服

我觉得让高管与经理们相信科学思维是一件好事并不困难，例如戴明倡导的“管理事实”已经被广泛接受与认可。在高度控制的组织中，这意味着“找出关键绩效指标的数据，让员工对结果负责”。负责的意思是：结果与奖惩绑定——能行就上，不能就下。

丰田的做法不一样：培养人的思维方式，让他们能清晰理解下一步的方向；去现场观察、问五个为什么以深入认识现状；不断试验以及学习以便最终达成目标。这就是"实用的科学思维"，其与后面章节所述的改善套路相符合。从某种意义上说，训练人的科学思维是在与人的本能进行对抗，人的本能就是在没有充分了解事实之前就急于下结论并且给出解决方案。

我们的神经系统是经过数百万年、按照适者生存的原则进化形成的。一些研究人员认为：进化可能始于爬行脑，它具有基本的生命保护功能，如控制呼吸、进食、生育、战斗、逃跑或冻结反应。然后在此基础上进化的是哺乳脑，其控制记忆和情绪的产生：快乐、痛苦、恐惧、自我防御和寻求安全。这些情绪往往是反射性的，不会产生经过深思熟虑的计划。最后是皮质脑，它是大脑中独特的部分，我们在这里进化出语言、自我意识、抽象思维、时间感，让我们拥有推理和想象事物的能力。

在人类大脑进化的大部分时间里，生存意味着收集食物、对抗人类和动物掠食者，以及繁殖以传播我们的基因。深刻的反省和科学思维并不能确保生存、基因的传播以及快速的反应，也无法提升身体能力。因此，认知心理学家、诺贝尔奖获得者丹尼尔·卡尼曼发现人类具有快速思考的本能也就不足为奇了。他发现缓慢思考与本能相违背，人类甚至会感到痛苦。那些成功传递基因的人类，其大脑不鼓励缓慢思考，因为深入思考会让人感到痛苦。卡尼曼提出可将大脑思考简化为两个并行的系统：

- 系统一：快速思考是用直觉思维——快速、自动和情绪化——并基于简单的心理经验法则（"启发式"）和思维偏差（认知偏差），产生印象、感觉和倾向。人类在快速思考时不喜欢不确定性并想快速获得"正确答案"。
- 系统二：缓慢思考是用理性思维——缓慢、深思熟虑和系统化——并基于全面周到的评估，得出合乎逻辑的结论。缓慢思考需要集中注意力，全面地考虑问题和可能的解决方案。

他还介绍了最小脑力法则，这是在更原始的时代生存的必要条件。缓慢思考需要大脑做大量的回忆工作，这是一种能量消耗。自然不喜欢选择那些浪费大量精力思考，而不是采取生存所需的快速反应行动的缓慢思考者。因此，我们的遗传背景使我们产生了对确定性的渴望，“知道”会发生什么、已经发生了什么以及为什么会发生。正如迈克·鲁斯在《丰田套路》一书中所说的那样：

> 人类天然地想要确定性，甚至在不确定的时候会基于信念人为地创造确定性。这就是我们经常会遇到麻烦的地方。如果我们认为前路是设定好并且清晰的，那么我们就会盲目地执行预先确定的计划，而不是充分基于过程中发生的事实进行学习、调整以及应对。

这使我们受到一连串“研究过的”认知偏见的影响。由于认知偏见的存在，我们会寻求有利的信息来支持我们预先持有的态度和信念。事后偏见是一种回想起来的信念，即我们一直都“知道会发生什么”，它对社会最潜在的破坏之一是“邓宁–克鲁格效应（Dunning-Kruger Effect）”：某项技能的初学者会大大地高估自己的能力。当人们对某项技能的掌握程度较低时，他们往往会认为自己处于平均及以上水平。这是很危险的，因为如果我们认为自己已经具备了某项技能，就没有动力继续学习理解与提升了。回顾本章前面提到的达利斯，他认为自己在接受严酷问题解决训练之前就是 TPS 专家了。

在某种程度上，这些偏见反映了我们大脑的生理限制。虽然我们每秒可以接收 1100 万比特的信息，但我们每秒只能处理 40 ～ 50 比特的信息。基于此，我们对于现状的理解经常是简化的，并基于简化的现状采取行动，我们自然而然地开发了填补空白模板的技能（自己认为了解现状）。例如，我们在特定背景下看到具有特定身体特征的人，然后我们将这些相对较少的信息分层，这之后快速处理关于他们其他特征的大量假设。这是基于种族、宗教和性别等因素对人们形成刻板印象的基础：在一个偏僻的小巷里，你看到一个穿着破烂衣服的高大而强壮的男人，你可能会认为他是一个暴力的人，正要追捕或虐待你；看到一个带着孩子的年轻女人，你可能会认为自己是安全的。这也是那些医务人员假设他们知道出现发绀婴儿的原因的基础。

如今，缓慢的科学思维更有利于我们处理社会的复杂问题，我们如何克服自己的本能？答案是练习、练习、再练习，直到不自然变为自然。随着丰田的成长和全球化，TPS 专家需要指导的人越来越多，这门学科如何继续发展？

丰田工作法培养科学思维

丰田总裁张富士夫领导编纂了《丰田模式 2001》。虽然其阐述了丰田的理念和原则，但张富士夫意识到这还不够。人们需要由教练陪同一起练习，以培养持续改善的心态，并学习如何尊重和发展人。几年之内，他引入了丰田工作法（Toyota Business Practices, TBP）。从表面上看，这仅仅是一个包含八个步骤的解决问题的过程，但是张富士夫并没有着手创建一种必须始终遵循的严格地解决问题的方法。相反地，他的意图是提供一个框架，通过对实际问题的实践来培养员工拥有丰田模式的思维：

> 丰田工作法——业务流程的标准化方法和丰田所有分公司的通用语言。这种标准化方法无意限制个人开展业务的方式，正相反，标准化方法提供了一个基本框架，个人可以从中展现自己的独特才能。

图 12-4 总结了 TBP 的具体步骤以及相应的原则与注意点。一个好的 TBP 项目不仅仅是为了解决一个棘手的问题，而是为了朝着有抱负的挑战努力——通常是未来 4 ～ 8 个月的目标。在本书的第 1 版中，我们谈到了问题解决的七步法，新版本的 TBP 有八个步骤，最大的不同是在步骤 1 中比较当前状态与理想状态以明确差距，并在步骤 2 中将这个大的差距分解为易于处理的较小的子问题。[⊖]

⊖ 根据 *The Toyota Business Practices* (Toyota Motor Company, 2005).

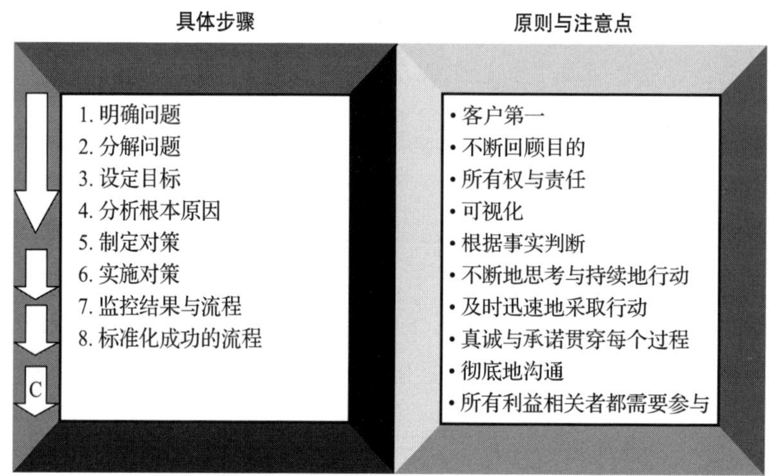

图 12-4 TBP——丰田培养人员的套路

资料来源：*The Toyota Business Practices* (Toyota Motor Company, 2005).

（1）**明确问题**。对组织与学习 TBP 的人来说这可能是一个很大的挑战。学员必须掌握现状，然后需要定义理想状态，将理想状态与当前状态相比较，并将差距可视化。这一步没有根本原因分析，因为差距巨大并且原因是多方面的。

（2）**分解问题（拆分为一系列的子问题）**。当前状态与理想状态之间的差距过大并且模糊，无法着手解决问题，所以学员必须去现场观察并且将问题分解为更小的并且相对容易处理的问题，进而根据优先级选择一个开始进行问题解决。在这一步，确定优先级非常重要。

（3）**设定目标（针对选出来优先解决的子问题）**。根据 TBP 手册，需要“带着热情与承诺，设定具有挑战性的目标”。

（4）**分析根本原因（针对选出来优先解决的子问题）**。这一步不是在会议室里问五个为什么，而是需要去现场深入调查相关的流程，基于数据与事实进行。

（5）**制定对策**。要考虑所有利益相关者以及相关的风险。学员必须创造性地思考，不能基于自己的立场，应摒除先入为主的想法。在这个阶段，让所有利益相关者都参与进来并且达成共识至关重要。

（6）**实施对策（协调与快速实施）**。这是一个相互协作的过程，包括通知、报告和向外部关键相关人员咨询等。

（7）**监控结果与流程**。从采取的措施以及使用的有效流程的成功与失败中吸取教训。从客户、公司以及个人发展等角度客观评估结果与流程。

（8）**标准化成功的流程**。在新措施成为公司的主流操作方法，可能获益的人还没有从新的流程中获益之前，学员的学习就不会结束。

“对策”这个词是丰田的一个重要术语。在这里，你不会听到解决方案，只会听到对策。对策是团队成员假设的措施，可能有助于缩水或消除当前状态与理想状态之间的差距。这些措施经过试验，如果它们有助于缩小差距，将经过试验验证的对策形成标准，在下一个更好的、可以实现更具有挑战性的目标的对策出现之前，它就是目前所知道的最好对策。

尽管前面提到的问题解决过程看起来是线性的，但其实是重复迭代的。在第一轮中，学员将大问题分解为不同的子问题，根据优先级排序，然后解决优先级最高的，解决第一个子问题时很少遇到无法完成的。解决第一个子问题后，学员重新回顾当前状态并挑选优先级最高的子问题，以此类推。在将要讨论的丰田套路中，我们会发现其与 TBP 的相似点。例如，将要解决的子问题与其目标可以视为“目标状态”。

丰田一开始使用 TBP 教学时，是从高级培训师（总教练）担任教练，对高管培训开始的。想要担任教练必须经历这个过程：高管通常经历八个月，谦虚地遵循如何解决问题的过程，解决了与他们级别相符的重大问题之后，他们必须向包括张富士夫在内的审查委员会报告，大约有 80% 的报告会被退回要求完善。报告完全合格之后，他们才开始教导自己的下属 TBP，担任教练以及在审查委员会中任职，然后他们的下属继续教导自己的下属。这就是之前章节中提到的斯皮尔观察到的方法。

TBP 的目标是将管理层发展为贯通整个组织的教练链，使培养人才成为管理者的核心职责与主动职责，而不是等待部门中某个人前来学习才开始教学。我在一个丰田工厂中发现，在 TBP 首次介绍给高管八年后才最终推行到班长层级，这是一个长期过程。

特别要注意图 12-4 中的原则与注意点。学员仅仅执行好 TBP 的八个步骤是不够的，他们还应该学习与应用这些原则与注意点，并能展示出来。

表面上学员是遵循八个步骤解决问题并实现目标，TBP更深层次的目的是培养他们的领导能力。教练（例如经理）会根据这个过程给所有学员的这些能力进行评估与反馈。

有效反馈的关键在于行为发生之后立即给予反馈（反馈的重点是行为而不是人），并真正为学员思考。教练并不能直接改变学员的行为，因此只能在行为发生时识别并立即给予反馈让其改变。这也是为什么员工的直属经理是其教练，因为他们与员工足够近，并且能实时地观察员工的行为并提供反馈。

TBP模式是丰田领导者在处理任何复杂项目时都应遵循的模式。它是一种经过深层次学习锻炼的思维方式，这使得它成为解决任何问题的自然方式。在英国的丰田工厂，随着人员的晋升，在职业生涯的各个阶段都会参与一个正式的、有专人指导的TBP项目，通常每三到四年一次，参与TBP的人由达到“可以指导”水平的人指导：指导人必须在15分钟内向三人组成的小组展示其A3报告，三人小组则给出通过或不通过的结论（通过即“可以指导”，不通过即“需要提升”）。㊀

几年后，丰田开发了第三阶段的培训，重点是在实战中学习（On-the-Job Development，OJD），旨在培养教练。培训从几天的课堂学习开始，然后通过指导TBP项目学习。培训中的教练通过TBP项目挑选一名下属，并就如何做好教练进行指导。这样一来，学员、训练中的教练（丰田套路中所说的“第二教练”）都齐备了。

针对丰田模式、TBP以及OJD的培训自2001年开始，直至2020年仍然如火如荼，已经成为建设丰田文化的制度化部分。

培养团队成员科学思维的品管圈

我经常被问到丰田如何为生产团队成员提供时间来练习改善。答案是大部分情况下不会在工作日进行。因为像装配厂，每个工人都与生产线紧

㊀ 公司规划与外部事务部的罗伯·戈顿（Rob Gorton）向我解释并描述了丰田汽车英国制造公司的员工所做的工作。

密联系，如果某个工人离开他的工位，生产线就会停止。正如我们在第 10 章中讨论的那样，有些成员被赋予班长的职责，而班长可以离线，他们可以更加灵活地进行试验、搜集数据以及与团队成员互动。同样地，他们可以替代团队中的成员，让该成员有时间进行改善。但是为了让团队成员更好地体验问题解决的整个过程，丰田使用了“品管圈”。

品管圈于 20 世纪 60 年代作为全面质量控制的一部分被引入丰田，但后来演变为解决任何问题——质量、效率与安全。品管圈活动都是下班后进行的。每个丰田工厂都有这样的活动与项目，一些服务部门，如呼叫中心也使用品管圈。由于丰田很少明确规定活动应该如何进行，因此不同的工厂有不同的构建品管圈的方式。在日本工厂中，管理者希望所有生产团队成员都参与其中，大多数情况下他们都会参与。在美国工厂中则是自愿的，参与率普遍低于日本，在特定时间点参与的成员可能只有一半。

英国工厂让成员期待参与品管圈，几乎所有成员都参与其中。在这种情况下，品管圈由完整的团队组成。每个圈由班长领导，成员来自班长的团队。组长必须就选定的问题达成一致，并指导班长。针对一个给定的问题，参与品管圈的成员有六个月的解决时间，因此每年会设定两个重大问题，由工长和课长定期检查。品管圈中不遵循 TPB 的八个步骤，正相反，成员遵循简化的六个步骤，在问题定义或分解上花费的时间更少，因为问题相对简单，例如，减少涂漆车辆的划痕。

这是一次很重要的发展经历，如 TMUK 车身制造总经理安德鲁·希菲（Andrew Heaphy）解释的那样：

> 如果我们不是纸上谈兵，而是员工将这种解决问题的步骤带入每天的工作，他们可能会解决更多的问题，这也是我们所追求的。

每个部门选出大家都认可的最佳项目进行全厂的竞争，每个工厂选择两个最佳项目：一个项目的团队将代表工厂向丰田的欧洲 CEO 进行地区内的汇报分享；另一个项目的团队将前往日本参加由高级副总裁主持的全球论坛，获胜者将获得奖励和一次免费的旅行。

除了参与品管圈外，一些团队成员会在两到三年内离开现在的岗位，与经理一起开展特殊的改善活动。在某些情况下，他们会被安排在试点团队中推出新产品，而这被视为可以晋升为班长、组长的途径。

丰田套路帮助培养科学思维：什么是改善套路与教练套路

丰田自成立以来一直致力于人的实践发展，并且很多人有长足的进步，成为问题解决者与教练。但是那些几十年来一直没有这样做的组织如何开启培养科学思维的旅程呢？这就是迈克·鲁斯解决的挑战。他写了两本关于精益方法的畅销工具书：《学习观察》（合著者约翰·舒克）和《创建连续流》（合著者里克·哈里斯）。迈克与许多组织合作将这些想法付诸实践，但他对结果不满意。他不想只留下工具或一个经过改造的过程，而是想留下一种他在学习丰田的过程中发现的思维方式，以及一种在任何现场实践的方式。因此，他开始了一项为期六年的研究项目，有五家公司愿意一起学习并在现场测试所有发现和想法。该项目有两个研究问题：

（1）丰田在持续改善和适应方面取得成功的背后隐藏着哪些看不见的管理路径和思维？

（2）其他公司如何在它们的组织中发展类似的管理路径和思维？

第一个问题指向迈克观察到的潜在思维模式，特别是这些丰田导师以及他们通过示范线项目教授 TPS 的过程中用到的思维模式。我们已经在本书中看到了 TSSC 工作中的例子，也在本章前面部分看到了达利斯如何在教练的指导下努力工作，实现了具有挑战性的目标，从而被介绍给丰田领导层的例子。这种模式最终形成了科学思维的改善套路（IK）模式。第二个问题的答案是，人们通过刻意练习新方法来改变他们习惯性的思维方式，最初是通过一些简单的练习路径，也就是套路。

迈克与我讨论了他是如何想到使用“套路”这个词的：在他的研究接近尾声时，他发现了一本关于空手道的小书，其中强调了套路的概念。“套路”有两个含义：一是形式或做事的方式㊀；二是为了培养基本技能而练习的动作模式。空手道黑带老师在学生开始练习的时候教给他们一种套路，直到他们可以自然地复制老师所展示的动作。迈克描述了当他第一次读到“套路”时产生的一种深刻的生理和情感反应，因为它非常适合描述他通过研究丰田模式而学到的东西，也特别适合非丰田人读者。IK 代表了一种实用的、日常的科学思维方式，它为学员与教练开发了实践路径，这种模式也可以被称为“入门套路”。与 TBP 等特定问题解决方法相比，IK 被设计得更基础、更简单、更原始，它代表了潜在的思维模式。IK 并不是要取代问题解决的方法，而是要教授一种基本的科学思维模式，从而使任何方法都能够以更有效的方式使用。

改善套路模式如图 12-5 所示，这是对科学思维的直观可视化总结。㊁

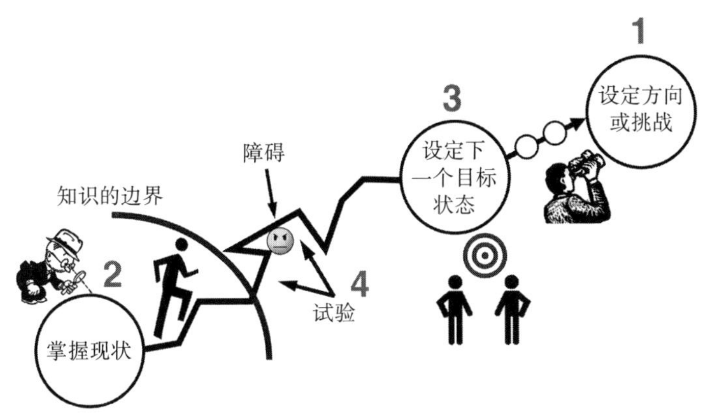

图 12-5　改善套路模式

资料来源：Mike Rother, *Toyota Kata Practice Guide* (New York: McGraw-Hill, 2017).

（1）**设定方向或挑战**。由管理层设置的挑战似乎往往遥不可及，甚至无法实现，因此需要迫使学员进行问题拆分并学会设定短期目标状态，这个短期目标状态通常持续 6 个月至 1 年。

㊀ “Toyota Kata”的一种翻译方式与“Toyota Way”相同，迈克与我经常对此不禁莞尔，也为我们能在研究丰田的道路上最终会面而感到开心。

㊁ 详见 Mike Rother，*Toyota Kata Practice Guide*（New York: McGraw-Hill, 2017）.

（2）**掌握现状**。我们现在在什么位置？计算并统计当前状态的数据很有用，但是不够。迈克推荐了一个路径即入门套路用于过程分析，包括了解当前的过程步骤和制作运行图表——反复观察当前的过程模式、记录试验中的异常并确定异常的原因。

（3）**设定下一个目标状态**。基于学员对现状的初步把握，目标状态是短期内的下一个目标，是在通往挑战的道路上超越现状的重要一步。它包括目标（结果度量）和状态（所需的过程特征或操作模式以及过程度量），这个目标状态通常持续 1 ～ 4 周。目标越短期越好，初学者挑战较小的短期目标比挑战较大的长期目标更有动力，因为较小的短期目标容易实现，并且在不断重复的过程中学员的能力会得以提升。需要注意的是，不要试图提前设定所有目标状态，因为会超出知识的边界。先开始第一个，当你实现它时，反省，然后根据你学到的东西进行下一个，依此类推。

（4）**试验**。疯狂无妨！玩得开心！要有创意！这是大多数人最享受的部分。如果可能，一次测试一个因素，预测会发生什么，进行试验并反省你学到的东西。快速重复 PDCA 直到达到目标状态，设置下一个目标状态，然后继续挑战。

建议整个过程配对进行——一个学员搭配一个教练。学员负责整个项目并充当团队负责人，教练定期与学员碰头，最好是每天。迈克还开发了一个教练套路（CK），这是帮助教练入门的五个问题套路（见图 12-6）。学员需要在记录板上记录其 IK 过程，这个记录的过程本身也是入门套路之一。教练需要从每个方面提出问题，这是 IK 模式。教练就当前状态与目标状态提出一系列问题，同时就学员上次进行的试验提出问题。每次试验都需要遵循 PDCA，比较预测与实际结果之间的差距则提供了很好的学习机会。

先问卡片上的问题只是个开始，这是在预设心理模式，整个过程分为辅导周期的不同阶段。随着教练的成熟，他会提出越来越深的问题并最终形成个人风格。蒂洛·施瓦茨（Tilo Schwarz）正在进行一项研究，在 CK 的基础上建立应对学员反应的一系列模式，这样就可以在道场（模拟的练习环境）中快速练习。

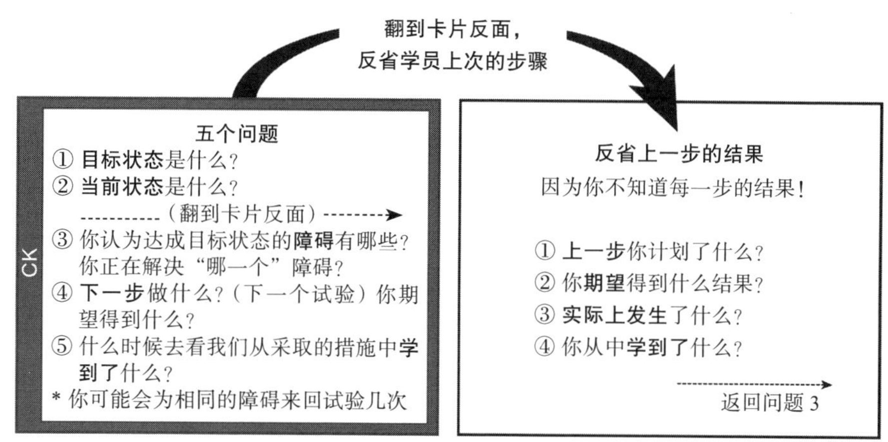

图 12-6　教练的入门套路

资料来源：Mike Rother, *Toyota Kata Practice Guide* (New York: McGraw-Hill, 2017).

案例：ZMO

密歇根大学与 ZMO 协作实践丰田套路

几年来，我在密歇根大学为工业和运营工程专业的研究生教授 IK 和 CK 课程，他们正在与当地公司合作开展项目。ZMO 主营本书前面讨论的线上手工食品销售业务，这些项目集中在 ZMO 的仓库。该公司于 2004 年开始其精益之旅，在我撰写本书时，它仍然是一名狂热的精益实践者，密歇根大学的课程仍在继续。

学生与 ZMO 的生产助理合作，ZMO 的管理层会选择紧迫的问题并将它们分配给各小组。其中一组遇到了最紧迫的问题——食品缺货。所有的食品都被安排在一个“超市”中，拣货员会在那里分拣并装箱。该小组面临的挑战是减少 ZMO 中的缺货现象。ZMO 使用看板系统为“超市”补货，大部分时候是有效的，但是有时候也会出现严重的错误，导致订单交货延迟。挑战的目标是零缺货。表 12-1、表 12-2、表 12-3 分别展示了试验 1、试验 2、试验 4 的结果。从表 12-1 ～表 12-3 中可以看到，这些知识储备丰富的工业和运营工程专业学生也会出错——但是这对于培养科学思维非常有帮助。

表 12-1　零缺货试验 1

试验记录					
障碍：丢失的肉类看板		**流程**：看板审核流程			
		学员：小组		**教练**：贝蒂	
时间与步骤	**目标**	教练周期	运行试验	**结果**	**教训**
时间：2016 年 2 月 22 日到 2016 年 2 月 28 日 **步骤**：每天审核以实时检查丢失的肉类看板并予以纠正 **指标**：肉类缺货订单占总订单的比例	肉类订单缺货率下降 25%			• 没有任何变化	• 丢失的肉类看板不是肉类缺货的主要原因 • 快速检查丢失的肉类看板有一点价值

表 12-2　零缺货试验 2

试验记录					
障碍：使用肉类看板补货的频率与节拍时间不一致		**流程**：肉类补货路径			
		学员：小组		**教练**：贝蒂和约翰	
时间与步骤	**目标**	教练周期	运行试验	**结果**	**教训**
时间：2016 年 2 月 9 日到 2016 年 3 月 11 日 **步骤**：调整使用肉类看板补货的频率，使之与节拍时间一致 **指标**：肉类缺货订单占总订单的比例	肉类订单缺货率下降 75% 3 月 11 日时从 0.67% 下降至 0.17%			• 3 月 9 日与 3 月 10 日俱乐部订单激增时，依然存在缺货，目标未实现	• 俱乐部订单可能是缺货的一个原因

表 12-3　零缺货试验 4

试验记录					
障碍：使用肉类看板补货的频率与节拍时间不一致		**流程**：市场评估			
		学员：埃玛		**教练**：约翰	
时间与步骤	**目标**	教练周期	运行试验	**结果**	**教训**
时间：2016 年 3 月 24 日到 2016 年 4 月 4 日 **步骤**：营销团队与公司及时沟通信息，对俱乐部的需求进行灵活估算	肉类缺货订单占总订单的比例应小于 0.17%			• 肉类订单缺货率在 0 ～ 1.2% 波动 • 5 天内有 3 天零缺货 • 目标达成	• 根据不同的需求调整补货以降低缺货率

以下是项目的总结：

（1）**设定挑战（2016 年）：零缺货**。虽然零缺货是长期的理想状态，但是管理层设置了一个现实的短期目标：八个月内缺货率下降至 0.75%，该项目持续了数年。

（2）**掌握现状（学期开始时）：在不断检查并补充的情况下达到 3% 的缺货率**。在画出流程图后，确定使用看板补货为瓶颈，而其中肉类产品占主要部分。学生们花了很多时间观察流程步骤，跟踪拣货员与拣货路线。除此之外，小组发现补货频率、路线设置与节拍时间没有关系，产品有时候会放在错误的位置，看板也会丢失。

（3）**设定下一个目标状态（2016 年 2 月 29 日设定）**。4 月 15 日学期结束时缺货率下降至 1%。相应地，补货频率与所设置的节拍时间一致，拣货员数量、路线设置会根据节拍时间进行调整。

（4）**试验**。整个学期中小组进行了五次试验，有一些失败了，但是小组从每一次失败中都获取了经验。三份试验记录阐述了逐步学习的过程。

在试验 1 中，小组认为丢失看板是缺货的主要问题，于是设置了看板审核流程并在发现时立刻采取纠正措施来解决这个问题，但是结果证明看板丢失并不是缺货的主要原因（这是一个通过试验来学习的好例子）。

在试验 2 中，小组认为调整使用肉类看板补货的频率，使之与节拍时间一致是一个很大的改善点，但是缺货率在需求增加时同样增加。小组注意到俱乐部活动期间的订单激增是导致需求量激增的主要原因，试验 3 的重点是检验俱乐部活动期间订单激增是否为导致异常的主要因素，并支持其假设。在试验 4 中，营销团队与公司团队直接与俱乐部沟通，并根据需求调整“超市”的库存量以及人员配置，结果非常理想，创造出 5 天内 3 天零缺货的成绩。试验 5 侧重另一个问题：计划拣货路线与实际拣货路线存在差异，但是团队没有时间搜集所需的数据了。

到学期末，肉类产品的缺货率下降了 75% 并且达成目标状态。项目会继续，随后的几年里不同类别的产品会加入到分析的队列当中，虽然每年 12 月由于有大量的临时工导致缺货率大幅度增加，但是缺货率的总体改善效果明显：

- 2016 年 12 月：2.6%。
- 2017 年 12 月：2%。
- 2018 年 12 月：1.6%。

更重要的是，这些学生未来可能成为管理者与领导者，他们的想法正在发生变化。当学生们进行试验并接受辅导时，他们正在逐渐摆脱确定性的思维方式，从他们认为自己知道正确的答案，转变为验证探索的科学思维。他们正在从“直接实施”他们的想法（如认为找到看板就不会缺货了）转变为学习思维（将看板看作将问题可视化的一种手段），同时，我看到 ZMO 管理层的科学思维正在提升。

新冠疫情下的科学思维

2020 年 3 月，ZMO 面临着世界上大多数公司都面临的问题：新冠疫情下公司运营的不确定性极大。ZMO 并没有被迫关闭，最初它同样削减了员工数量与日常业务，因为每天公司都不确定是否会被迫停业。但之后有了一些意外之喜：公司接到了大量订单，因为很多人不能去商店或者餐厅就餐。该公司之前的情况是圣诞节前后会接到大量订单并做出计划安排，但这一次春季突然出现的高峰需求超过了公司当前的供应能力，某些时候需求甚至是之前的两倍。由于人与人之间要保持间隔且无法招聘更多员工，订单配送速度明显落后。标准是收到订单的当天完成订单，但在三个月内，虽然已经满负荷运转，并且公司报给客户需等待的时间为可怕的 8 ～ 14 天，然而，客户需求并没有减少。

销售和财务不是问题，但 ZMO 必须克服许多障碍才能创造安全和高效的工作环境。这是一个机会，可以看看 ZMO 多年来学习精益和实践科学思维是否会造就一个反应灵敏的学习型组织。

ZMO 没有设置套路故事板或举办每日辅导课程，因为它必须立即做出反应。但这些模式已经深入组织内核，组织在很大程度上遵循了科学思维。这说明了入门套路的作用，但关键不在于入门套路本身，而是思考和行动的模式——建立基础，然后练习、吸收、保留。在体育和音乐领域，这种情况司空见惯，这种刻意练习技能和思维方式发展的方法现在正在进入商业领域。

举个例子：在早期阶段，三位经理在预期能力（每天可以配送的数量）以及他们可以合理完成的能力上有一些分歧。有一位经理认为员工不想全职工作。在激烈讨论时，一位经理指出："套路已经教会我们如何看待事实：我们假设员工不想全职工作，那么我们去现场询问验证。"那天他们进行了一项民意调查，结果是除了两名员工，其他员工都想全职工作，这就是事实的力量。

遵循 IK 模式，管理者设定长期目标和短期目标状态。之前 ZMO 面临的最大挑战是在圣诞高峰期做好准备以顺利地满足客户，它以上一年的客户需求为目标。短期目标状态侧重于近期假期——目标是顺利地满足春季促销、母亲节、父亲节和夏季促销中不断增长的需求。每个假期都有其独特的情况和订单组合。

在精益和科学思维方面受过深入培训的仓库经理一路领先。例如，一位经理负责规定每两小时对工作站进行一次消毒所需的工作。她决定制定一份检查清单，但她意识到两件事：第一，她不应该假设有一套适用于仓库所有区域的通用做法，准备面包、拣货、装箱和物料配送的区域需要不同的做法，因为每个人都面临不同的任务要求；第二，区域领导光是努力完成工作已经不堪重负，不能期望每个区域都制定自己的标准化做法。所以她做了一个优秀的精益经理会做的事情：她前往现场观察，甚至自己在每个区域工作，查看现状。她制定了初版检查清单，然后与员工会面，他们在三天内进行测试、改善和学习，从而为每种类型的流程定制了相应的检查清单，这份清单几乎不需要额外的更改。

除了这些清单之外，在现场的仓库经理还通过研究现状和试验想法，以极快的速度解决了一个又一个问题。其中一位经理贝蒂·格拉托普（Betty Gratopp）说：

> 我们尝试了什么？重新排布站点，部分区域增加站点，部分区域封存，重新规划我们为第二天的订单做准备工作的时间，在其他站点配送订单。一线员工需要执行清洁消毒工作并且记录。

> 由于隔离检疫和部分员工可能随时离职，我们的人员配备比以往任何时候都多变。我们必须弄清楚如何以及何时可以雇用员工。我们现在没有试用期、培训与例会，取而代之的是我们创建了一个留言板和信息共享墙来代替例会机制。

结果非常鼓舞人心：履行订单的延迟时间越来越短，最后大多数订单都接近当天发货。更令人印象深刻的是，没有人在工作中感染了病毒。贝蒂描述了她在这场危机中感受到的平静：

> 是科学方法为我们带来了这一切，我们改善了什么？我们解决了更大的问题。

管理层希望奖励每天冒着风险上班的员工。ZMO 为每位员工（包括临时工）每小时加薪 3 美元，并将利润分成比例提高到 10%，这也使得支出比上一年增加了 10 倍以上。

巴雷特价值中心（Barret Values Center）于 2020 年 4 月 21 日至 5 月 5 日对公司进行的一项调查得到了全球超过 2500 人的回应。结果表明，ZMO 并不是唯一一家在面对新冠疫情时取得非凡成就的公司。许多公司报告说：面对新冠疫情，一般情况下只对部分流程进行改善，极端情况下短短六周就完成了原本可能需用五到七年才能完成的改善。该调查要求受访者对一系列价值观和行为就危机前、危机中及危机后进行评分，结果有显著性变化。从丰田模式的角度来看，有好消息也有坏消息。

好消息是，中层员工已经从关注绩效、控制和层级（机械性特征）转向关注人、适应性和协同工作（有机性特征）上。“参与、信任和沟通”对中层员工的重要性增加。

坏消息是，这种转变在高管受访者中并不明显，他们更加关注外部战略和绩效问题。最高管理层希望提高适应性和创新能力，但对他们来说参与、信任和沟通（总体来说就是公司文化）的重要性没有明显增加。你也可以说他们对现场正在发生的转变视而不见，只关注结果——这是一个很好的短期适应方法，但对长期的文化变革没有任何好处。

PDCA 学习与实施“假设我们知道”的

科学思维的基本假设是我们无法提前知道未来，不确定性在生活中客观存在，而我们快速思考的大脑渴望确定性并假设我们知道。反复练习丰田套路模式有助于我们锻炼科学思维，并逐渐摆脱“假设我们知道”。与练习任何新技能一样，在第一次练习科学思维时是刻意而缓慢的，它会消耗我们有限的有意识脑力。但随着科学思维的使用变得更加自然，慢思考的大脑容量被释放，我们会更多地关注到具体问题的具体情况，并具体对待与解决。通过练习，最后可以做到无须刻意选择，自然就是科学思维。

解决问题是丰田模式的核心，但是我经常看到有人将它视为需要完成的步骤。我们定义问题，然后搜集现状数据，集思广益找出根本原因，然后选择要实施的“精益解决方案”。我们很快就专注于我们认为的根本原因，以及我们愿意采取的解决方案，因为这些方案是过去一直使用的成功的解决方案。图 12-7 版本的 PDCA 中，在没有尝试之前，我们认为我们猜测的就一定会有用。事实上，这是最大的不确定点。

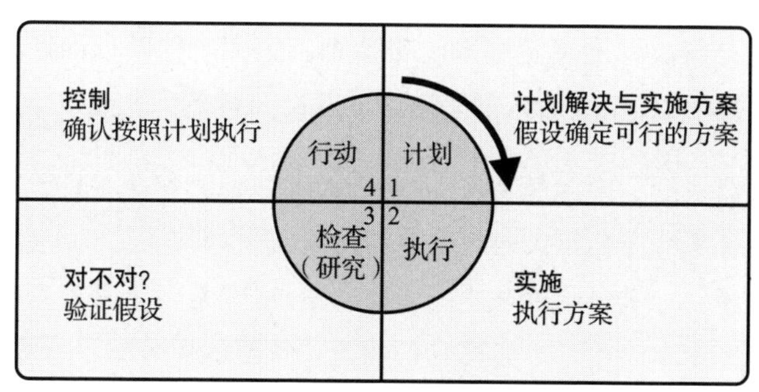

图 12-7　实施假设确定可行的方案的 PDCA

图 12-8 展示了一种更科学的 PDCA。计划确定方向和一系列假设，每个假设都需要通过试验进行验证。通过这种方式，我们可以逐步学习和扩展我们的知识的边界。迈克·鲁斯建议我们将精益之旅当作确认方向的指

南针，而不是需要遵循的地图。约翰·舒克回忆起在 NUMMI 的时候，人们说过没有 GPS 也可以达到 TPS。许多咨询公司会提供它们的精益路线图，但这忽略了精益之旅的复杂性和不可预测性。训练我们的大脑接受不确定性，创造性地试验想法以克服我们发现的意想不到的障碍，这是应对当今复杂、快速变化的世界的基本技能，在这个过程中，我们在学习如何学习。

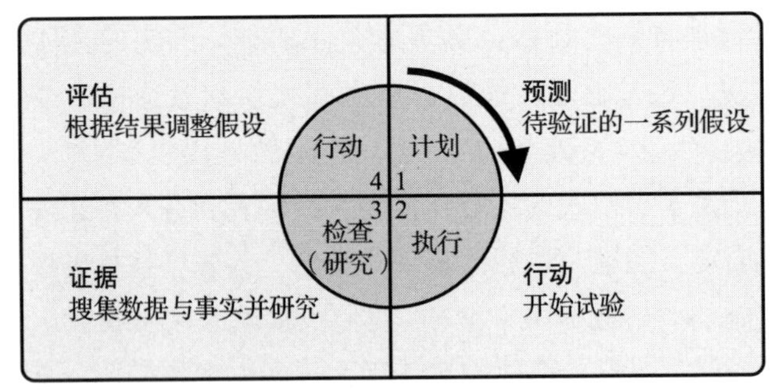

图 12-8 科学思维下的 PDCA

资料来源：Mike Rother, *Toyota Kata Practice Guide* (New York: McGraw-Hill, 2017).

张富士夫提醒我们 TBP 并不是要创造一种僵化的思维方式，而是要为有创造性地解决问题奠定基础。类似地，迈克·鲁斯以同样的方式看待 IK。以下是练习 IK 模式的入门套路中的几个关键点：

（1）它代表了一种实用的、科学的思维方式。它是实践性科学，因为它追求的仅仅是特定目标而非理解事物的本质。

（2）它从一个有抱负的挑战开始，时间通常是六个月到一年。所以我们要关注哪些重大改善将对实现我们的愿景产生重要影响。

（3）它假设不确定性客观存在。如果挑战的目标设定得好，那么其解决方案在刚开始时往往不明确，而且任何假设的解决方案很快就会超出我们知识的边界。

（4）它使快速、迭代的学习周期变得明确。每个目标状态的解决时间都被有意设定得很短，例如一到四周。每一次测试都是低成本的并快速地验证想法，也包括能很快地进行预测与反省。

（5）整个过程中一般是一名教练指导一名学员；学员承担责任并需要带领团队遵循过程和结果，教练负责培养学员的技能和思维方式。

（6）每天只需要很少的时间（如 20 分钟），适合工作繁忙的人们，并且这种方式是最佳的学习方式——通过每日实践不断扩大知识的边界。

我们经常批量解决问题——一批特定问题会导致一批根本原因，然后一批解决方案被“实施”并进行批量检查，然后我们在各地推广这批解决方案。这通常是在特定的时间内完成的，例如在一周的改善活动中。我开始思考丰田套路中单件流式的问题解决：将问题拆分为很多个子问题，一次设定一个目标状态，一次进行一个试验，从每个试验中学习，结束后再进行下一个。这样每天只要花一点时间就可以学习新东西，单件流式的问题解决的好处显而易见。

改变行为以改变思维

“科学思维”这个词在很多方面都可能令人困惑。首先，它可能让人觉得我们试图让每个人都成为专业的科学家，实际上我们是想要每个人以科学的方法解决问题、达成目标。其次，当人们谈到改变思维时首先想到的是沟通——我如何说服某个人以不同的方式思考？

数十年的研究表明，我们很难通过告诉某人应该怎样做来改变他的行为。即使让他理解并重复你说的话，也不太可能影响他的日常行为，因为日常行为主要受行为习惯支配。为了养成习惯，我们需要反复刻意练习来改变行为，重要的是我们做了什么，而不是我们认为我们“应该”做什么。

当我们观察丰田如何培养人才时，我们会发现它会不断创造促进行为改变的条件。例如，减少库存使得问题迅速且可视地暴露出来，给人才解决问题创造压力，但是仅仅对人才提出挑战是不够的，丰田还教会经理如何担当教练——在日常工作中寻找机会给予团队成员纠正性反馈，使得团队不断努力实现目标。

丰田套路是一种结构化的方法，用于练习和反馈的开始阶段，它通过入门套路练习路径来做到这一点。你被置于一种状态下，有意识地朝着一个具有挑战性的目标努力，该目标旨在解决现实世界中的障碍。你实践科学思维的次数越多，你大脑中的神经通路就越多，这些神经通路使你通过这种重复的行为形成习惯（见图 12-9）。而纠正性反馈（最好来自教练）是刻意练习的关键，这样你就不会发展错误的路径：跳过设定目标、掌握现状与试验，直接到结论。教练会解释一些概念，但大多数时候教练会提出问题以引发思考，并在适当的时候插入一个学习重点。虽然将套路应用于练习解决问题等智力任务可能看起来不寻常，但它实际上与使用套路来提高演奏乐器、烹饪、舞蹈、武术和运动等技能非常相似。

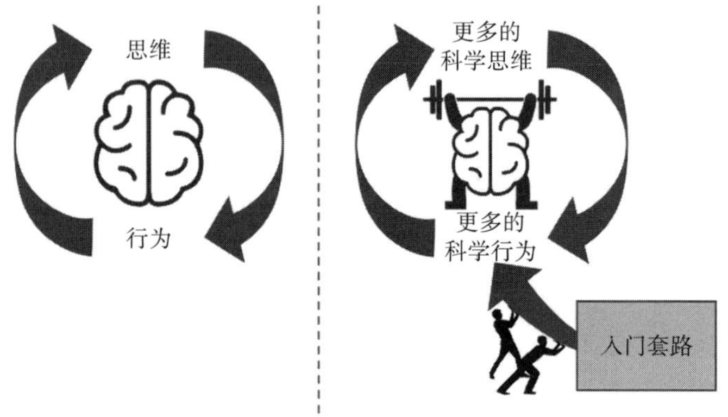

图 12-9 增加科学行为以增强科学思维

资料来源：Mike Rother, *Toyota Kata Practice Guide* (New York: McGraw-Hill, 2017).

反省在改善中的角色

归根结底，改善和学习的核心是所有管理层与员工的态度和思维方式——一种自我反省甚至自我批评的态度，一种强烈的改善欲望。部分人认为受到批评和承认错误是消极和软弱的表现，具有固定型思维的人甚至会将其视为对他们的身份和能力的攻击。所以我们总是责怪别人、为自己辩护，或者隐藏问题。在日本，人们在很小的时候就开始学习被称为“反省”的反思艺术。

丰田发现向美国管理人员教授反省非常具有挑战性，但它是丰田组织学习中不可或缺的组成部分。TTC 前总裁山科忠这样解释：

> 在日本，有时父母会对孩子们说：“请反省。”有些孩子做了不好的事情，这意味着他必须道歉并改善他的态度。因此，一旦孩子被告知“请反省”，他就基本上了解父母希望他做什么了。

丰田最终于 1994 年向 TTC 的美国经理介绍了“反省”，将其作为引入方针管理和 A3 思维的一部分。根据山科忠的说法，必须在某个时候引入反省：

> 没有反省就不可能有改善。在日本，当你做错事时，首先你一定会感到非常难过，然后你必须制订一个未来的计划来解决这个问题，你必须真诚地保证永远不会再犯这种错误。反省是一种心态、一种态度。反省才会带来改善。

在丰田，即使工作完成得很好，也必须有“反省会”。TTC 前总经理布鲁斯·布朗利（Bruce Brownlee）借鉴了他作为在日本长大的美国人的经历来解释这一点：

> 反省真的比反思要深刻得多，它要求人们真正坦诚地面对自己的弱点。如果你只谈论自己的长处，那你就是在吹牛。如果你坦诚地认识到自己的弱点，才是真正的高水平。但并不是仅仅认识到弱点就结束了，你还得思考如何改变以克服这些弱点。这就是改善这一概念的根源。如果你不了解反省，那么改善仅仅是持续改变，我们希望克服弱点。

个人学习与组织学习相辅相成

学习型组织的概念很抽象。一个会学习的组织意味着什么？组织不是一个生物，而是一个概念。与其谈学习型组织，研究学习型文化可能更有用。文化用共同的信仰、价值观和假设将人们联系在一起。在机械型组织中，学习非常困难：组织的某些部门成为某些专业领域的知识守护者，向组织的其他部门规定标准并让其遵守，且不容置疑。学习型文化让人联想到有机型组织形式。在这样的文化中，学习成为一种常态，对于个人，我们会想到"习惯"，而对于组织，我们想到的是一种可以帮助大家同步学习的"路径"。

学习的方式有多种：

- 掌握概念。
- 存储信息。
- 检索与应用信息。
- 培养新的习惯与路径。

对个人来说，这很清晰。我们也可以看看这如何应用于科学思维的形成。你掌握了一种模式，如 IK，然后你可以束之高阁，你也可以时不时回忆起它甚至有时候应用它。但是入门套路的目的是刻意练习这种思维，直至变成思维习惯，并且持续发展。

对组织来说，如果我们认为目的仅仅限于存储与检索信息，我们可以用计算机来完成这个目的（存储所谓的"最佳实践"）。不幸的是，这些"最佳实践"仅仅对于实践者本人是有意义的。别人看到了也不一定可以做到，或者说真正地理解与应用。在丰田，人们使用术语"yokoten"，意思是"获得广泛采用"，但在实践中比字面意思要深刻。关于这一点，我非常喜欢阿利斯泰尔·诺瓦尔（Alistair Norval）的一段话：

> Yokoten 是横向的、点对点的，期望人们亲自去观察，了解另一个地方是如何进行改善的，然后应用于解决自己的问题时需要进一步改善这些改善方法。"精确复制"不是垂直的、自上而下的

要求，它也不是“最佳实践”或“标杆分析法”。正相反，它是一个鼓励人们自己去观察，然后回到自己的领域，为他们获得的知识增添自己的智慧和想法的过程。

学习型组织是不断进化发展的，永无止境

丰田花了几十年在北美建立了一个类似于它 20 世纪在日本建立的学习型组织，将人们的工作模式从“救火模式”转变为“防火模式”。即使在丰田，建立学习型组织也是一个还在进行、不断持续的过程。

TPS 本身体现了 PDCA 的学习循环（见图 12-10）。组织在计划阶段制定了一个建立单件流的愿景，这是它奋斗的目标。然后，在执行阶段朝着屋顶的目标方向进行试验和不断学习。自动化是检查，将目标与实际相比较进而找到问题，其中包括改善并实施措施后产生的未达预期的问题。每一次安灯都意味着要解决一个新问题。这个学习循环的基础是以形成新路径为目的的标准化，整个过程是不断循环与重复的。

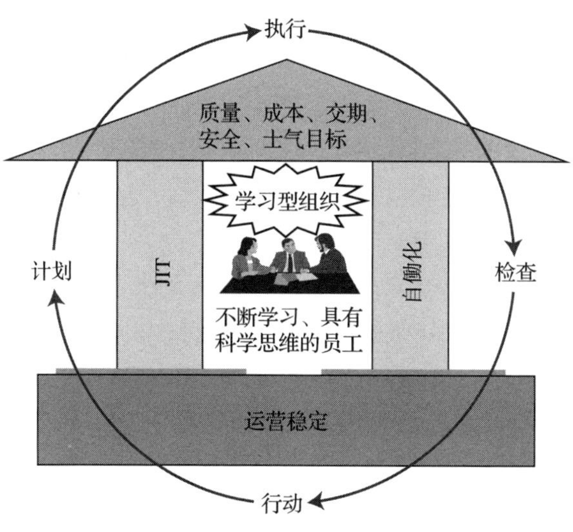

图 12-10　TPS 的 PDCA 循环

张富士夫成为丰田总裁之后，他看到公司的文化正在向世界各工厂所在地的文化转变，而各地文化间没有牢固的联系或共同的语言和思想。他想到的对策是制定一个全球性的原则和思维方式标准，以及有指导意义的实践路径——丰田开发了一些套路：《丰田模式 2001》、TBP 和 OJD，它们都具有变革性。

迈克·鲁斯为丰田员工以外的人创造了更通用的科学思维模式，甚至可以应用于日常生活。如今，他花了很多时间在小学、中学、高中和职业学校，向教师展示如何以日常的科学思维模式指导学生。这是一种有目的的学习方式，并且它可以形成共同的语言和思维模式，这是共享文化的基础。在第 13 章中，我们将讨论层级计划如何明确公司的方向，以及如何从横向和纵向上将改善目标与具有科学思维的个体与团队的努力联系起来。

关键点

- 在迅速变化的 21 世纪，组织的学习与适应能力是成功的关键。
- 学习型组织的概念如果不转化为科学思维与行为，那它就始终是抽象的。人类天生喜欢确定性并且认为他们自己是正确的，并没有对现状加以深刻思考与研究。
- 张富士夫认识到随着丰田的发展与全球化，需要通过实践与指导培养人。于是他主导并创造了《丰田模式 2001》、TBP 以及 OJD。丰田员工逐步通过这些项目得到很好的训练。
- 迈克·鲁斯基于丰田管理系统开发出丰田专用的培养科学思维的方法，它包括科学思维模式与练习路径的“入门套路”。使用这套方法，通过不断重复和教练的纠正性反馈，学员可以形成科学思维与行为惯性。
- 有证据表明，新冠疫情的冲击促使许多公司放弃强制性官僚主义，更加注重以人为本、迅速适应和学习，甚至将价值观转变为更高水平的信任、参与和沟通。不幸的是，这些变化往往不是最高管理层的想法，这使得它们不太可能长期维持。
- 迭代学习可以视为逐个解决问题：将问题拆分为子问题，然后对想法一一试验，从每个试验中学习，试验结果为下一个问题解决提供知识与信息。小变化仅能产生一些影响，但是很多个方向明确的小变化就可以解决一个大挑战。

参考文献

1. Kazuo Wada and Tsunehiko Yui, *Courage and Change: The Life of Kiichiro Toyoda* (Toyota Motor Corporation, 2002), p. 130.
2. Peter Senge, *The Fifth Discipline* (New York: Doubleday Business 1990).
3. Charlie Baker, "Transforming How Products Are Engineered at North American Auto Supplier," in J. Liker and J. Franz (eds.), *The Toyota Way to Continuous Improvement* (New York: McGraw-Hill, 2011), chap. 11.
4. Ashlee Vance, *Elon Musk* (New York: Ecco Press, 2017).
5. W. Edwards Deming, *Out of the Crisis*, MIT Center for Advanced Engineering Study (Cambridge, MA; 2nd Edition, 1988).
6. Daniel Kahneman, *Thinking, Fast and Slow* (New York: Farrar, Straus and Giroux, 2011).
7. Michael Rother, *Toyota Kata* (New York: McGraw Hill, 2009), p. 9.
8. Justin Kruger and David Dunning, "Unskilled and Unaware of It: How Difficulties in Recognizing One's Own Incompetence Lead to Inflated Self-Assessments," *Journal of Personality and Social Psychology*, 1999, vol. 77, no. 6, pp. 1121–1134.
9. Fujio Cho, *The Toyota Business Practices* (Toyota Motor Corporation, 2005).
10. Mike Rother and John Shook, *Learning to See: Value Stream Mapping to Create Value and Eliminate Muda* (Cambridge, MA: Lean Enterprise Institute, 1998).
11. Mike Rother and Rick Harris, *Creating Continuous Flow: An Action Guide for Managers, Engineers & Production Associates* (Cambridge, MA: Lean Enterprise Institute, 2001).
12. Robert E. Cole, "Reflections on Learning in U.S. and Japanese Industry," in Jeffrey K. Liker, W. Mark Fruin, and Paul S. Adler (eds.), *Remade in America: Transplanting and Transforming Japanese Production Systems* (New York: Oxford University Press, 1999), chap. 16.
13. Charles Duhigg and Mike Chamberlain, *The Power of Habit: Why We Do What We Do in Life and Business* (New York: Random House, 2012).
14. Mike Rother and Gerd Aulinger, *Toyota Kata Culture: Building Organizational Capability and Mindset Through Kata Coaching* (New York: McGraw-Hill, 2017).

第13章 The Toyota Way

原则13：在各层级有实现目标的共识，从而确保团队的改善激情

当你忙着为生活另做打算之时，它已悄然来临。

——约翰·列侬，《美丽男孩（亲爱的男孩）》歌词[⊖]

我第一次了解到方针管理（也称为策略部署），是在20世纪80年代为福特提供咨询服务时。当时福特将它作为丰田管理实践工具箱的一部分。这个概念很简单：公司最高管理层制定业务发展的策略（在福特主要是利润），然后经过一些被称为“接球”的“讨价还价”，将其展开到各级组织中。当组织中所有人的目标都与公司策略保持一致时，就可以“开球”了。达到目标的人有奖励，没有达到的……你懂的。哪个理智的CEO不希望那样？在这样一个强硬的组织（福特当时就是），这就像给小孩糖果一样。为了让它看起来更甜一点，这一切都打着合作和参与式管理的名义。最后，大家不得不参与“接球”。

在花了更多时间研究丰田的方针管理背后的理念及其运作方式后，我认识到福特和丰田的运作方式是截然不同的。丰田在20世纪60年代初期

⊖ 这种情绪的表达可以追溯到1957年《读者文摘》（*Reader's Digest*）的一篇文章，这篇文章将其归因于艾伦·桑德斯。

引入了方针管理作为全面质量控制的一部分。那时，TPS 已在丰田工厂内推广开来，各工厂的质量已经很不错了。但是高层想要更好，然后意识到有必要在整个公司的纵向和横向上制订统一的质量改善计划。他们设定了一项挑战——赢得在全面质量管理领域享有盛誉的戴明奖，他们在 1965 年做到了。但丰田从未自满，它砥砺前行，方针管理成了丰田文化的核心部分。

大约 25 年后，当我与沃尔沃销售和服务副总裁古德蒙松一起工作时，我的思路才越来越清晰。古德蒙松将我与加里・康维斯在培养精益领导力方面的工作铭记于心，并致力于转变他的领导方式——通过教练来驱动改善。作为这项工作的一部分，他采用了方针管理。他一直处于沃尔沃传统的战略规划方式与这种新领导方式的转折点。他修改了我们书中关于方针管理的图示（以丰田为例），并与沃尔沃传统的战略规划方式进行了对比分析（见图 13-1）。

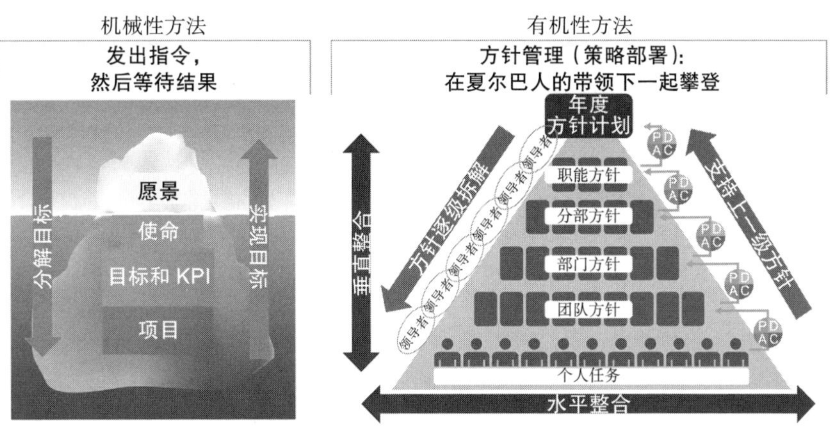

图 13-1　机械性方法与有机性方法的方针管理对比

资料来源：沃尔沃（左边），丰田（右边）。

沃尔沃 CEO 制定了战略并主导了年度计划流程，他认为这是与副总裁的对接，于是为每个业务部门都制订了业务计划。然后，副总裁在整个组织中部署他们的目标。一旦确定了目标，高管们就会在一个很有格调的会议室里开会，审议结果并发出指令。古德蒙松并不满意高管们的做法，这让他想到了一个有关冰山的比喻：高管们只能看到水面以上的部分（他们自己想要的结果），而看不到冰山位于水面以下的较大部分（实际发生的事情），高管们不认为这些水面以下的细节和他们有关。

古德蒙松开始以不同的方式思考方针管理。这就像登山一样，选择山峰、制订计划、获取资源，攀登都是从上往下的，但作为执行阶段的高层领导者，他不得不下山，充当夏尔巴人——指导、支持和培养领袖。登山永远不会如计划般顺利，因此最初的计划只是一个起点。应对所遇到的障碍的能力决定了成功与失败，有时甚至决定了生与死。

在有机性方法中，各个领导者通过环环相扣的目标和计划联系在一起，实现目标的能力取决于最薄弱的环节，因此培养领导力是优先事项。事实上，对具有挑战性的目标和计划的激烈讨论以及为实现这些目标而努力的过程是培养领导力的绝佳机会。方针管理既是培养人才和文化的过程，也是部署战略和实现目标的工具。古德蒙松告诉CEO，他经常缺席高管会议，因为他去了现场。他不断地在他所负责的销售和服务业务中创造新的利润纪录，这在汽车行业整体销售业务亏损的时候为公司的业绩帮了大忙。

方针管理是共同努力实现愿景和战略的年度流程

图13-2是方针管理流程概览。方针计划从组织的最高层开始，进行竞争环境分析和战略计划。有哪些风险？哪些趋势会影响组织的成功？我们如何定位组织以获得长期成功？组织的独特能力是什么？我们讨论了战略的作用以及它如何与原则14中的有效执行相关联。在这一点上，可以说，我们合作过的许多公司除了提高销售、降低成本和创造更多利润之外也没什么别的战略了。战略应该告诉我，为什么客户应该更喜欢你的产品和服务而不是竞争对手的产品和服务，你有什么是与众不同的，你会专注于做什么，你不会做什么？

丰田大约每十年制定一个全球愿景，将其转化为五年商业计划中更具体的目标，然后分解为一到三年的突破性目标。在撰写本书时，丰田的全球愿景是这么描述的：“在不确定和多样化的世界中，丰田致力于提升人与物的‘移动自由’（提升移动的量和质），扩展个人和社会可以做的事情。实现人类与地球的可持续共存。”它通过“激发那些相信总有更好方法的人的才能和热情”来实现这一目标。

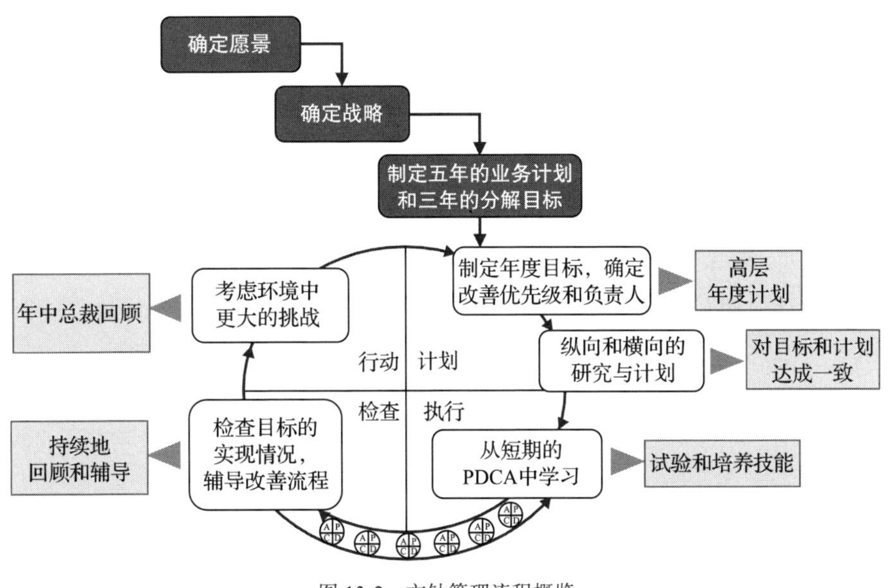

图 13-2　方针管理流程概览

方针管理的一个重要节点是总裁在第四季度初介绍全球的方针项目，同时启动为期三个月的年度方针计划。虽然如此，个别业务单元会提前得到消息，从第三季度就开始思考和准备。整个公司详细的方针包括计划、横向和纵向沟通、建立共识和目标承诺（参见本章后面的 TMUK 的方针管理）。最终这个年度方针计划将形成许多 A3 报告，这些报告在组织中层层传递，不断往下深入，越来越聚焦于具体细节。

完成这个年度方针计划后，只是分派人去实施是错误的。正如古德蒙松在沃尔沃发现的那样，把实现具有挑战性的目标当作爬山更有效。你有一个计划，已经做好了所有的准备，现在必须面对的是实际攀登时遇到的所有意想不到的障碍。这是一个包含很多 PDCA 循环的过程，它需要大量的学习和科学思维。这也是领导者花时间指导和向员工提出挑战，培养他们实现伟大目标的过程。丰田一直强调，有效方针管理的关键是领导者在问题解决和在职培养方面的能力。

在机械型组织中，检查流程会很正式，通常很复杂——但在丰田并非如此。在丰田，整个公司有两次主要的检查回顾，分别在年中和年终，但全年都在不断进行回顾和对话，包括在丰田董事会内部——主要是由总裁领导的内部董事会。大多数回顾都是在组织内部进行的，从车间团队到工程产品部门，再到专注于特定车辆细分市场的销售部门。丰田在管理层次结构中嵌套了检查点和每日进度审查。在丰田制造部门，从组长到工厂经理的各个管理层级每天都在站立会议区开会，旁边就是可视化管理板，他们在那里讨论昨天、今天和明天的工作，并回顾整体进度。因此，公司层面的检查回顾并不会有什么大的发现，大多数情况下，它们仅仅是例行公事。年中大环境可能会发生一些重大变化，丰田需要调整方针计划。例如，新冠疫情极大地影响了 2020 年的方针计划。

在计划和决策时深思熟虑

在整个方针管理的过程中，必须做出许多决定。招聘来的非日本员工面临着学习丰田计划和决策方法的挑战。由于丰田的内部共识，决策过程与大多数公司的运作方式大相径庭，因此这基本上是一个再教育的过程。新员工都很好奇像丰田这样高效的公司为何使用如此详细、缓慢、烦琐且耗时的流程。一些美国人开玩笑地将丰田称为“会议太多”公司（Toyota Motor Manufacturing 和 Too Many Meetings 的缩写都是 TMM）。但是，我遇到的所有与丰田合作紧密或在丰田工作了几年的人都认为他们在这个过程中受益匪浅——甚至在他们的个人生活中也是如此。

对丰田来说，做出决定的过程与结果一样重要。花时间和精力把事情做好是必需的。事实上，如果过程是好的，就算最终结果没有达到预期，该决定也不会被管理层批评；如果是偶然取得的好结果，但是做出决定时很草率，则更有可能被管理层训斥。稳定而完美地实施新计划的秘诀是仔细、预先计划。在整个计划、问题解决和决策过程的基础上，对每一个细节都一丝不苟。通常情况下，计划过程的一部分是在试点项目中进行试验。许多卓越的日本公司都会这样做，而丰田是这方面的大师，没有一块石头是没有被丰田翻过的。

对计划和决策过程的深思熟虑遵循一种类似于我们解决问题时的科学方法，它包括 5 个步骤：

（1）了解问题并解释其重要性和优先级。
（2）理解现状，包括背后可能的原因，问五个为什么。
（3）广泛考虑所有可能的方法并详细阐述选出首选方法的理由。
（4）在团队内部建立共识，包括丰田员工和外部合作伙伴。
（5）使用高效的沟通工具执行步骤 1 ～ 4，最好是用一张 A3 纸。

丰田在不同情况下会使用不同的决策方法。从单方面做出决定的经理或专家到需要达成共识的团队，决策方法有所不同。如图 13-3 所示，丰田在做出重要决策时，首选方法是先达成团体共识，再将决策呈报管理层批

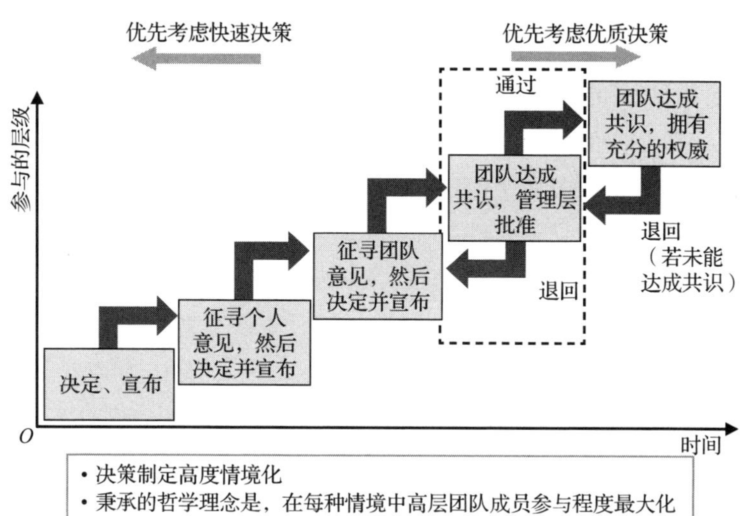

图 13-3　计划和决策过程中的情境参与和共识

资料来源：格伦·尤名格尔，丰田汽车北美制造公司前总经理。

准。管理层征寻团队意见后，批准并宣布决定。经理通常只会在团队难以达成共识，并且迫切需要制定决策时才会做出决定。经理的决策理念是，在时间充足且决策质量很重要的情况下，应最大限度地参与决策；如果时间紧迫或问题很简单，则应尽可能少参与。

达成共识是通过“根回”（日语中为“nemawashi”）完成的，它的意思是“把根挖出来”，这是一个全部挖出来以准备移植树木的过程。在丰田，这意味着从利益相关者或具有特殊知识的人那里广泛收集意见，并在此过程中建立共识。通常在做出最终决定时，所有人甚至在正式会议之前就已经达成一致了。共识并不意味着每个人都完全同意，但这确实意味着每个人的意见都会被考虑到，从而所有相关人员都将完全支持最终的决定。

根回过程的一个例子是在产品开发的早期阶段广泛交流思想和意见。甚至在确定车辆造型之前，丰田就已经投入了大量精力来评估早期设计，评估所有可能的工程和制造问题。每个设计都经过精心分析，并通过“研究绘图”（包括可能存在的问题和替代方案的草图）制定对策。研究绘图完成后，所有工程部门的图纸都放在一个被称为K4的活页夹中（K4是“kozokeikaku”的简写，日文中指的是结构计划，即将车型的所有结构制图整合在一起）。有一天，我遇到了吉姆·格里菲斯，他当时是技术管理副总裁。他看起来很疲惫，我问他为什么，格里菲斯告诉我他刚拿到一款新车的K4，要详细审阅。格里菲斯不是工程师，所以我问他为什么会收到这个文件。他似乎很惊讶我会问这个问题，但也耐心地回答了我：“丰田一直都是广泛征求意见，而且我也会对新车型提出意见。”

他感到筋疲力尽，因为这对非工程师来说显然是一项具有挑战性的任务，他觉得有必要认真对待它并提出一些有用的意见。事实上，一份K4需要一百多个签名。吉姆是一名副总裁，在丰田非常有名望，所以他本可以放弃这个任务。但他知道，如果总工程师要征求非工程师的意见，而他必须在文件上签字，那总工程师肯定有他的原因。过程很重要，每个成员都必须认真对待这个过程。也许他会看到别人看不到的东西。无论如何，他知道他的意见很重要。

艾伦·沃德（Alan Ward）是一名机械工程学教授，在此之前他是一名产品开发工程师。他描述了作为工程师时的常规工作：致力于实现一个特定的想法，完成工程图纸，然后在测试阶段发现问题。这需要多次设计迭代来完善最初的想法。他认为这是“基于点的设计”，并认为这是一个陷阱。他认为，更好的是“基于多套方案的设计”，可以考虑一系列广泛的替代方案，然后考虑一系列因素和一系列观点，系统地缩小替代方案的范围。艾伦和我周游日本，想看看日本工程师是否从替代方案的角度进行思考。我们在丰田发现了金子，在那里基于多套方案的设计似乎无处不在。同样的思维方式适用于任何复杂的决策。丰田更喜欢从一开始就进行广泛而有创意的探索，以避免陷入必须通过浪费性迭代来纠正的劣质计划或解决方案。这个过程就像一个漏斗，他们从广泛的选择开始，然后缩小到一个决定。

A3 报告：收集集体智慧并将其可视化

不起眼的 A3 报告记录在 A3 大小的纸张上，在美国约为 11 英寸 ×17 英寸。多年前 A3 报告就成为丰田用事实说话的标准——用一张纸的单面来讲事情，最好是用数字、图表和简单的几句话。在丰田，A3 报告是根回的一个关键工具，员工用它清晰明了地阐述当前的思考成果，获取他人的批评意见，由此产生新的想法。

其他公司最常使用的是其中一种 A3 报告：讲述解决问题的过程。如果在搜索引擎中输入“ A3 问题解决模板”，你会发现有大量的模板可以免费下载，格式丰富，很有效但没什么人用。许多组织没有掌握其中的关键，A3 报告不仅仅是一份问题解决报告，也是一个解决问题过程的开始。随着时间的推移，A3 报告也是与教练和其他利益相关者“讨价还价”的沟通过程的开始。从套路的角度来看待 A3 报告，不要将 A3 报告上的过程视为问题解决方法，而是将这些过程视为培养科学思维模式的练习过程。也许 A3 报告最重要的用途是让教练看见学员的想法。约翰·舒克（John Shook）在《学习型管理》（*Managing to Learn*）中很好地解释了这一点。舒克在 1983 年成为丰田在日本的第一位美国经理时接触到了 A3 报告。他的第一任老板强调，他需要学习如何“利用组织”来完成重要的事情。他的老板指导他如何将 A3 报告作为“利用组织”的工具。

A3 报告成为丰田以外的精益从业者的热门工具。毕竟，作为标杆的丰田用 A3 报告，其他精益公司也应该使用 A3 报告。当舒克看到他们是如何使用 A3 报告的时候，他不寒而栗。他在如何定义问题、如何深入观察实际过程、如何提问、如何进行根回等方面经历了这么多年的训练和实践，同时不断地回应各个教练的提问和设置的挑战，通常感到紧张而疲惫。

于是舒克写了《学习型管理》来介绍丰田的管理流程。他并不是要讲 A3 报告的格式，而是说 A3 报告应该被视为一种挂钩或工件，可以帮助经理们指导他人。正如舒克在书中所写：

> 我在丰田工作的过程中，很自然地发现了 A3 报告这个学习型管理工具……我和我的同事几乎每天都写 A3 报告。我们会开玩笑并感叹，似乎会定期重写 A3 报告 10 次及以上。我们不断修改，撕掉它们重新开始，讨论甚至诅咒它们。所有这些都是为了表明我们自己的想法、向他人学习、告知和辅导他人。重写 A3 报告是因为吸取了经验教训，做出决定，并反思现在的进展。

A3 报告有很多版本，包括用于问题解决、提案说明、状态报告和信息共享等。索贝克和斯莫利在《理解 A3 思维》（*Understanding A3 Thinking*）中列举了许多丰田的例子，并且讨论了这些不同格式的 A3 报告。无论是解决问题还是进行计划或提议，重点是将 PDCA 嵌入到整个过程中。好的 A3 报告内置了 PDCA，除了用于信息共享或状态报告的 A3 报告，大部分情况下它是一个动态的报告，同时支持更广泛的 PDCA。

我们稍后将在 TMUK 的例子中看到，A3 报告是整个方针管理计划和执行过程中的关键工具，包括对上一年方针和结果进行回顾和反省。提案说明是规划阶段的关键。

图 13-4 是提案说明的 A3 报告示例，它不是由方针推动的。正相反，它来源于 TSSC 工程师提出并得到采购负责人支持的问题。这个问题是：大多数时候采购价格都低于 500 美元，但这些小额采购也需要与耗资数十万美元的主要设备采购一样烦琐的文书工作。

采购卡实施项目

日期：1996 年 8 月 20 日

当前状态

处理采购订单的成本（人力、物力）：
采购部：$37.00　财务部：$39.00　技术部：$27.00　处理每个采购订单的成本总计：$103.00

处理发票的成本（人力、物力）：
采购部：$0.00　财务部：$27.00　技术部：$27.00　处理每个发票的成本总计：$54.00

1995 年	≤ $250.00	≤ $500.00	≤ $1 000.00
采购数量	813	1 200	1 525
发票数量	2 316	2 740	3 026
用时	5 525 小时	7 184 小时	8 489 小时

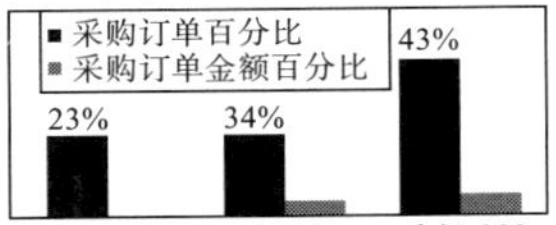

■ 采购订单百分比
■ 采购订单金额百分比
23%　34%　43%
≤ $250　≤ $500　≤ $1 000

建议

使用采购卡支付金额≤ $500.00 的订单，从而节约下列各项开支，并实现效率提升：

- 劳动力时间节约——采购部、财务部、技术部
- 人力和物力成本节约
- 减少采购订单、请求批准、开销报告、发票等文书工作时间
- 通过减少文书工作时间，使对团队成员的“顾客服务”效率提高
- 现场交易更省力——测试差旅、紧急采购等
- 即使 TTC 业务规模在未来 5 ～ 10 年持续增长，仍有望保持当前的行政和采购工作人员的数量
- 将时间用在金额更大的采购工作以及优先级更高的项目上

人力与时间成本分析

人力、物力成本节约：

	采购订单	发票
当前每笔交易的成本：	$103.00	$54.00
使用采购卡的成本：	$20.00	$20.00
每笔交易节约：	$83.00	$34.00

时间节约：

	采购订单	发票
当前每笔交易的成本：	3 300 小时	3 900 小时
使用采购卡的成本：	650 小时	1 550 小时
每笔交易节约：	2 650 小时 / 年 *	2 350 小时 / 年 *

* 为技术部节省大约 1/3 的时间

计划

- 在设备、采购、技术等团队开展试点项目（AA-PED，LA-LAPT，TAPG-VEA）
- 总经理部决定为各部门哪些员工发卡执行购买任务
- 使用采购卡进行采购
- 与工作有关的采购项目可以使用采购卡：

小工具	研讨班	照片处理与冲洗
汽车设备	办公用品	邮费
小型设备维修	打印服务	复印服务
电器设备	安全设备	建筑维护
供餐	花卉服务	咖啡服务
硬件	牌匾	

- 不允许使用采购卡的情形：

预付现金	旅游与娱乐项目	独立的合同服务
计算机硬件	个人用途	投资
珠宝、皮草		

实施

1. 持卡人每次采购须获得部门经理的批准
2. 持卡人联系供应商、下订单、向供应商提供相关信息
3. 送货时要标明“使用采购卡”及持卡人姓名
4. 所有的包装清单和收据由采购申请人保留，与月报表相符
5. 持卡人核查报表，附上相关包装清单及收据，记录 JRN 编号，签字后交至部门经理处
6. 部门经理复核报表的准确性，在报表上签字并标注日期
7. 部门经理转发给财务部，财务部对报表和相关支持文档进行合规性审计、营业税及 1099 税表审计
8. 财务部根据采购卡银行直接发来的发票原件进行支付

控制

在发卡前设置下列控制措施：

- 为每张卡片规定每月支付上限
- 单笔交易上限 ($500.00)
- 限定每张卡片每日交易次数
- 建立受限商家类别（如预付现金、珠宝商店、电器、娱乐等）

TTC 要求所有持卡人签订采购卡协议，上面规定了采购卡仅用于公务，持卡人用卡须遵照上述流程规定

时间节点

9/3	9/4 ～ 9/20	9/16 ～ 11/15	11/18 ～ 3/31	11/18 ～ 3/31	4/1 ～ 4/15	4/16 ～ 4/18	4/21 ～ 5/30	6/2
宣讲	政策指导原则，选择发卡行和供应商	试点项目培训，培训对象包括采购部、财务部、管理者以及持卡人	试点项目	同时对政策和流程进行监测	对 3 个月的试点项目进行审计并分析	报告审计结果	对全公司进行培训	在全公司施行

图 13-4　TTC 的提案说明 A3 报告

这份 A3 报告建议为小额采购发放采购卡。报告中包括为防止滥用而采取的各种监管措施，例如禁止个人从杂货店和珠宝店采购。TTC 已经设置了一个试点来测试这个想法。这似乎是一个合理的要求，但在丰田，高管们想要事实、数据和理由。他们想知道这一切都经过了关键利益相关者的深思熟虑。到提案正式提交时，所涉及的高管已经了解具体的情况，并且为流程改善提出了自己的意见，高管已经非常了解提案中的内容。因此，它在几分钟内就获得批准。

重要的是过程！

我们在这里没有看到所有被考虑、拒绝和改善的想法，因为这份 A3 报告背后有很多被撕毁的 A3 报告。根回研究已经完成——显然，团队对许多细节进行了仔细考虑和分析。撰写 A3 报告的人对文档中的文字陈述部分进行了删减，使用了更多的数据。

方针管理和日常管理携手并进

让我们回到方针管理。从技术上讲，方针管理专注于由高层领导的突破性目标，而工作团队则专注于针对 KPI 目标的小改善。但在丰田，它们是一起进行的（见图 13-5）。[⊖]在 TMUK 中，人们将战略计划比作通向预期未来状态的道路，而巨石和小石块则是路上的障碍。巨石使旅程变得不确定，让战略计划的实施中不大可能有详细的路线图。在大多数情况下，甚至连道路都没有。在 TMUK，人们被教导“巨石需要有组织的方针才能清除，而小石块可以通过日常管理来清除”。撬动巨石通常需要跨工作团队甚至跨部门协作，这是管理层的责任。因为他们才有相关的资源，能够进行系统性的变革。管理层被教导要带领团队通过 PDCA 清除道路上的障碍，最终实现方针目标。

⊖ 有关四种问题解决思路（故障排除、未达标准、目标设定、开放探讨）的详细讨论，请参见阿特·斯莫利所著的《成为解决问题的高手：从被动应对到主动创新》（*Four Types of Problems: From Reactive Trouble Shooting to Creative Innovation*）（Cambridge, MA: Lean Enterprise Institute，2019）。

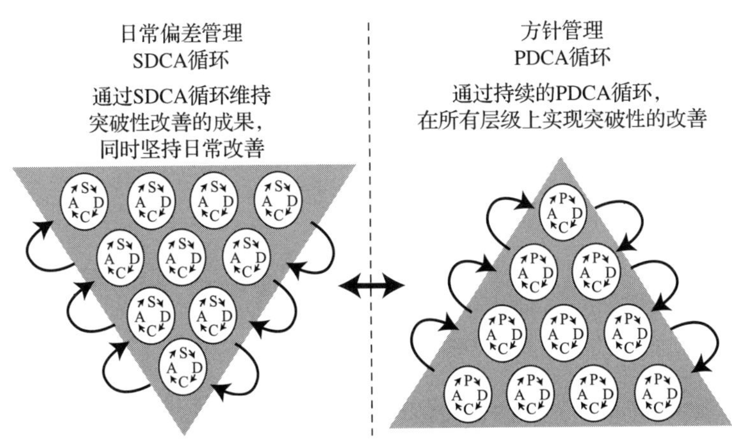

图 13-5　方针管理和日常管理携手并进

注：SDCA（Standard, Do, Check, Act）为标准—执行—检查—行动。

当谈到小石块时，你会在丰田工厂中经常听到："我们是一家异常（或偏差）管理公司。"当丰田谈到异常时，说的是现状与标准的偏差。事实上，丰田对"问题"的定义就是现状与标准的偏差。

当你走进工厂，观察那些工作周期短、运行得有条不紊的生产线，你会发现凡事都有标准。在一线，解决问题的主要方法是通过发现和消除现状与标准的偏差来清除小石块。例如，过滤器没有按计划更换，产品上存在达不到质量标准的划痕，工序 5 一直落后于计划周期时间，工序 3 中的员工多次和标准姿势有出入，工序 6 的一辆车上少了一个螺栓。对于这种情况，丰田使用 SDCA，它的起点不是发现一个大问题并将其分解为较小的问题，而是关注现状与标准的偏差。如果能够找到根本原因并一一解决存在的问题，异常情况就会减少，并且工人可以花更少的时间来纠正偏差，而将更多的时间专注于针对 KPI 目标的日常管理，KPI 目标也是标准的一种。㊀

我发现 PDCA 和 SDCA 之间的区别在概念层面上很有帮助。对于挑战较大、更雄心勃勃的项目，需要在计划阶段花费大量时间来定义问题，正如我们在上一章讨论 TBP 时看到的那样，而特定流程中更小、更

㊀ 比较的标准可以是规则、规范、程序，甚至是目标。

受约束的问题通常更容易定义其与特定标准的偏差。实际上，两者都是PDCA，包括了解目标与现状、获取事实、确定原因，然后通过试验达到目标。对SDCA来说，这个过程可能发生得更快，但它仍然需要做每个步骤。

丰田开发了一个概念模型来说明SDCA和PDCA如何协同工作以及缺失其一时会发生什么（见图13-6）。该模型展示了一个由方针驱动的突破性改善过程，接着是一段时间的SDCA，逐渐朝着KPI目标前进。现实中当然没有那么有序，但这个模型却说明了很重要的一点——当发生很大的变化时，就会出现很多次中断，也就意味着会有很多的变化。为了减少偏差并接近标准，一线员工需要进行大量的SDCA工作。

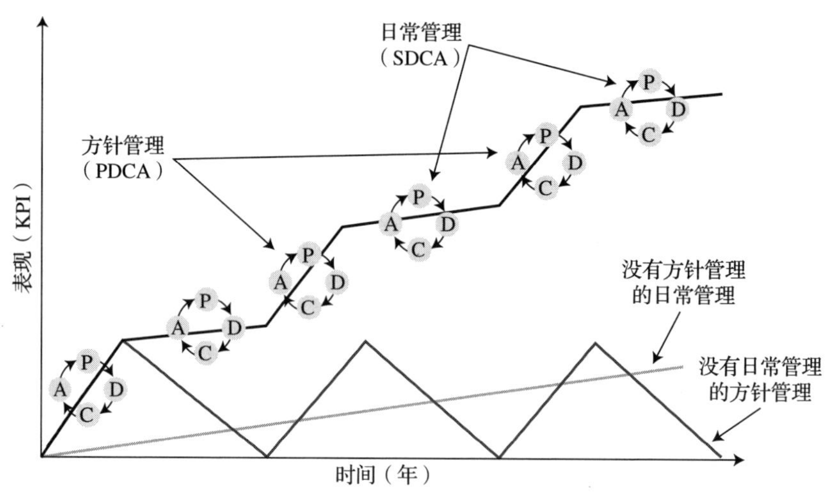

图13-6　方针管理和日常管理如何协同

当我们在下一节讨论TMUK的方针管理和日常管理时，有一个重要的背景：该工厂推出了新车型卡罗拉，采用内燃发动机和混合动力。该车型基于新开发的全球架构，与之前的车型架构截然不同——新产品、新设备，所有流程都发生了变化。可以预见，这会导致质量、安全和生产力的偏差增加——一切变得疯狂——专注于通过大量的日常管理来解决这些问题。

TMUK 的计划是让人们竭尽所能实现按计划量产，然后通过每天在一线解决问题来处理所有意想不到的偏差。

图 13-6 的下半部分说明了在缺少有效的日常管理的情况下引入方针管理时会发生的情况。它看起来像锯齿效应：实施了既定的改善措施，克服了挑战，实现了大跃进，然后高管将重点转移到下一个挑战上，对于前面的改善就逐渐减少了关注，效果自然逐渐消失了。一线团队则热衷于日常管理，这可以实现稳步改善，但不会带来产品、技术和突破性的架构改变，无法应对不断变化的环境。

方针管理和日常管理相辅相成的想法在精益圈里面很受欢迎。然而，有许多咨询公司同时迅速地大范围“实施”方针管理和日常管理。它们通常会承诺能够节省大量成本，数额是它们收取的高额费用的几倍。这样的做法让两者都不会长期有效。在我写本书时，我的一个客户公司正面临着这个问题，因为总部迫使它从渐进式培养人才的方法转变为被我称为“暴力破解，现在就实现目标”的方法。不要误会我的意思：公司将获得成果，顾问将获得报酬并继续履行他们的合同，大家都高高兴兴地数着钱。经理们会很快产生许多伟大的想法，列出带有负责人和日期的长长的行动清单，CEO 将密切关注并施压要求出成果。公司内部会有大的改变，一些人会得到晋升，而另一些人会被要求离开，生产工人会被解雇，流程也将处于混乱状态——因为有太多的变化。

同时快速实施这么多措施的问题是，团队还没有培养好，还不能持续改善系统，公司的文化也还没有改变。处于极端压力下的管理者产生的大多数想法都会是“短平快”的大变革，例如应用自动化流程、向供应商施加压力、削减任何不需要的成本或员工、将生产外包、将注意力集中在大的损失（例如废料）上、改变布局以及迫使员工更加努力地工作。日常管理系统将包括许多 KPI 板和大量会议，而这些会议的领导者却并不知道如何主持会议，他们甚至不知道如何改善流程。高管们没有意识到的是，即使是精益工具也同时具有技术维度和社会维度。只使用其一，无论是哪一个，都会失去效果。

当然也有乐观一点的情况，我也看到一些公司做出了一些重大的架构变化，例如创建连续流、培养价值流经理、设置看板系统、编制大量标准化作业表以及消除大量初级的浪费——然后它们就意识到情况好像开始倒退了。这时，它们决定慢一点和深入一点，并从试点开始，以开发有效的日常管理系统并培训管理人员解决问题——这种方法帮助它们朝着积极的方向发展。我们将在后面讨论不同的变革管理方法。

TMUK 的方针管理

让我们来看一下 TMUK 一年的方针管理，先从高层的工厂方针开始。这个层级的方针通常从环境分析开始，有以下几个因素会影响 TMUK 所面临的环境：

（1）**利润贡献**。丰田欧洲公司的一位新 CEO 对利润贡献做出了严肃的承诺，这对 TMUK 来说意味着它必须与低工资国家在成本上展开竞争。在三年里，TMUK 专注于将总可控成本每年降低 10%，它通过在运营的各方面进行不懈的改善来实现这一目标，同时不解雇常规团队的员工。

（2）**金融危机影响**。在这个动荡的时期，TMUK 关闭了两条生产线中的一条，并提供了离职奖励计划，许多老员工和管理人员选择了这个计划。虽然失去了大量的人才储备，但也留下了一条可以用于新业务的完整生产线。

（3）**新车型上市**。如前所述，TMUK 推出了一款重新设计的卡罗拉，需要大量的新设备。正如预期的那样，像这样的新车型量产过程总是颠覆性的。

（4）**英国脱欧**。这带来了不确定性，因为该工厂生产的大部分车辆都在欧洲销售，而海关成本可能会削弱其赢利能力。

（5）**CASE**。随着丰田转向生产互联（Connected）、自动（Autonomous）、共享（Shared）和电动（Electric）的汽车（详见原则 14），TMUK 希望为新的移动技术做好准备，赢得竞争力，从而可以获得生产这些新车型的订单。

高层方针

基于这些条件，TMUK 开发了 2019 年的高层方针（第 1 级）（见图 13-7）。从 TMUK 所有成员的角度来看，他们的理想目标是 TMUK 成为“全球荣耀工厂——为未来业务做好准备”。他们都希望工厂在未来继续运营，并继续为他们及家人提供生计。丰田将车辆订单分配给各个工厂，因此从某种意义上说，TMUK 的竞争对手是丰田其他的工厂，这些工厂主要在日本，也有一些在欧洲。TMUK 希望自己成为新车型的首选工厂。成功推出卡罗拉的新车型，满足成本、交付和质量目标，这些都能展示 TMUK 团队的能力，所以今年是“发布之年”。

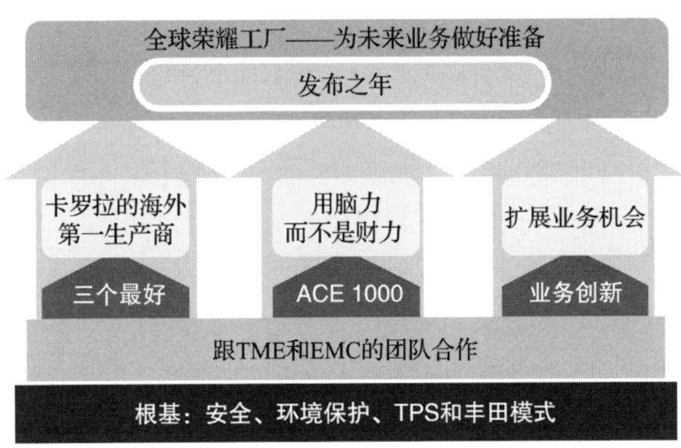

关键：
三个最好：最好的管理、最好的团队、最好的流程
ACE 1000：欧洲的盈利目标
TME：丰田欧洲公司
EMC：欧洲制造公司

图 13-7　TMUK2019 年的高层方针

实现理想目标的计划包括三个支柱以及一些支持系统。支柱一是基于三个最好——最好的管理、最好的团队、最好的流程，成为卡罗拉的海外第一生产商。这些都是通过原则 10 中介绍的现场管理培训体系定义并付诸实践的。

支柱二是用脑力而不是财力。这是指用最少的资本支出进行日常管理。

丰田认为："如果员工有改善的想法，我们可以承担任何责任。"对于更大的改善，即涉及更多基础创新工作，则主要由经理和工程师主导。支柱二的业务目标来自 2015 年启动的 ACE 1000，旨在通过降低成本、提高生产力和增加收入等利润贡献措施来建立更具可持续性的业务。

支柱三是在制造卡罗拉业务之外，侧重于提高可用产能和利润率，扩展业务机会。这被分配给一位 TMUK 的高管，他必须跳出既定框架思考，并且要深入整个供应链（包括向上和向下）。向下包括将外包的零件生产业务转回内部制造，向上包括对已售车辆提供额外服务，例如选配和翻新。他甚至调查了竞争对手，比如日产，尽管没有成功。

TMUK 的高层方针的基础是安全（零事故）和环境保护（例如，完全回收利用、不使用垃圾填埋场、水资源完全再利用）。而 TPS 和丰田模式是基础的核心部分——如何做的部分。TMUK 的高层方针以房子的形式展示，然后再分解为子目标。

请注意，丰田总部的任何人都没有在这些问题上发挥主导作用。有一些想法，例如三个最好、卡罗拉订单分配的关键决策，得到了许多人的支持，包括 TPS 专家。但在许多方面，丰田希望 TMUK 独立思考和实践，开发新的业务线就是 TMUK 内部的一个想法，之后也是在 TMUK 内部管理的。

将方针展开到车间层级

丰田的工厂设立了一系列车间——车身面板冲压、焊接、喷漆、注塑成型和总装。每个车间，有时是几个车间的组合，会由一名总经理领导。总经理为车间制定了方针策略，该策略会展开到车间内各部门的经理级别。

在 TMUK，安德鲁·希菲是车身制造总经理，此部门业务包括冲压和焊接。他根据经理们的意见制定了车间的方针（第 2 级）（见图 13-8）。他的方针是在（放大的）A3 报告上，在这种情况下 A3 报告是一张表格，最上面一层包括与 TMUK 概念一致的愿景和承诺——通过激励和动员团队成员积极参与，培养团队成员以取得卓越的成果，并致力于实现三个最好，从而打造"备受全球赞誉的车身制造车间"。该小组决定特别关注最好的团队，并描述了如何通过积极培养和鼓励团队成员实现该目标。

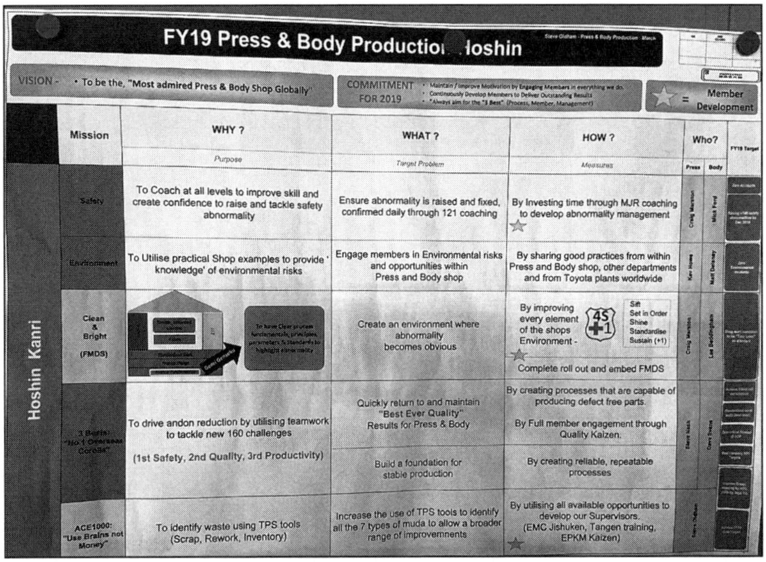

图 13-8　车身制造总经理的方针

方针的核心是与高层方针保持一致的五个任务：安全、环境保护、清洁和明亮（FMDS）、三个最好（“卡罗拉的海外第一生产商”）和 ACE 1000（“用脑力而不是财力”）。每个任务都有一个总体计划，其中包含诸如无安全和环境事故等雄心勃勃的挑战以及一些更具体的目标，例如将绿色地图增加 5% 并实现 2019 财年的成本目标。

绿色地图的目标（在丰田也被称为“流程诊断”）与“最佳流程”相关。它是根据安全、人体工程学、步行百分比、零件的退货次数以及团队决策的复杂性等方面的标准对流程的全面审核。最初绿色地图是用于新产品开发流程的工程工具，它既耗时又需要培训。组长每年进行两次这种审核，通过审核发现的差距为改善提供了明确的重点。“最佳成员”的标准包括遵循标准化作业、正确使用安灯和学习多个工序成为多能工。“最佳管理”通过每年两次的宏观层面的标准化作业审核来衡量。例如，作业指导书张贴在正确的地方并且是最新的；团队成员遵循标准化作业，正确使用安灯；所有的基本要素都已到位并得到正确使用。为了找出班长可以改善的地方，组长每年进行两次单独的审核，重点是第 10 章中讨论的最低职责要求。这个过程耗时耗力，需要区域经理跟着组长一整天。

每一个任务有两个负责人，一个来自冲压车间，另一个来自焊接车间。他们负责制定更详细的方针（第 3 级）。我们在图 13-9 中看到了车身焊接质量方针。在这种情况下，有一个用于计划的甘特图。墙壁下方（图 13-9 中未显示）是活动层面更详细的计划，例如管理质量标准、减少车身件的报废以及引入新的标准化作业控制流程。为实现此方针，应设定有关三个主要质量结果指标——SQA、缺陷率和直接运行率的目标。SQA 是全球 KPI，每天随机抽取少量成品车进行细致的检验和测试——这反映了客户的体验，是最重要的衡量标准。直接运行率是一次通过所有焊接工序而不需要下线维修的车身占总量的百分比。然后在另一块管理板上，有一个更详细的三个月质量改进计划。例如，有一个计划侧重于“干净的车身”，意思是零缺陷的车身。

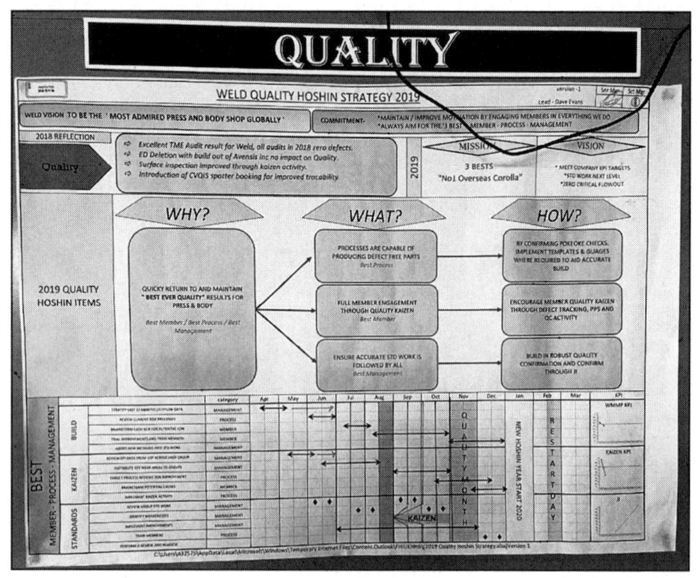

图 13-9　车身焊接质量方针

请注意，当我们向下分解时，更高级别的概念方向会转化为详细且可操作的目标和计划。这个分解需要大量的思考、研究和讨论。这不是目标的简单分解，例如“我们需要将工厂的成本降低 10%，因此你负责降低 3%”。正是这个艰难的转化过程才能确定影响预期结果的因素，这也是方针的核心。总经理和经理们都在问：“我应该做什么来实现工厂的目标？”

作为总经理，希菲将这个过程的每个方面都视为辅导的机会。他本可以提出他的方针，然后命令下属分解。但他明白这样做对培养员工没有帮助。正相反，他提出他的想法或方针，然后收集意见，修改方针，最后向团队提出要求：“请制订一个计划来帮助我实现目标。”然后每个成员在 A3 报告中提出一个计划，这就是一个辅导过程的开始。

现在很清楚的是，丰田用了很多纸记录并分享想法，通常是 A3 尺寸的。我问希菲这是为什么：

> 首先，我们不太擅长 IT 技术。其次，在计算机上很难以简单的方式查看所有内容。当你与很多人开会时，你需要一个非常大的屏幕，否则很难分享内容。所以，我们倾向于把内容放在白板上，这样就可以与团队分享了，其他人比如经理和我的上级可以到我的车间自己去看。这就是现地现物，如果这些内容都存储在带有密码的数据库中，这种分享就不会发生。我还认为，从参与的角度来看，这也是非常有效的。在管理板上制订计划很容易跟踪进度，因为这让你想知道现在是什么状态。你看到了管理板上的计划，才会提出那个问题，如果你根本看不到，你就不大会提出这个问题。

在工作团队中将方针管理转化为行动

当方针到达组长级别时，概念和总体目标已经确定了。没有单独的组长方针，组长专注于 FMDS，他的 KPI 板在全球有标准模板（见图 13-10）。KPI 很少改变：安全、环境保护、质量、生产率、成本和人员培养，但目标和优先级会发生变化。例如，由于今年是 TMUK 的“发布之年”，当班长、组长和团队成员制定新流程的细节时，在工厂内发现了一定数量的在线质量缺陷（In-line Quality Defect）和人体工程学问题，因此安全和质量会成为重中之重。

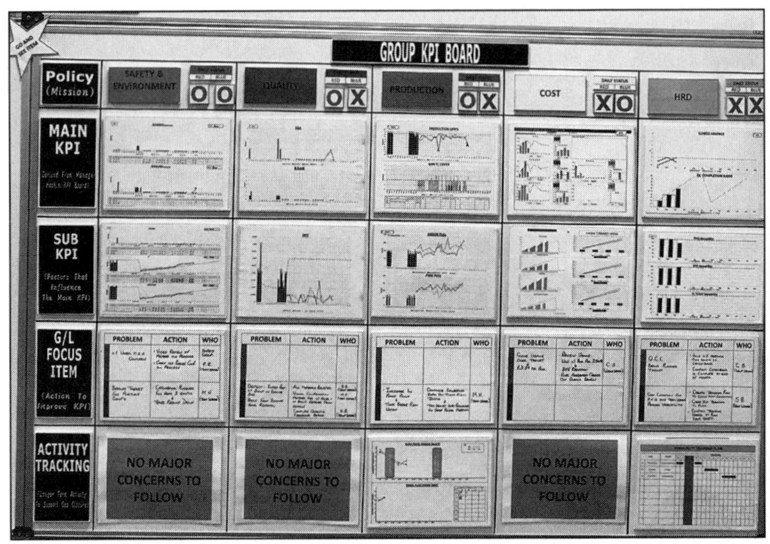

图 13-10　组长 KPI 板

主 KPI 来自经理的 KPI 板。子 KPI 是主 KPI 的影响因素，这很关键。组长不能通过简单地花更多精力和更努力来实现目标。他们需要更深入地思考，例如需要致力于改善影响主 KPI 的因素。这类似于套路中目标条件的概念——需要结果和所需的过程条件。这个过程涉及因果推理，对人们来说比简单地给他们设定一个目标要困难得多。例如，在安全方面，主 KPI 是工时损失事故，但这种事故很少见，无法直接控制。子 KPI 就是差点导致工人受伤的未遂事故，这种事故就相对常见了。TMUK 通过定期安全审核来评估与工作相关的所有安全风险，这些审核就可以衡量哪些属于未遂事故。比如我在 2019 年 12 月参观工厂时，全年冲压和焊接的工时损失事故只有 6 起，全年目标是低于 10 起，但未遂事故远比这多。

然后在 KPI 板的底部是重点项目——改善子 KPI 的行动。例如，正确穿戴所有个人防护用品或设计正确的工作姿势以避免肌肉骨骼疾病。KPI

板与工程管理板用于组长与部门经理参加的日常组长会议，在本例中展示的是车身焊接质量会议（见图 13-11）。

图 13-11　车身焊接质量会议

白板上是一长串的愿景、使命、目标、指标和计划。如前所述，计划真正开始于第三季度的反省，它在 A3 报告的方针计划中添加一列，指出仍然存在的差距以及缩小差距的行动。此外，每天和每周都会在各个级别进行一对一的会议进行反省。这是最重要的对话，领导者会在这个过程中制订短期计划。

案例：西格玛技术公司与丰田套路一起使用方针管理

让我们再看一个其他公司的方针管理案例。位于加拿大安大略省的西格玛技术公司为电信、工业控制、替代能源、医疗设备、国防等领域提供端到端的电子制造服务，其核心产品是表面贴装电路板组件。该公司 1999 年的销售额为 8000 万美元，那时它拥有 350 名员工，经营着两个分公司，在安大略省基奇纳提供快速原型制作服务，在安大略省康威尔提供全面服务。像许多组织一样，它对精益制造产生了兴趣并进行了调研。但很少有组织跟它一样，在没有获得任何咨询支持的情况下推进精益。西格玛技术公司的标准方法是研究想法、尝试想法、修正想法、改善想法并持续学习。领导者似乎天生就是科学思想家。这一切都奏效了，该公司在质量、成本和交期方面取得了巨大的成果。精益系统成为该公司的组织理念。

例如，领导者将他们的生产线按产品系列组织成价值流。他们从按机器类型组织转变为按产品系列设置流水线，从小批量设计订单，到相对大批量的标准化板。为了实现这一转变，他们从试点开始。他们决定搬到街对面的一个新厂房，首先用种类较少的大批量产品试验单元概念，然后再将整个公司逐步地整合到价值流组织架构里。这里集成和应用了前面讨论过的所有精益原则：流动、拉动、均衡化、标准化作业、可视化管理、防错、安灯，以及用技术来支持员工。

每个端到端的价值流都由具有 2 级职责的价值流经理负责。价值流经理实际上是业务负责人，带领所有服务团队，包括工程、销售和会计。向价值流经理汇报的是价值流协调员，类似于丰田的组长，具有 3 级职责。丰田的班长相当于这里的价值流组长。在可视化板前面开每日碰头会议是用 A3 报告解决问题和 IK 的结合，旨在从正式辅导练习演变为科学地进行日常管理。

当领导者们意识到他们已经准备好从战略到运营达成共识的时候，他们找来方针管理的畅销书来学习，然后开始尝试其中的理念并修正，不断从中学习。他们也参加了一个研讨会并从公司层面的“X 矩阵”开始。这里不讨论 X 矩阵的细节，关于方针管理的每一本书几乎都会介绍这个工具，虽然丰田自己并没有用过。简单来说，就是在一页纸的中间画一个“X”，周围区域分别是：三到五年突破性挑战、年度目标、公司层面的改善项目改善目标，并且注明每个改善项目的负责人和团队成员。在角落里，通过“X”来展示目标和改善项目之间的关联程度。西格玛技术公司发现这是一个很好的方式，可以将公司层面的计划可视化，然后与执行层面的计划和改善套路连接起来。

西格玛技术公司作为一个中等规模的制造型公司，它的方式与 TMUK 制造工厂所使用的方式类似，从战略展开到执行只需要经过三个管理层级（见图 13-12）。第 1 级的战略展开计划的信息从 X 矩阵出发，分解为更具体的项目（见图 13-13）。公司从两个三到五年突破性挑战开始："实现世界级的卓越运营"和"2022 年 5 月 31 日前实现税前利润 X 美元"，然后再分解到一系列的一到三年目标。例如，第一年目标包括赢得 AME 的卓越运营奖、实现利润目标、提高库存周转率、提高生产效率、提高业务系统集成度、提高报价准确率、提高客户经理的服务和技能水平、实现突破性的收入目标。这一系列的目标覆盖了公司的所有部门。

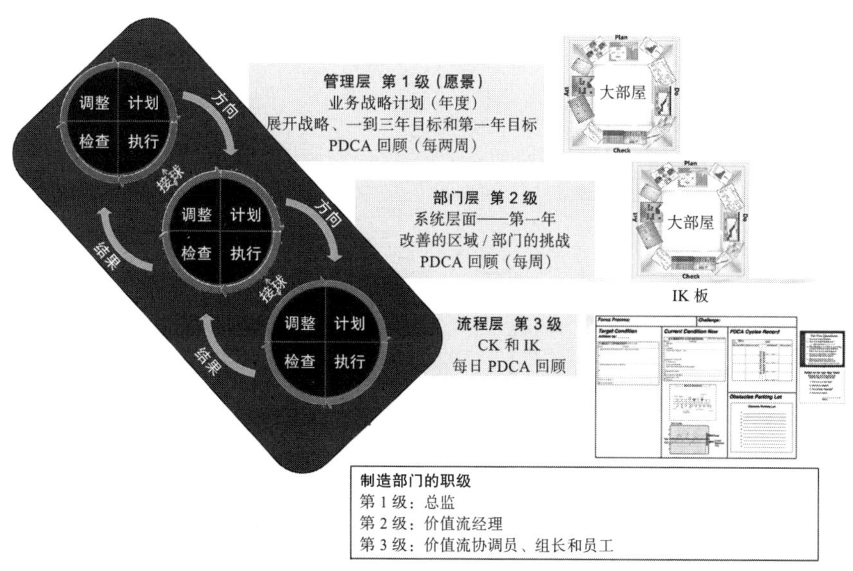

图 13-12　西格玛技术公司的方针管理和套路概览

资料来源：西格玛技术公司。

目标进一步细分为第 2 级的挑战，其中包括各部门的具体目标。然后，各部门通过日常管理系统，将这些具体目标向下部署到第 3 级的业务流程中。"接球"这一术语是一个隐喻说法，用来形容一种你来我往的协商过程。许多公司在规划阶段都会采用这种方式以达成共识，并确定公司的方针目标。在西格玛技术公司，高管团队每两周在大部屋召开一次会议，每两周与部门主管召开一次"接球"会议，第 2 级与第 3 级之间也会定期召开"接球"会议。因此，"接球"是一个持续的训练和学习过程。

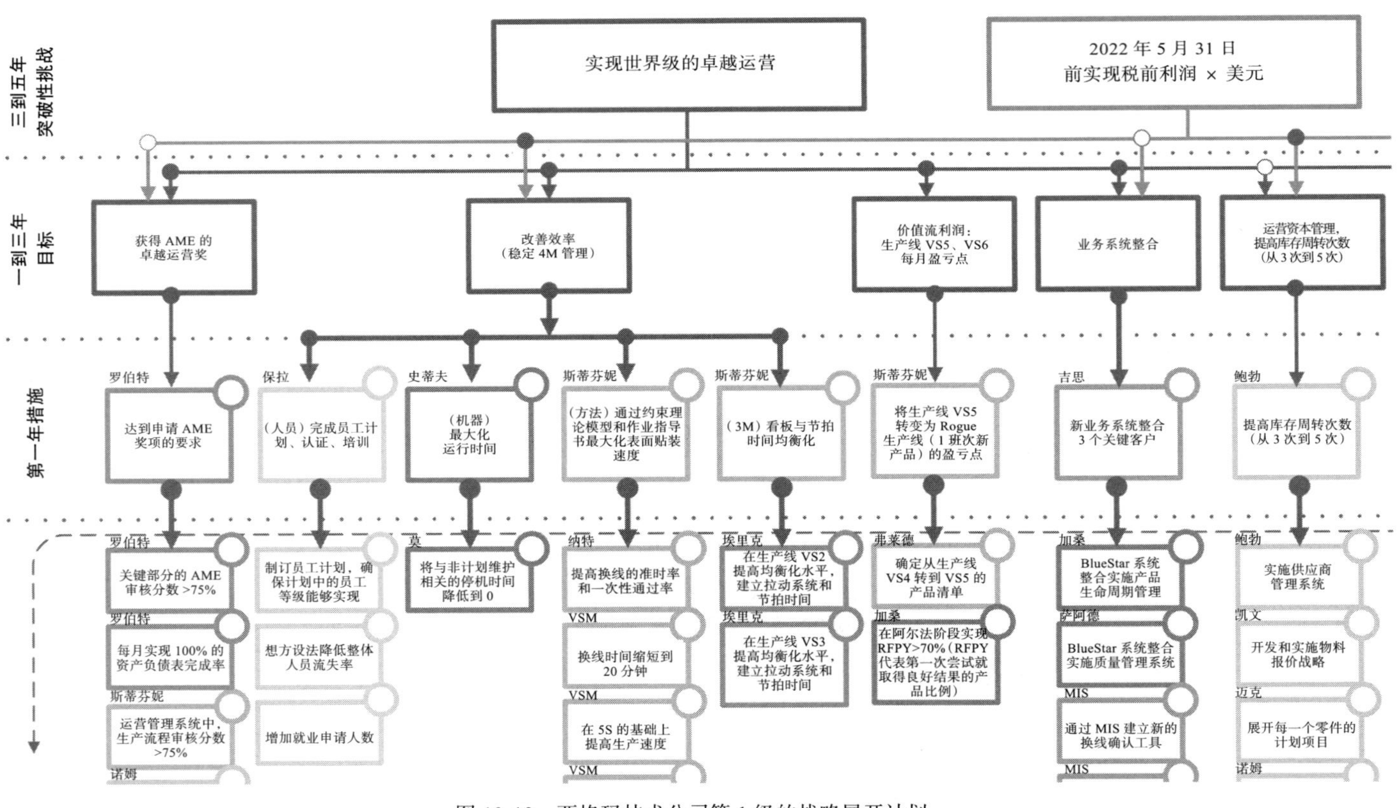

图 13-13 西格玛技术公司第 1 级的战略展开计划

让我们看一下制造部门的链条，从一到三年目标分解为“通过约束理论模型和作业指导书，最大化表面贴装速度”。图 13-14 展示了一个 A3 报告——专注于提高表面贴装工序的产出。表面贴装工序是一个应用机器人的自动化工序，这也是每个价值流的瓶颈。这个 A3 报告遵循了 IK 的模式，挑战性的目标是：在 80% 的大批量产线中，用最少的投资实现每天释放 4 小时的产能。A3 报告也包括几个目标状态、现状、障碍和 A3 报告建立时就已经在进行的 PDCA 循环。不断更新的 A3 报告由大批量价值流经理负责。价值流经理们每周会碰面讨论不同的 A3 报告，同时负责从价值流协调员处“接球”。

再往下到流程层面（第 3 级），图 13-15 是单元主管的日常管理板，就像丰田套路的故事板，清晰地展示了方针驱动的 PDCA 和 SDCA。第 2 级的挑战性目标在左上角，然后我们可以看到目标状态、现状、很多不同的图表、PDCA 循环的记录。团队朝着第 2 级的挑战性的目标前进，每一次试验都会记录在上面——计划、预期、结果、学到什么。日常管理板的右下角是流程的健康检查表，要检查的项目包括缓冲区域、传送带系统、表面贴装托盘以及物料架，用于检查约束理论平衡。

日常管理板的底部是一个很有趣的关于 SDCA 的文档。这里有一个障碍清单，上面大部分是可以快速解决的问题点（见图 13-16），但是并没有用常规的行动清单格式——问题、对策、什么时候、谁，而是将 IK 修改了一下，集成到建议卡中。如果其中一个障碍变成了更大的问题，那么组长就会将 PDCA 循环的记录附在这个建议卡上。这些卡片在计划、执行、检查、行动这几个区域根据实际状态移动位置。因此科学思维在 SDCA 中也得到了贯彻。最后的结果是，管理层设定的方向通过不断的试验和学习，具体到现场的行动。

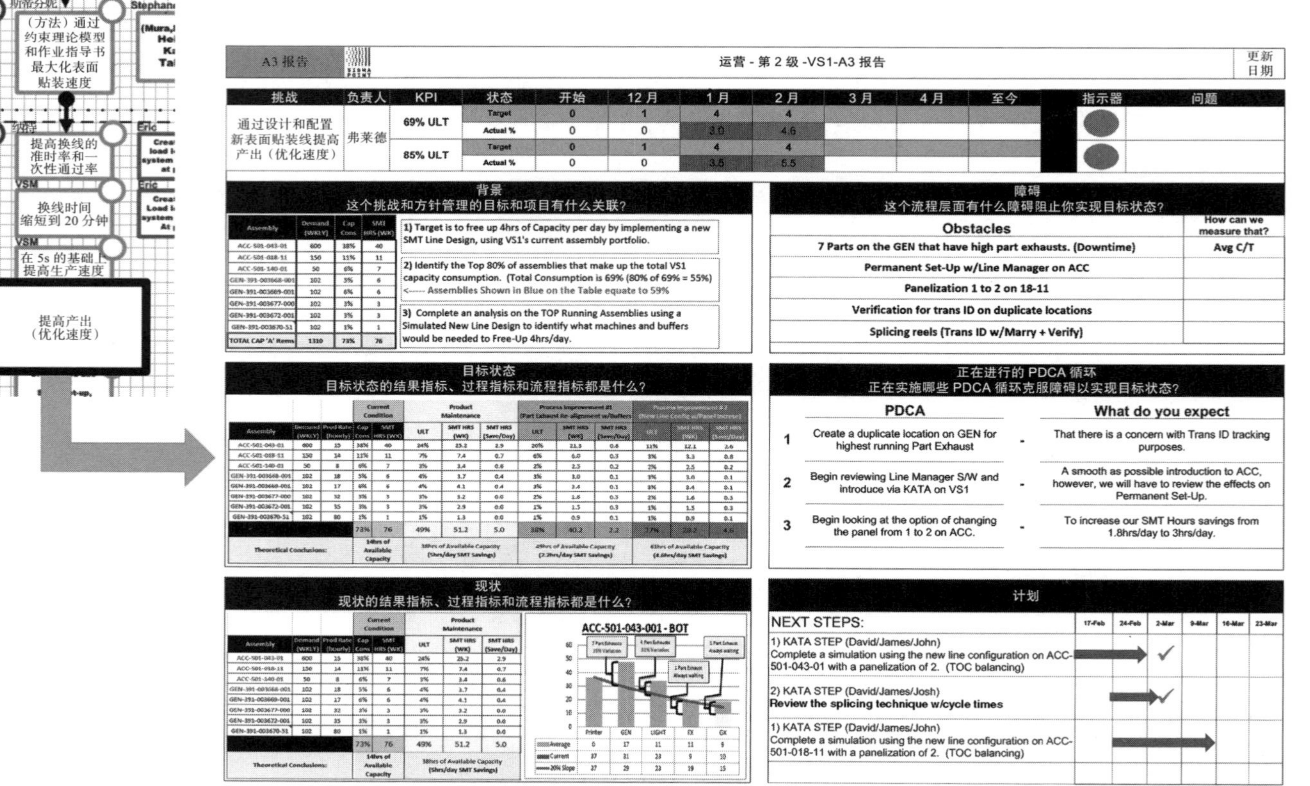

图 13-14 西格玛技术公司第 2 级的战略展开计划

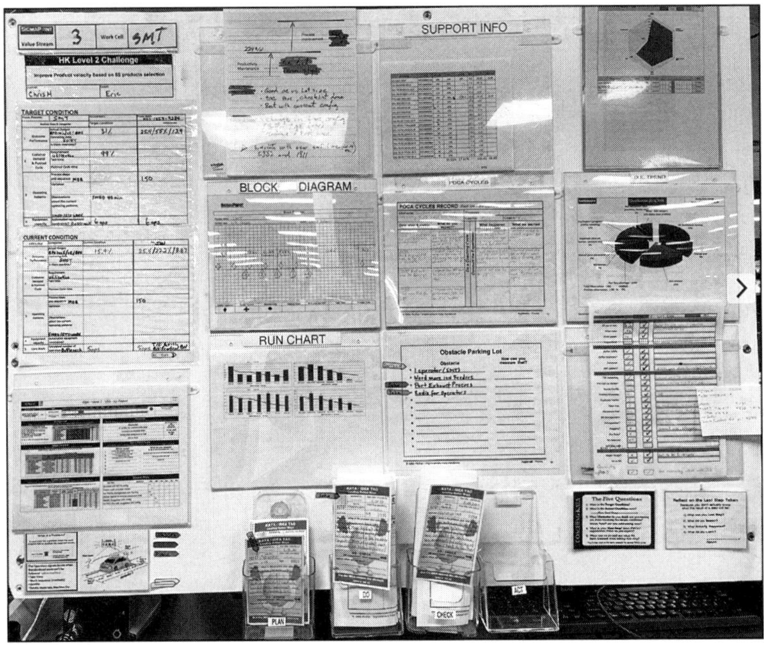

图 13-15　西格玛技术公司第 3 级的日常管理板（基于丰田套路）

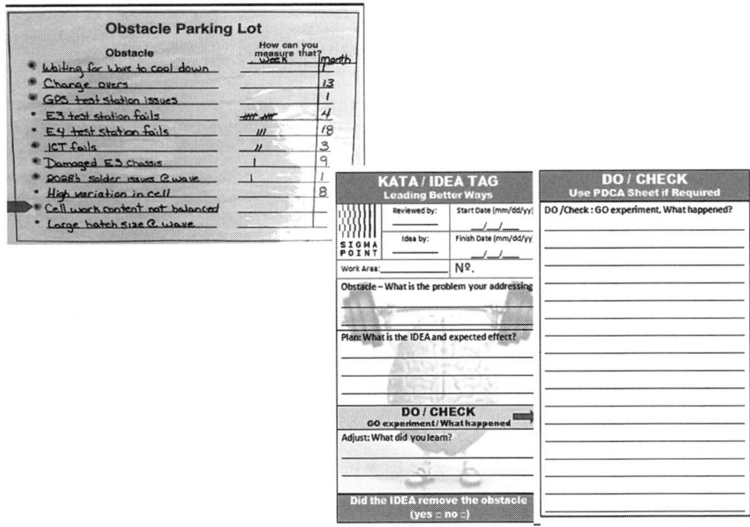

图 13-16　SDCA 文档中的障碍清单

方针管理是组织学习的流程

丰田很久以前就意识到方针管理是连接组织学习和业务目标的实现的桥梁。对于突发的问题进行持续改善可以取得很好的效果，但要让每个人都参与到持续改善中，从而形成组织能力，就需要有一致的目标，并且每天都要衡量进度。因此，原则 13 指出："在各层级有实现目标的共识，从而确保团队的改善激情。"设定具体的、可衡量的、具有挑战性的重要目标，然后持续衡量进展，可以产生很好的激励——即使没有相关的物质奖励。

丰田经理非常擅长与下属共同设定具有挑战性的目标，并且热衷于频繁地衡量和反馈。这是方针管理的基础，是丰田将目标逐级向下分解的过程，同时在这个过程中融入了向上反馈机制，例如理解现状、产生创新想法和主动改善。这是一个获得根回、反省、现地现物和不断进行 PDCA 循环的高度互动的动态过程。

根据我的经验，大多数尝试方针管理的公司都忽略了这个动态过程的本质。计划仍停留在高层，管理层一直关注水面之上的冰山，没有真正深入实际的工作场所。解决方案在计划阶段就早已确定，没有自上而下和自下而上同时进行的调整过程。价值流经理和价值流协调员通常只是在计划阶段召开几次"接球"会议，来回抛出各自的目标和想法。

在丰田，人们在计划阶段花费大量的时间，确定愿景、使命和行动纲领，并将期望的结果转化为在运营层面驱动目标实现的关键因素，通过关注可执行的过程指标来实现结果指标。在执行阶段，他们疯狂地进行 PDCA 循环，不断试验并从中学习。他们将 PDCA 与 SDCA 相结合，使用 PDCA 清除道路上的巨石，并通过在日常管理中使用 SDCA 清除小石块。PDCA 和 SDCA 相辅相成。

在制订计划，然后使用科学方法找到适合自己的方式以克服挑战方面，西格玛技术公司比丰田更加正式。该公司建立了迈克·鲁斯的套路模型，通过纵向跨级别的日常活动进行辅导和学习。西格玛技术公司正在做的事情看起来像图 13-17 中的模型，它明确表明方针计划的主要结果是设置已经达成共识的挑战。但在科学逻辑中，这些都是初步计划。一旦开始执行，首先就是重新审视挑战，去现场专注于某个区域并确定第一个目标状态，其次进行试验以实现目标状态，最后反省总结并确定第二个目标状态，如此循环。PDCA 体现在动态的上下串联中。这需要不同于分解计划和解决方案的思维方式。正如鲁斯解释的那样：

> 尽管学习新技能会在一定程度上无法适应，但通过实践一种实用的科学思维所能取得的成就是相当惊人的。团队成员的科学能力越强，他们就越能应对曾经认为不可能的挑战。管理层在这方面起着关键作用，因为他们的工作是培养创造者。

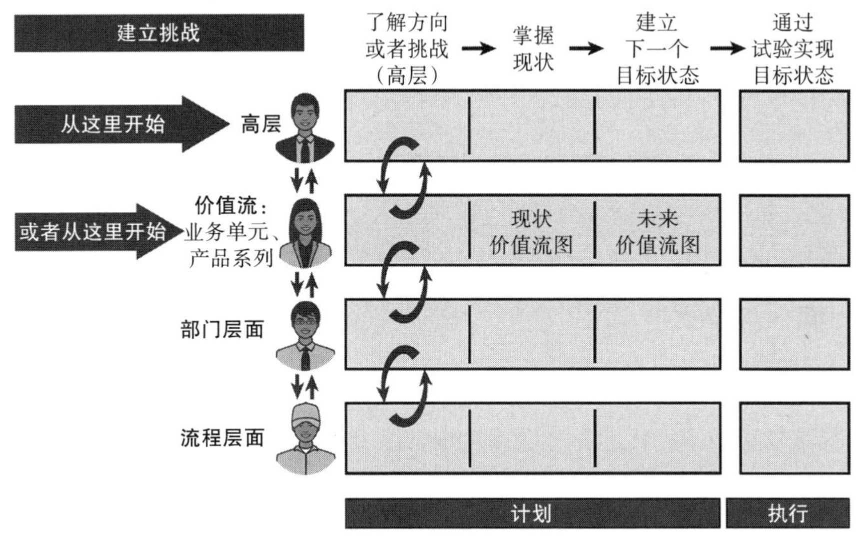

图 13-17　方针管理与 IK 结合

资料来源：Mike Rother, *The Toyota Kata Practice Guide* (New York: McGraw-Hill, 2017), p. 83.

正如著名的军事谚语所说："任何作战计划都在打响第一枪之后失效。"[㊀] 或者正如约翰·列侬所唱的那样："当你忙着为生活另做打算之时，它已悄然来临。"一旦计划部署开始，一切将无法预测。因为存在大量的不确定性，最好的组织会以小步快走的方式学习如何应对挑战。每一次"实施"

㊀ 这句话（以及它的变体）通常被认为是第一次世界大战前普鲁士军队参谋长老毛奇说的。

的尝试都成为朝着既定方向前行中进行反省和学习的试验。在最后一个原则中，我们将更深入地讨论方向。它从只有极少数公司能做得好的地方开始——制定一个深思熟虑的战略并坚持不懈。

关键点

- 方针管理（又称为策略部署）是丰田在各个层面对目标和计划建立共识，从而确定年度挑战和目标的方式。
- 方针管理不仅仅是实现业务目标的工具，更是通过辅导和问题解决来培养人员的流程。
- 方针管理会在计划阶段确定挑战和目标状态，从而为试验和学习的逐步改善提供了一个框架。
- 通过日常管理来确定和消除现状与标准之间的偏差（SDCA）可以帮助通过实现突破性的改善来建立新的标准（PDCA）。
- 简单的 A3 报告（一张单面的 A3 大小的纸）是一个很好的方式，它可以总结对计划、行动和结果的思考，使领导者可以辅导和培养员工，最终建立计划和执行上的共识。
- 通过不断反省毫不隐瞒地确定弱点，找到优先改善的区域。
- 从管理层到工作团队，每一个层级都对其业务负责——携手努力工作以实现目标。
- 方针展开的过程远远不是将期望的结果按级别分解，然后给各部门分配任务那么简单。计划阶段要求有严格的因果逻辑：我需要做什么来帮助我的老板实现目标？

参考文献

1. Jeffrey Liker and Gary Convis, *The Toyota Way to Lean Leadership* (New York: McGraw-Hill, 2011).
2. Jim Collins, *Great by Choice* (New York: Harper Business, 2011).

3. Alan Ward, Jeffrey Liker, Durward Sobek, John Cristiano, "The Second Toyota Paradox: How Delaying Decisions Can Make Better Cars Faster," *Sloan Management Review*, Spring, 1995: 43–61.
4. John Shook, *Managing to Learn: Using the A3 Management Process to Solve Problems,* Gain Agreement, Mentor, and Lead (Cambridge, MA: Lean Enterprise Institute, 2008).
5. Durward Sobek and Art Smalley, *Understanding A3 Thinking: A Critical Component of Toyota's PDCA Management System* (Boca Raton, FL: CRC Press, 2008).
6. Mike Rother, *The Toyota Kata Practice Guide* (New York: McGraw-Hill, 2017).

第14章 | The Toyota Way

原则14：通过远大的战略、一些大跨步和很多小进步来学习如何实现未来状态

在做小事的同时考虑大事，这样所有的小事都会朝着正确的方向发展。

——阿尔文·托夫勒（Alvin Toffler），《未来的冲击》

丰田从初创公司成长为全球性大公司的历史充满了曲折和挑战。在公司内部，丰田成功地打造了丰田模式，并在公司的每一个角落持续改善。在公司外部，丰田主要通过渐进式创新实现增长，即与竞争对手相匹敌的产品技术，再加上卓越的质量和可靠性。一切都正常运转，但人们并不经常用“令人兴奋”形容丰田。SUPRA和雷克萨斯LF这样的跑车其实足够令人兴奋了。雷克萨斯品牌以高性价比和“不懈追求完美”改变了豪华汽车行业。普锐斯在技术上的突破，改变了整个行业，将汽车行业推向了全电动方向。但这些突破更像是周期性的，而不是常态。

在丰田走向21世纪时，丰田章男预见汽车将会与顾客联系得更加紧密，让他们更加开心，并希望“在不确定和多样化的世界中，丰田致力于提升人与物的“移动自由”（提升移动的量和质），扩展个人和社会可以做的

事情。实现人类与地球的可持续共存”。从引领汽车到引领“移动”，这似乎是非常大胆的想法。令人兴奋吗？丰田的做法是“激发那些相信总有更好方式的人的才能和热情”。在丰田模式中，尊重员工和持续改善是推动公司前进的动力。

与此同时，似乎每一个会写“移动”两个字的人都开始创办电动汽车公司，试图颠覆整个行业，取代丰田等老派的“传统汽车制造商”，吸引投资者向他们的公司砸钱。当然，这是一种夸张的说法。不过，其中的先驱者特斯拉已经成功地颠覆了这个行业，其市值超过了任何其他汽车制造商的市值，成为其他初创汽车公司向往的新模式。这引出了一个问题：丰田模式是否荣光不再，已经不适合作为新时代的典范了？

到了 2020 年，一些分析师宣布游戏结束、特斯拉赢了。关于特斯拉的优越性的论点确实有一定道理。“特斯拉不是在生产汽车，而是在销售带轮子的 iPhone。汽车只是一个销售软件的媒介，用于强化特斯拉正在打造的一个类似 iTunes 的社区。”

我撰写本书之时，丰田和特斯拉并没有为相同的客户群体激烈竞争。现在还不清楚两者是否在同一赛道。丰田业务遍及大多数汽车服务领域以及全球大部分市场，每年销售大约 1000 万辆汽车，通过赚取利润进行再投资。而特斯拉只针对特定市场销售（主要是在美国），每年销售约 50 万辆汽车，特斯拉用投资人的钱进行扩张，这些投资人希望它能成为下一个亚马逊或者苹果。长期来看，未来到底怎样，我们也只能推测。

丰田和特斯拉确实有共同之处，它们都有远大的战略，都实现了一些大跨步，也都经历了许多小进步。特斯拉似乎一夜之间就成为一个伟大的汽车公司，但它的爆发背后，有超过 15 年的艰苦工作，有成功，也有失败。特斯拉成立于 2003 年 7 月，我们今天看到的大部分核心技术都是由两位才华横溢的工程师开发的，直到 2004 年，埃隆·马斯克才作为投资者参与进来。特斯拉花了 17 年取得了 2020 年我们看到的非凡成就。原则 14 想要传达的信息是，将战略落地是一场战斗，你无法简单地复制另一家公司的战略。不幸的是，每个公司都需要根据自己的独特情况来定义自己的战略，并通过一些大跨步和许多小进步来实现未来状态。

有一点是明确的：任何公司的成功都不能只靠持续改善流程。每个公司都需要产品和服务战略来吸引顾客，同时也需要运营战略——为了让我们的商业模式成功，我们需要哪些能力？顾客想要的是跟他们有关的产品或服务——解决他们的问题，让他们兴奋，对他们有意义，完成一些竞争对手做不到的重要事情。如果产品或服务能够给顾客带来更高层次的满足，那么有能力的顾客会支付更高的费用，甚至做更多的妥协来获得此产品或服务。

战略包括愿景、计划、对产品或服务的想法、目标市场、交付手段和服务水平，确定之后需要付诸行动。简单起见，让我们区分一下战略和执行，前者是愿景、计划，后者是我们实际做事情的方式。公司的执行可以很好，可以一般，也可以很差。如果一个战略带来了独特而有用的产品或服务、你垄断了产品或服务，公司构建了技术壁垒，或者产品或服务供应不足，那么执行就不需要做得那么出色了。回忆一下，人们一边容忍着第一代 iPhone 的缺陷和无特色，一边又排队去买它。或者回忆一下更近一点发生的事——在新冠疫情期间，人们想尽办法获得消毒湿巾。在这些时候，出色的执行并不是这些产品的优先事项。

还有像亚马逊这样的公司，它集颠覆性的商业战略与出色的执行于一体。1994 年亚马逊刚刚成立，它起初是一个对客户友好的网站，可以直接将图书配送给客户。这家公司的使命是成为“地球上最以客户为中心的公司”，客户可以在这里找到他们想在网上购买的任何东西。为了及时送货，亚马逊必须做好满足客户订单这一点，而这需要建立卓越的物流系统和世界级的供应链。

有一些公司的战略专注于交付商品，并以高质量、合理的成本和出色的配送能力来落实战略——这也是我们通常理解的精益。在这种公司中，执行力就是一切。最糟糕的情况之一是，一家公司的战略计划基于出色的执行力，但实际上公司的执行力却并不出色。普费弗和萨顿提出了“知行差距”（Knowing-doing Gap），并列举了许多公司自认为知道如何做到优秀，但在日常实践中却失败的例子。这些公司认为它们知道的并不是它们能做到的。

作为一家拥有独特产品战略和产品的公司，特斯拉正在撼动汽车行业，主导着规模虽小但仍在增长的电动汽车市场。它高度关注一个战略方向：CASE，即互联、自动、共享和电动的汽车。特斯拉摆脱了传统汽车（自己驾驶）、供应链和商业模式的束缚，以自燃油汽车早期的突破以来在汽车行业中从未见过的创新水平朝着 CASE 前进。在特斯拉之前，公司要进入这个资本密集型、利润率低的行业并生存下来，是很困难的，甚至是不可能的。但特斯拉一直在成功地开辟新的道路，颠覆汽车行业，而在这个过程中，电动汽车领域建造复杂动力系统工厂的门槛几乎已经不复存在。

企业战略大师迈克尔·波特 1996 年发表在《哈佛商业评论》上的一篇经典文章中警告："运营效率不是战略。"他在那篇文章中还警告人们，日本公司已经把汽车变成了一种大宗商品，在成本和质量上展开竞争，蚕食着彼此的利润率：

> 日本式竞争的危险现在变得更明显了。在 20 世纪 80 年代，由于竞争对手的生产力差太远，日本公司似乎有可能永远靠成本和质量取胜。但随着运营效率方面的差距缩小，日本公司越来越陷入自己制造的陷阱。如果日本公司想要摆脱目前正在破坏其业绩的双输型竞争，它们必须学习战略。

自波特写下这个预言以来，世界各地的许多汽车公司都在苦苦挣扎，徘徊在破产边缘或最终走向破产。但丰田不是其中之一，它保持价格水平，尽力压缩成本，年复一年地获得可观的利润，并拥有充足的现金。丰田模式注重在降低制造成本的同时也研究环境、根据实际制定长期战略。丰田并没有表现出畏畏缩缩、假装所有这些新技术都会过时的迹象。正如丰田章男总裁在 2019 年 12 月关于成为一家"移动"公司的演讲中明确表示：

> 迄今为止，丰田的增长是在汽车行业的既定商业模式下实现的。鉴于 CASE 引发的技术创新，汽车的概念即将发生重大变化。在这种情况下，我们必须将我们的业务模式转变为符合 CASE 时代的模式。因此，我们要通过商用车辆、政府行政车辆和车队客

> 户来传播这些技术，而不是仅仅关注乘用车和个人客户。我们可以与志同道合的人结成伙伴、开展合作，而不是孤军奋战。我们不仅可以销售汽车，还可以提供各种服务，将汽车整合到一个系统中。

与普遍的看法相反，持续改善不仅仅意味着过程中小的渐进式变化。正如我们从第 13 章中了解到的，它只是指不断地变好，有时是由方针推动的突破，有时是通过日常管理逐步实现的——PDCA 和 SDCA 可以相辅相成。对丰田来说，深思熟虑的战略和卓越的执行这两者之间并不是零和选择，而是必须组合在一起。《丰田模式 2001》的基础始于突破性的挑战，而不是微小的渐进式改善。丰田依靠创新一路前行，最初是研发自动织布机，后来是设计汽车。从那以后，在丰田不断打破新的业绩纪录的同时，其高管们却一直在警示下一场生存危机即将来临。

20 世纪 70 年代，丰田卡罗拉颠覆了汽车行业。丰田最熟悉的日本客户对这款车非常满意，丰田英二本可止步于此，但他想要一款能与大众甲壳虫在全球范围内竞争的汽车。在研究当时美国消费者的喜好时，丰田意识到，因为燃油成本的上涨，美国人想要一款更小、更省油、更低成本的汽车，但又渴望大型豪华车的舒适度。丰田卡罗拉在燃油效率、尺寸、高档功能和动力方面都达到了最佳水平，由此成为世界上最畅销的汽车之一。在没有人能想到日本能造豪华车品牌时，丰田凭借雷克萨斯再次成功。下一节中将讨论的普锐斯是另一个例子。21 世纪，丰田比其他汽车制造商先成功地迈出了大胆的一步。回顾过去，我们可能会认为丰田是一个颠覆者，它为各种类型的移动服务创造了氢燃料电池市场。

在这一点上，丰田专注于建立未来技术上的竞争优势，但丰田总是保持低调和神秘。丰田喜欢“让产品说话”。丰田的行事风格绝对是有条不紊的，就像乌龟一样，但它也可以以轻快的步伐前进，可以说比任何汽车制造商做的前沿领域工作都多。在建立了以可靠而闻名的强大品牌、产生了强劲的销售和赢利能力、积累了大量现金之后，丰田有能力从长远考虑如何落实一个大胆的战略和愿景，该战略和愿景着眼于 2050 年，其中包括环境保护等重大目标。当被问及从行业转型和新冠疫情来袭等在内的众多危机中吸取了什么教训时，丰田章男强调要保持冷静和稳定管理：

> 我学到的第一件事，也是最重要的事，就是不要恐慌。我正高效而稳定地管理着公司。在我过去管理公司的 10 年中，没有哪一年是平静的。年复一年，我们见证并经历了百年一遇的巨大且剧烈的变化。所以，我认为我越冷静，公司内部就越稳定。

震撼世界的普锐斯[⊖]

普锐斯提供了一个机会，让我们了解丰田如何通过大跨步和小进步实现突破性创新。回想起来，很难想象一个公司要实现成功的创新需要克服多少障碍，当时除了丰田之外，似乎没有人认为油电混合动力汽车是可行的产品——或者是一个明智的商业决策。普锐斯颠覆了整个行业，为电动汽车的到来铺平了道路。这是怎么做到的呢？20 世纪 90 年代初，丰田从燃油汽车业务中获得了创纪录的利润，而且似乎一切都很顺利。当时，丰田董事长丰田英二在一次董事会会议上问道：

> 我们应该像过去那样继续制造汽车吗？以我们现在正在做的研发工作，我们能在 21 世纪生存下来吗？这种经济繁荣的局面不可能持续太久。

丰田英二发言时，每个人都在听着。实际上，丰田当时赚钱很多，但由于害怕最终面临破产，它逼迫自己从长远的角度思考和行动（原则 1）。

面对丰田英二的疑问，当时负责研发的执行副总裁金原义良（Yoshiro Kimbara）成立了 G21 项目，这个项目最终推出了普锐斯。金原义良在

⊖ 这一部分基于对内山田竹志的个人采访以及板崎英司的《震撼世界的普锐斯：丰田如何开发出世界上第一款大规模生产的混合动力汽车》（*The Prius That Shook the World: How Toyota Developed the World's First Mass Production Hybrid Vehicle*，Tokyo: Nikkan Kogyo Shimbun，1999）。

1993 年 9 月发起了业务变革项目，任务是研究面向 21 世纪的新车。唯一的指导方针是开发一种省油的小型汽车——与当时销售的油耗高的大型汽车正好相反。一个由大约 30 名高管组成的委员会在三个月里每周都开会，最终推出了一个方案，包括一幅全尺寸图纸。除了体积小之外，普锐斯最初的设计有一个显著特点就是座舱宽敞，这对普锐斯的成功至关重要。该委员会还制定了燃油经济性目标。当时基本款的卡罗拉发动机每加仑燃油能跑 30.8 英里，而新方案的目标设定为燃油经济性比卡罗拉高出 54%，即每加仑燃油跑 47.5 英里。

高管们随后考虑由谁来领导研发原型车，最终他们决定由看似最不合适的内山田竹志（Takeshi Uchiyamada）来领导。内山田竹志随后也被任命为量产车的总工程师。在丰田，总工程师的角色是神圣不可侵犯的，内山田竹志要作为超级工程师和业务领导来领导这个类似一家初创公司的项目。内山田竹志从未被按照总工程师的标准培养，甚至从未渴望坐上这一位置。他有测试工程的技术背景，他从来没有在汽车开发领域工作过。内山田竹志向我描述了他的困境：

> 作为总工程师，即便是供应商出现问题，我也有责任去拜访供应商，帮助他们检查生产线并解决问题。很多情况下，我甚至不知道该寻找什么信息来理解我需要做的工作。总工程师的典型特征是他们无所不知，所以在开发汽车的任何部件时我都需要知道螺栓连接在哪里以及客户想要什么。

内山田竹志不是无所不知的，他能做什么呢？他给自己配备了一个由专家组成的跨职能团队，并依靠这个团队。从组织设计的角度来看，普锐斯项目最重要的成果之一是创造了汽车开发的大部屋体系，这成了丰田沿用至今的标准。大部屋是一个大房间，就像控制室，在墙上使用可视化的方式来显示实际情况，并将关键指标的实际完成情况与目标进行比较。在之前的汽车开发体系中，总工程师四处奔波，根据需要与人会面以协调过程。对于普锐斯，内山田竹志召集了一个跨部门专家小组，他们在大部屋里全职工作，审查计划的进展，并讨论关键决策。他还提高了电子邮件的使用率，并将 CAD 终端搬进了大部屋。通过选择一位没有专业背景的总工程师，丰田高管实现了重塑公司汽车开发流程的目标。

G21 的目标是研发“小型节能车”。一方面全电动汽车肯定会节省燃料，并几乎不会产生排放，但它在当时并不实用，也不方便。你需要一个为电池充电的独立基础设施，在当时已知的技术水平下，汽车需要频繁充电，而所需的电池则又大又贵。高管们担心这款车会成为“移动电池”。另一方面，燃料电池技术虽然有很大的前景，但这项技术还不够成熟，而且也没有补充燃料的基础设施。

在 1994 年，团队甚至连混合动力汽车也无法接受。混合动力汽车被认为是一项过于新颖和冒险的技术。1994 年 9 月，团队与丰田执行副总裁和田彰弘（Akihiro Wada）和常务董事盐见正直（Masanao Shiomi）开会时，提出了混合动力技术，但并没有得出结论。后来，和田彰弘提出了一个出人意料的要求，即为东京车展开发一款概念车。当内山田竹志向和田彰弘汇报进度时，和田彰弘直截了当地对他说：“顺便问一句，你们小组也在为车展设计概念车，对吗？我们最近决定这款概念车应该是混合动力的，这样我们就很容易解释它的燃油经济性。这不是在谈论量产车，所以请给我们展示你最好的想法。”

距离车展只有两个月了，这似乎是不可能完成的任务。尽管时间很紧张，内山田竹志还是遵循了丰田基于多方案的设计流程——首先广泛考虑可能的方案，即让他的团队考虑所有可能的已知混合动力技术，然后汇集起来比较，做出选择。团队通过了挑战，混合动力概念车赢得了最高奖项，并成为车展的热门话题。在车展之后，和田彰弘不出意料地提高了普锐斯的燃油经济性目标，而且很明显，应用混合动力是量产车的唯一可行方式，将一辆混合动力汽车命名为普锐斯（拉丁语中是“走在前面”的意思）再合适不过了。与此同时，1995 年 8 月，丰田任命奥田硕为新总裁，他是丰田的一位异常激进的领导者。当他问和田彰弘什么时候可以准备好混合动力汽车时，和田彰弘解释，“如果一切顺利的话”，他和他的团队的目标是 1998 年 12 月。

奥田硕说：“那太晚了，不行。你能提前一年完成吗？这款车可能会改变丰田乃至整个汽车行业的未来。”

最终普锐斯于 1997 年 10 月上市，比奥田硕要求的时间还提前了两个月。尽管时间紧张、缺少经验，内山田竹志仍然决定自主研发普锐斯的所有核心技术，包括电机、直流电与交流电切换电路、汽油发动机和电机控制系统、将机械能转换为电能并回馈到电池的再生制动系统。丰田在电池技术方面无法独立完成研发，因此它选择与松下合作。合作维持至今，松下仍在帮丰田研究和改进电池技术，并出售给其他公司——这个项目实现了固态电池技术突破。

在发布时，普锐斯获得了日本两项最负盛名的汽车竞赛的第一名——赢得了令人羡慕的日本年度汽车奖和 RJC 年度新车奖。实际上，这款车最初在市场上的表现不如本田的混合动力汽车 Insight，但丰田最初对内饰的构想战胜了本田的双门双座车。表 14-1 总结了丰田通过普锐斯研究混合动力技术的关键里程碑。总体来说，丰田的理念是先有突破性的开发，然后是渐进式改善。丰田为 21 世纪制定了愿景，在新技术方面做出了大跨步，内部开发了许多新的技术能力，使普锐斯经过数代改善，最终将成熟的混合动力技术推广到大多数其他车型。我们可以把每一代普锐斯想象成一个 PDCA 循环，丰田经历过的这种学习循环比其他任何汽车制造商都要多。

表 14-1　丰田通过普锐斯研究混合动力技术的关键里程碑

时间	里程碑
1990 年	日本泡沫经济见顶，丰田英二说明对 21 世纪的汽车的构思
1993 年 9 月	成立 G21 业务变革团队来开发概念车
1993 年 11 月	内山田竹志开始领导概念车开发团队
1995 年 10 月	东京车展上丰田展示了混合动力方案
1995 年 6 月	G21 成为一个有固定人员、预算和时间表的官方项目，内山田竹志被任命为总工程师
1997 年 12 月	第一辆普锐斯在日本交付
2000 年	普锐斯开始全球交付
2003 年	第二代普锐斯发布
2008 年	普锐斯销量达 100 万辆 *
2009 年	第三代普锐斯发布
2010 年	普锐斯销量达 200 万辆 *

（续）

时间	里程碑
2012 年	普锐斯连续四年成为日本最畅销车，在加利福尼亚州也获评最畅销车
2013 年	普锐斯销量达 300 万辆 *
2015 年	第四代普锐斯发布
2017 年 1 月	丰田在全球销售了 1 000 万辆混合动力汽车，其中普锐斯占 610 万辆 *
2018 年	丰田全球销量的 15% 是混合动力车，即销售了 160 万辆混合动力汽车 **

注：* 此处为累计销量。

** 2019 年混合动力汽车销量继续增长，丰田的销量可能会更多——除了有可能受电池供应限制。

每一代普锐斯的年销量都有跳跃式增长——2008 年达到 100 万台，2013 年达到 300 万台。到 2017 年，普锐斯被誉为自福特 T 型车之后最重要的车型。与此同时，丰田一直在努力研发技术来降低混合动力系统的成本。对丰田最畅销的几款车型而言，顾客只需要多花几千美元就可以从燃油款升级到混合动力款。到 2017 年 1 月，丰田混合动力汽车的累计销量达到 1000 万辆。到 2020 年初，自首款普锐斯推出以来的这 23 年里，丰田混合动力汽车的销量已超过 1500 万辆。2019 年，在英国市场，丰田雷克萨斯车型的销量中有三分之二是混合动力款。

与此同时，电动汽车在汽车销量中所占比例仍然很小，但在缓慢上升。2017 年，美国销售的 1700 万辆汽车中，包括插电式普锐斯 Prime 在内的电动汽车只有 20 万辆（约占 1%）。2019 年，这一比例上升至 2.2%，但美国电动汽车大约 75% 的销量来自特斯拉。各汽车公司生产电动汽车的热情高涨，电动汽车的初创公司股价飙升，不过到目前为止，要做到赢利和实现高产量还是一件很困难的事情。

丰田是最后一批生产纯电动汽车的汽车公司之一，因而它受到批评。那么它会因为对未来的错误预测而最终失去市场吗？我认为，丰田同样有远大的战略，但它的战略不同于特斯拉和某些汽车公司，因为丰田的财务状况和市场位置不同。丰田一直遵循原则 14，即“通过远大的战略、一些大跨步和很多小进步来学习如何实现未来状态”。普锐斯就是一个很好的例子，丰田以极快的速度追逐挑战看似不可能的事情，并通过 PDCA 边做边学，坚定地一步一步做下去。在我撰写本书之时，丰田推出了第一款氢燃料电池汽车 Mirai（意为“未来”）。和当初的普锐斯一样，丰田也在改进第二代 Mirai 的续航里程和功能，目标是把它的价格控制在混合动力汽车的价格范围之内。此外，该公司还通过合资企业生产了一些即将投产的纯电动汽车，重点关注庞大的中国市场。

丰田花了几十年学习引领未来的新技术，并将这些技术应用到量产车中。凭借其技术能力和快速的产品工艺开发体系，丰田可以迅速推出不同的车型，包括不同续航能力的插电式混合动力汽车、纯电动汽车、氢燃料电池汽车以及其他满足市场需求的汽车。

对比丰田和特斯拉的战略

对诺基亚的手机业务来说，最大的颠覆者是苹果的 iPhone，它最终使诺基亚走向破产，并转向其他的产品线。对汽车行业来说，颠覆者似乎是特斯拉，虽然它的电动汽车颠覆性不像 iPhone 那么大。特斯拉在一件事上做得很好，而这也是最重要的——特斯拉开发了一种深受客户喜爱的新型汽车。在埃隆·马斯克的远大愿景下，这家公司从一张白纸开始，展望了 21 世纪能让客户兴奋的东西。

埃隆·马斯克是个神童，从小就喜欢科幻小说、物理学和计算机编程，但不那么喜欢与人协作。在成长过程中，他不善交际、独来独往。他认为自己永远是房间里最聪明的人，也许在大多数情况下确实如此。作为软件创新者，他与别人共同创立了 PayPal，但他在汽车和太空飞船领域做出的转变更为惊人——以软件创新的速度在硬件领域进行创新。埃隆·马斯克就像是 CEO 和总工程师的结合，他参与了每一项重要的决定，他的座右铭似乎是“不妥协”。

有了马斯克的远见，特斯拉一次性地把它能够想到的客户想要的任何东西都设计进了汽车。它使汽车全电动，并在电池上进行创新，以延长行驶里程；把车速设计得超快，甚至有点“荒唐”；把车的内饰设计得简洁，且没有按钮；只用一台车载电脑而不是多台；配备了一个巨大的触摸屏；通过网络更新软件；自主设计和制造舒适的座椅；允许在不接触刹车踏板的情况下，只要松开油门踏板就能减速停车；提供了自动驾驶系统，并且声称将很快转变为全自动驾驶；允许通过智能手机进行车载系统设置；在车辆投产前就开始预售；建造很酷的门店，不设独立的经销商——这样的例子不胜枚举。特斯拉也愿意承担产品的风险，例如，在汽车行业，因多次召回而让很多公司恐惧，大家开始避免使用暗示汽车可以自动驾驶的术语，特斯拉却将自动驾驶功能命名为“自动巡航”(Autopilot)。

这并不意味着特斯拉的一切都很顺利。战略的执行很紧张，甚至混乱。特斯拉承诺了不现实的上市时间，然后一而再地违背承诺，同时还出现了质量问题、上市问题、生产问题，没有及时引进技术，自动驾驶导致严重的事故，以及未能及时给客户交货，但热切的早期用户仍迫切地想得到他们的特斯拉。

埃隆·马斯克自己也曾称量产 Model 3 的尝试是“生产地狱”，并意识到制造过程比他最初想象的要困难得多。他曾宣称特斯拉真正的产品是会让竞争对手破产的自动化工厂，但几个月后又改口：“是的，特斯拉的过度自动化是一个错误。准确地说，是我个人的错误。人的能力被低估了。”解决办法是在加利福尼亚州弗里蒙特市工厂的停车场内搭一个“帐篷”，在“帐篷”下建立一条临时的、主要是手工操作的装配线。爱德华·尼德迈尔（Edward Niedermeyer）的书《滑稽》(*Ludicrous*) 中讲述了特斯拉承诺过却不存在的东西，以及特斯拉如何多次侥幸避免破产，读过之后你会怀疑这家公司是如何生存下来的了，更不用说是如何繁荣起来的了。

据我所知，特斯拉的战略很简单（见图 14-1）。创造一个由可再生动力系统提供动力的颠覆性的计算机化产品，并且在颠覆性的计算机化工厂制造这个产品。特斯拉的最终目标是通过产品完全使用可再生能源拯救地球。显然，埃隆·马斯克深切关注人类社会，并有着超越短期利润的长期愿景。任何人都不能以任何方式忽视特斯拉的成就——特斯拉是自克莱斯勒之后第一个在初创阶段就有能存活和繁荣的迹象的汽车公司，它生产了全系列很酷的电动汽车，它引领了全球纯电动汽车的销售潮流，它的市值比很多汽车公司高许多倍，并且它让诸多汽车公司争相追赶电动汽车的浪潮。

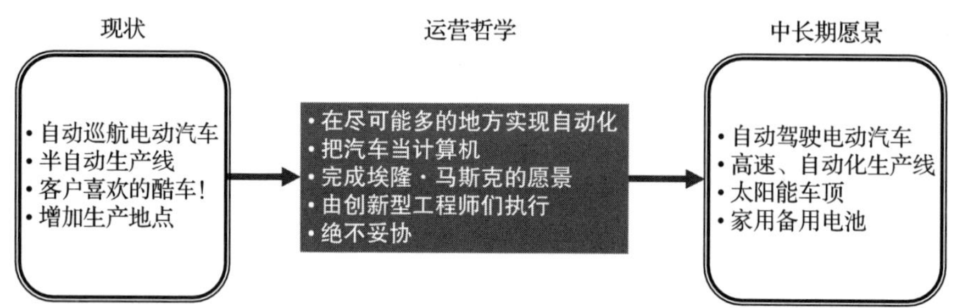

图 14-1　特斯拉颠覆性的战略愿景

注：图示为高度简化的特斯拉战略。

资料来源：James Morgan and Jeffrey Liker, *Designing the Future* (New York: McGraw-Hill, 2018).

丰田的战略更为复杂和微妙，也更符合丰田的实际情况。丰田就像一只坚定的乌龟，一步一个脚印，仔细评估每一步。从历史来看，丰田希望在更新车型时，保持 80% 左右的汽车设计不变，而在其他 20% 上专注于关键创新。丰田并不是纯电动汽车的领跑者，但在我撰写本书之时，丰田正在加紧将几款电动汽车推向市场，其中一些基于一个由九家公司联合组成的电子平台，这些公司包括斯巴鲁。丰田正在转向纯电动汽车，但它认为混合动力汽车和插电式混合动力汽车的销售仍将持续数年，之后将被纯电动和氢动力汽车取代。纯电动汽车和氢动力汽车可能会占据不同的细分市场，例如，氢动力汽车主要用于大型商用车。

尽管纯电动汽车越来越受欢迎，丰田仍认为需要有人来引领氢燃料的发展，因此在 2014 年，丰田推出了 Mirai，随后丰田免费公开了数百项氢燃料专利。有趣的是，Mirai 是一款混合动力汽车，除了燃料电池外，还配备了电池和电机。丰田意识到第一代 Mirai 的销售量会很小（总共 1 万辆），因为它价格昂贵，而且只有几个地方有加氢基础设施。随后，丰田自己对加氢基础设施进行了重大投资，并与政府和壳牌等公司开展合作。丰田宣布 2021 款 Mirai 是一款豪华轿车，它造型时髦、续航里程可达 400 英里，丰田预计其第一年的销量约为 3 万辆。丰田还与其子公司日野合作开发了一款使用重型氢燃料电池的商用卡车。

丰田在提高电池的效率和降低成本方面以惊人的速度进步，但电池仍然沉重而昂贵，而且直到 2020 年，供应量仍有限。2019 年，丰田负责欧洲研发的副总裁杰拉尔德・基尔曼（Gerald Killmann）解释，丰田每年生产的电池足够 2.8 万辆纯电动汽车或 150 万辆混合动力汽车使用。相比于 2.8 万辆纯电动汽车，150 万辆混合动力汽车能够多降低三分之一的碳排放，同时也以更实惠的价格为客户提供了更实用的汽车（并且没有续航和充电的烦恼）。

2015 年 10 月，丰田宣布了“环保挑战 2050”计划，展示了它与环境和谐相处的计划路线图[⊖]。“环保挑战 2050”不仅仅是一个愿景，它有具体的目标。到 2050 年的六个挑战是新车零碳排放、生命周期零碳排放、工厂零碳排放、最少化用水、建立再循环的社区和体系、建立与自然和谐相处的未来社会。为了克服这些挑战，丰田制定了中期挑战（见图 14-2）。

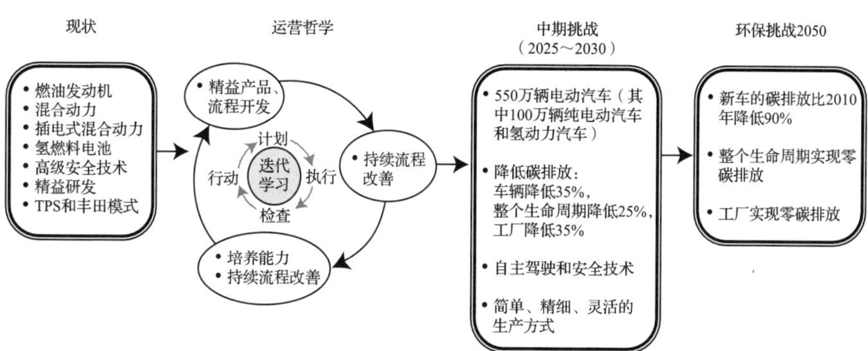

图 14-2　丰田的环保战略愿景和运营哲学

资料来源：James Morgan and Jeffrey Liker, *Designing the Future* (New York: McGraw-Hill, 2018).

到 2025 年，丰田预计其销售的汽车中 55% 为电动汽车，包括几乎每

⊖ 当你读到本书的时候，挑战可能已经改变了，但此时你可以参考丰田官网来查询其最新挑战。

款汽车的混合动力版、插电式混合动力汽车、纯电动汽车和氢动力汽车，其中预计有 100 万辆为纯电动汽车和氢动力汽车，车型包括从紧凑型到跨界车的六种车型。丰田已经成立了一个单独的工程小组，名为丰田 ZEF 工厂，由大约 300 人组成，基于上面提到的由九家公司联合组成的电子平台创建丰田自己的电子平台。丰田还与自己旗下的大发、铃木以及中国合资伙伴比亚迪丰田电动车科技有限公司合作开发小型电动汽车。这个合作伙伴的名单还在变长。

丰田和特斯拉有更好的战略吗？谁的战略更好、更值得去复制？答案是两者都不是。记住，战略是建立在预测的基础上的，要预测特定的公司会发生什么、处于什么状态。两家公司都有适合自己情况的战略。特斯拉是一家初创公司，正在努力变得更成熟和更财务健康。作为一家初创公司，它高度依赖投资者的资金。特斯拉的高股价是由于它作为一家颠覆汽车市场的科技公司的形象。

丰田则是一家大型的跨国公司，已经在燃油汽车、混合动力汽车、插电式混合动力汽车和氢动力汽车方面进行了大量投资。丰田拥有平衡的产品组合——考虑到近期、中期和长期需求的产品设计组合。丰田从现金牛产品中获取大量资金来支持对其他公司和研发的投资。一些组织理论学家认为，最成功的公司应“双管齐下”，即某些部门专注于当前产品线的渐进式改善，而另一些部门专注于长期的技术发展。

2012 年发表的一项研究发现，成功的企业平均将 70% 的创新资金分配给渐进式创新（短期），20% 分配给邻近创新（中期），10% 分配给突破性创新（长期），谷歌是一个努力实现 70-20-10 平衡的例子。这项研究发布的时候，具有这种投资组合平衡的公司历史性地实现了 10% ～ 20% 的市盈率溢价。

特斯拉不能成为丰田，丰田也不能成为特斯拉。特斯拉的优势在于，它是一家年轻的、具有创业精神的公司，它只听从一个声音——埃隆 · 马斯克的声音。它可以非常灵活，只需要投资于有限的领域。丰田涉及很多领域，包括卖“传统产品”以稳定地获取收入和养活内部人员。由于其拥有广泛的供应商网络，它需要更加小心行事。但丰田也是一个学习型组织，它保留了许多创业特质，其中不乏充满激情的领导者，他们会积极而专注地迎接看似不可能的挑战。

不仅丰田和特斯拉不应该互相模仿，你的组织也不应该模仿它们中的任何一个。

丰田的自动驾驶汽车战略

你正准备离开家去开会。你在手机上打开应用程序，为这次出行选择你最喜欢的共享出行服务。一辆无人驾驶的汽车停在你面前，然后载你到想去的地方。这是基于科学的事实还是虚构？在可预见的未来，两者都有。在一定的条件下，自动驾驶技术是可行的，不过虽然媒体炒作得很热，但大多数人认为要实现它还很遥远。

关于自动驾驶汽车很快就会无处不在的说法，它的前提是要先实现所谓的 5 级自动驾驶，或者丰田所谓的“自动驾驶”模式（Chauffeur，意为专职司机）。你可以相信，在“专职司机”开车送你去任何你想去的地方的时候，你不需要去注意道路状况，可以安全地发短信、睡觉、阅读。要做到这一点，“专职司机”们需要具备三个核心能力。第一是感知环境，包括其他车辆、行人、动物和自行车。计算机对此很擅长。事实上，配合位置安装合适的摄像机和三维感知激光雷达的计算机，在许多情况下在感知环境这方面比人类做得更好。“专职司机”的第二个能力是计划，基本上就是提前知道去哪里、做什么。同样地，有了这么多可用的数据和工具，比如高分辨率地图，计算机对此也非常擅长。第三个能力是预测，而这正是计算机的弱点。我们会注意到两个孩子在街角玩滑板，并开始猜测他们可能会做什么，然后相应地调整我们的驾驶方式。很多情况下，我们能预测潜在的危险是因为我们理解人们的动机。计算机却不善于此。由于计算机在预测方面的缺陷，丰田得出的结论是，完全实现 5 级自动驾驶已经超出了目前的技术能力，没有人知道它什么时候能实现并得到客户的信任，也许需要 10 年或更长时间。

与此同时，现有的技术还有很多可以做的事情，丰田正专注于另一条道路，它称之为“高级安全驾驶辅助”模式（Guardian，意为监护人）。“监护人”会观察司机是否困倦、心烦意乱、醉酒或残疾，并据此努力防止事故发生——甚至在必要时接管驾驶。随着技术的发展，丰田正进一步发展其所谓的“移动出行伙伴概念”（Mobility Teammate Concept，MTC），让汽车的自动驾驶系统可以在“自动驾驶”和“高级安全驾驶辅助”模式之间切换。

MTC 的哲学建立于人们应该有选择的信念之上。它不是让人们脱离了自己的汽车，而是让人们可以自己选择是享受驾驶的乐趣和自由，还是享受自动驾驶技术的便利。事实上，在 MTC 下，人们可以在某些情况下选择“自动驾驶”模式，如高速公路和长途旅行，在其他情况下选择“高级安全驾驶辅助”模式，如低速行驶路段或短途旅行。

在 MTC 中，人类司机和自动驾驶系统是共生关系，互相监督彼此的驾驶。人类司机不能睡觉，也不能分心。丰田的座右铭是“监护第一”，这意味着丰田更倾向于选择“高级安全驾驶辅助”模式，而谨慎地使用“自动驾驶”模式。

现在，至少在某些雷克萨斯车型上，丰田将开始提供某个版本的更高水平的“汽车队友”。它类似于 2 级自动驾驶，即司机可以双手离开方向盘，让计算机指挥汽车通过匝道上下高速公路，以及改变车道、并入和离开车流。为了实现这些能力，丰田必须在每辆汽车中都安装一台先进的超级计算机。

随着计算机系统的发展，计算机可以在更多的情况下接管驾驶。4 级自动驾驶模式下，汽车已经可以在很多情况下进行自动驾驶，即在“运行设计区域（ODDs）”内自动驾驶，如低速市内通勤（低于每小时 25 英里），一些私人道路、自动驾驶专用车道，和“最后一公里”配送（通常行人不是很多）。随着技术发展，自动驾驶的安全性将进一步提高。

丰田正与许多“共享”汽车公司合作，包括对优步、中国打车巨头滴滴和新加坡打车公司 Grab 的重大投资。丰田还研发了 e-Palette 的运行系统，并出售给第三方公司以开辟新的商业机会。这个系统的设计安全、可靠，其他公司可以利用自己的技术和车型搭配实现各种应用，如食品卡车、移动办公室和“最后一公里”配送车辆（就像艺术家在调色板上选择颜色一样搭配）。

那么，丰田是怎么从一家专注机电系统的传统而保守的汽车制造商转变为一家开发自动驾驶系统的公司的呢？答案是，它打破长期惯例，做出了一个激进的决定，即走出去，投资数十亿美元成立了两个子公司——丰田研究院（TRI，负责对自动驾驶进行深入研究）和丰田研究院高级研发公司（TRI-AD，把研究从原型阶段推进到预生产阶段）。2020 年，丰田还成立了一个八亿美元的全球投资基金，由 TRI-AD 牵头，专注于投资开发新技术和新商业模式的成长期公司。

丰田甚至走得更远。它并没有指派丰田的老员工来管理这些研究所，而是聘请了人工智能和机器人方面的美国专家。吉尔·普拉特（Gill Pratt）博士是 TRI 的 CEO，TRI 在硅谷、密歇根州安娜堡、马萨诸塞州剑桥设有办公室。普拉特博士曾就职于美国国防部高级研究计划局，早些时候他是麻省理工学院的机器人和人工智能教授。普拉特博士聘请了之前的同事詹姆斯·库夫纳（James Kuffner）博士担任 TRI 的首席技术官，后者后来被任命为东京 TRI-AD 的 CEO。毕业于斯坦福大学的詹姆斯·库夫纳博士曾是卡内基梅隆大学机器人研究所的副教授，后来加入谷歌研究自动驾驶汽车。

为了进一步扩大其影响力，丰田于 2020 年 3 月任命库夫纳博士为丰田董事会成员，并任命普拉特博士为丰田首席科学家。这两位新上任的丰田高管都热爱汽车、人工智能和机器人技术，在加入丰田前，他们就研究过丰田，并对丰田抱有好感。吸引他们的是在丰田这样的世界巨头中领导资金雄厚的子公司的机会，以及将他们开发的产品大规模商业化的机会。可以说，丰田没有把自动驾驶业务外包给硅谷的初创公司，而是成立了自己的技术初创公司。

丰田的战略不是尽快实现自动驾驶的利润最大化，而是由其核心价值观领导的。普拉特博士解释说：

> 我们的动机始于尝试让驾驶汽车更安全、更有趣。当我第一次见到丰田章男时，他说人们喜欢汽车，但不喜欢冰箱。我认为两者的不同之处在于冰箱是有用的，但它冷冰冰的，你不能控制它做什么。而汽车是放大器，它将你的指令乘以几百马力。在对自动驾驶技术的应用中，我们希望制造出驾驶起来更安全、更有趣的汽车，这是我们的首要目标。如果出现了副产品，如在某些情况下，汽车可以自动驾驶，这也非常棒，但这不是我们的主要目标。

库夫纳博士的观点与此一致。我问他，丰田的战略是否意味着该公司有意放慢汽车采用自动驾驶时的速度，以避免风险，库夫纳博士回答说：

> 丰田最有价值的资产是品牌。小公司则没有那么大的负担，那么它们肯定会更激进，这是初创公司的优势。我们正在寻找一种能够每年拥有数百万或数千万客户的产品，并且该产品具有丰田所期望的可靠性和稳定性，因此我们的门槛更高。丰田落后吗？不一定。我认为其他竞争对手在激进地推销它们的技术，但丰田的做法是让我们的产品说话。这两种方法都有利有弊。

竞争性文化价值和战略

罗伯特·奎因（Robert Quinn）用他的“竞争性文化价值框架”阐明了20世纪80年代的战略理论及其与内部文化的关系。写这一章的时候，我听了他的演讲，我意识到这是一个便于理解战略和执行的关系的框架。他从两个维度说起——控制与灵活、内部与外部。控制是机械性的特征，而灵活是有机性的特征。外部关注的是环境，而内部关注的是公司如何运营自己的业务。奎因将这些放在一个 2×2 矩阵中，并给四个象限分别命名（见图 14-3）。

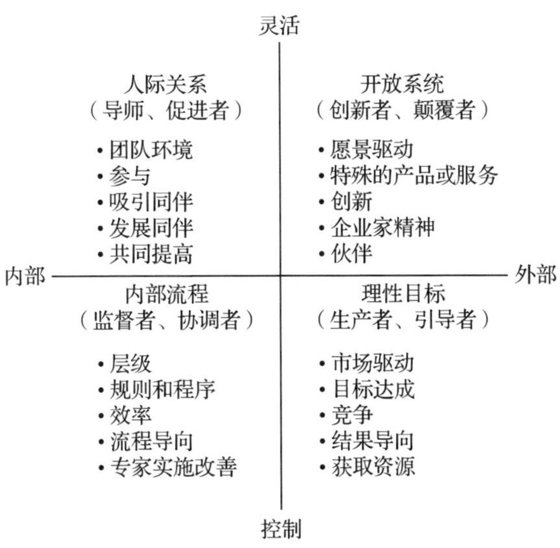

图 14-3 竞争性文化价值框架

资料来源：Robert Quinn，*Beyond Rational Management: Mastering the Paradoxes and Competing Demands of High Performance* (San Francisco: Jossey-Bass，1988).

在外部，公司可以注重控制（理性目标）或灵活（开放系统）。在内部，公司也可以倾向于控制（内部流程）或灵活（人际关系）。那么哪个象限最好？答案是，视情况而定。首先，“最好”取决于公司的战略和环境。其次，价值观之间的竞争可能会被打破，这将导致一种悖论，一个组织可能会同时拥有看似相反的两个特征——既是这个也是那个。事实上，一些成功公司在多个领域都很强大。想象一个雷达图，你可以在所有维度都很弱，也可以在所有维度都很强，或者是任何维度强弱组合。

我用雷达图简单地描绘和猜测了丰田、西方汽车公司和特斯拉的概况（见图 14-4）。奎因和同事们做了各种各样的评估，这些评估比我的猜测更复杂。从历史上看，西方汽车工业一直专注于控制，而不是灵活——不管是内部和外部。这个行业的公司对内想要的是规则、结构、员工服从命令，以及随意雇用和解雇员工的自由，而外部目标是增长、赢利和满足股东。对西方汽车公司来说，精益计划吸引它们的不是持续改善，而是精益可以作为在强制型官僚组织中降低成本的工具这一点。外部战略似乎是“通过高销售和低成本赚钱”。在我撰写本书之时，西方汽车公司正在朝着“开放系统”的方向进行更多的技术创新。

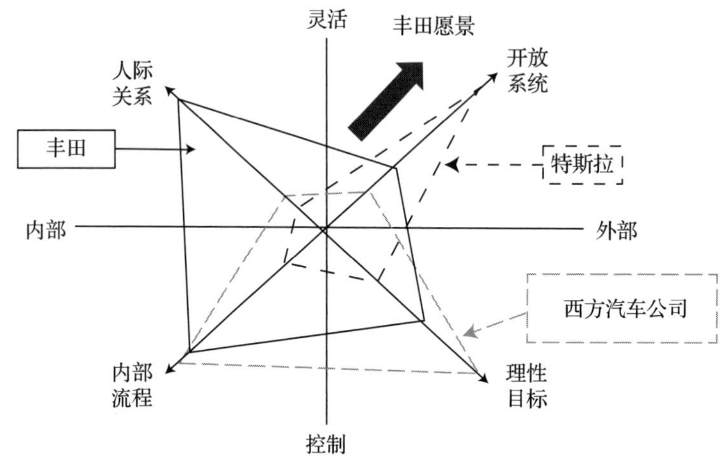

图 14-4　汽车公司的竞争性文化价值雷达图

资料来源：Robert Quinn, *Beyond Rational Management: Mastering the Paradoxes and Competing Demands of High Performance* (San Francisco: Jossey-Bass, 1988).

丰田则不同，我相信它是所有汽车公司中雷达图面积最广的。在内部，丰田持续改善将高增值性内部流程与强大的人际关系相结合，从而将高水平的控制与高水平的灵活相结合。对内部流程的控制会形成保罗·阿德勒所说的授权型官僚组织。有人可能会认为未来属于完全创新的公司，它们不需要官僚组织，只需要出色的创新团队。但这种观点忽略了公司成长之后所做的工作，其中大多数工作都是相对常规的，需要一定的结构和稳定性。

例如，普拉特博士和库夫纳博士一直在推动丰田将 TPS 应用于 IT。不管现在还是未来，需要编写的代码数量都相当惊人——这两位没办法雇到足够的人手来按传统方式编写冗长的程序，然后再花同样多的时间调试。所以他们借鉴了 TPS，专注于高质量的设计。在第 6 章中，我们讨论了门罗创新是如何通过将软件分解成小块并为每个小块设计独立测试来确定它是否有效，以最终提高质量的。TRI 和 TRI-AD 也是这样做的，每天晚上，研究人员编译和测试白天完成的所有代码，希望不会发现更多的问题。当发现问题时，他们找出根本原因并解决，以此防止问题再次发生。你可以在硅谷找到类似的方法，这就是所谓的“敏捷开发”，它最初就是受到了丰田的启发。强大的执行力似乎也是我们创新数字未来的关键——内部的控制和灵活。

在外部，丰田非常擅长规划和实现理性目标，而这成就了丰田 70 年的赢利，包括创造了行业连续赢利纪录：丰田只有一年是亏损的，那是在金融危机时期。丰田的未来战略在很多方面都是远大的，但也很务实。

丰田凭借突破性的雷克萨斯、普锐斯和 Mirai 进入了开放系统象限，丰田甚至在富士山下建造了“未来城”，作为试验先进技术的“生活实验室”。普锐斯似乎是一个冒险的策略，看上去肯定会赔钱，但实际上它赚了很多钱，并改变了汽车行业。基于这点，丰田对氢动力汽车的重大投资以后可能会让很多人感到意外，并且它会成为我们未来环保的重要组成部分。另外，根据过往，丰田的精益机器能够进行微调，兼容单个新车型引起的渐进式创新，所以在我的雷达图中，它在开放系统象限中表现得不那么强大。丰田章男通过 TRI、TRI-AD 以及各技术合作伙伴努力开拓开放系统象限。

在这些竞争性文化价值中，特斯拉的排名如何？根据我的简单猜测，特斯拉稳稳地处于开放系统象限，而在其他三个象限中它只做了足够制造和发售产品的事情。特斯拉的特征是相对单一的，在丰田强大的地方它都比较弱。幸运的是，或者它的计划就是如此，特斯拉的强大之处与埃隆・马斯克的战略和领导风格息息相关。在人际关系方面，我也赞赏他聘用了精于创新的杰出工程师。当然，埃隆・马斯克考虑得很长远，他的目光并没有停留在赚钱上，拯救地球和殖民火星才是长期的目标。而丰田的长远考虑之一则是在内部建立一个涵盖各层级的高度适应的学习型组织。丰田的创新思维适用于每个人，甚至是安装雨刷的人。

并不是每家公司都能像初创公司一样运作，但内部能力和外部挑战的协调是至关重要的。正如罗伯特・奎因在《深刻变革》(*Deep Change*) 一书中所说：

> 格式化的过程最初会使组织更有效率。然而，随着时间的推移，这些常规模式将组织推向衰退和停滞，让组织与不断变化的

外部现实变得不一致。当失去内部和外部的一致性时，组织面临着一个选择：要么适应，要么缓慢死亡。

你的公司所处的环境是否发生了重大变化，以至于你们需要从根本上适应，否则就会面临死亡？你经营的是一家需要吸引大量投资资金的初创公司吗？那么特斯拉可能是很好的榜样，至少在短期内是。如果你想把特斯拉看作榜样，你需要模仿的关键特征是什么？

（1）CEO 应该是一个大胆、有远见的天才，敢于承担风险，并对公司拥有完全的控制权。

（2）有远见的领导者聚集一批愿意为实现他的短期和长期目标而夜以继日工作的优秀人才。

（3）成功的关键是一种突破性的产品或服务，这种产品或服务是如此与众不同和吸引人，以至于质量、准时交货和成本都是次要考虑因素。

（4）吸引最重要的客户即投资者的眼球是无比重要的。

（5）领导者就是领导者，不能被挑战——要么毕生改变世界，朝着领导者的愿景前进，要么就下车。

（6）除了最具远见卓识的领导者，可能还有一小群密友，所有的管理者都可以被替换，他们的主要任务是完成分配给他们的任务，取得期望的结果。

（7）做具体工作的人也是可替换的，他们按照指示做事，根据需要被解雇或雇用。

（8）建立一种推崇功利主义和目标导向的文化，像“尊重人”这样的软价值观就不那么重要了。

这些都是一些非常成功的初创公司的特点。杰出企业家是一种不同的物种，很少有企业领导者能模仿一位杰出企业家的想法。有人猜测，如果能把丰田和特斯拉放在一起，你会得到一个无与伦比的组合。詹姆斯·沃麦克的结论是，这种情况永远不会发生，但它们确实可以相互学习：

丰田加特斯拉的方式听起来是个好主意，但不可能在同一家公司里实现。在丰田对特斯拉的短暂投资以及它们合作生产纯电动丰田 RAV4 的项目中，丰田和特斯拉已经相互了解了。它们互相欣赏，但决定保持距离。对丰田来说，最实际的进步方式是更大胆地追求第一性原理，而特斯拉也别那么荒唐，应该尊重彼此。

战略和执行不是观看体育运动

我们可以探讨很多事情。在网球、足球、篮球、高尔夫或其他任何领域，谁是有史以来最伟大的体育人物？保守派还是自由派执政对国家最有利？有史以来最伟大的电影是什么？谁将是未来领先的汽车公司——特斯拉、丰田、某家传统汽车制造商，还是其他众多电动汽车初创公司之一？但在我们自己公司的战略中，我们可不仅仅是旁观者。我们中很少有人能参加锦标赛、在奥运会上赢得金牌或者创办一家颠覆整个行业的公司。事实上，多达 75% 的风险投资公司无法向投资者返还现金，它们最有可能的结果是破产。

我不会假装自己是战略专家。关于这个话题有很多课程和图书，它也是商学院的一个核心研究领域。尽管如此，我还是有一些建议。

第一，根据你的产品、服务、市场和独特情况制定自己的战略。正如 IBM 前 CEO 罗睿兰所言："你应该制定自己的战略，而不能根据竞争对手在做什么来定义战略。"

第二，竞争性文化价值框架是规划未来战略的有用方法，可以在外部和内部、灵活和控制之间取得适当平衡。问题不在于哪一个象限最好，而是要考虑到你的公司的风险阈值、面临的市场、所在领域的技术趋势、宏观环境、你认为什么能让客户感兴趣，以及你的公司需要什么能力才能在未来获得成功。你的战略应该根据你的公司和所处的环境决定。如果我们看一下汽车行业，就会发现关于 CASE 的共识比以前更多了。所有人都同意他们需要朝这个未来方向前进，但要多快、用什么方法？对丰田来说，很明显，在公司前进的过程中，至关重要的是保证它的基础，即安全性和可靠性。

战略愿景始于竞争性文化价值框架的外部环境部分。你对产品和服务的愿景是什么？如何与客户（开放系统）连接？怎样生存下来（理性目标）？然后是内部部分。在执行过程中，你的自主程度如何？这些产品和服务的交付有区别吗？是否需要额外的人力去不断地追求卓越，还是适度的内部控制就足够了？

第三，不要陷入这样一个误区：认为只要有清晰的战略、翔实的数据和图表，你就万事大吉了。事实上，这时你才刚刚开始。制定战略和执行战略之间的区别像白天跟黑夜一样大。愿景只是一个愿景，是基于我们对未来的最佳猜测。在它发生之前，我们无法真正知道将要发生什么。执行应该是分块完成的，并且要从试验中学习。

迈克·鲁斯的模型将战略与 IK 的逐步学习方法联系起来了（见图 14-5）。你对产品或服务的长期战略愿景是什么？需要哪些能力和独特的工艺来满足交付？短期内，比如一到三年，你需要解决哪些具体的挑战，才能朝着这个战略方向前进？这会让你面对现状——你当下的能力、优势和弱点是什么？然后先确定你的第一个短期目标状态，试验前进，以此类推。这种方法与阿尔文·托夫勒的名言相呼应：“当你在做小事情时你得想着大事情，好让所有的小事情往对的方向走。”

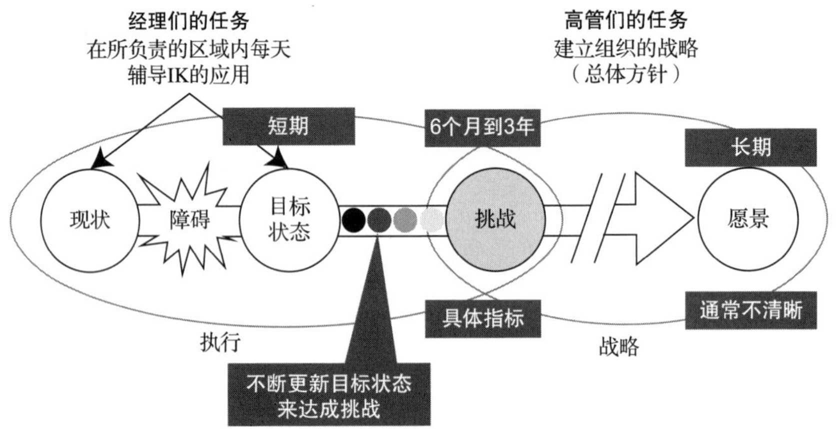

图 14-5　通过不断更新目标状态和迭代学习将战略与持续改善结合

资料来源：Mike Rother, *Toyota Kata Practice Guide*, (New York: McGraw-Hill, 2017).

有时，战略方向和日常运营的精益模式是紧密结合在一起的。美睿是厨房橱柜市场的领跑者，这个行业利润率很低，面临着来自各个方面的竞争，其中成本是一个关键因素。公司聘请了优秀的精益领导者基斯・奥尔曼担任首席运营官，基斯说服董事会公司需要通过另一种方式来竞争——交货时间和服务质量。美睿的最大的客户群体之一是建筑商，它们希望橱柜能一次性准时交付。建筑商会派人安装，所以希望所有的橱柜都能在准备安装的时候，以合格的质量准时送达，不能太早也不能太晚。基斯提出了“一次一个厨房”这个有洞见的挑战，即生产一个厨房的橱柜，运送一个厨房的橱柜，并准时送到正确的地方。它要求装配厂、加工厂和供应链进行精益转型，这也成了一个制胜的公式。

有一小部分公司会理所当然地认为：拥有更好商业模式的伟大颠覆者即将到来，所以它们要么彻底改变、要么关闭。出于这种心态，短期内，它们不会优先考虑如何出色地完成手头工作。如果你想在重建、成熟和扩张的过程中幸存下来，我认为卓越的执行力以及能够支持和优化执行力的内部文化将变得越来越重要。在《丰田模式（领导力篇）》第 6 章中，我们描述了加里・康维斯作为 CEO 是如何通过降低成本、提高市场份额和培养内部人才，帮助卡车零部件供应商达纳从破产中成功复苏的。达纳再次实现赢利后，它开始实施达纳运营体系。

对其余 99% 的人来说，更平衡的丰田模式是比纯粹的开放系统颠覆者更好的模式。这并不意味着审视环境是在浪费时间，也不是说可以放心地假设你的业务不会遇到数字化的颠覆者，但它确实意味着大多数人应该有时间按照自己的方式达成目标，并且凭优秀的文化和积极的、有能力的、接受事物快的、对公司忠诚的员工来做到最好。

丰田模式强调了战略从计划到执行的困难。去现场是一种严厉的监工模式。我可以肯定地说，随着汽车行业的彻底转型，丰田的战略和执行方式在未来将是有效的吗？正如约吉・贝拉（Yogi Berra）所说的：“预测是很难的，尤其是关于未来的预测。”

关键点

- 要想成功，组织需要经过深思熟虑的战略，以提供独特的产品或服务，并有效地执行。
- 每家公司都必须根据其面临的情况和所处环境来制定自己的战略。
- 在汽车行业，特斯拉是第一家开发出令人兴奋的纯电动汽车的公司，它凭借先发优势以及足够的销量和价格优势，克服了生产、质量和交付方面的问题。
- 丰田有足够的规模和资源来制定更细致的战略，即同时销售纯电动汽车、混合动力汽车、插电式混合动力汽车和氢动力汽车，而且比例会随着时间的推移而调整。
- 普锐斯是丰田制定远大战略的一个例子。丰田先是开发了首款量产的混合动力汽车，然后通过大跨步和小进步对其进行改进，使之成为实现盈利增长的基石。
- 竞争性文化价值框架可以在概念上帮助公司确定在外部和内部的位置，以及战略与执行的关系。
- 对初创公司来说，最重要的是在开放系统象限内拥有突破性的产品或服务，而随着公司的成熟，拥有强大的内部执行力变得越来越重要。
- 每家公司面临的情况都是独特的，需要独特的战略；一味地复制标杆公司的战略会阻碍创造性思维，反而适得其反。

参考文献

1. Jeffrey Pfeffer and Robert Sutton, *The Knowing-Doing Gap: How Smart Companies Turn Knowledge into Action* (Brighton, MA: Harvard Business Review Publishing, 1999).
2. Michael Porter, “What Is Strategy?,” *Harvard Business Review*, November–December 1996.
3. Allen Ward, Jeffrey Liker, Durward Sobek, and John Cristiano, “The Second Toyota Paradox: How Delaying Decisions Can Make Better Cars Faster,” *Sloan Management Review*, Spring 1995, pp. 43–61.
4. Hideshi Itazaki, *The Prius That Shook the World: How Toyota Developed the World’s First Mass Production Hybrid Vehicle* (Tokyo: Nikkan Kogyo Shimbun, 1999).
5. Jonathan M. Gitlin, “2017 Was the Best Year Ever for Electric Vehicle Sales in the US,” *ARS Technica*, January 4, 2018.

6. Ashlee Vance, *Elon Musk: Tesla, SpaceX, and the Quest for a Fantastic Future* (New York: Ecco, 2017).
7. Edward Niedermeyer, *Ludicrous: The Unvarnished Story of Tesla Motors* (Dallas, TX: BenBella Books, 2019).
8. Charles A. O'Reilly III and Michael L. Tushman, "The Ambidextrous Organization," *Harvard Business Review*, April 2004.
9. Bansi Nagji and Geoff Tuff, "Managing Your Innovation Portfolio," *Harvard Business Review*, May 2012.
10. Robert Quinn, *Beyond Rational Management: Mastering the Paradoxes and Competing Demands of High Performance* (San Francisco: Jossey-Bass, 1988).
11. Robert E, Quinn, *Deep Change* (San Francisco: Jossey-Bass, 1996), p. 5.
12. Faisal Hoque, "Why Most Venture-Backed Companies Fail," *Fast Company*, December 12, 2012.

第五部分

结论：深思熟虑，建立进化的组织

第15章 The Toyota Way

建立精益学习型组织：从丰田模式中获取创意和灵感

甲做他该做的部分，乙做他该做的部分，两人都不必检查对方是否把分内工作做好了，就像艾尔文心中所想象的原子之舞一样。他从未想过人们也可以像那些原子一样，大部分时候，人们都是一盘散沙，彼此互不了解，人与人之间缺少足够的信任……艾尔文在看到原子这种情况，知道人类有可能达到这种境界时，他开心得大声笑出来，想象着这背后的意义——数以千计的人们彼此了解得如此透彻、配合得如此完美，共同合作。还有谁能阻止这些人呢？

——奥森·斯科特·卡德（Orson Scott Card），
《门徒艾尔文：艾尔文·梅克列传》第三卷
（*Prentice Alvin: The Tales of Alvin Maker, Book Three*）

在著名科幻小说和奇幻作家奥森·斯科特·卡德的《门徒艾尔文》作品中，主人公艾尔文可以看到最微小的物质，并能觉察到它们是否处于自然的形态，例如，骨折或者铁块上有缺陷。他可以在脑海中构想出正常的形态，然后让物质重新回到自然形态，从而治愈断骨或者修复铁块上的缺陷。如本章开头所引用的，艾尔文观察到两人看似是陌生人，但在一起工作的时候却配合默契，因为多年来他们一直在秘密地合作解放奴隶。这个突破性的思维使他意识到人与人之间的社会连接可以像原子之间的物理连接一样强大——创造一个比各个部分加起来的总和更好、更强大的整体。

丰田模式的启示和秘诀也就在这里：在个人和合作伙伴之间建立紧密的连接，让他们“为了一个共同的目标而相互适应、共同努力”。“还有谁能阻止这些人呢?”这与大多数公司形成了鲜明对比，虽然这些公司也是由个人组成的，不过用艾尔文的话来说，它们就像“一盘散沙，彼此互不了解，人与人之间缺少足够的信任”。如果我们真的想要学习丰田模式，关键在于如何实现这个转变。

我对管理层的所有要求是学会通过系统性思维进行更长远的思考；从社会和客户角度确定明确的目标；开发精益流程；致力于文化改变，更加以人为本；培养了解现场、有科学思维、能教导他人的领导者；让所有员工参与持续改善；发展价值流合作伙伴关系；让战略和部署的目标指导改善活动。已经感觉不堪重负了吗？幸运的是，不需要一步到位，这是为未来而奋斗的愿景，而不是可以快速实现的东西。

追求舒适的本能会倾向于机械性的实施

通用设备（化名）是一家全球性的制造公司，拥有包括木工工具、电动清洗设备和真空吸尘器在内的多个产品线，每条产品线都是所在市场的领导者。来自低成本国家的竞争，迫使通用设备降低价格来保持市场份额。为了降低成本的同时保持高质量，它决定在 32 家工厂启动一项全球精益制造计划。该公司聘请机械精益咨询公司来帮助建立和部署通用设备运营系统（General Equipment Operating System，GEOS）。它被总结成具有六个支柱的房子：增值流、内建质量、总成本管理、全员生产维护、员工敬业和安全，地基是标准化流程（见图 15-1）。高层希望 GEOS 能够在整个公司范围内快速地部署——没有任何限制。

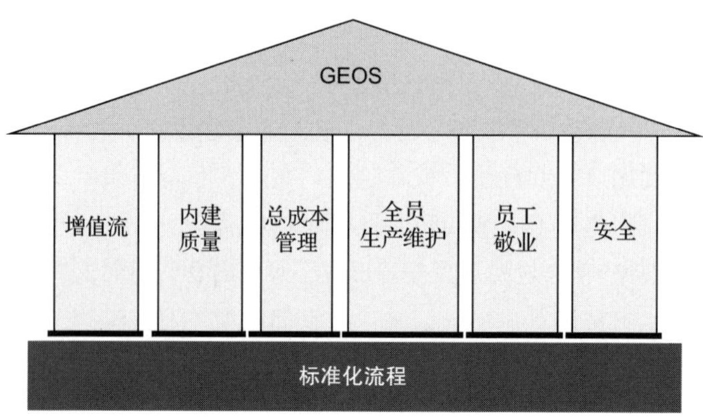

图 15-1　通用设备运营系统

这家咨询公司开出了“精益切换”的处方，制定了与每个支柱和地基相关的“精益指标”，并在第一年为所有工厂经理设定了最低分数，这个分数与经理的奖金挂钩，以激励他们重视精益。咨询公司在离总部最近的工厂主导了一个名为“灯塔”的示范项目。然后，使用“4 × 4”的方法迅速扩展到其他工厂：一次同时进行 4 个“改善周”活动，每月一次，持续 4 个月。“改善周”活动由高级顾问精心策划，是一个为期五天的活动。4 个工厂的研讨会都要由各工厂经理或工程师负责。结果令人震惊。工厂更干净、整洁，也更有条理，创建了连续流，减少了库存，工厂运行得比以往任何时候都好。

高管们对结果沾沾自喜，他们“购买”了精益，而且第一年就收回了投资。然后还可以再多投点钱来购买“沟通工具包”和“变革管理工具包”，从而让员工都参与进来。听起来好像更美好了。

公司内部的持续改善总监对结果感到很惊喜，但同时也很疑惑：

> 我注意到早期开展的“灯塔”项目成果正在逐渐消失。当顾问离开时，他们导入的伟大的新流程并没有得到经理们的维持。虽然有精益评估的奖金，但经理们好像也没什么责任感。但这是我们整个公司的事情，我们必须在培养经理或找到合适的人担任管理岗位方面做得更好。

这些改善没能持续，丰田的 TPS 老师不会对此感到惊讶。也有人称案例中的情况为“咨询废话”：顾问们可能理解高管们想要做什么，但是实际做这个工作的人却对此没有责任感，或没有时间来理解所有导入的工具，当然车间工人也没有养成新的习惯。试图用奖惩来激励的后果是管理者只会服从，而不是领导。

与通用设备及其咨询公司的做法相反，丰田的 TPS 老师会在试点区域（“灯塔”项目）走得慢一点，而且从一开始就会让经理们来负责。他们会提出挑战和问题，让经理们在挣扎中弄清楚每个步骤的下一步该做什么。经理们会遇到多次失败，但是在痛苦中挣扎着努力会让他们学到很多。不去努力会很舒服，但这样就和卓越渐行渐远。“灯塔”项目将成为其他经理和内部持续改善负责人学习的孵化器。内部持续改善负责人也可能会与全球各区域的持续改善负责人一起开始自己的项目。开始部署时会比较慢，后面随着从做中学的管理人员越来越多，这个过程就会自然而然加速。

问题可以追溯到我最初认为的“机械性”和“有机性”理念之间的区别。表 15-1 中从两者的角度做了对比：机械性的角度是在车间应用一系列的工具，取得短期的改进；有机性的角度则是将 TPS 视为全面管理的理念。

表 15-1　TPS 的神话 vs 现实

神话：TPS 不是什么（机械性的角度）	现实：TPS 是什么（有机性的角度）
一张有形的成功处方	一种始终如一的思考方式
一个管理项目或计划	一种全面管理的理念
一系列实践的工具	一种对于客户满意的关注
一个只适用于生产现场的系统	一种支持团队合作和改善的环境
可用于短期或者中期的实践	永不停止寻找更好的方法
	内建质量的流程
	整洁有序的工作场所
	不断进化

资料来源：格伦·尤名格尔，丰田汽车北美制造公司前总经理。

机械精益神话的吸引力在于，它对指挥和控制型组织来说相对容易和自然。不用考虑不确定性，不用担心所有那些乱七八糟的人际问题，不用试图改变领导层的想法。他们已经知道如何确定目标，然后聘请外部专家，把每个人架在火上烤。完成目标，否则你心里清楚会怎样！问题是，从长远来看它不起作用。精益项目成果会逐渐消失，当需求下降或领导层发生变化时，精益就会被抛弃，取而代之的是下一个新事物。

科学地实现精益转型

大多数组织都希望有一个精益的路线图——“一张有形的成功处方”。你在外部找咨询公司的时候，它们大多数会有一张路线图。就像机械精益一样，你假设咨询公司可以预测未来会发生什么。事实上，咨询公司更可能会在销售订单的压力下而假装自信满满。大部分公司也会期望内部的顾问能根据对未来的理解拿出一份计划书——赶快拿出你的水晶球！

我见过的有效方式是：基于事实和数据，从做中学，拿着指南针而不是路线图，科学地逐步开展精益。戴明博士用他质量管理 14 要点中的第 7 点来教导我们：“采用和实施领导力，要求主管和经理理解他们的员工和正在使用的流程。”丰田套路提供了一个方式来教导经理们“理解他们的员工和正在使用的流程”，同时科学地克服遇到的挑战。现在想象一下，持续改善负责人有真正 TPS 的经验，经过丰田套路的相关培训，现在接到一个任务：基于图 15-2 中的模型来进行工厂转型。她不会直接实施解决方案，而是用类似于 IK 的模型，科学地向前推进：

（1）**挑战是什么？**我们想通过精益转型真正实现什么？长期的愿景是什么？一年之后的期望是什么？如何衡量？

（2）**现状是什么？**我们的流程和团队现在处于什么状态？

（3）**下一个目标状态是什么？阻碍我们实现该目标状态的障碍都有哪些？**开始吧，但不是按照既定的计划，或者想着要一步就克服挑战。让我们将任务分解，通过克服障碍每次实现一个目标状态。每实现一个目标状态就需要反省，然后确定下一个目标状态，如此反复。

（4）**要克服这个障碍，下一个要做的试验是什么？**做试验，从每一次试验中学习，不亦说乎！

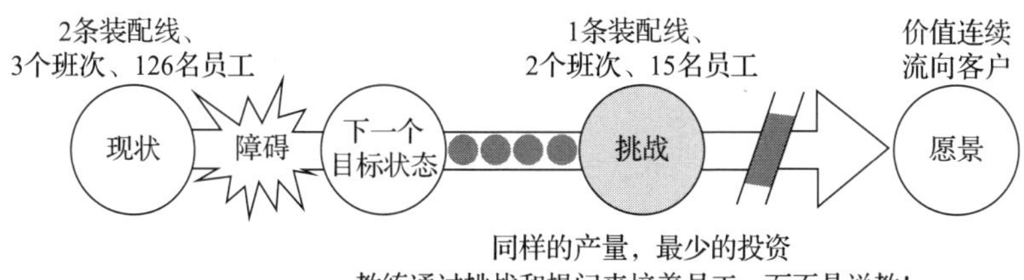

图 15-2　TSSC 的大庭一主导的赫曼米勒文件柜工厂示范线项目中的科学模式

TSSC 的大庭一在辅导赫曼米勒的时候用了同一个基本模型。意料之中，迈克·鲁斯提出的 IK 是基于大庭一先生的转型方法的（见图 15-2）。项目于 1996 年开始，大庭一先生在现场观察，理解了流程之后提出他的挑战：在没有大额设备投资的情况下，生产同样数量的文件柜，从“2 条装配线、3 个班次、126 名员工”改善到“1 条装配线、2 个班次、15 名员工”。对装配线团队来说，这毫无疑问是无法想象的，但是他们没有退缩。两位年轻的经理之前有过一些经验，领教过精益的威力。他们在 TSSC 提供支持之前，已经被送到大庭一先生主导的汽车零部件厂商的项目中实习了好几个月。其中一位是马特·朗，他之后领导了赫曼米勒绩效系统的开发，作为持续改善副总裁，他一直工作到 2020 年退休。

在接受这个挑战之后，下一步是“站在一个圈里面”，观察文件柜的装配。大庭一要求这些学生确定一个入手点（类似于目标状态），集中注意力，找到一些改善的想法，然后测试这些想法。鲁斯的入门套路模式比较结构化：每次只尝试一件事情，写下你的期望，每次试验之后都要进行回顾和反省。大庭一的辅导过程则比较常规，他会问类似的问题，分配类似的任务，不会直接给答案。团队成员同样包括来自丰田的实习生，他们也跟随大庭一先生学习。

TSSC 的项目结果一如既往地令人震惊。公司从未真正实现过大庭一的挑战，但依然在第一年就实现了惊人的结果。团队在 TSSC 的辅导下坚持了 15 年，直至出于其他业务原因被关闭。TSSC 在 TPS 的研讨会中也一直将这个项目作为标杆案例。辅导从装配开始，然后逐步扩展到整个价值流。例如，当确定瓶颈是对大批量喷漆的面板库存进行分类时，团队就会回到喷涂工序。赫尔米勒没有绘制价值流图，也没有“实施价值流图改善”，但最终的系统看起来却又是一张很好的未来价值流图。15 年后，该公司实现了“1 条装配线、2 个班次、30 名员工”。在没有自动化投资的基础上，实现了更高的每周产量——生产效率提高了 383%（见图 15-3）。

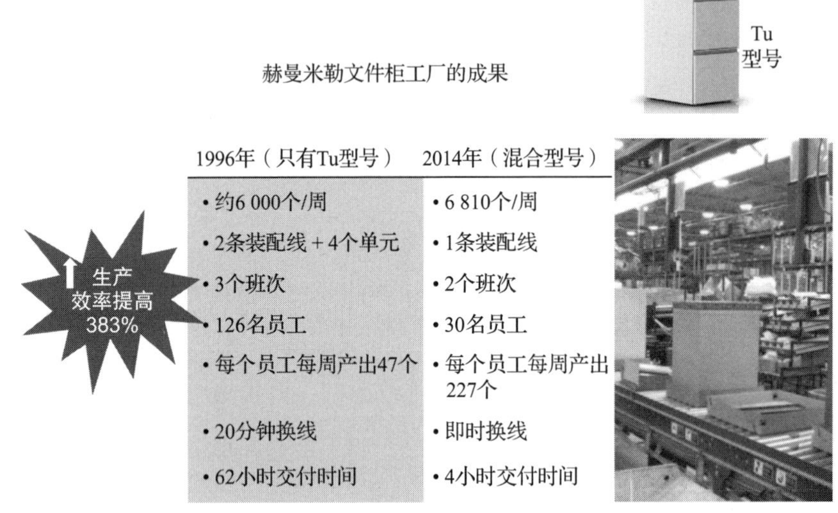

图 15-3 TSSC 支持赫曼米勒的第一个示范线项目

后续很多人都在示范线轮转培训，然后将他们学到的知识带到赫曼米勒的其他区域。每个工厂都培养持续改善负责人，正如我们在第 10 章中看到的那样，建立了丰田那样的班组长制度。虽然短期结果总是有起有伏，但是长期结果是赫曼米勒绩效系统成为公司文化深层次的部分，虽然还是稍显脆弱，但是已经比其他大多数尝试精益的公司做得都要好了。另外，横跨所有制造部门来看，长期的结果依旧是惊人的（见图 15-4）。

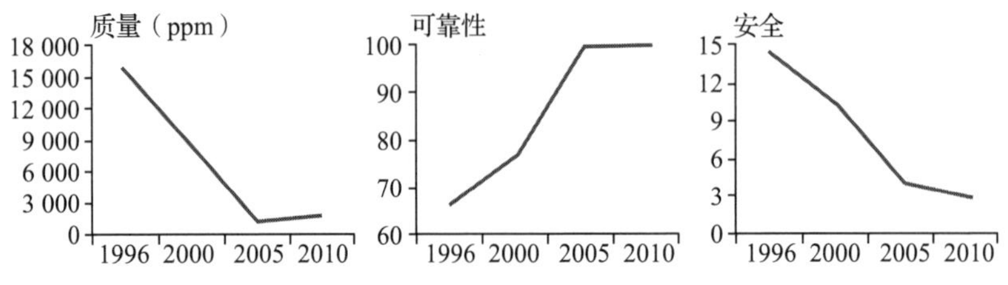

图 15-4 赫曼米勒绩效系统在所有制造部门的长期结果

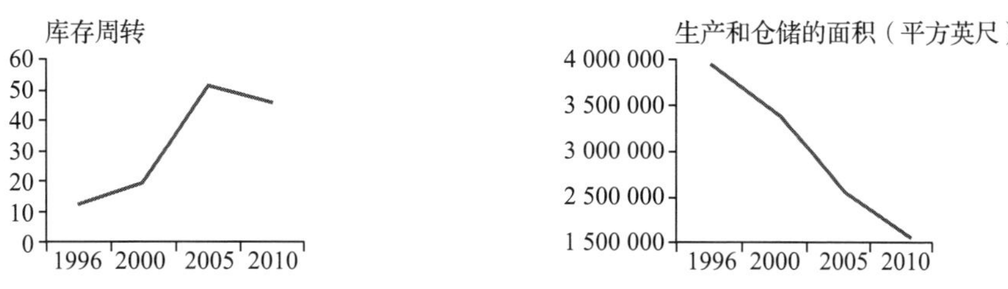

图 15-4　赫曼米勒绩效系统在所有制造部门的长期结果（续）

当我们想到一条示范线时，我们通常会将取得显著的财务结果作为挑战，但更困难的挑战是培养人们的能力。事实上，流程改善和人员培养是齐头并进的。在鲁斯的模型中，管理者作为教练的关键角色是培养实践 IK 的科学思想家。鸡与蛋的问题在于，这些经理需要成为教练，但首先他们必须成为学员，通过接受业务的挑战并实践 IK 模式，科学地朝着目标前进，从而培养能力和掌握专业知识。我们在达利斯刚加入丰田时接受培训的方式中看到了这样的例子（参见关于领导力的第 9 章）。最初的限制是组织内部只有很少合格的教练或者干脆没有。理想的状态是所有教练都来自内部，由经理辅导他们自己的团队。图 15-5 提供了一个示例，说明如何遵

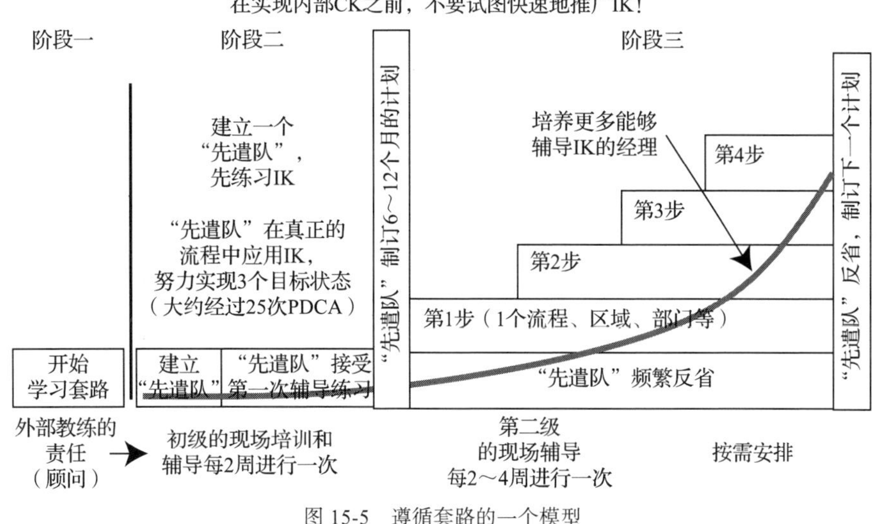

图 15-5　遵循套路的一个模型

资料来源：迈克·鲁斯。

循套路。管理层“先遣队”的工作是监督和引导过程（PDCA）。首先，这些领导者会先学习套路是什么，判断自己是否感兴趣，然后与经验丰富的（可能是外部的）教练一起练习。有了这些经验，他们就可以制订未来6～12个月的计划，确定要培养多少教练。这不是具有一系列里程碑事件和对应日期的计划。正相反，它是对组织的挑战。

和其他的挑战一样，下一步是了解现状。组织里有多少人具备形成科学思维的潜力？哪些人愿意学习？哪些好的项目可以先开始？然后开始示范线项目，“先遣队”的任务是研究、反省、学习然后调整。把每天的工作当作试验！“先遣队队员”首先应该是学员，他们定期碰头，在会议中间观察流程，从而能够做出明智的决定：如何提供支持，什么时候可以将流程拓展到其他区域。这里需要注意的是，培养教练的流程并不是线性的，而是指数级的：1变2、2变4、4变8，以此类推。ZMO将“先遣队”称为套路的套路，即公司通过实施IK模式来培养IK的实践。

从小的试点项目开始的目的是学习。“试点”思维已经深入丰田的文化。在经过验证之前，丰田人很少广泛地开展任何一件事情。我们很容易就会假设我们的想法有效，只是因为它们很有意义。当我们将假设的情况和实际情况对比的时候，总能发现一些惊喜。在广泛部署任何一个想法之前，这些惊喜是学习和改善的基础。

如何打败熵这个恶魔

许多公司似乎在精益方面取得了良好的开端，例如通用设备。但成果很快就失效了。我最常被问到的问题是：“我们如何才能维持精益的成果？”这本身就是一个错误的问题。读到这里，你应该清楚精益并不是机械地改进流程，然后期望改善能够持续下去。没有快速修复、实现可持续的工具。组织熵（系统衰退的趋势）自然会导致组织从新状态回归旧状态，因为新状态比旧状态需要更多的能量，而旧状态更自然、更容易维持（见图15-6）。精益转型使组织脱离稳定状态。然后，就像拉开的橡皮筋一样，如果我们松开，它就会恢复到稳定状态。与精益中解决问题的观念相反，事实是新状态暴露了问题，给管理层、经理和团队成员带来了更大的负担，需要不断改善。例如，我们看到库存可以隐藏问题，而单件流使问题显现，甚且可能会迅速让流程停摆。当变革的主要能量来自外部“专家”团队时，他们空降来“修复”问题，然后就离开了，这样的能力和能量根本无法对抗熵。

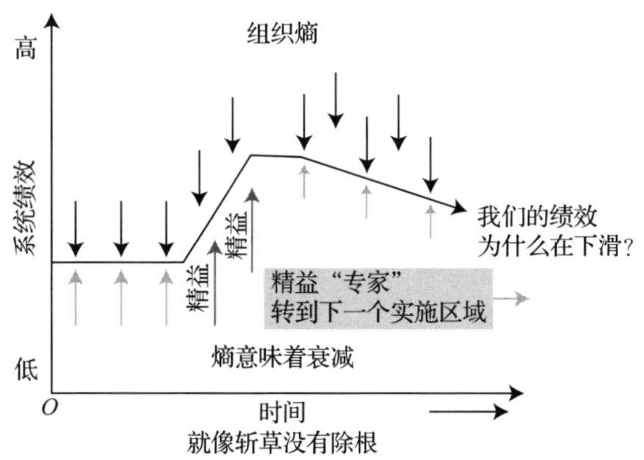

图 15-6　精益工具实施之后，如果管理层没有真正担起责任，熵总是会带来倒退

资料来源：大卫·梅尔。

另一个跟我们切身相关的例子就是减肥。我们去上课，我们每天严格控制饮食和剧烈运动，六周后我们减掉了很多体重。瘦下来的感觉很棒，再也不想回到过去胖的状态了。但是我们体重反弹的可能性却很大。新习惯对身体来说是不自然的，我们必须努力超越维持它感觉舒适的方式。当我们没有了来自教练和班级同学的压力，不再坚持付出极大的努力时，就又回到了暴饮暴食和无运动习惯的稳定状态。凯伦·高德特在星巴克经历了类似的事情，当公司大规模应用“剧本”（在第 5 章中讨论）时，她同样观察到了倒退：

> 无论新模式看起来多么优越，人们都会回到旧模式……我们发现，每当伙伴重新采用旧工作模式时，他们就很难再适应“剧

> 本”模式……我们缺乏的是保持精益运营的领导决心，对所有新员工进行基础知识培训，并进一步深化自己的理解……随着一次又一次让步或调整，精益能力开始下滑。

我们在第 13 章中看到了丰田如何将方针驱动的大改变的 PDCA 与日常管理驱动的小改变的 SDCA 相结合，因为两者对于持续改善都是必不可少的。大改变让人员和流程脱离稳定状态，并且此时还没有微调。这时，新流程仍然仅仅是一种理想状态。当新流程遇到现实时，现实就会获胜，除非至少有一种大小相等、方向相反的正能量来对抗熵。这种正能量来自改善和掌握标准的工作团队，随着条件的变化和学到的知识更多，不断识别和纠正现状与标准的偏差（见图 15-7）。

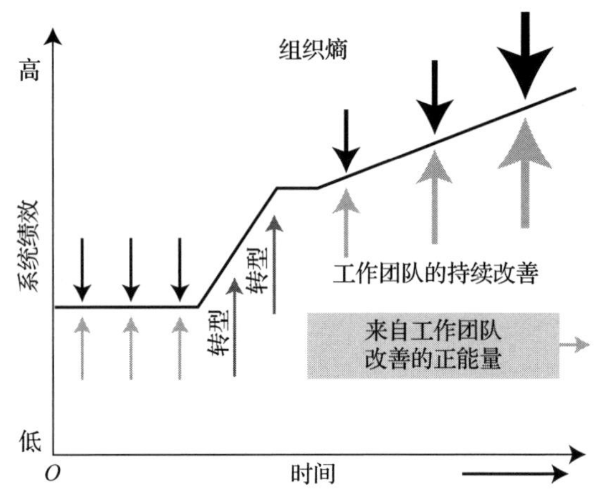

图 15-7　来自工作团队改善的正能量对抗熵

资料来源：大卫·梅尔。

在这个模型中，我们了解到试行新想法，了解它们与现实碰撞会发生什么的重要性。运行试验并研究会发生什么，之后再将新方法逐渐拓展到别的工作团队，每次都需要培训班长、组长了解新的流程和目标，帮助他们成为团队成员的教练。这创造了一种非常不同的动态，让精益真正在工作团队落地，而不是由高层和“精益专家”研究做法并让员工执行。不幸的是，这种方法需要更多的时间和精力，就像培养新的饮食和锻炼习惯比短期的极端饮食需要耗费更多的时间和付出更艰苦的努力一样。

我亲自参与和见证过许多公司的精益转型工作。很多时候都是这样，开始都能取得令人兴奋的结果，然后成果逐渐消失。造成这种情况的原因包括：

（1）**缺乏管理层的承诺**。高层将精益委托给持续改善专家，自己不到现场去，坐等结果出来（参见图 13-1 的沃尔沃的方针管理图示）。

（2）**换帅**。不止一次，当我们确实有一位热情的 CEO 并认为“精益转型就是这样”时，这位 CEO 却很快就被赶走了，而新来的 CEO 对精益持机械性观点，希望快速获得财务结果。改善工作也就到头了。星巴克所面临的挑战之一是门店经理、值班主管和伙伴的快速流动，尽管星巴克的人员流动率已经低于行业标准。

（3）**政治角力**。现场发生了大事，而质量和人力资源等部门的专家远离现场，正在会议室密谋接管精益生产。

（4）**试点一旦有结果，就迅速推广到整个公司**。我们坚信丰田设置试点的方法是奏效的，但是试点之后会发生什么？当高层看到结果时，比如一家工厂的一个价值流数据，他们就将所有运营的预期收益直接相乘，并命令精益人员在年底前“实现”。

（5）**很少或根本不关注培养所需要的技能和态度**。高层把这种转变视为一个技术问题，而不是一个训练大脑的过程。

反复出现的问题是，如果高层将精益视为一个自变量，那么即使从强大的有机性路径开始也不会有可持续的结果：做精益（自变量），得到结果（因变量），这与系统性思维相去甚远。更好的模式是：采取科学的方法（自变量），努力打造合适的精益系统（因变量），从中得到的将会是竞争优势和利润。

在本书中还有许多很好的例子，这些公司致力于建立长期、可持续的卓越文化。TSSC、精益企业研究院等组织以及世界各地优秀的咨询公司都有长期的成功案例。这里有一些例子：

- **赫曼米勒**。我在前面（第 10 章）介绍了赫曼米勒为培养工作团队领导者和促进者所做的努力。从 1996 年开始，赫曼米勒经历了起起落落，在 2020 年势头仍然保持强劲。赫曼米勒因在保持极好的业绩增长的同时将制造业务留在美国而广受赞誉，因为竞争对手在逃往低劳动力成本的墨西哥。
- **西格玛技术公司**。这是一个相对较小、只有一个工厂的公司，或许这对管理层——从 CEO 到中层经理来说会更容易形成上下完全一致的精益公司。西格玛技术公司关注的重点是培养员工科学思考的能力。这个学习型组织还在持续不断地进化，同时带来销售和利润的增长。
- **ZMO**。这是一家规模更小的公司，运营的范围基本上就是仓库和呼叫中心。我的学生爱德华多·兰德在 2003 年 12 月开始为 ZMO 提供咨询，到 2020 年，他还在定期回访和辅导。在开始精益之旅之前，每隔几年 ZMO 的占地面积就会扩大，自 2003 年以来，该公司在占地面积基本上维持不变（仅增加了一点额外的设施）的同时实现了两位数的年增长率，节省了数百万美元。合伙人和经理都痴迷于精益，通过实践入门套路，让一线员工形成了科学思维。他们迅速创新并应对新冠疫情带来的影响，创造了新的销售纪录和利润纪录——当然，利润也分享给了团队成员。
- **耐克**。耐克从 2001 年开始聘请丰田前经理作为外部顾问来负责全球的精益项目。耐克很少自己生产产品，但专注于供应商的精益价值流，并努力实现连接、同步和稳定，持续改善质量、生产率和交货时间。这种方法类似于 TSSC 在试点项目上与丰田供应商合作。耐克从 2004 年开始设立区域性的创新和技术中心，以支持供应商等合作伙伴进行为期 3 ～ 12 个月不等的短期项目进行学习。2019 年，耐克的精益领导者阐明了对供应商发展自身精益能力的期望，并从更广泛的角度来看待价值链，希望通过精益和数字化的融合加快从采购到交付的速度。

上面的每一个公司都超越了精益工具本身，努力培养具有持续改善技能的人才。它们的愿景也不只是赢利，而是专注于出色地为客户服务。它们的变革在具体的方式上存在差异，但都使用了相似的模式：

（1）从试点项目和其中一个挑战开始，然后逐步部署，经过深思熟虑，不会操之过急。

（2）通过与丰田类似的理念，进行长期思考并拥有卓越的愿景。

（3）专注于内部管理人员的学习，大部分公司有外部顾问作为教练而不是主导方向的专家。

（4）采用通过试验来学习的方法，而不是直接实施制定好的方法。

（5）以某种方式创造了一种反复反馈的教练文化，使这种纪律严明的行事和解决问题的方式成为习惯。

（6）培养和留住团队成员，从而保持精益领导力的连续性。

（7）提供工作保障，不会因为改善而解雇任何人。

获得成功的根本：文化变革

对想要学习丰田的公司而言，最艰巨和最基本的挑战是如何建立一个由个体组成的统一组织，每个人都拥有组织的 DNA 并能不断共同学习，以此为客户增加价值。似乎无论讨论精益转型的起点是什么，我们最终都会谈论文化。这或许表明，文化是我一直在讨论的所有方法和理念的根本。

文化变革是一个复杂的话题，相关图书也已经是汗牛充栋。棘手的部分是，文化就是人们分享价值观、信仰和解决问题的方法。第一次走进一家公司，所见所闻只是文化在可见层面的表现。图 15-8 将文化变革描述为冰山。如果参观“精益工厂”，你可能会看到使命宣言和指导原则，也许会在大厅的海报上看到它，然后可能看到工具和组织架构——可能是 5S、单元、KPI 图表、看板、组织架构、每日站立会议区域等。这个时候，你只知道管理层打算做什么，而不知道真正发生了什么。这些就是人类学家所说的人工制品，帕特里克·亚当斯（Patrick Adams）称之为“持续表现”而不是“持续改善”。[⊖]想要真正了解文化，你必须深入挖掘现场，看看个体是否正在改变他们的思维和行为方式。

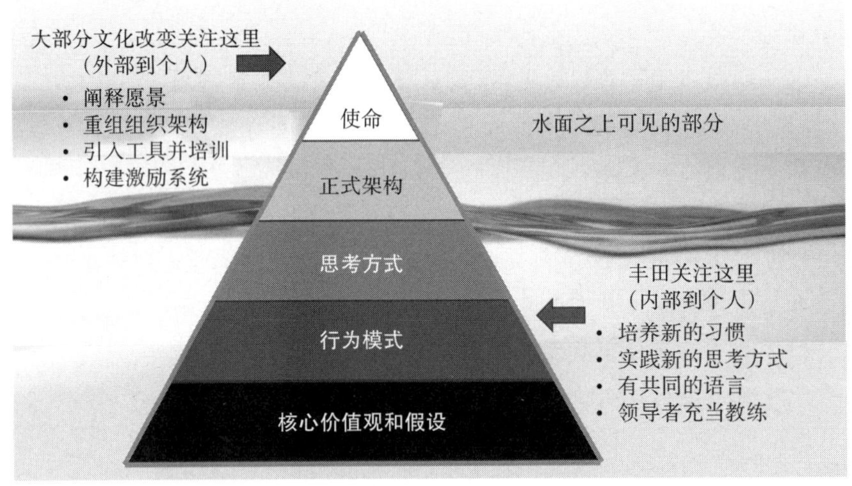

图 15-8　对文化变革的误解会导致肤浅的变革——仅在可见层面上的变革

丰田的水面之下是丰田模式的文化。我在关于领导力的第 9 章中提到了埃德加·沙因对文化的看法，让我们再深入一点。他这样定义文化：

> 一个特定群体在学习中发明、发现和发展基本假设的模式，可应对其外部适应和内部整合的问题。这一模式运行良好，行之有效。因此，可以教给新成员以正确感知、思考和感受这些问题。

对于丰田模式的文化，有很多非常恰当的描述：

（1）丰田模式的深度达到了基本假设层面，即关于“感知、思考和感

⊖ 帕特里克·亚当斯在其自出版图书《避免陷入持续的表象陷阱》（*Avoiding the Continuous Appearance Trap*）中，对比了他曾任职的两家公司的文化。虽然这两家公司起初采用了类似的精益模式和愿景，但其中一家公司只是机械地执行这些内容，停留在精益的表象上；另一家公司则形成了“持续改善”的变化。

受”问题的最有效方式，其中包括现地现物，作为一个团队一起工作以应对一系列挑战，尊重人，以改善精神进行日常管理，以及丰田对长期生存的关注。

（2）丰田模式经过数十年的“发明、发现和发展”，像大野耐一这样才华横溢的丰田经理和工程师学会了应对丰田“外部适应和内部整合的问题”。丰田的历史非常重要，有了它，人们就能了解丰田为何积极解决问题，以及解决问题时的挑战和背景，而不是采用理论上的自上而下的计划。

（3）丰田模式被明确地“教给新成员”。丰田确实提供关于丰田模式和 TPS 的培训课程，但这只是学习过程的一小部分。丰田模式明确地以传播文化的方式传授——在日复一日的工作中，领导者以身作则，树立榜样并进行辅导。正如丰田销售前副总裁简·贝斯达所解释的那样：

> 丰田模式与他们（团队成员）每天、每小时所做的一切相匹配。所以，他们一直受到这种文化和理念的熏陶。我们一直在做改善项目，这是我们的一部分。

当丰田在 20 世纪 80 年代真正开始全球化时，它很快意识到面对的挑战是在与公司价值观原本不一致的文化中建立丰田模式。丰田在发展丰田模式文化的同时进行全球化的方法如下：

（1）为所有高管都配备了日本协调员，为所有经理和组长都配备了培训师。协调员和培训师有两项工作：一是与技术不断发展的日本总部保持紧密协调与沟通；二是通过日常指导向员工传授丰田模式。这样每一天都是培训日，随时反馈会逐渐改变员工的思维和行为。

（2）丰田支持海外公司到日本参访学习，结果证明这是影响员工文化意识最有力的方式之一。NUMMI 的成功始于在日本丰田工厂工作并亲身体验该系统的那一批经理、工程师、组长、工人和工会干部。

（3）丰田使用 TPS 技术系统或丰田模式中“流程”部分来帮助强化丰田努力想要建立的那种文化。例如，我们讨论了具有大量库存的批量生产模式如何支持西方短期“灭火”和容忍系统问题的文化。通过将流程连接起来，问题会浮出水面并变得可见，因此人们有一种尽快解决它们的紧迫感。

（4）丰田向每个海外公司派出高管，将丰田 DNA 植入到新的领导者中。一开始的对象是来自日本的管理人员，后来是本土领导者。

最初的北美丰田工厂都会被分配一个日本的“母工厂”，由日本的“母工厂”派领导者到美国教导对应工厂的领导者。随着丰田在美国不断扩大业务，当地的老工厂承担了“母工厂”的角色。在每个国家，丰田都会根据当地实际情况调整，尤其是在人力资源实践方面。例如，对密歇根州安娜堡的 TTC 的调整就包括：

（1）丰田对工作时间设置了上限并使其更加灵活。在日本，丰田工程师一直都是按需要工作，不分晚上和周末，每天工作 12 小时。TTC 限制了工作时间，并引入了弹性工作制，包括每周有一天在家工作。

（2）丰田调整了基于绩效的奖励方式。通常情况下，日本丰田会在半年发放一次的奖金中支付大部分工资，但这与公司业绩挂钩，而不是个人业绩。在 TTC，公司制定了基于个人绩效的奖金制度。

（3）TTC 的反省活动也经过了调整，除了提供批评和改善机会外，还提供了更多积极的反馈。

机械地实践精益的公司通常会侃侃而谈，但落实精益理念却只是表面功夫，离形成精益文化相距甚远。向机械性的精益咨询公司购买这些沟通和变革管理工具包是不够的。通过套路建立文化，从关注心态和行为的变化开始，只有经过长期反复实践的过程，才能建立科学思想的文化。

我的一些优秀客户已经认识到，成功的精益转型意味着“赢得所有成员的心”。在图 15-8 中，我们看到水面之上的精益侧重于简单的事情——阐释愿景、重组组织架构、引入工具并培训以及构建激励系统等。相反地，深层次（水面之下）的文化变革则深入个人层面，培养了新的习惯，并辅导建立了一种共同的思考、表达和行动的方式。

任何成功的文化变革的核心都是相互信任。如果团队成员不信任经理，或者经理不信任团队成员，持续改善和尊重人都无法落实。相互信任来自行动，而不是言语。当我看到你随着时间的推移始终如一地表现出能力、公平、对我的关心和理解，我会信任你，直到你的行为违背了这份信任。不幸的是，摧毁信任比建立信任容易得多。

高层刻意地自下往上构建文化

美国幽默作家和社会评论家威尔·罗杰斯（Will Rogers）说："我们很擅长很快就从可怕的事情中走出来。但我们只是从一个极端跳到另一个极端。"恐怕这就是大多数公司在精益制造方面所做的事情。当下一个流行理念出现时，马上掉头追求另一个时尚。"世界是数字化的。精益的下一步是什么？哦，是的，工业 4.0。让我们这样做。"如果一定要向丰田学习什么的话，那就是开发一个系统、坚持不懈使用它并不断改善它的重要性。你不能随心所欲地从一个流行理念跳到下一个流行理念，还期望公司成为一个学习型组织。

对于文化变革，我们都知道些什么呢？

（1）从高层开始，这可能需要领导层的改组。

（2）需要自下而上的参与。

（3）让中层担任变革领导者。

（4）不要期望马上就有改变。需要多年的努力才能培养真正理解理念并深信不疑的人才。

（5）不要把文化变革想得太容易。现实肯定是相反的——如果给困难分个级别，这绝对是"地狱级"。

丰田模式是刻意地自下而上构建的，CEO 身体里面流淌的就是这个理念。目标是什么？建立一个长期的组织，为客户和社会提供卓越的价值。这需要长期的思考和连续一致的领导力。对于希望效仿丰田模式的组织，要明白这里没有快速的解决方案，为彻底改变组织文化奠定基础可能需要 10 年或更长时间。

如果高层不理解，也不支持新的理念怎么办呢？我请教了加里·康维斯这个问题："如果你是中层经理甚至副总裁，很想在公司里实施丰田模式，而高层的意愿并没有那么强烈，你会怎么做？"

他的回答很直接："我会出去寻找更好的'牧场'（笑），因为公司可能撑不到我退休可以领养老金的时候。其实，这是个好问题。现在，高层常常更替。也许出现转机要等董事会中的某个人认识到精益的重要性而且公司需要这样做，就像通用汽车所做的那样……我想董事会在一段时间之后会说：'等一下，我们一直在给这些人资源和时间，但我们看不到方向。'在某个时间点，他们认为足够了，然后确定了新的方向和新的优先事项，资源也就转向新的地方。"

变革的先决条件是高层理解并致力于通过系统和理念去变革——成为"精益学习型组织"。它需要遵循"发展自己的精益学习型企业"的原则，从丰田模式中获取想法和灵感。不要复制，而是要思考！你所面临的现状是什么，公司愿景是什么，如何将其转化为需要努力遵循的基本原则？

这些洞察促使我总结了图 15-9 中的模型，该模型说明了要想有效开始精益之旅并从丰田的精益学习型企业模型中学习，所需要的最低领导承诺水平。看图，回答这三个问题：

（1）**高层的愿景是否包括通过可持续的卓越运营实现增值？**如果领导承诺的仅仅是简单的短期利润，那么答案是否定的，直接跳到"短期工具箱"（相当于大富翁游戏中的"直接入狱"）。

（2）**高层是否承诺从长远考虑去培养人员？**这里人员也包括关键供应商。如果只是把人员当作劳动力、把供应商当作低成本的资源的话，那么答案是否定的，直接跳到"短期工具箱"。

（3）**高层领导的理念是否具有持续性？**这并不意味着需要由同一个人一直经营公司，但他需要培养具有公司 DNA 的继任者，延续高层领导的理念。如果每次出现危机时都会引入具有不同理念的领导者，或者公司每十年被收购一次并空降新的领导者，那么答案是否定的，直接跳到"短期工具箱"。

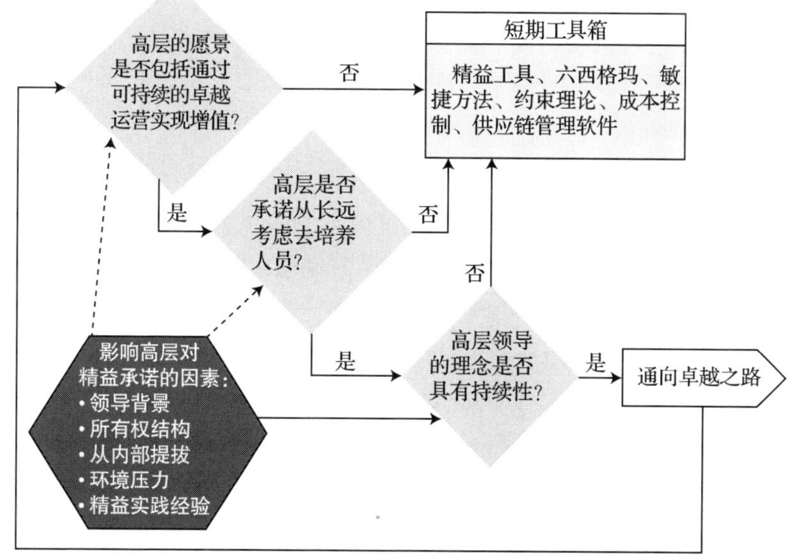

图 15-9　精益之旅的领导承诺

从“通向卓越之路”回到最开始的关于高层领导的问题会形成一个闭环，高层对长期愿景的承诺需要持续地接受挑战。图 15-9 也列出了影响高层对精益承诺的一系列影响因素，详情如下：

（1）**领导背景**。领导是谁？背景是怎样的？他们在职业生涯中都学习到了什么，尤其关于什么有用、什么没有用以及什么是有价值的？他们成长背后的关键假设是什么？

（2）**所有权结构**。谁是公司实控人以及如何融资对公司专注于长期发展的能力有重大影响。本季度华尔街看好的可能与公司对卓越的长期投资相冲突。丰田显然情况独特，只有一个由公司总裁领导的董事会，以及由丰田集团内部共同成长起来的人组成的连锁所有权结构。这给丰田提供了一种“隔离层”(Insulation)，使其通过独特的管理方式和所有权结构，在成为上市公司的同时，依然能够专注于自身长期发展，不被短期市场表现所左右。

（3）**从内部提拔**。从内部培养未来的领导者，否则公司就没有机会维持长期愿景。由于可能对文化构成威胁，丰田在从外部引进经理和高管方面一直很保守。但丰田的文化是如此强大，而且拥有丰田模式DNA的人数众多，以至于“外部”经理要么被“丰田化”——学习丰田模式，要么离开。最近也有例外，为应对数字技术所带来的百年一遇的行业转型，丰田章男领导了一场重大改组，重新定位丰田。他明白公司需要在数字世界中拥有丰富经验的领导者，比如最近任命的TRI和TRI-AD的CEO——被选中是因为他们钦佩丰田模式并且是天生的学习者。

（4）**环境压力**。不幸的是，很多因素超出了精益领导者的控制范围，再好的精益学习型组织，在这些因素下也可能会难以维持：一个是股票市场，它可以不受公司控制出现股价大跌；另一个是公司生产的特定产品的市场，它可能由于种种原因而恶化。其他可能对公司产生负面影响的外部因素包括战争、革命性的新技术、政策变化、流行病等。显然，丰田强大的文化和理念可以帮助它在这些危险的环境中航行，在许多不同的商业和政治环境中生存和繁荣。

（5）**精益实践经验**。根据我的经验，最好的精益领导者在丰田工作，或者在丰田的供应商处工作，又或者为与丰田密切合作的公司工作——共同点都是直接接触丰田基因库。他们实践了一种新的管理方式。很明显的是，随着越来越多的公司开发真正的精益系统，在丰田及其附属公司之外学习精益思想的机会越来越多。

如果你不是CEO，高层又更看重短期财务数据，你可以怎么做？我脑海里面有以下三件事情：

（1）找个更好的“牧场”，如康维斯建议那样。

（2）应用精益工具获得短期效益，参与进来，看你能做到什么，然后寻找合适的机会来分享。

（3）打造一个成功的精益试点，向高层展示惊人的结果，从而说服管理层。

对热衷于精益的人来说，第三种选择通常是最有成效的。精益的“忠实信徒”必须尽最大努力去打造试点，这些试点取得了很好的结果，高层可以从中学习，然后向上汇报，说服最高管理层。但无论采用何种方法，管理层都需要时间来理解精益，然后用于旧系统和文化的发展。即使在丰田内部，康维斯也指出：

> 丰田模式和文化——我认为至少需要十年才能真正适应正在发生的事情，并能够以我们想要维持的方式进行管理。如果你在丰田工作，三四年后你的内心和精神就会对此有深刻的理解。

是否值得长期承诺和努力

说了这么多，问题仍然存在，一家公司能否转变和维持一种文化，成为一个精益学习型组织？如果一家公司能够随着时间的推移保持连续一致的领导力，我认为它没有理由不能从它自己版本的丰田模式的原则中获益。

民族文化同样面临着挑战。日本人和美国人、法国人和德国人等之间存在着一连串不同的文化特征。例如，我们看到丰田认为改善所必需的反省，其背后的哲学植根于日本文化。甚至有证据表明，亚洲人更自然地认为系统中的各部分是交互的，而美国人更可能将这些部分看作各自独立的。尽管存在大量文化上的挑战，丰田还是投入了大量时间和精力在每个地区发展其独特的文化，丰田模式正在世界各地的丰田子公司中发挥着作用并蓬勃发展。丰田模式随着它适应其他文化而不断发展，这可能使丰田成为一家更强大的公司。

我所知道的让精益可持续的唯一方法是让运用科学思维成为一种习惯。如果你还没掌握和具备这个习惯，那意味着需要在很长一段时间内通过纠正和反馈进行练习。我可以理解高层的不耐烦，因为他们正在向不耐烦的董事会和股东汇报，很难一直说：“我们正在努力，我们没有路线图。但不要担心，因为我们正在采取科学的方法来应对业务挑战。”付出艰苦卓绝的努力、不断地关注和思考，却没有取得立竿见影的效果，确实很令人沮丧。为什么不能更容易一点呢？让精益可持续可以更容易，只需雇用机械精益的拥护者并支付高额费用，他们很快可以实现情况逆转，取得的结果足以支付他们的咨询费用，可能还有盈余。但是你得不到一种尊重人并能持续产生价值的持续改善文化。这样的桥段我看过很多次，结局都不尽如人意。

我在很多公司中看到最挣扎的是这两种方式的取舍：一种是在业务的一部分中深入部署精益（例如，在试点项目），然后系统地将其拓展到公司的其他部分；另一种是广泛地部署精益，期望尽快获得结果（见图 15-10）。在我的咨询工作中，我一直建议深入培养能力，这样做几乎都能获得成功。高层认识到深入培养能力的好处之后，就会从上层下达指令，将这种已经证明行之有效的方法快速拓展到整个公司——这意味着我们的咨询团队已经出局了。原来我一直以为这些公司会倒退、会熵增，但在某些情况下我错了。我已经看到一开始采用机械性方法的公司后来转向有机性方法，从而取得了长期的成功。通常在与时间进行精益竞赛之后，这些公司发现变化并没有持续，从而转向更加专注于培养领导者的方式。"实施"精益工具并没有浪费时间，而是为后期的深入学习提供了一些技能和知识。

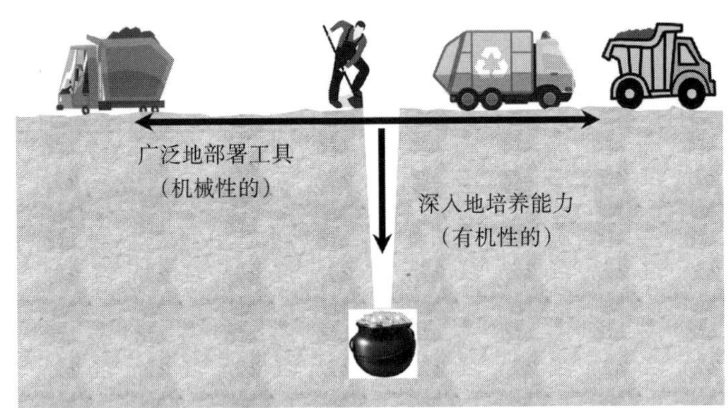

图 15-10 平衡精益部署的宽度（效率）和深度（文化变革）

好消息是，世界各地和各类组织都在精益之旅中取得了巨大成功。许多人取得了从未想过的表现，满意度也很高。这个过程中人们热情而兴奋，工作其实很有趣！坏消息是，公司并不能保证永远成功。即使在丰田，它仍然需要付出很多努力。这是一段充满趣味和挑战的经历。

让我们回到没有持续的短期健身计划。假设你尝试一种专注于建立长期健康的生活方式。一年来，你每周都会在健身房与一个提供支持和积极反馈的小组会面，学习一系列健身课程，同时需要在家练习。小组每周向你提供高蛋白、低碳水化合物的饮食建议。渐渐地，体重降了，身材也更加健美了，你从来没有看起来和感觉这么好。健身计划结束后的四年里，你维持饮食和锻炼习惯。生活是美好的！这是否意味着你将在余生中保持健康？这是可能的，也会有意外——你恢复了旧的坏习惯。这是否意味着健康生活方式计划失败了？它当然成功了，但你仍需继续努力。精益管理就是这样——维持不是随便做两下就行的。你需要继续努力。持续改善和尊重人是永恒的追求，因为卓越之旅永无止境。

尽管存在很多不确定性和挑战，但我的建议是在构想和建立你未来的组织时考虑丰田模式的原则。丰田模式就是艰苦奋斗、追求卓越。它呼吁尊重他人，培养人们的能力，通过尊重来领导人们。是时候开始计划了。但最终你要接受世界的不确定性，以科学的心态跨越障碍，甚至享受这段永无止境的旅途。这是行动的号召，但阅读本书或将丰田视为标杆学习并不是行动。行动是去做，是描绘出你希望实现的蓝图，尝试一些大跨步和许多小进步，关注目标状态和现状之间的差距，不断地反省，超越复制或传播最佳实践的设想，进化出自己的精益学习型企业。

关键点

- 起点是你希望努力实现的愿景。
- 丰田模式的愿景是激励整个组织，为社会和客户增加价值，不断调整、改善和学习。
- 对关注短期利润的公司来说，机械性的方法更适合。
- 熵的存在会让机械性实施的短期收益随着时间的推移而下降。
- 抵抗熵的最佳方法是现场团队不断改善的正能量。
- 在精益之旅中取得长期成功的组织都是从高层承诺开始，朝着长期愿景努力，然后从试点出发，将方法有机地推广至更多层级，以实现广泛的部署。

- 科学的部署方法始于有机地培养科学思想家和教练，并随着教练的成熟而扩展。
- 大多数文化变革计划侧重于可见的表象和人们所说的话，并未深入了解人们的思考和行为方式。
- 丰田套路关注于通过反复实践来改变人们的思考方式和实际行为，从而营造一种鼓励和支持运用科学思维的文化。
- 丰田模式为建立组织的愿景和方向提供灵感和想法。
- 如果组织的成功取决于卓越，那么对长期发展的认真承诺是值得你付出耐心和努力的。

参考文献

1. Eduardo Lander, Jeffrey Liker, and Tom Root, *Lean in a High-Variety Business: A Graphic Novel About Lean and People at Zingerman's Mail Order* (New York: Productivity Press, 2020).
2. Karen Gaudet, *Steady Work* (Boston: Lean Enterprise Institute, 2019).
3. Edgar H. Schein, "Coming to a New Awareness of Organizational Culture," in James B. Lau and Abraham B. Shani, *Behavior in Organizations* (Homewood, IL: Irwin, 1988), pp. 375–390.
4. Mike Rother and Gerd Aulinger, *Toyota Kata Culture: Building Organizational Capability and Mindset Through Kata Coaching* (New York: McGraw-Hill, 2017).
5. Richard Nisbett, *The Geography of Thought: How Asians and Westerners Think* (New York: Simon & Schuster, 2004.)

附录 14 项原则的执行摘要与评估

丰田模式不仅仅是技术与工具

随着对 TPS 与丰田模式研究的深入，我愈加觉得它同时综合了技术与社会属性。丰田模式更多的是对于人的关注。每一天，工程师、熟练工人、质量专家、供应商、经理、班长，最重要的是团队成员，都全身心地投入持续的问题解决与改善，随着时间的推移，每个人的科学思维得到了训练，进而成为更好的问题解决者。

本附录概要性地回顾构成丰田模式的 14 项原则。这些原则分为四个相互关联的部分：

- **理念**——长期系统性思维。
- **流程**——竭力为客户创造连续的价值流。
- **人员**——尊重、挑战、培养团队和合作伙伴，以实现卓越的愿景。
- **问题解决**——科学地思考和实践，实现期望的未来状态。

利用表 A-1，你可以粗略地评估对于 14 项原则，你的组织达到了什么水平。我以自上而下管理与控制的公司为基准，与处在精益工具层面的公司、完美实施了丰田模式原则的公司做对比。你可以很容易就圈出你的公司处在每项原则的哪个层级，如果你的公司处在两个层级之间，你可以在中间画“ × ”，最后将所有的“○”与“ × ”连线，你就得到了一个公司整体概览，你也可以根据你的公司的情况，改写一些原则。

你也可以用此表做规划，标记出明年或者更长远的时期你想到达的位置，需要注意不要设定与妄图实施“大跃进”式的目标。你已经从本书中学到科学思维了，所以将需要实现的未来状态视作可能的挑战吧。在方针计划中，选择极其关键的一小部分即可，切忌眉毛胡子一把抓。然后就是想方设法不断地接近目标，每次一个目标状态，不断试验、学习、享受进步的过程。

表 A-1 丰田模式原则的成熟度评估表

序号	原则	自上而下管理与控制	精益工具	完美实施了丰田模式原则
		级别 1	级别 2	级别 3
			理念	
1	长期系统性思维	注重短期效益	延长投资回报周期	关注对社会和主要利益相关者的长期、整体影响
			流程	
2	连续流	关注单个流程	连接各个流程	通过改善加强流程的耦合
3	拉动	计划推动	可视化或电子看板	通过改善不断减少缓冲区
4	均衡化	毫无规律的上下波动	均衡化方法	持续减少不均衡与超负荷
5	标准化流程	由“专业人员”强加给员工	“专业人员”接受反馈后，负责将作业标准化	标准化作业为工作团队所有，是改善的基础
6	内建质量	发现并消灭问题（救火）	运用质量工具	内建质量与站内控制
7	可视化管理	隐藏问题	5S 与可视化管理	工作流程内嵌可视化标准
8	支持人员和流程的新技术	推动应用最新技术	能支持流程的合适的技术	应用简单、轻巧、灵活的技术以支持改善
			人员	
9	培养领导者	快速培训	领导者标准化作业	领导者作为教练培训其他人
10	培养员工与团队	介绍工作内容之后，自己学习	开设短期精益课程与练习	充分训练的人员与半自主管理团队

（续）

序号	原则	自上而下管理与控制	精益工具	完美实施了丰田模式原则
		级别1	级别2	级别3
			人员	
11	与价值链伙伴开展合作	聚焦对抗性地降低成本	与关键伙伴建立长期关系	跨公司学习
			问题解决	
12	深入观察，不断学习	计划对策，实践与确认	标准化的问题解决方法论	培养科学思维
13	达成目标共识	由上而下指示目标并委托执行	由上而下的方针管理工具	各层级一起计划、改善与反省
14	远大的战略、大跨步和小进步	战略与执行脱节	战略与精益流程相连	长期战略，执行过程中有适当的灵活性与控制力

注：圈出每项原则中公司最匹配的级别，如果在两个级别之间，打上“×”标记，然后标记期望的未来状态。

14项丰田模式原则的总结

第一部分　理念：长期系统性思维

原则1：管理决策以长期系统性思维为基础，即使因此牺牲短期财务目标

- 理解目标背后的理念，避免做出任何短期决策。让整个组织朝着比赚钱更重要的目标努力、成长，了解你在公司历史上的位置，努力将公司带到更高层次，你的理念与使命是所有其他原则的基础。
- 为客户、社会以及经济创造价值——这才是你的出发点，以实现这个目标的能力来评估你公司每个职能部门。
- 将你的公司视为有生命的社会技术系统，而不是由简单直接的因果关系链条构成的实体。投资培养你的员工使得他们可以自主控制复杂的动态系统。

- 有责任心。努力决定自己的命运，自力更生，相信自己的能力。为你的行为与对社会、环境以及公司所在的社区产生的影响负责。

第二部分　流程：竭力为客户创造连续的价值流

原则2：通过连续流将人员和流程连接起来，从而使问题暴露出来

- 设计你的流程以提高增值工作比例、创建以客户需求为节拍的连续流，努力将过程中的闲置与等待处理的时间逐渐降为零。
- 努力实现单件流，让物料和信息迅速地流动，并将人员与流程连接起来，以便问题可以立即暴露出来。这样做的好处是提高生产效率、提升质量、缩短交期，并增强对客户的响应能力，提升士气，而且更安全。
- 明确流动在组织文化中的地位，它是真正地持续改善流程与培养人的能力的关键。

原则3：使用拉动系统来避免生产过剩

- 在你的下游客户（内部与外部）需要的时候，按照他们需要的数量提供需要的产品/服务。
- 零库存的单件流是不切实际的，建立少量的库存与信息缓冲并且根据消耗及时补充，随着时间推移逐渐减少或者消除这些缓冲。
- 通过对产品建立少量的库存并根据客户（内部与外部）消耗来补充，最大限度地降低在制品与成品库存。
- 根据客户每日需求的变化做出反应，而不是依靠计算机调度或系统来跟踪库存浪费。

原则4：均衡生产负荷，做“龟兔赛跑”中的乌龟（均衡化）

- 消除浪费仅仅是“精益成功”方程式的三分之一，消除人员与设备的超负荷与生产调度中的不均衡同样重要——但是很多追求精益流动的公司通常不理解这一点。

- 努力平衡所有制造与服务流程的工作量，摒弃大多数公司选择的批量生产、时停时启的模式。

原则5：建立标准化的流程，这是持续改善的基础

- 努力采用稳定、可重复的方法维持基于客户节拍的稳定节奏，这是流动与拉动的基础。
- 通过将流程中的最佳实践标准化，在特定时间点获取并固化之前积累的流程知识与经验。
- 在标准化作业的基础上改善允许有个性化与创造性的表达，然后将其整合并建立新的标准化作业，以此建立阶梯形的学习机制。

原则6：建立“遇到异常立刻停止”的文化，实现内建质量

- 应以客户认可的质量作为价值使命。
- 应用适当的质量保证方法。
- 让设备拥有检测问题并在出现异常时自动停止的能力，允许员工拉动安灯绳以暴露问题并寻求支持。
- 建立能够响应呼救并做出合适的决策的快速支持系统，以先控制问题然后解决问题。
- 建立可如实反映系统中的弱点的文化，并将现状与标准之间的差距作为推动改善的根据。

原则7：通过可视化管理来支持决策和问题解决

- 用简单的可视化方法帮助人们立即判断他们是满足标准还是偏离标准。
- 用计算机系统与简单的显示装置实时显示现状与理想状态。
- 尽可能在工作流程中内嵌简单的可视化系统，以支持流动与拉动。

原则8：建设性地采用新技术，以支持人员和流程

- 使用技术支持员工和流程。在引入新技术支持流程之前，最好先打磨好当前流程。

- 不是因为技术最新、时髦而利用它，而是用它可以帮助解决实际问题。
- 在业务流程、制造系统以及产品中应用新技术之前，务必要先测试。
- 培养员工使得其越来越深入地理解新技术，以便不断改善，甚至自动化流程。
- 应用物联网技术支持人员解决问题与改善。

第三部分 人员：尊重、挑战、培养团队和合作伙伴，以实现卓越的愿景

原则9：培养那些能够理解工作、与公司理念一致，并能够教导他人的领导者

- 尽可能从内部培养领导者，而不是从外部空降，以形成与维持公司文化。
- 切忌将领导者的工作简单地视作完成任务并与他人交往良好，领导者必须成为公司理念与工作方法的榜样。
- 一位优秀的领导者一定要充分了解日常工作的细节，这样他才能成为公司理念的最好老师。
- 领导者最重要的工作之一是通过辅导培养其他的领导者。

原则10：培养那些深谙公司理念的杰出员工和团队

- 以公司理念为基础，培养杰出员工与团队，以取得非凡的成绩。
- 启用跨职能团队，通过解决复杂的技术问题，提升质量、效率以及流动，而当人们都能运用公司的工具去改善公司时，才能真正地授权。
- 由可以自我管理内部问题与培养员工的领导者，在现场管理工作团队的日常运营。
- 尽可能以工作保障为基础，建立相互信任的环境。

原则11：尊重价值链中的合作伙伴，提出挑战并帮助它们改善

- 尊重价值链中的合作伙伴，从供应商到经销商再到服务商，将它们

都视作你的公司的延伸。

- 向你外部的业务伙伴提出挑战，促使它们成长与发展，这会显示出你对它们的重视。你应不断设定有挑战性的目标并帮助你的伙伴达成这些目标。

第四部分 问题解决：科学地思考和实践，实现期望的未来状态

原则12：深入观察，不断学习（PDCA），克服每一个挑战

- 通过亲自观察、验证数据解决问题与改善流程，而不是仅仅根据他人的只言片语或者计算机屏幕上的信息来进行主观臆断。
- 通过培养员工运用科学思维来思考所有问题与挑战性目标，打造学习型组织。
- 在“缓慢思考”与“快速思考”之间寻找合适的平衡点。
- 通过基于套路（通常需要一名教练）的刻意练习来培养科学思维。

原则13：在各层级有实现目标的共识，从而确保团队的改善激情

- 方针管理（又称为策略部署）是丰田在各个层面对目标和计划建立共识，从而确定年度挑战和目标的方式。
- 方针管理会在计划阶段确定挑战和目标状态，从而为试验和学习的逐步改善提供了一个框架。
- 通过日常管理来确定和消除现状与标准之间的偏差（SDCA）可以帮助通过实现突破性的改善来建立新的标准（PDCA）
- 简单的A3报告（一张单面的A3大小的纸）是一个很好的方式，它可以总结对计划、行动和结果的思考，使领导者可以辅导和培养员工，最终建立计划和执行上的共识。
- 通过不断反省毫不隐瞒地确定弱点，找到优先改善的区域。

原则14：通过远大的战略、一些大跨步和很多小进步来学习如何实现未来状态

- 要想成功，组织需要经过深思熟虑的战略，以提供独特的产品或服

务，并有效地执行。

- 应对不确定未来（外部）的战略应该与能力（内部）的发展相适应。
- 竞争性文化价值模型可以在概念上帮助公司确定在外部和内部的位置，以及战略与执行的关系。
- 每家公司面临的情况都是独特的，需要独特的战略；一味地复制标杆公司的战略会阻碍创造性思维，反而适得其反。

术 语 表

（以英文首字母顺序排列）

A3 报告：丰田使用一种被称为 A3 报告的工具（以国际通用的纸张大小命名），使用项目符号、图表和图形，在一张纸上传达信息。丰田利用该工具来培养科学思维、指导员工，使员工与公司的目标一致。

Andon：安灯是一个日语词，意思是“光”或“灯”。在精益制造中，安灯是指一种工具，用于提醒和通知领导者生产过程中的问题，以便立即解决问题并防止其再次发生。丰田鼓励生产团队成员在发现威胁安全、质量或生产力的事情时拉动绳子以提醒团队领导者。设备内置自动感应和信号装置。

CASE：有时也称为 C.A.S.E.，意思是互联、自动、共享和电动。CASE 指的是能够连接到外部系统的下一代车辆；将能够自行驾驶或在最少的人工干预下驾驶；将由多人而不是一个所有者使用；将使用电池驱动。

Continuous Flow：连续流是价值以客户需求的速度通过供应链、各种人员和流程，并以最少的信息或材料缓冲流向客户的理想状态。

5S：在日本，5S 是指 Seiri，Seiton，Seiso，Seiketsu，Shitsuke 的缩写，英文版本为：

（1）整理（Sort）：整理分类，只留下需要的东西，拿走不需要的。

（2）整顿（Straighten）：物有其位，物归其位。

（3）清洁（Shine）：清洁的流程也是一次检验的过程，将那些可能会导致质量问题和机器停机的潜在缺陷暴露出来。

（4）标准化（Standardize）：制定维持和监督前 3 个“S”的制度和流程。

（5）维持（Sustain）：维持工作场所运作稳定是持续改善的过程。

Gemba（genba）：现场是精益制造和 TPS 的关键原则之一，粗略翻译为“真实的地方”。从这个意义上说，这是指到实际工作的地方去了解情况并研究。

Genchi Genbutsu：现地现物，意思是真实的地方和真实的事物，这是丰田的教学原则，直接到源头去寻找情况的事实，做出正确的决定，建立共识，实现目标。

Hansei：反省，指的是通过反思认识到自己的错误，十分关注它们，并采取适当的措施避免它们再次发生的过程。

Heijunka：日语单词，粗略翻译为“平衡，均衡”。均衡化是指在固定的时间内按类型和数量对需求进行平衡，以创造平稳的工作流，减少不均衡和超负荷。它是流动、拉动和标准化作业的基础。

Hoshin Kanri：方针管理，指的是通过保持整个组织的一致性并专注于实现定义明确的共享目标，帮助组织年复一年保持竞争力的管理系统。它从公司的战略开始，制定几年的目标，然后通过纵向和横向展开到个人，从而使每个人每年都有一致的目标。个人努力的目标不仅是提高个人的生产力和效率，还包括实现组织的总体目标。规划过程和执行都为领导者提供了在各个级别进行指导和培养人员的机会。

Hourensou：日语单词，报・联・相，其实是报告、联络、相谈的简略说法。丰田强调在组织的各个层面共享信息的重要性，以及管理人员随时了解下属工作情况的重要性。因此，丰田管理人员努力寻找有效的方法，获取信息、提供反馈以及帮助培训和发展员工。虽然没有单一的方法来实现这一目标，但许多丰田高管要求他们的下属每天提交报告。

IoT：物联网，是将任何设备连接到互联网和其他设备的概念。这包括从手机、咖啡机、洗衣机、耳机、灯和可穿戴设备到制造设备和汽车的一切。先进的系统使用相机和传感器收集数据，利用人工智能分析数据并提供指导，例如，用于设备维护。

Jidoka：自働化，一个术语，指的是一台在检测到问题时能够自行停止的机器。通过将这种智能添加到机器中，它可以让操作员腾出时间去做增值工作和解决问题。

Just-in-Time (JIT)：准时生产，一种连续流动的系统，将所有材料和信息以小批量的形式带到需要的地方——既不早也不晚。这避免了包括生产过剩在内的浪费，并创造了更有效的流动，可以快速发现异常情况。因此人们可以提高质量、降低成本、优化准时交货能力和对客户需求变化的响应能力。

Kaizen：日语单词，意思是“变得更好”或“持续改善”。改善既是一种追求卓越的哲学，也是一种遵循 PDCA 的迭代改进方法。它是一个充满激情的焦点，让整个组织都参与其中。

Kanban：看板是用于准时生产的调度系统，使客户可以根据需要直接控制订购材料和信息。看板本身是某种类型的二进制信号——手动、声音、灯光或电子——表示“我已经准备好接受更多了”。

Kata：套路有两个含义：一是形式或做事的方式；二是培养基本技能时要练习的动作模式。四步组成的 IK(由迈克·鲁斯提出）包含了对方向的科学思考、现状、短期目标和试验。CK 制定了以一系列问题为中心的练习过程，以帮助教练让学员保持走在正轨上，不断练习套路，直到可以自然而然地科学思考。

Keiretsu：第二次世界大战结束后，日本企业的传统结构被颠覆了，大部分大企业改组为 Keiretsu，意为“血统”或“企业集团”，也叫经连会，以一体化（不论是横向还是纵向整合）的方式进行组织。Keiretsu 后来因垄断而被禁止，但密切的商业往来仍在继续。

KPI：关键绩效指标是业务中的一个常用术语，指的是一组用于评估绩效的标准指标。关键绩效指标是支持和促进实现组织关键目标的衡量指标。丰田用图表直观地展示 KPI 并制定目标，例如通过方针管理鼓励改善活动。

Lean：精益。詹姆斯·沃麦克、丹尼尔·琼斯和丹尼尔·罗斯在《改变世界的机器》一书中引入了“精益制造”一词来描述 TPS。作者将精益描述为一种结合了批量生产和工艺生产两者优势的卓越范例——提高生产力、缩短交期、降低运营成本、提高产品质量、提供安全的工作环境以及高昂的士气。

Muda：浪费，这是丰田的术语，表示任何需要时间但是没有给客户增加价值的事情。在制造过程中有七种常见的浪费：生产过剩、等待、不必要的运输、过度处理或不正确的处理、额外的库存、不必要的动作和缺陷。七大浪费已被其他人针对服务和信息行业进行了修改。

Mura：不均衡的生产计划或由于内部问题（如停机、缺少零件或存在缺陷）导致的产量波动。生产水平的不稳定，会让你觉得需要按照最高需求来配置设备、材料和人员——即使平均要求要低得多。不均衡导致有时工作太少，有时负担过重。

Muri：人或设备超负荷，正在推动人或机器超越自然极限。超负荷的人会导致安全和质量问题；超负荷的设备会导致故障和缺陷。换句话说，超负荷会导致浪费。更糟糕的是，人超负荷会造成健康和安全问题。

Nemawashi：根回，通过与相关人员交谈并收集支持和反馈，为提议的变更或项目奠定基础的非正式过程。目标是在正式宣布新的变更之前，让受变更影响的每个人都参与进来，从而建立共识和获取广泛的支持。

PDCA：计划—执行—检查—行动的英文缩写，有时也指代计划—执行—检查—调整。PDCA 是科学思维的基石，是持续改善过程的核心。

Pull System：拉动系统旨在避免生产过剩。在拉动系统下，下游工序的人员在使用或购买材料后，会向上游工序发送信号，授权更换或生产下一步所需的材料。拉动系统的常见示例是超市。顾客在超市购买产品之后，货架上会留出一个空位。仓库人员会定期检查空缺的商品数量并补充。在制造中的思路与之相同：保持少量库存，只有在达到触发点后才需要补充相应的物品。

Scientific Thinking：科学思维承认我们的理解是不完整的，因此可以测试想法并从测试中学习。丰田采用基于事实的迭代学习方法来克服困难的挑战。科学思维是丰田模式 4P 模型的核心：理念、流程、人员与问题解决。

Sensei：在某个领域达到“精通”水平的受人尊敬的老师。一位精益老师在现场不断地展现出他对精益十分精通。无论他们被称为教练、教师、导师还是老师，他们都在丰田内部教授 TPS 方面发挥了重要作用，特别是当丰田将此理念推广到供应商和其他国家时。

Standardized Work：标准化作业实现了按照客户需求的速度进行可重复的生产，并且是平稳的工作流不可或缺的一部分。通过记录当前最广为人知的工作方式，标准化作业形成了持续改善的基准。随着标准的优化，新标准成为进一步改善的基准，依此类推。

TBP：丰田工作法。当张富士夫于 2001 年领导引入丰田模式时，他意识到这还不足以帮助员工培养持续改善的心态并学习如何尊重和培养人。几年内，他引入了丰田工作法——从表面上看，这是一个八步解决问题的过程。张富士夫并没有着手创建一个必须始终遵循、僵化的解决问题的方法，而是将其用作通过对现实世界问题的实践来发展丰田模式思维的框架。这八个步骤是：

（1）明确问题
（2）分解问题
（3）设定目标
（4）分析根本原因
（5）制定对策
（6）实施对策
（7）监控结果与流程
（8）标准化成功的流程

TPS：丰田生产方式是丰田独特的制造方法，也是过去 30 年或更长时间内主导制造和服务趋势的大部分精益制造的基础。在大野耐一的带领下，TPS 是在日本市场需求总量低且对品种多样性的需求高的时期建立的，这就需要一种允许快速换模、低库存和有灵活性的制造方法。

基于自働化和 JIT 的理念，TPS 可以高效、快速地生产高品质的产品，一次一个，完全满足客户的要求。

Value Stream Mapping：价值流图是一种理解一系列工作流程中的材料和信息流的方法。其中，现状图描绘了价值如何流向客户以及阻碍流动的各种浪费，未来状态图是一个理想愿景，展示了为了实现业务目标，材料和信息要如何流动。

Visual Management：可视化管理是一种快速直观地显示流程、程序或项目的现状及其与标准的差距的方法。差距是改善的重点。

丰田将可视化管理变成了一种艺术形式。丰田模式认识到可视化管理是对人类的补充，因为人类是以视觉、触觉和听觉为导向的。

Yokoten：日语术语，意思是“无处不在”或“水平传播”。在精益制造中，Yokoten 是指将精益制造知识和实践从一个操作转移到另一个操作或横向跨组织。重要的是，Yokoten 不是精确地复制流程，相反，它旨在鼓励管理人员了解好的实践，观察它们并反省，创造性地利用这些知识来改善他们管理的职能。

致　谢

第1版《丰田模式》是我对丰田长达20年的研究的结晶，大部分工作是我在密歇根大学安娜堡分校“日本技术管理项目”（Japan Technology Management Program）中任联合主任与主任时完成的。该项目始于1991年，受到了美国空军科学研究办公室（US Air Force Office of Scientific Research）的慷慨赞助。在联合主任、日本专家约翰·坎贝尔（John Campbell）博士的教导下，我获益匪浅。第1版出版后的超过15年里，我继续从不同的方面解读丰田，与此同时，我也在进行丰田模式的教学、咨询，更重要的是我仍在不停地学习，其间发生了很多变化，我也学到了很多，所以我决定进行一次重大的改写。

丰田一直非常开放地与世界其他地区分享其竞争优势的主要来源，特别表现在1982年的里程碑事件：丰田董事长丰田英二和丰田总裁丰田章一郎（Shoichiro Toyoda）批准了与通用汽车签订的创建NUMMI的协议，而这个合资汽车制造企业专门向丰田的全球主要竞争对手通用汽车传授TPS。另一个丰田向世界开放TPS的里程碑事件是，丰田在1992年建立了现在被称为TSSC的机构，其通过在不同行业建立工作模式向美国公司传授TPS。现在TSSC已经从丰田公司剥离出来，作为非营利组织向其他非营利组织或慈善组织提供无偿服务，也为私营公司提供有偿服务。

自始至终，丰田始终对我毫无保留，这远超我的想象，它们仅仅要求审查文档确认事实准确，但是从未尝试改变我的著作。无论是之前的第1版，还是这本第2版，有很多丰田人都很慷慨地接受我冗长的采访，并认真地审核了书中部分内容以求精确，我谨向他们表示诚挚的感谢。在此，我需要向以下人员表示特别感谢，他们让我对丰田模式的理解更进一步（职位为采访当时的职位）：

丰田（排名不分先后）

- 丰田章男，丰田总裁：感谢他使用密西西比州图珀洛消声器制成的猫王吉他演奏。一个人怎么能如此强大又那么有趣？
- 丰田英二，丰田前总裁兼董事长：很荣幸见到这位伟人，并为其同时阅读了第 1 版英文及日文版《丰田模式》（他更喜欢英语版）而感到受宠若惊。
- 林南八，前董事兼 TPS 高级技术总监：很荣幸能见到大野耐一的首席弟子并听到他的精彩故事。
- 三浦宪二，OMCD 前总经理，东海理化总裁：对 TPS 理解最深厚的学生之一。
- 布鲁斯·布朗利，TTC 企业策划和外部事务总经理：本书在丰田的主要联络人。
- 吉姆·奥尔森（Jim Olson），丰田汽车北美制造公司高级副总裁：感谢其在仔细研究本书之后，支持丰田汽车的全面参与，让我始终走在正确的道路上。
- 吉姆·怀斯曼（Jim Wiseman），丰田汽车北美制造公司副总裁：为丰田打开了 TPS 在制造业应用的大门。
- 艾尔夫·米勒（Irv Miller），丰田汽车销售集团副总裁：为丰田打开了通往销售和分销世界的大门。
- 张富士夫，丰田前总裁：分享了其对丰田模式的热情。
- 加里·康维斯，丰田肯塔基工厂前总裁：帮助我了解美国深入研究并学习丰田模式复杂性的过程。
- 田中俊明，丰田汽车北美公司总裁兼 CEO：提供了丰田模式销售方面的洞见。
- 吉姆·普瑞斯，丰田汽车美国销售公司前执行副总裁兼首席运营官：

使我对丰田模式的理念有了更深入的理解。

- 阿尔·卡比托（Al Cabito），丰田汽车美国销售公司前销售管理部门副总裁：全面解释了近来丰田汽车的按订单生产战略。
- 山科忠，TTC 前总裁：向我介绍了报·联·相，使我对现地现物有了更深的认识（有关术语的定义，请参阅术语表）。
- 正木邦彦，TTC 前总裁：让我随时随刻都可以到丰田深入学习丰田模式。
- 戴夫·巴克斯特（Dave Baxter），TTC 副总裁：不厌其烦地向我解释丰田的产品开发系统及其底层理念。
- 埃德·曼蒂（Ed Mantey），TTC 副总裁：埃德是一位真正的工程师，他证明丰田可以培训美国工程师并且让他们深刻理解丰田模式。
- 丹尼斯·库内奥（Dennis Cuneo），丰田汽车北美公司高级副总裁：借鉴了他在 NUMMI 及其他领域的丰富经验，帮助我理解丰田对社会责任的承诺。
- 理查德·马勒里（Richard Mallery），Snell and Wilmer 律师事务所合伙人：热情地描述了作为丰田的律师，他是如何被丰田模式改变的。
- 唐·杰克逊，丰田肯塔基工厂制造副总裁：解释并演示了尊重员工和全员参与的意义。
- 格伦·尤名格尔，丰田汽车北美制造公司业务管理与物流生产控制总经理助理：解释了一名丰田会计是如何建立 TPS 支持办公室，然后引导整个北美物流发展，并且在整个过程中乐此不疲的。
- 箕浦辉幸，丰田汽车北美制造公司前总裁：他师承大野耐一学习 TPS 的真实故事让我着迷。
- 史蒂夫·海瑟布洛克（Steve Hesselbrock），Trim Masters 公司运营副总裁：慷慨地向我分享了他多年学习与实践丰田模式的经验，这使得 Trim Masters 已经成为世界上最好的丰田座椅供应商之一。
- 今泉清，Araco 公司高管、Trim Masters 公司总裁：向我介绍了他的公司在日本成为丰田供应商所经历的真实故事。
- 铃木一郎（Ichiro Suzuki），雷克萨斯前总工程师兼执行咨询工程师：向我展示了现实生活中一个真正的超级工程师是什么样的。

- 内山田竹志，普锐斯高级董事总经理兼前总工程师：告诉我在颠覆性项目中团队合作的意义。
- 简·贝斯达，北美零部件运营部总经理兼副总裁：她对丰田模式之于信息技术和自动化的看法使我眼界大开。
- 肯·埃利奥特，服务零部件中心全国经理：分享了他在新的零件配送中心营造丰田文化的故事。
- 安迪·隆德，TTC 赛那项目经理：作为在日本长大的美国人，他分享了来自日本的丰田文化在美国本土运营的洞见。
- 吉姆·格里菲斯，TTC 副总裁：不断纠正我对丰田模式的误解，并且时常挑战我对丰田模式的理解，使得我不断进步。
- 查克·古拉什（Chuck Gulash），TTC 副总裁：在试车场上，教导我在评估车辆时要"注重细节"。
- 雷·坦圭，丰田汽车加拿大公司前总裁：告诉我技术创新和 TPS 可以兼而得之。
- 吉尔·普拉特博士，TRI CEO 兼丰田首席科学家：很高兴能与吉尔·普拉特和詹姆斯·库夫纳交谈，他们俩都是在快节奏的软件创新世界中长大的，并迅速学习且适应了丰田模式。
- 詹姆斯·库夫纳博士，TRI-AD CEO 兼丰田董事：我很高兴听到他被任命为董事会成员，让丰田最高领导层具备思维的多样性。
- 布莱恩·里昂（Brian Lyon），丰田汽车北美公司高级技术交流资深经理：我们志同道合。我在写《战火中的丰田》（*Toyota Under Fire*）时与他密切合作。

英国丰田汽车公司（Toyota Motor United Kingdom，TMUK）

我在该工厂进行过数十日全天参观，受益良多，感谢以下人员：

- 马文·库克（Marvin Cooke），丰田汽车欧洲公司制造高级副总裁：在他担任 TMUK 董事总经理时，他教给我很多有关丰田模式以及如何塑造领导行为的知识。

- 吉姆·克罗斯比（Jim Crosbie），董事总经理：吉姆谦虚而博学，他和英国工厂的其他领导者一直激励着我。
- 艾伦·威尔（Alan Weir），质量总经理：分享了集团的质量理念。
- 戴夫·理查兹（Dave Richards），人力资源总经理：帮助我理解了人力资源系统。
- 罗伯·戈顿，公司规划与外部事务部：介绍了方针管理（具体定义请参见术语表）。
- 安德鲁·希菲，车身制造总经理：为我深入展示了方针管理。
- 斯图尔特·布朗（Stuart Brown），人力资源部制造技能开发经理：向我介绍了丰田的 FMDS 以及如何利用该系统培养人才。
- 西蒙·格林（Simon Green），高级制造技能开发部组长：负责开发新 FMDS 的具体工作。

西格玛技术公司

他们都非常注重学习与成长：

- 丹·伯杰龙（Dan Bergeron），总裁。
- 斯蒂芬·杜布罗伊（Stephane Dubreuil），供应和运营副总裁。
- 罗伯特·乔佛尔，(Robert Joffre)，精益转型总监。

赫曼米勒公司

他们实践了 TSSC 的想法：

- 马特·朗，持续改善副总裁。
- 吉尔·米勒，学习与发展部持续改善经理。

ZMO 公司

这是目前我一起工作过的最有趣的公司，感谢以下人员提供的帮助：

- 汤姆·鲁特（Tom Root），执行合伙人。

- 贝蒂·格拉托普，合伙人。

感谢以下人员及其公司：

- 拉贾拉姆·申贝卡尔，电装北美生产创新中心原副总裁，电装物联网首席架构师。
- 普拉萨德·阿凯拉博士，Drishti Technologies 公司创始人兼 CEO。
- 埃纳尔·古德蒙松，沃尔沃经销商 Rejmes Bil CEO。
- 詹姆斯·摩根（James Morgan），我之前的学生，Rivian 的首席运营官。
- 杰里·福特（Jeri Ford）博士，Rivian 前副总裁，负责业务运营及新车型引入业务。
- 斯科特·海登，星巴克咖啡公司前全球战略副总裁。
- 爱德华·布莱克曼，凯尔达咨询（Kelda Consulting）总裁。
- 理查德·谢里丹，门罗创新首席讲者。
- 查理·贝克，本田汽车公司产品研发部前副总裁。

特别感谢丰田前经理约翰·舒克，他帮助创立了 NUMMI、TTC 和丰田供应商支持中心，后来成为精益企业研究院院长。舒克先生致力于丰田模式的研究，他将这种热情带入密歇根大学，后续还加入我们的日本技术管理项目并担任了数年的主任。舒克先生是我学习 TPS 的入门老师，在我渐入佳境时，他又传授了愈加高阶的丰田模式理念知识。感谢他阅读了两个版本的《丰田模式》并提供了很多宝贵意见。

特别感谢我的学生、后来在密歇根大学的同事迈克·鲁斯。迈克仍然在孜孜不倦地研究 TPS，并将其在全世界的现场予以应用与实践。某一天他带来了《丰田套路》，并热情地与我分享。但我对那本书仅浅尝辄止。随着我研究得愈加深入，在与同迈克长年累月地讨论之后，我开始对《丰田模式》中的某些假设进行思考与质疑，更深入地研究在克服看似不可能的挑战的过程中科学思考的意义。这些都促使我对精益转型提出了更加合理与能动的观点。于是我重新组织了问题解决部分的内容：科学地思考和实践，实现期望的未来状态（本书中的第 12 至 14 项原则）。再次感谢你，迈克。

感谢我的合著者以及同事詹姆斯·弗兰兹发掘出我在导论中讨论的有关丰田利润与质量的统计数据。我还要感谢我以前的博士生爱德华多·兰德的帮助，他依据其在丰田的经历审读了各个章节。本书中的很多非丰田案例均出自我与约翰·德罗戈斯（John Drogosz）博士合伙的莱克精益顾问咨询（Liker Lean Advisors）公司的客户。另外，我还要感谢我的德国合伙人丹妮拉·库德尔纳奇（Daniela Kudernatsch）博士，我从她那里获得了很多关于方针管理的知识。

在 2003 年，我完成了《丰田模式》（第 1 版）的大部分章节，当时我有幸在阳光明媚、温暖的菲尼克斯度过了一个本应非常寒冷的东海岸冬天，并且拜访了我之前的学生，现在是亚利桑那州立大学教授的汤姆·崔）。上午在温馨、没有窗户的私人办公室，下午则去打高尔夫放松，这里的冬天有着绝佳的气候，真是写作的好时机。适时，我与我亲爱的妻子德博拉和我的两个孩子杰西、埃玛度过了一生难忘的四个月时光。

本书不仅仅是讨论丰田制造，我将其扩大到更广泛的价值流范畴。斯隆基金会的卡车运输业计划（Sloan Foundation’s Trucking Industry Program，由我的密友、佐治亚理工学院的同事切尔西·怀特主导）资助的研究大大增强了我对“精益物流”的理解。

感谢之前的编辑加里·皮拉萨里（Gary Peurasaari）的帮助。出版社告诉我最初的版本已经超过限定字数的两倍，我六神无主地拨通了加里的电话，他毫不犹豫地答应帮我解决这个问题。他在每一页展示他的“编辑魔力”，在必要时重新组织行文，更重要的是，他以丰田模式消除了每一页冗余的单词，使整本书得以升华。再次感谢，他不仅仅是编辑，更像本书的合著者。

感谢麦格劳–希尔的编辑理查德·纳拉莫尔（Richard Narramore），是他最初请求我写《丰田模式》，又促使我进行了第二次重大改写，使本书达到了一个新的高度。在第 2 版中，我得到了编辑、作家凯文·康明斯（Kevin Commins）的专业帮助，他帮助我厘清想要传达的信息。感谢帕特里夏·沃伦伯（Patricia Wallenburg）进行的耐心而充满爱的文字编辑和排版。

最后，感谢我的家人，德博拉、杰西和埃玛。感谢他们的支持与关爱。

作 者 简 介

杰弗瑞·K. 莱克，密歇根大学工业与运营工程系荣誉教授，莱克精益顾问有限公司总裁。他与其他人合著了 9 本关于丰田的书籍，包括《丰田模式打造卓越服务》《丰田文化》《丰田模式（领导力篇）》。此外，他还与爱德华多·兰德和汤姆·鲁特联手创作了连环画小说《多品种环境下的精益》(*Lean in a High-Variety Environment*)，讲述了某邮购公司精益转型的故事。他的作品获得了 13 次新乡卓越研究奖（Shingo Prizes for Research Excellence）。他还入选了制造业协会卓越名人堂（the Association for Manufacturing Excellence Hall of Fame），加入了新乡学院（Shingo Academy）。